법학총서

# 여성과 법률

[제2판]

박정기·김 연·김인유 공저

法 文 社

# 제2판 머리말

초판이 나온 지도 벌써 수년이 흘렀는데, 그 사이에 법령도 많이 바뀌었고, 사회의 현실도 많이 달라졌다. 그럼에도 불구하고 여직까지 구판으로 버티다가 이제야 신판을 내는 것은 핑계야 바쁘다는 것이었지만, 실상은 저자들의 게으름 때문이었음을 고백하고 용서를 구한다. 시중에 많은 동종의 서적이 있음에도 불구하고 지방대학에 몸담고 있는 저자들의 졸저가 이렇게 명맥이라도 유지할 수 있는 것은 저자들을 항상 이끌어주시고 도와주시는 여러 선생님들과 동료들, 그리고 책을 많이 보아준 학생들의 덕분이다.

구판은 당초 다른 여성법률 저서들이 실제로는 아주 뛰어난 내용을 가지고 있음에도 불구하고, 여성운동사에 치우쳐 있다거나 저자의 전공분야에 치중하고 있어서 여학생들에게 필요한 법률지식을 주지 못하고 있다는 저자들이 가지고 있는 조그만 불만 때문에 시작된 것이었고, 그것이 나름대로는 반영되어 있다고 생각하였기 때문에 프라이드를 가지고 있었던 것도 사실이다. 이번 개정작업을 하면서는 이러한 점을 많이 살리고자 하였다. 단지 법령의 변화나 사회의 변천을 반영하는 데 그치지 않고, 구판에서 미흡하거나 설명이 부족했던 부분, 사례가 부적절했던 부분을 시정하였다. 그리하여 구판과는 사뭇 다른 모습으로 내놓을 수 있게 된 것을 다행스럽게 생각한다. 특히, 가족법, 재산법, 형사법 분야는 대폭적으로 수정하였고, 군데군데 새로운 항목을 많이 추가하였다. 그럼에도 불구하고 이번 개정작업을 하면서 당초에 생각했던 것 중 많은 부분을 후일로 미루었다. 아직 시대상황이 그를 따르지 못하였다거나 저자들의 연구가 불충분하였기 때문이다. 따라서 아직 불충분한 부분이 많이 남아 있으며 이러한 점에 대한 아낌없는 꾸짖음을 주시기를 당부 드리는 바이다.

구판과 마찬가지로 개정작업을 하면서도 많은 분들의 도움을 받았다. 부경대학교 강사인 백성천 박사는 바쁜 시간을 쪼개어 형사법 분야에 대한 큰 도움을 주었다. 그리고 어려운 사정임에도 개정판의 출간을 허락해주신 법문사의 배효선 사장님과, 항상 밝은 얼굴로 저자들을 독려해주신 김영훈 차장님, 그리고 훌륭한 편집으로 좋은 책을 만들어 주신 김용석 선생님께도 깊은 감사를 드리는 바이다.

2006년 정월

동해에 떠 있는 배들의 불빛을 바라보며

저자들 씀

# 초판 머리말

오늘날 여성의 지위가 종전에 비하여 많이 향상되고 여성의 사회 활동이 증가하고 있다. 이에 따라 여성을 둘러싼 법률문제도 많이 발생하게 된다. 이러한 법률문제는 대부분 권리·의무로 구성되는 것이어서 권리를 정당하게 행사하고 의무를 제대로 이행하기 위해서는 어느 정도의 법률지식이 요구되는 것은 두말할 필요도 없다. 특히 대학에 다니고 있는 여학생들은 장차 사회에서 많은 일을 하여야 하는 사람들이다. 그럼에도 불구하고 법률전공자가 아닌 한 법에 대해 필요한 지식을 갖추지 못하여 곤란을 겪는 경우가 적지 않았다. 예를 들면 부부재산계약의 존재라든가 근로계약법상의 여성의 보호문제 등을 몰라서 자기 권리를 주장하지 못하고 손해를 보는 경우가 있었다. 뿐만 아니라 여성들이 법에 대해 잘 알지 못하였기 때문에 종래의 불평등한 지위를 개선하는 데 오랜 세월을 요하였다고 할 수 있다.

사실 여성들은 고대사회에서는 가장의 가장권에 종속된 예속적인 지위를 가짐에 불과하였고, 일부일처제라고는 하지만 처의 지위는 노예나 다름없었다. 고려시대에는 자유로운 남녀간의 교류 및 동성혼(同姓婚)이나 재혼이 가능하였고 모계의 성을 가지고 있었던 점을 미루어 볼 때 여성의 지위가 고대에 비하여서는 향상되었으나 여전히 피동적이고 열악한 상태였다고 할 수 있다. 조선시대에는 유교와 종법제도(宗法制度)의 영향으로 가장권은 더욱 공고해지고, 여성은 부계혈통의 가(家)를 유지하기 위한 도구에 불과하여 이 시기는 여성의 암흑기였다. 현대에 들어와서는 헌법을 비롯한 각종 법률에서 양성평등정신에 입각하여 남녀 차별적인 많은 규정들을 폐지하여 법적인 평등은 어느 정도 실현되었다. 다만, 호주제도, 성씨제도 등 부계혈통주의 고수 등에 있어서는 여전히 남녀 불평등적인 요소가 남아 있어 많은 비판을 받고 있다.

특히 현대 사회에 있어서는 여성들의 사회적 진출을 통하여 국가와 사회의 발전을 도모하여야 할 필요성이 절대적으로 인정되고 있다. 법적으로 여성들을 차별하여 사회적 진출을 막는다면 이는 여성 개개인의 손해에 그치지 않고 국가 사회 전체의 손실로 연결된다. 결국 이러한 차별은 남녀 할 것 없이 모두에 의하여 개선되어야 할 문제이지만 아무래도 여성들이 적극적인 역할을 담당할 수밖에 없다. 그러기 위해서는 여성들의 법적인 지식이 무엇보다도 필요하다고 할 것이다. 또한 최근의 민법 개정작업과 모성보호관련법 개정과 관련한 논의에 비추어 볼 때, 여성들의 역할이 무엇보다도 중요하다는 것을 절감하였다.

그리하여 본서는 이러한 여성들의 입장을 충분히 고려하여 집필하였다. 특히 여성들이 장차 사회에 진출하였을 때 필요한 법률지식을 망라하려고 노력하였다. 그렇다고 하여 여기서 모든 법률문제를 다룰 수는 없는 것이고, 또한 모든 법률문제를 완벽하게 해결해 줄 수 있는 것도 아니다. 다만 여성들에게 자주 문제되는 부분들에 대해서 실제로 발생하는 관심 있는 사례를 들어 해결함으로써 기초적인 법 지식을 함양함과 동시에 어렵다고만 느껴왔던 법에 대한 선입견을 해소해 줌으로써 법에 대한 친밀감을 가지게 할 수만 저자들로서는 더 이상 바랄 것이 없다.

위와 같은 취지를 달성하기 위하여 본서의 제작과정에서는 다음과 같은 몇 가지 사항을 염두에 두었다.

첫째, 일상생활에서 자주 발생하는 사례를 들어 이를 해설하는 형태를 취함으로써 법학을 전공하지 않는 여성들도 쉽게 이해할 수 있도록 배려하였다.

둘째, 사례를 통한 해설의 방식은 자칫하면 흥미에 치우치기 쉬운데 이를 경계하면서 법학의 기초적인 이론도 가급적 간단하게 설명하였다.

셋째, 법률분쟁이 발생하였을 때의 권리구제와 관련하여, 특히 민사분쟁에 대해서는 간단한 절차부터 종국적인 재판절차까지 설명하였다.

넷째, 일상적으로 많이 사용되는 법률양식을 적절히 소개하여 실제 생활에 도움이 되도록 하였다.

다만 본서는 저자들이 공동작업을 통하여 완성되었지만, 잘못된 점이 없지 않을 것이다. 이러한 점은 추후 고쳐 나갈 것을 약속한다.

끝으로 본서의 출간을 흔쾌히 수락해 주신 법문사 배효선 사장님과 어려운 여건 속에서 이 책이 나오기까지 많이 도와 주신 영업부 김영훈 과장님, 정성어린 편집과 교정을 담당해주신 편집부 이선욱 선생님을 비롯한 여러분들께도 진심으로 감사를 드린다.

2001년 8월

저자

# 차 례

## 제1편 서 론

## 제 2 편 여성과 헌법상의 기본권



## 제 3 편 가족생활과 법

# 제 4 편 여성과 재산관계법

# 제 5 편 여성의 근로

## 제 6 편 민사분쟁의 해결



## 제 7 편 형사관계와 법률

## 제 8 편 여성과 사회보장

# 제 1 편

# 서　　론

# 제 1 장
# 법이란 무엇인가

## 제 1 절 법의 의의

일찍이 아리스토텔레스Aristoteles는 「인간은 사회적 동물이다」라고 하였으며, 기이르케Gierke는 「인간 존재의 본질은 사람과 사람과의 결합에 있다」고 하였다. 이는 사람은 누구나를 막론하고 고립하여 살 수 없으며, 반드시 사회생활을 하게 마련이라는 것을 의미한다. 이처럼 사람은 모두가 자연적 필연적으로 하나의 사회를 이루고 그 울타리 안에서 서로 도우며 살아간다. 좁게는 한가족, 친척, 이웃, 학교, 직장, 교회, 각종 사회단체 등의 조직은 물론이거니와 넓게는 민족, 국가, 국제사회에 이르기까지 그야말로 각양각색의 집단 내에서 사회생활을 하게 된다.

그런데 이러한 복잡한 사회생활을 하는 데 있어서는 반드시 그 질서를 유지하는 것이 필요하다. 만약 모든 사람들이 남의 불편이나 이익 같은 것을 전혀 개의치 않고 제멋대로 자기의 욕망만을 채우려 한다면 사회생활은 혼란과 불안 속에서 뿌리째 허물어져 버리고 말 것이다. 그리하여 사회는 모두가 대소를 불문하고 제나름대로 질서를 바로잡기 위하여 여러 가지 규범을 만들어 사람들로 하여금 이에 따르도록 요구하게 되는 것이다. 이와 같이 사회생활의 질서유지를 위하여 지켜야 할 규범을 사회규범이라고 한다.

사회생활이 단순하였던 고대에 있어서는 그 질서유지를 위하여 법・관습・도덕・종교 등이 합체되어 종합적인 한 개의 사회규범을 가지고도 충분히 그 목적을 달성할 수 있었으나, 사회생활이 복잡해짐에 따라 사회규범도 여러 가지로 분화되었다. 분화된 사회규범의 대표적인 것이 법・관습・도덕・종교 등의 규범이다. 고대에 있어서는 이와 같은 규범들이 일체를 이루고 있었으나, 근대에 이르러 법은 도덕 등 다른 규범과 구별하게 되었다. 근대국가에 있어서는 법은 특히 국가권력에 의한 강제가 뒷받침이 되어 있으므로 다른 규범보다 그 중요성이 크다고 할 수 있다.

법은 사람의 사회생활에 있어서 지켜야 할 사회규범의 일종이며, 국가권력에 의하여 강제되는 특성을 가지고 있다. 이와 같이 법은 사회의 질서를 유지하기 위하여 절대로 지켜지지 않으면 안 되는 것이기 때문에 어떠한 예외도 없이 누구에게나 시행할 것을 요구하는 것으로, 사람들이 하여서는 안될 것과 하여야 할 것이 무엇인가를 명확히 제시할 뿐만 아니라 이것이 시행되지 않았을 때에 가하게 되는 제재가 명백히 확보되어 있다. 예를 들면 사람을 죽이지 말라, 도둑질을 하지 말라, 채무는 변제하여야 한다고 하고, 만약 이를 위반하면 사람을 살해한 자는 사형·무기 또는 5년 이상의 징역에 처하고, 타인의 재물을 절취한 자는 6년 이하의 징역 또는 1천만원 이하의 벌금에 처하게 된다. 그리고 채무자가 임의로 채무를 이행하지 아니한 때에는 채권자는 그 강제이행을 법원에 청구할 수 있다.

따라서 지하철의 경로석에 앉아 있던 젊은이가 노약자에게 자리를 양보하지 않았다고 하면, 도덕상의 비난은 받을지언정 위에서 말한 바와 같은 법적 제재는 받지 않는다. 법은 이와 같이 사람들이 사회생활상 지켜야 할 준칙을 정해 놓고 준칙을 지키지 않을 때에는 제재를 가할 것을 규정해 놓고 있는 점에서 인간들의 내면적, 관념적인 양심이나 정의감에 의존하는 다른 여러 사회규범과 구별된다.

**법과 법률**

「법」이라는 말과 「법규범」이라는 말은 같은 뜻으로 쓰인다. 법을 일종의 규범으로서 생각할 때에 법이라는 규범의 뜻으로 법규범이라고 부르는 것이다. 그러나 「법」이라는 말과 「법률」이라는 말은 구별해야 한다. 엄밀한 의미에서 법률이라 함은 국회에서 의결하여 대통령이 공포한 것만을 의미한다. 법이라 함은 이러한 엄밀한 의미의 법률뿐만 아니라 일반적으로 법규범 전체를 총칭한 말이다. 다만 법률이라는 말도 엄밀하지 않은 용어법으로는 법이라는 말과 같이 법규범 전체를 가리켜 쓰이는 일이 많다. 법률학, 법률지식, 생활법률, 여성과 법률이라고 할 때의 법률이라는 말은 뒤의 용어법에 따른 것이다.

## 제 2 절 시민생활에 관련되는 기본법제

우리의 사회생활 대부분은 법적 관계로 이루어지고 있으며 보이지 않는 법망 속에서 살고 있다. 또한 법이 미치는 영역은 일상생활에 그치는 것이 아니라 국가활동과 같이 규모가 큰 것도 법적 관계로서 이루어지고 있다. 이와 같이 수없이 많은 법 중에서 직접 국민생활을 규율하는 가장 기본이 되는 법을 6법이라고 한다. 6법이란 헌법·민법·형법·상법·민사소송법·형사소송법을 말한다. 그러나 근대 법치국가에 있어서 행정권의 조직 및 작용에 관한 법의 필요성에 따라 행정법도 중요한 법으로 등장하여 행정법을 포함하여 7법이라고도 한다. 이하에서 이들 기본법제에 대하여 간단히 설명하기로 한다.

### 1. 헌 법

헌법은 일반적으로 한 나라의 실정법 체계 중에서 최상위법이며, 가장 근본적인 법규범이다. 즉 국가의 기본조직·통치작용·국민의 기본권 등을 규정하는 국가의 기본법이다. 우리나라 헌법은 1948년 7월 12일에 제정되어 동 17일에 공포·실시되었는데, 그 동안 9차례에 걸쳐 개정되었다. 현행 헌법은 전문(前文), 본문 10장, 130개조와 부칙 6개조로 되어 있으며, 1988년 2월 25일부터 시행되었다.

### 2. 민 법

민법은 사람과 사람 사이의 사회생활관계를 규율하는 일반적인 법이다. 민법은 1958년 2월 22일 공포되어 1960년 1월 1일부터 시행되었다. 그 이후 가족법을 중심으로 여러 차례의 개정이 이루어졌다. 민법전은 전5편

1,118개조 및 부칙 28개조로 된 방대한 것이며, 그 내용은 제1편 '총칙', 제2편 '물권', 제3편 '채권', 제4편 '친족', 제5편 '상속'으로 구성되어 있다. 이 가운데 물권편과 치권편은 물권 · 채권이라고 하는 재산권의 2대종별에 좇아서 재산관계를 규율하는 재산법으로서 자본주의제도하의 경제활동의 자유와 사유재산을 보호하는 기반이 되어 있고, 친족편과 상속편은 가족관계를 규율하는 가족법으로서 부부 · 부모와 자녀 등의 친족관계의 성립 · 내용 및 이를 중심으로 하는 재산의 상속과 유언 등을 규정하고 있다. 그리고 총칙편은 형식적으로는 다른 4편의 전체에 걸치는 통칙적 규정이라고 할 수 있으나, 가족법에는 적용되지 않는 것이 많으므로 실제적으로는 재산법에 관한 통칙으로 되어 있다.

### 3. 형 법

형법은 사람의 어떠한 행위가 범죄이고 이에 대하여 어떠한 형벌을 과할 것인가를 규정한 법규를 말한다. 형법에 있어서는 국가권력의 남용을 억제하여 국민의 기븐적 인권을 보장하기 위하여 죄형법정주의의 원칙을 확립하고 있는데, 이에 따라 형법의 법원(法源)은 반드시 성문법이어야 한다. 그 중에서 가장 중요한 것이 형법전이다. 이 법은 1954년 9월 18일에 제정되었다. 그 내용을 살펴보면 총칙과 각칙으로 구성되어 있으며, 총칙에는 형법의 적용범위, 죄(罪), 형(刑), 및 기간이, 그리고 각칙에는 여러 가지 죄의 구성요건과 형벌을 규정하고 있다. 이를 학문적으로는 총칙, 범죄론, 형벌론으로 나누어 연구한다.

### 4. 상 법

상법은 기업을 중심으로 하는 생활관계, 즉 상사법률관계를 규율하는 법을 말한다. 기업적 생활관계를 대상으로 하는 상법은 일반사법적 생활관계, 즉 민사법률관계를 대상으로 하는 민법에 대하여 특별법의 지위에 있다. 상법전은 1962년 1월 20일에 공포되어 1963년 1월 1일부터 시행되었는데, 제1편 '총칙', 제2편 '상행위', 제3편 '회사', 제4편 '보험', 제5편 '해상'으로 구성되어 있다.

## 5. 민사소송법

민사소송법은 민사에 관한 분쟁을 국가의 재판권에 의하여 소송, 기타의 방법으로 확정하기 위한 절차를 규정한 법이다. 민사소송은 사법상의 법률관계를 재판에 의하여 확정하는 소송절차, 확정된 법률관계를 강제적으로 실현하는 강제집행절차, 그리고 소송의 실효성을 담보하기 위하여 사전적으로 법률관계를 보전하기 위한 가압류·가처분절차로 구성되어 있다. 본래 민사소송법은 1960년 4월 4일 단일법으로 처음 제정되었으나, 현재는 소송절차를 규율하는 민사소송법과 강제집행절차를 규율하는 민사집행법으로 분리되어 있다.

## 6. 형사소송법

형사소송법은 형사재판에 관한 절차를 정해 놓은 법을 말한다. 다시 말하면 형법에 규정된 범죄사실이 발생하였을 때 형벌권을 발동시켜 신속 정확하게 그 범인을 처단하기 위한 재판절차법이다. 즉 형벌권을 실현하는 절차가 곧 형사소송이고, 이러한 형사소송의 절차를 규율하는 법이 형사소송법이다. 형사소송법은 1954년 9월 23일 제정되었으며, 재판에 관한 일반적 사항을 규율하는 '총칙', 수사에서 제1심 재판까지를 다루는 '제1심', 상소심 절차를 다루는 '상소', 재심, 비상상고, 약식절차 등에 관한 '특별소송절차' 및 '재판의 집행' 등 5개 편으로 구성되어 있다.

## 7. 행 정 법

행정법은 행정권을 중심관념으로 하여 행정권의 조직과 작용에 관한 법을 말한다. 즉 국가기관과 그 상호간의 관계 및 국가기관과 국민과의 관계를 규율하는 법 중에서 헌법을 포함하지 않는 공법의 전부를 가리켜 행정법이라 한다. 다만 행정법은 '민법'이나 '형법'처럼 통일적인 법전을 이루고 있지 않는 것이 특색이므로 행정법은 행정에 관하여 규정하고 있는 여러 가지 법을 통틀어 말한다. 이를 다 합치면 수천 개의 법령으로 되어 있는데, 강학상으로는 총칙, 행정작용법, 행정구제법, 행정조직법 등으로 구분한다.

# 제 3 절 여성과 관련된 법률

1990년대 들어 여성과 관련된 주요 법령의 제정 및 개정이 많이 이루어졌다. 그 내용은 정치, 경제, 사회, 문화, 생활의 모든 영역에서 발생되고 있는 남녀차별 사항에 대하여 여성권익의 향상을 위한 법률 등이었다. 그러나 그 동안 사회 곳곳에서 전개되었던 성차별의 관행화는 그 뿌리가 너무도 깊었기 때문에 실질적으로 여성의 삶에 큰 도움을 주지는 못했다. 그런데 1990년대 후반기 이후 「여성에 대한 모든 형태의 차별철폐에 관한 협약」의 본질에 부합되는 새로운 법률이 속속히 제정되었으며, 법 위반시의 시정 및 강제조치도 규정되어, 그 전에 비해 체계적으로 바람직한 내용을 가지게 되었다. 여기에서는 여성과 관련된 주요 법률을 개관한다.

## 1. 여성에 대한 모든 형태의 차별철폐에 관한 협약

「여성에 대한 모든 형태의 차별철폐에 관한 협약」Convention on the Elimination of All Forms of Discrimination against Women은 여성에 대한 인권선언인 '1967년 유엔

여성차별철폐선언'에 법적 구속력을 부여하여 양성평등을 실질적으로 구현하기 위해 1979년 유엔총회 결의로 채택된 국제협약이다. 우리나라에서는 1985년 1월 26일 효력이 발생하였다. 전문 6부 30개조로 구성된 이 협약은 여성에 대한 차별에 대한 정의를 명백히 천명하고 있다. 이 협약에 의하면 여성에 대한 차별을 정치적 · 경제적 · 사회적 · 문화적 · 시민적 또는 기타 분야에 있어서 결혼 여부에 관계없이 남녀 동등의 기초 위에서 인권과 기본적 자유를 인식, 향유 또는 행사하는 것을 저해하거나 무효화하는 효과 또는 목적을 가지는, 성에 근거한 모든 구별, 배제 또는 제한을 의미한다고 규정하고 있다(제1조). 그리고 협약의 당사국은 여성에 대한 모든 형태의 차별을 규탄하고 여성에 대한 차별을 철폐하기 위한 정책을 모든 적절한 수단을 통해 지체없이 추진하기로 합의하며 이러한 목적으로 다음 사항을 약속한다고 명시하고 있다(제2조).

(가) 남녀평등의 원칙이 헌법 또는 기타 적절한 입법에 아직 규정되지 않았다면 이를 구현하며 법 또는 기타 적절한 수단을 통해 동 원칙의 실제적 실현을 확보할 것

(나) 여성에 대한 모든 차별을 금지하는 적절한 입법 및 기타조치를 채택하고 필요한 경우 제재를 포함시킬 것

(다) 남성과 동등한 기초 위에서 여성의 권리에 대한 법적 보호를 확립하며 권한 있는 국내법정과 기타 공공기관을 통하여 여성을 여하한 차별행위로부터 효과적으로 보호하도록 확보할 것

(라) 여성에 대한 여하한 차별 행위 또는 관행에 따르는 것을 삼가하며 공공당국과 기관이 동 의무와 부합되게 행동하도록 확보할 것

(마) 여하한 개인, 조직 또는 기업에 의한 여성 차별도 철폐되도록 모든 적절한 조치를 취할 것

(바) 여성에 대한 차별을 구성하는 현행 법률, 규칙, 관습 및 관행을 수정 또는 폐지하도록 입법을 포함한 모든 적절한 조치를 취할 것

(사) 여성에 대한 차별을 구성하는 모든 국내형사법 규정을 폐지할 것

## 2. 여성발전기본법

여성발전기본법은 여성에 관한 법률의 기본원칙을 정하는 법으로서 1995년 12월 30일 제정되어 공포한 날부터 시행되었다. 이 법은 "헌법의 남녀평등이념을 구현하기 위한 국가와 지방자치단체의 책무에 관한 기본적인 사항을 규정함으로써 정치·경제·사회·문화의 모든 영역에 있어서 남녀평등을 촉진하고 여성의 발전을 도모함을 목적으로 한다"(제1조). 그리고 이 법의 기본이념은 "개인의 존엄을 기초로 하여 남녀평등의 촉진, 모성의 보호, 성차별적 의식의 해소 및 여성의 능력개발을 통하여 건강한 가정의 구현과 국가 및 사회적 발전에 남녀가 공동으로 참여하고 책임을 분담할 수 있도록" 하는 데 있다(제2조). 이 법 제정을 계기로 여성관련 법령과 정책이 일관성 있고 체계적으로 자리잡았으며, 남녀평등과 여성발전을 도모하는 정책이 다양한 내용으로 개발되는 계기가 되었다.

## 3. 국가인권위원회법

본래 남녀차별금지에 관한 내용을 규정하고 있던 「남녀차별금지 및 구제에 관한 법률」이 1999년부터 시행되어 왔으나, 이 업무를 담당하는 부서가 여성부에서 국가인권위원회로 달라짐에 따라 2005년 이 법은 폐지되고, 성을 이유로 한 차별의 문제는 인권차원에서 다루어지게 되었다. 앞의 「남녀차별금지 및 구제에 관한 법률」은 오랫동안 우리 사회의 관행적으로 행해져 왔던 남녀차별을 개선하는 혁신적인 기준 내지는 척도가 되어 왔으나, 국가인권위원회법에 의해 규율되게 됨으로써, 성차별의 문제는 여성들만의 문제가 아니라, 국민 내지 국가 전체의 문제로 한 단계 발전되게 되었다는 평가를 받고 있다.

## 4. 남녀고용평등법

남녀고용평등법은 1987년 12월 4일에 제정되었다. 이 법은 "헌법의 평등이념에 따라 고용에 있어서 남녀의 평등한 기회 및 대우를 보장하는 한편 모성을 보호하고 직장과 가정생활의 양립과 여성의 직업능력개발 및 고용촉진을 지원함으로써 남녀고용평등 실현을 목적"으로 하고 있다(제1조). 남녀고용평등법은 근로기준법의 남녀균등대우원칙을 고용의 단계에 따라 구체적으로 규정하는 근로기준법의 특별법으로서의 성격을 가지는 한편, 남녀고용평등과 근로여성의 모성보호를 위한 국가의 책무를 규정하는 사회보장법의 성격도 가진다.

## 5. 성폭력범죄의 처벌 및 피해자보호 등에 관한 법률

이 법은 1994년 1월 5일에 제정된 것으로 "성폭력범죄를 예방하고 피해자를 보호하며 성폭력범죄의 처벌 및 그 절차에 관한 특례를 규정함으로써 국민의 인권신장과 건강한 사회질서의 확립에 이바지함을 목적"으로 하는 법률이다(제1조). 이 법은 특히 성폭력범죄를 예방하고 그 피해자를 보호하며 유해환경을 개선하기 위하여 필요한 법적, 제도적 장치를 마련하고 필요한 재원을 조달하여야 할 것을 국가와 지방자치단체의 의무로 규정하고 또한 국가와 지방자치단체는 청소년을 건전하게 육성하기 위하여 청소년에 대한 성교육 및 성폭력 예방에 필요한 교육을 실시하여야 한다고 규정함으로써(제3조), 국가와 지방자치단체의 의무를 강조하고 있다.

## 6. 가정폭력범죄의 처벌 등에 관한 특례법

「가정폭력범죄의 처벌 등에 관한 특례법」은 1997년 12월 13일 제정되었고 1998년 12월 13일 시행되었다. 이 법은 "가정폭력범죄의 형사처벌절차에 관한 특례를 정하고 가정폭력범죄를 범한 자에 대하여 환경의 조정과 성행의 교정을 위한 보호처분을 행함으로써 가정폭력범죄로 파괴된 가정의 평화와 안정을 회복하고 건강한 가정을 가꾸며 피해자와 가족구성원의 인권을 보호함을 목적으로 한다(제1조).

## 7. 가정폭력방지 및 피해자보호 등에 관한 법률

「가정폭력방지 및 피해자보호 등에 관한 법률」은 1997년 12월 31일로 제정되어 1998년 7월 1일부터 시행하였다. 이 법은 "가정폭력을 예방하고 가정폭력피해자를 보호함으로써 건전한 가정을 육성함을 목적"으로 한다(제1조). 또한 이 법은 가정보호의 유지에 대하여 "국가와 지방자치단체는 모든 개인이 가정에서 안전하고 건강한 삶을 누릴 수 있도록 건전한 가정과 가족제도를 유지·보호하기 위하여 노력하여야 한다"고 규정하고 있다(제3조). 즉 건전한 가정과 가족제도를 유지, 보호하기 위해서는 국가지방자체단체, 그리고 모든 개인이 공동일체가 되어 노력하여야 함을 시사한 것이다.

## 8. 성매매 알선 등 행위의 처벌에 관한 법률

종래 성매매에 관한 규제는 1961년 제정된 「윤락행위 등 방지법」에 의해 이루어지고 있었으나, 2004년 위 법을 폐지하고 「성매매 알선 등 행위의 처벌에 관한 법률」을 제정하였다. 이 법은 우리 사회의 성매매 및 성매매 알선 등 행위는 금지하고 있음에도 불구하고 성매매를 강요하거나 성매매를 알선·유인하는 등 성매매의 공급 및 중간 매개체들이 다양화되고 있기 때문에 성매매가 근절되지 않고 있다는 점을 고려하여, 성매매 공급자와 중간 매개체를 차단하기 위하여 성매매 목적의 인신매매를 처벌하고, 벌칙에 있어서 성매매 강요·알선 등 행위에 대하여 형태별로 다양화하여 형량을 강화하며, 성매매 알선 등 행위로부터 취득한 금품 그 밖의 재산상 이익은 몰수·추징하고, 성매매 알선 등 행위를 신고한 자에 대한 보상금을 지급하며, 성매매 강요·알선 등 행위자가 성을 파는 자에 가지는 채권을 무효화하고,

성을 파는 행위를 한 자를 보호하기 위하여 성매매 피해자의 형사처벌 제외, 수사·재판과정에서 신뢰관계 있는 자의 동석, 신고자 등에 대한 법정심리의 비공개를 규정함으로써 우리 사회에 만연되어 있는 성매매 알선 등 행위와 성매매를 근절하려는 취지에서 제정되었다.

## 9. 성매매 방지 및 피해자 보호 등에 관한 법률

이 법은 「성매매 알선 등 행위의 처벌에 관한 법률」과 더불어 제정되었는데, 성매매행위를 방지하고 성매매된 자 및 성을 파는 행위를 한 자의 보호와 자립을 지원하기 위하여 시설 및 상담소의 설치 및 운영을 활성화하고, 이용자의 의사에 따라 입소하게 하고, 의료비지원, 취업 교육, 법률지원 등을 받을 수 있게 함으로써 원활한 사회복귀와 성매매행위 재발을 방지하도록 하는 한편, 성매매행위 및 알선행위의 장소로 제공된 시설에 대한 행정처분을 강화하여 성매매행위 및 성매매 알선 등 행위를 근절하려는 목적을 가지고 있다.

## 10. 모자보건법

모자보건법은 1973년 2월 8일 제정되었다. 이 법의 제정취지는 "모성의 생명과 건강을 보호하고 건전한 자녀의 출산과 양육을 도모함으로써 국민보건향상에 이바지함을 목적"으로 한다(제1조). 종래에는 인구정책의 일환으로 산아제한이 이루어졌기 때문에 그 의의가 크지 않았으나, 현재에는 출산율의 저하로 인한 문제로 그 의의가 증대되고 있다.

## 11. 모·부자복지법

이 법은 당초 모자복지법이란 이름으로 1989년 4월 1일에 제정되었으나, 2002년 개정법에 의하여 모·부자복지법으로 이름을 고쳤다. 그것은 전통적으로 가부장제 인습하에서 여성의 사회적 활동기반이 매우 취약한 형편에 있는 실정을 고려할 때 도시화, 산업화, 핵가족화 등 사회적 여건의 변화에 따라 배우자가 없거나 배우자가 있어도 장기간의 근로능력의 상실로 사실상 여성이 가계책임을 지며 살아가야 하는 모자가정을 보호할 필요가 있기 때문이었으나, 배우자 없는 부(父)에게도 마찬가지의 보호가 요청되었던 것이다. 이 법은 "모 · 부자가정이 건강하고 문화적인 생활을 영위할 수 있게 함으로써 모 · 부자가정의 생활안정과 복지증진에 기여함을 목적"으로 하고 있다(제1조).

## 12. 여성기업지원에 관한 법률 등

「여성기업지원에 관한 법률」은 "여성기업의 활동과 여성의 창업을 적극적으로 지원함으로써 경제영역에 있어 남녀의 실질적인 평등을 도모하고 여성의 경제활동을 제고하여 국민경제발전에 이바지함을 목적"으로 한다(제1조). 이 법은 아시아권 내에서는 최초로 시행되고 있는 정책으로 여성의 창업촉진을 통해 경제활동 참여율을 선진국 수준으로 높이고 여성기업이 실질적인 경쟁력을 갖추어 안전한 기업경영을 할 수 있도록 지원하는 취지에서 제정되었다.

이 외에 여성인력의 경제활동을 지원하기 위하여 제정된 것으로는 "여성농업인 및 여성어업인의 권익보호 · 지위향상 · 삶의 질 제고 및 전문인력화를 적극적으로 지원함으로써 건강한 농어촌가정 구현과 농어업의 발전 및 농어촌 사회의 발전에 이바지함을 목적"으로 하는 「여성 농어업인 육성법」, "여성과학기술인의 양성 · 활용 및 그들에 대한 지원 시책을 마련하고, 여성과학기술인이 그 자질과 능력을 충분히 발휘할 수 있도록 지원함으로써 여성의 과학기술 역량 강화와 국가의 과학기술발전에 이바지함을 목적"으로 하는 「여성 과학기술인 육성 및 지원에 관한 법률」 등이 있다.

제 2 장
# 여성의 법적 지위

## 제 1 절 여성과 차별

여성은 지금까지 여러 가지 점에서 차별을 받아왔다. 정치적으로 볼 때 여성의 지위는 극히 열악한 것으로서 여성에게 참정권이 인정된 것은 이제 겨우 100년 이내의 역사를 가질 뿐이었으며, 사회에서도 여성은 열등한 존재로 인식되어, 직장을 얻기도 힘들었고 직장을 얻더라도 항상 그 지위는 제한적인 것으로서 남성의 보조자에 불과한 것이었다. 이러한 차별은 가정에서도 이어져서 가족간에도 여성들은 열세적 내지 수동적 지위에 머물러 있는 실정이었다. 이와 같은 차별에 대해서는, 그것이 근거도 없이 여성들을 사회적으로 열악한 지위에 몰아넣은 가부장적 사고의 결론이라고 하는가 하면, 이는 성차라고 하는 남녀간의 차이를 반영한 불가피한 것이라는 반론도 있다. 어쨌든 여성의 법적 지위는 성차별이라고 하는 문제에서 출발할 수밖에 없으며, 그 궁극적인 도달점은 양성평등의 실현이라고 할 것이다. 문제는 이와 같은 양성평등의 실현 없이는 인류사회의 균형적 발전이 어렵다는 데 있다.

### 1. 여성차별의 양상과 근거

#### (1) 여성에 대한 전통적 차별

전통적으로 한국의 여성이 남성에 비하여 열악한 지위에 있었다는 데 대해 이의를 달 수는 없을 것이다. 적어도 조선시대 이후를 두고 본다면 강력한 유교적 이데올로기 아래, 여성들의 생활은 속박 그 자체였다고 할 수 있다. 남성들은 자유로운 사회생활이 보장되어 있었고, 또 제도적으로 첩을 들이거나 기생방에 드나드는 등의 생활이 용인되어 있었다. 그러나 여성들의 경우에는 일단 정혼이 되고 나면 몸 하나 옴짝달싹할 수 없도록 철저하게 구속되어, 오로지 일부종사(一夫從事)를 강요당하였다. 여성들은 어릴 때부터 죽을 때까지 현모양처를 최상의 덕목으로 삼아 오로지 이를 위하여 살지 않으면 안 되었다. 여성들은 통상 바깥출입조차도 거의 불가능한 상황이었고, 극단적인 경우에는 남편이 사망하면 순사(殉死)하는 것까지 강요하는 경우도 없지 않았다. 상민계급의 경우에는 이에 비하면 나은 편이었으나, 역시 차별은 어쩔 수 없는 시대적 상황이었으며, 사회적으로 당연시되었다.

물론 이와 같은 사회상황이 우리나라 전래의 것이었는가에 대해서는 의문이 있다. 고려 이전의 역사를 돌이켜보면, 남성과 여성 사이의 분업은 분명히 존재하였을지라도, 조선시대만큼의 차별은 존재하지 않았던 것 같다. 신라와 같은 경우에는 여왕도 모셨을 뿐 아니라, 화랑의 지도자로 여성이 뽑혔다는 것을 본다면 적어도 후대와는 상당히 다른 현실하에 있었음을 짐작할 수 있다. 고려 시대의 경우에도 문헌이나 전해지는 문학작품 등에 비추어볼 때 정도의 차이는 있지만, 여성들의 속박이 심하였다는 증거는 없다. 오히려 여성들도 남성들과 거의 마찬가지로 사회생활을 한 것은 아닌가 하는 생각도 든다.

### (2) 여성차별의 이유

그러면 왜 조선시대에 들어와 이와 같은 성차별적 속박이 강화되었을까? 그것은 아마도 유교의 가부장적 성격 때문이 아닌가 한다. 즉 종법(宗法)에 기한 사회체제가 남성 위주로 짜여 있기 때문에 이러한 사회에서 여성의 지위는 남성에 부속되는 것이거나, 남성의 보조적인 역할에 그칠 수밖에 없었을 것이다. 이러한 점에서 모든 주된 지위는 남성들의 전유물로 되고, 여성들은 오로지 남성들을 위해서 존재하는 것으로 되었다고 할 수 있다. 이러한 것은 '삼종지도(三從之道)'라고 하는 원리에서 극단적으로 나타난다. 이에 입각해서 보면, 여성은 평생을 주체적으로 주관적으로 살아가는 것이 아니라, 어릴 때는 아버지의 슬하에서, 결혼해서는 남편의 그늘 아래서, 그리고 늙어서는 아들의 봉양을 받으며 살아간다고 하는 의존적 생활을 하는 것이 당연시되었던 것이다.

현대 사회에 있어서는 많은 부분 가부장적 사고는 극복되었다고 할 수 있다. 물론 법적 부분에서 완전히 불식되었다고 할 수는 없으나, 많은 법에 전통이라는 허울을 쓰고 남아 있던 많은 규정들이 삭제되거나 폐지되어, 이 사회가 남녀평등의 길을 가도록 해주었다. 그에 따라 사회적 인식도 남성과 여성을 차별해서는 안 된다는 쪽으로 변모해가고 있다. 그럼에도 불구하고 이러한 차별은 많은 부분이 그대로 남아 있다. 그 원인으로 들 수 있는 것은 이러한 것이 미풍양속이라는 것, 그리고 여성과 남성은 다르기 때문에 당연히 사회적인 역할도 달라야 한다는 것이다. 전자의 문제는 성차별이 어떠한 이유로도 미풍이라거나 양속일 수 없으므로 극복할 수 있는 주장이나, 성차의 문제는 그리 간단한 것은 아니다.

현재 여성에 대한 차별은 다음 몇 가지 점에서 살펴볼 수 있을 것이다.

### (가) 문화적 차별

우리나라에서 여성에게 가해지는 문화적 차별은 출생시부터 시작한다. 유교적 가부장제의 영향으로 인해 남아선호 사상이 강하여, 인위적으로 성을 선택하려는 경향도 없지 않아 성비불균형 현상을 더욱 부추기고 있다. 여성들의 사회화 과정에서 차별은 과거에 비해 많이 감소했으나 아직도 가정이나 사회에서 남녀차별 인식하에서 성역할의 사회화가 이루어지는 경우가 많다. 이러한 성에 대한 고정관념은 여성이 자주적이고 독립적인 삶을 살아가는 데 장애요인이 된다. 다만 이러한 사회문화적 인식은 전반적으로 개선의 기미를 보이고 있어서 희망적이라고 할 수 있다.

### (나) 교육적 차별

우리나라의 국민교육 수준은 전반적으로 향상되고 있고, 이에 따라 기존의 성별 차이는 감소하고 있는 것으로 보인다. 진학률의 경우에 남녀간의 격차는 많이 줄어들었으나, 상급학교로 갈수록 여성의 진학률이 남성에 비해 낮아 여성에게 고등교육의 기회가 적다고 할 수 있다. 다만 교육현장에서 남녀를 차별하는 일은 현재 나타나지 않는다.

(다) 경제적 차별

사회적 경제활동 면에서 성별분리현상과 차별이 고정화되고 구조화되었다. 한국의 노동 시장 구조에서는 성적 요인이 노동시장에서 가장 큰 변수로 작용하고 있으며, 수직·수평적 성차별 현상이 두드러지게 나타나고 있다. 여성 취업은 상대적으로 학력과 임금 수준이 높은 행정 관리, 전문 기술직에는 제한되어 있으며 학력과 임금수준이 낮은 서비스, 판매직에 집중되어 있다. 여성 노동은 남성에 비해 보조적이며 부차적인 것으로 상대적으로 낮은 가치를 생산한다는 사회인식을 이용하여 비정규직으로 채용하는 수가 많으며, 같은 직종의 남성보다 낮은 임금을 지불하고 있다. 다만 앞으로 희망적이라고 할 수 있는 것은 노동관계법에서 취업시뿐만 아니라 승진 교육 등 모든 면에 있어서 여성의 보호를 위한 규정이 도입되어 강행되고 있으며, 여성의 보호를 강화하는 방향으로 법개정이 추진되고 있어, 여성의 지위는 앞으로 더욱 향상될 여지가 있는 것으로 보인다.

(라) 정치적 차별

정치가 남성의 영역이 되어 여성이 전적으로 배제되는 원인으로 사회적 성별 분업과 자본주의 정치의 성격을 들 수 있는데, 이로 인해 사회적으로 남성이 우위의 경제력과 사회적 지위를 점유하게 됨으로써 남성이 정치를 독점하게 된 것이다. 따라서 자연 여성의 정치참여는 시혜적 차원에서 고려되는 수준에 그치고, 실질적인 정치 참여율은 현저히 낮으며, 정책결정 과정에 대한 여성의 참여도 미약한 실정이다.

(마) 법적 차별

현재 여성들의 위치를 단적으로 표현해 주는 것은 법이라고 할 수 있는데, 이는 인간의 사회적 지위를 나타내는 지표 역할을 하기 때문이다. 이에 비춰 볼 때 많은 법령들이 남녀평등을 실현하는 쪽으로 개정되었으나, 아직까지 남녀불평등적 요소를 가진 규정이 없지 않으므로 이에 대한 개정작업이 계속되고 있다. 한편 현재에는 많은 남녀평등의 실현을 위한 진보적 성격의 법령이 많이 제정되어 남녀평등의 실현을 앞당기는 기능을 하고 있다.

### (3) 여성차별에 관한 몇 가지 이론

여성에 대한 차별은 앞에서 본 바와 같이 어제오늘의 일은 아니다. 그러나 이 문제를 극복하기 위해서는 여성차별이 어떠한 원인에서 발생하였으며, 그에 대한 해결책은 무엇인지 알아보아야 할 것이다. 여기서는 일반적으로 거론되는 몇 가지 이론에 대해 살펴보고자 한다.

#### (가) 기능주의적 관점

이 이론은 그릇된 사회화로 인해 성차별의 희생자인 여성 스스로 열등하다고 생각하여 차별이 정당화된다고 설명한다. 이 관점은 남성의 여성지배와 이에 따른 여성의 종속의 내면성을 고찰하고 있다. 이러한 여성의 '열등성'은 남성의 지배와 여성의 예속이라는 상호작용의 양식으로서 사회화되어 유지된다. 남녀의 이러한 지배-종속적 질서는 일상생활의 상호작용의 반복 속에서 의식되지 않은 채 온존, 강화되어 가는 것이다.

이 이론에 입각하여 볼 때 남녀차별의 해결방안은 ① 교육기관(학교)에서의 남녀의 역할에 대한 바른 교육, ② 여성의 자아실현을 위한 제도 개선 및 강화, ③ 여성관련 사회복지 제도의 개선 및 ④ 여성의 기회균등 보장 등을 들 수 있다.

#### (나) 갈등주의적 관점

이 이론은 남녀차별의 원인을 사회적으로 남성이 지배하고 여성은 이에 종속되어 왔다고 하는 데에서 찾고자 한다. 즉 성차별은 이런 불평등한 관계를 반영하고 있다는 것이다. 남성들은 사회와 가정에서 자신들의 지위와 권력을 유지하려 하지만 성역할은 점차로 변화하고 있으며 남자와 여자의 불평등한 관계는 사라지지 않으면 안 되는 것이다. 여성들이 사회에서 그들의 정당한 권리가 침해당하거나 공정한 몫을 받지 못 할 때 성차별은 이런 불평등을 여성들이 인식하게 됨으로써 사회문제가 된다고 보는 것이다.

이 관점에서 본 해결방안으로는 ① 장기적으로는 변증법적 갈등주의에 입각하여 해결한다고 하고, ② 단기적으로는 혁명적인 사회제도의 개혁을 든다. 그리고 ③ 기타방안으로는 성차별적 성격을 보이고 있는 기존 제도의 개정을 말하고 있다. 그러나 이 관점은 급진적 사회주의에 입각한 것으로서,

문제의 해결책으로는 적당하지 않다.

(다) 상호작용주의적 관점

이 이론은 남녀간에 성역할에 관한 합의가 부족할 때 성역할 문제가 사회문제화 한다고 본다. 전통사회에서는 여성을 남성에게 종속된 존재이고 수동적이며 가정에 예속되어 있고 남성에 비해 모든 면에서 열등하다고 의미를 부여함으로써, 남성의 여성에 대한 지배를 합리화시켜 지배-종속적인 남녀관계를 유지해왔다. 하지만 사회의 산업화·도시화와 더불어 여성의 교육수준이 향상되면서 점차 여성들의 현실 자각이 일어나게 되어, 전통적 관념의 여성상에 동의할 수 없다고 판단하게 되었다는 것이다.

이 관점에서의 해결방안은 ① 여성의 상징에 올바른 의미를 부여하고 동의할 수 있도록 사회화, 재사회화하고 이에 따른 적절한 사회화 제도나 재사회화 제도를 확립하도록 한다. ② 여성에 대한 그릇된 인식, 상징을 유발할 수 있는 상황을 조성하지 않도록 사회전반에 존재하는 성차별적 성격을 띠고 있는 모든 제도를 개정해야 한다. ③ 여성에 대한 그릇된 상징에서 얻어지는 이득을 제거해야 한다는 것을 들고 있다.

(라) 교환주의적 관점

이 견해는 남녀의 성역할 분담관계에 있어서의 교환 불균형 내지 남녀간의 지위 불평등으로 인한 교환 불균형 및 남성으로의 여성의 예속이 약화되면서 남성의 교환자원 가치 저하, 자원 부족 등 교환가치의 불균형을 남녀차별의 원인으로 본다.

이 관점에서 본 해결방안으로는 ① 가사노동의 성별분업, 가사노동의 사회화, ② 남녀의 성역할에 대해 올바로 인식하도록 사회화하고, 이에 대한 제반제도를 확립하는 것 등을 들고 있다.

(마) 페미니즘

여성의 사회적·정치적·법률적 모든 권리의 확장을 주장하는 주의를 페미니즘이라 한다. 여기에는 여러 가지 종류가 있으나, 기본적 발상은 사회를 구성하는 것은 남성도 여성도 아닌 다만 인간이라는 의식 전환이 내재되어 있으며, 이에 따라 페미니즘은 "여성에 의한 인간해방주의"로 규정되기도 한다. 아래에 차례로 자유주의 페미니즘, 급진주의 페미니즘, 마르크스주의 페미니즘, 사회주의 페미니즘 등에 관하여 살펴보기로 한다.

**가) 자유주의 페미니즘** 자유주의 페미니즘은 여성도 남성과 동등한 능력을 보유하고 있기 때문에 동등한 처우를 받아야 하나, 현실적으로 능력주의 제도로 인해 성불평등이 발생하고, 여러 가지 제도적·법적 불평등으로 인한 기회의 차단이 성불평등을 영속화시킨다고 생각한다.

이 이론에 의한 남녀차별의 해결방안은 ① 참정권의 쟁취, ② 교육의 평등, ③취업에서의 기회의 평등 달성 등을 제시한다.

**나) 급진주의 페미니즘** 급진주의 페미니즘은 남녀간의 기본적인 생물학적 차이, 즉 여성의 임신과 출산 그리고 이에 따른 남성에 대한 여성의 의존이 성차별의 원인이라고 한다. 급진주의에서는 이러한 원인의 근원을 제도화된 가부장제로 보는데, 가부장제는 모든 문화권에 공통적이며 경제, 사회, 교육, 종교 등 모든 사회제도가 가부장제를 강화시킨다고 본다. 따라서 가부장제는 여성에 대한 억압의 근원이라고 볼 수 있으며, 모든 기존 사회질서는 남성심리를 반영하여 기존사회는 남성적 조직이라고 볼 수 있다는 것이다. 이러한 남성적 사회질서는 여성에 대한 억압과 지배를 통해 남성을 만족시키고 남성에게 이익을 준다고 한다.

이의 해결방안은 ① 여성적 가치에 기반을 둔 사회질서의 재조직화, ② 임신과 출산이라는 모성의 거부, ③ 애정에서 레즈비어니즘lesbianism을 주장하고 있으나, 이 이론은 쉽게 받아들이기 어려운 것임을 알 수 있다.

**다) 마르크스주의 페미니즘** 이 견해는 성차별의 문제를 계급체계의 결과로서 보는데, 즉 성차별의 문제를 남녀간의 문제가 아니라 자본가 계급과 노동자 계급간의 기본적인 모순의 결과로서 파악한다. 그러므로 마르크스주의 모형에서는 국가 — 특히 자본주의 국가 — 가 자본과 결합하여 여성의 저임금 노동을 강요하는 여성 억압의 장으로 기능하고 있다고 주장한다.

이 입장에서 보는 해결방안은 ① 사적 소유의 폐지, ② 여성의 생산에의 참여를 주장하나, ③ 궁극적으로는 자본주의 체제의 타파를 주장하고 있다.

**라) 사회주의 페미니즘** 남녀간의 차이는 가부장제에 뿌리를 둔 성체계의 산물이며, 여성억압의 원인이 자본주의와 가부장제의 결합에 있는 것으로 보는 견해이다. 즉, 여성의 억압은 한편으로는 마르크스주의의 지적처럼 계급억압 체계에 기인하지만, 그와 동시에 자본주의와 별도의 물적 기반을 갖는 남성 지배체계로서 가부장제의 규정을 받는다는 것이다.

이 견해가 제시하는 해결방안으로는 ① 여성의 전통적 재생산 역할을 사회화하는 것과 ② 가족에 기반을 둔 가부장적 자본주의 국가의 소멸을 들고 있어서 마르크스주의와 대동소이한 결론을 가지고 있다.

## 2. 여성과 성차

앞에서는 다양한 이론과 근거로서 여성에 대한 차별론을 펴고 있음을 보았으나, 여성에 대한 차별을 극복하기 위해서는 무엇보다 성차를 극복하지 않으면 안 된다고 생각한다. 만약 여성이 남성과 다름없는 존재라고 할 수 있다면 남녀차별을 극복하는 것은 보다 가까워질 수 있을 것이다.

### (1) 성차에 관한 오해와 진실

#### (가) 성차이론

성차(性差)란 남녀가 서로 다르다라고 할 때 무엇이 다른가 하는 것을 합리적인 근거로 밝혀낸 것이다. 따라서 성차란 성적 차별이 아니라, 성적 차이를 말하는 것이다. 예를 들면 남성은 정자를 제공하고, 여성은 난자를 제공하여 임신, 출산을 거쳐 수유를 하여야 한다고 하는 생물학적 성차의 문제가 있는데, 이로부터 남성은 부성(父性)이 문제되고, 여성은 모성(母性)이 문제되는 것이다. 여성과 남성의 성차를 설명하는 이론에는 남녀에게 부과된 진화적 압력으로 생물학적·생득적 성차가 생겼다는 진화론, 해부학적 차이나 양육형태가 남녀의 초기 부모에 대한 정서적·성적 애착 형태의 변화를 나타내며 성차가 발생한다는 정신분석이론, 남녀의 행동에 대한 사회적 반응의 차이로 성차가 발생한다는 사회학습이론, 자기 명칭이나 성별에 대한 인지구조의 차이로 성차가 발생한다는 인지이론, 성별은 환경에 따라 구성되며 본질적 성차는 없다는 사회구성이론, 여성에게는 남성과는 다른 여성의 특성이 존재하며 이는 여성의 시각에서 이해 가능하다는 여성 중심적 관점들이 있다. 이는 모두 생물학적 요소nature와 환경적 요소nurture가 어떤 형태로 인간의 성 유형화에 영향을 어느 정도로 미치는가에 대한 논의라고 할 수 있다.

이러한 성차에 관한 논의는 종래 남성에 비해 여성을 열등한 존재로 치부하고, 사회적으로 그 차별을 하는 것을 당연시하는 근거가 되었다는 점에서 너무나도 왜곡되고, 과장되어 왔다고 할 수 있다.

(나) 성차이론의 전개

서양에서는 본래 18세기까지만 해도 남성과 여성은 같은 존재로 인식되었다고 한다. 이를 단성모형one-sex model이라 하는데, 물론 이 모형에서도 남성은 여성보다 우위의 존재로 생각되었으나, 그 이후의 생각과 같이 본질적인 것은 아니었다고 한다. 18세기 중엽 여성과 남성은 서로 다른 존재라고 하는 이른바 양성모형two-sex model이 나타났는데, 이 이후 특히 프랑스혁명 후 19세기에는 권력과 지위를 둘러싸고 여성과 남성 사이에서 갈등이 일어났다는 것이다. 그 이유는 이 시기에 이르러 신분질서가 무너지기 시작하는 것과 동시에 집단간의 차이를 부각할 필요가 있었고, 그 차이를 설명하는데 있어 이전까지 진리의 기준이었던 초월적 질서나 관습이 아니라, 생물학적 섹스가 불평등한 사회관계를 정당화하는 근거가 되었던 것이다. 그래서 이 시기에 등장하는 남녀간의 차이, 즉 성차는 단순한 다름이 아니라 우월함과 열등함으로 간주되었던 것이다. 결국 사회적 주도권을 잡기 위한 남성과 여성간의 다툼의 결과, 남성이 승리하였고, 그 결과로서 남성은 우월한 존재로, 여성은 열등한 존재로 설명되었던 것이다.

(다) 소위 사냥꾼 이론

이를 설명하는 대표적인 이론 중의 하나가 바로 사냥꾼 이론이다. 즉,

"수 십 만년 또는 그보다 훨씬 이전에 인류의 조상들은 작은 무리를 형성하

여 수렵과 채집을 위주로 생활했다. 이 때는 먹을 것을 구하는 데 있어서 남녀의 차이가 없었을 것이다. 그러던 것이 수 만년 전부터 식생활에 변화가 일어났다.

채식 위주였던 식생활에서 육식의 비중이 커지기 시작했다. 이 때부터 단순한 수렵과 채집에서 사냥을 중심으로 생활 방식도 변화되었다. 보다 많은 고기를 확보하기 위해서 좀 더 큰 동물들을 사냥할 필요가 생기고, 여기서 남성의 역할이 두드러졌다. 사냥을 하기 위해서는 남성들은 거주 지역에서 멀리 떨어진 곳까지 나갈 때가 빈번했다. 반면 여성들은 아이를 돌보고 식사와 의복을 책임지며 거주지역 가까운 곳에서 채집 활동을 했다.

장거리 수렵 여행에는 방향 감각이 필수적이었다. 거주지에서 멀리 떨어진 곳까지 사냥을 떠났다가도 길을 잃지 않고 집으로 돌아올 수 있어야만 하기 때문이다. 또한 사냥에서는 상당한 시간 동안 동물을 추적해야 하기 때문에 튼튼한 체력도 필요했다. 물론 체력만으로는 좋은 사냥꾼이 될 수 없다. 먹이가 되는 동물들이 숨어 있을 때도 찾아내고 돌이나 창으로 먹이를 정확히 맞추는 능력도 필요할 것이다.

사냥하는 인류에 대한 이런 요구는 공간 인지능력과 방향 감각이 뛰어나고, 보다 우수한 체력을 가진 남성이 자연적으로 선택되게 했을 것이다. 그 결과 오늘날처럼 남성들은 여성들보다 우수한 체력과 공간 인지능력을 갖게 되었다. 인류는 평균적으로 남성이 여성보다 월등히 크다. 이와 같은 현상은 침팬지나 고릴라 등 비교적 인간과 가까운 동물들은 물론 많은 동물들에게서 볼 수 있다. 인간의 경우, 신체의 크기를 조절하는 유전자가 남성만이 가지고 있는 Y 염색체 속에 있다는 사실은 이미 오래 전에 밝혀진 사실이다."

이렇듯 성차에 관한 초기의 이론은 남성은 사냥꾼으로, 여성은 채집인으로 설명하고 있다. 그런데 본래 사냥꾼 이론과 채집인 이론은 처음부터 하나의 이론 속에 나타난 것은 아니고, 처음에는 남성의 우월한 지위를 설명하기 위하여 사냥꾼 이론이 나타났던 것이다. 그런데, 이에 대하여 여성의 지위가 단순히 수동적으로 음식물을 공급받는 데 그치지 않고, 스스로 채집활동을 함으로서 생산자의 지위에 선 것, 나아가서 음식물 공급을 통하여 주도권을 가지고 있다는 것을 주장하기 위하여 채집인 이론이 주장되었던 것이다. 현재에는 이 두 이론은 남성은 사냥에 의해 음식물을 공급하고, 여성은 채집에 의해 음식을 공급하여 상호간에 보완적인 기능을 하였을 것이라고 하는 음식물공유가설(飮食物共有假說)에 의해 통합되어 설명되고 있다.

### (라) 성차에 대한 과학적 접근

한편 공간, 수리, 언어능력에 있어서도 성차가 있음이 인정되어 있는데,

일반적으로 남성은 공간, 수리 능력에서 여성보다 우수하고, 여성은 언어능력에서 남성보다 우수한 것으로 알려져 있다. 이 때 공간 인식능력에 있어서 남녀의 성차가 생기는 원인은 남성의 뇌와 여성의 뇌가 다르기 때문으로 알려져 있다. 인간의 뇌는 좌뇌와 우뇌로 분화되어 있어서 각기 담당하는 기능이 다르다는 것이다. 즉 좌뇌는 주로 언어 기능을 담당하고 우뇌는 주로 공간 인식을 담당한다고 한다. 최근에는 뇌의 기능이 분화되는 방법에 있어서 남녀의 차이가 있다는 사실이 추가로 밝혀졌다.

위텔슨S. F. Witelson이라는 학자는 눈으로 보지 않고 손으로 만지기만 해서 물체의 모양을 맞추는 실험을 실시하였는데, 실험 결과 남자아이들은 6살 때부터 왼손의 정답률이 오른손보다 높았다. 한편 여자아이들은 오른손과 왼손의 차이가 없었다. 성인이 되면 여성도 왼손의 정답률이 오른손보다 높지만, 남성보다는 떨어졌다.

이와 같은 실험 결과는 남성이 여성보다 오른쪽 뇌의 능력이 우수하며 남성의 뇌는 여성의 경우보다 빠른 시기에 분화가 일어난다는 것을 의미한다. 왼쪽 뇌는 오른손, 오른 발 등 신체 오른쪽의 지배하고 신체 왼쪽은 오른쪽 뇌가 지배한다는 것을 알려진 사실이다. 또한 남성의 경우는 오른쪽 뇌가 공간 인식 능력을 집중적으로 담당하고 왼쪽 뇌는 언어 기능을 주로 담당한다는 것이다.

이런 사실은 언어 기능과 관련이 깊은 것으로 밝혀진 측두엽(側頭葉)의 크기가 좌뇌 쪽이 훨씬 크다는 것으로 알 수 있다. 한편 여성의 경우는 측두엽 크기에 좌우 뇌의 차이가 작다. 이는 언어 기능이 좌뇌에 집중되어 있지 않다는 뜻이다. 또한 여성의 뇌는 좌우 뇌를 연결하는 교량의 역할을 하는 뇌량(腦梁)Corpus Callosum이 남성보다 발달되어 있다. 이로 미루어, 여성은 양쪽 뇌를 모두 사용하면서 언어 정보를 처리하는 것으로 보인다. 과학자들은 남성은 좌우의 뇌가 공간 인식 능력과 언어 능력을 상대적으로 잘 나누어 담당하고 있는 데 반하여 여성의 경우는 언어 기능을 우뇌에도 분담시키기 때문에, 흔히 말하듯이 공간 인식 능력이 남성보다 떨어지고 대신에 언어 능력은 남성보다 뛰어난 것이라고 설명한다.

결국 이러한 점을 종합하면, 남성과 여성은 성차라는 점에서 분명히 다른 존재이기는 하지만, 그 차이는 양자간에 우열을 논할 수 있는 것은 아니라는 것이다. 즉 여성과 남성은 그 차이점보다는 유사성이 더 많으며 그 차이도 통계학적인 평균적 차이로 절대적 의미는 없다고 할 수 있다는 것이다. 그리고 어떤 실험에서도 성간between sex의 차이보다는 성내within sex의 차이가 더 큰 것으로 나타났다고 한다. 또 그 차이에 영향을 미치는 결정적인 요인은 환경적 요인, 즉 사회 문화적 요인이라고 한다. 이는 인류학자 미드 M. Mead의 연구에서도 나타나듯이 성과 관련된 기질은 자연적이고 생물학적인 것이 아니라 문화적으로 결정된다는 사실을 보여준다.

### (2) 성차의 적극적 승인

앞에서 본 바와 같이 지금까지 성차의 문제는 주로 남성 위주의 사회를 합리화하기 위하여 남성들이 여성들보다 우월하다는 논거로 주장되어 왔다고 할 수 있다. 그러한 이유에서 현재에도 성차의 문제를 부정하려고 하는 견해도 적지 않다. 이러한 견해에 의하면 성차의 문제는 앞으로도 남성과 여성의 차별을 합리화하는 근거로서 이용될 것이며, 성차를 극복하는 길은 성차를 부정하는 길밖에 없다는 것이다. 확실히 성차에 관한 일반적 입장을 고려해보면 그와 같은 입장이 이해되지 못하는 것은 아니다.

#### (가) 성차에 대한 새로운 이해

그러나 우리가 성차의 문제를 적극적으로 제기하는 것은 그와는 좀 다른 생각을 가지고 있기 때문이다. 즉 남성과 여성은 한편으로 인간이라고 하는 점에서 본다면 완전히 동등한 존재이다. 남성이라고 해서 다른 인간이 아니며, 여성이라고 해서 다른 인간이 될 수 없는 것이다. 이는 나이 많은 사람이나 적은 사람, 장애가 있는 사람과 없는 사람, 그리고 지위가 높은 사람과 낮은 사람이 다르지 않는 것과 마찬가지 생각에서 나오는 것이다. 이렇듯 기본적으로 모든 사람은 그냥 “인간”이라고 하는 점에서 동등한 것이다. 이러한 점에서 볼 때 여성과 남성은 그 기본적인 지위에서 누가 높거나 우월하지도 않고, 누가 낮거나 열등하지도 않다. 즉 법적으로 얘기하면 완전히 평등한 존재라는 것이다. 그러면 여기서 성차의 문제는 어떻게 이해해야 할 것인가. 우리는 남성과 여성을 사회생활에 있어서 다만 다소간의 역할의 차이가 있는 동등한 인간으로 본다. 즉 남성과 여성은 생리적으로나 사회적으로 다른 점을 가지고 있는 것은 어쩔 수 없는 사실이고 이것이 바로 성차라는 것이다. 즉 사람이 태어나면서 손재주가 좋은 사람이 있고, 수리계산에 밝은 사람이 있으며, 글을 잘 짓는 사람이 있는가 하면, 그림을 잘 그리는 사람이 있듯이 남성과 여성간에도 이와 같은 기본적인 차이가 있고, 이에 의하여 기본적 역할이 다르다는 것이다.

(나) 남성과 여성은 상호 보완적 존재

그러나 이 성차는 지금까지 그래왔던 것처럼 어느 성이 다른 성보다 우월하다거나 열등하다는 기준으로서 보아서는 안 될 것이다. 왜냐하면 우열의 문제는 아주 단순하게 본다면 적자생존(適者生存)의 원리와도 관련하는 것이기 때문이다. 즉 어떤 개체 사이에 우수한 것과 열등한 것이 있다면 우리는 당연히 우수한 것을 취하고, 열등한 것을 버리게 될 것이다. 만약 남성이 여성보다 우수하다고 할 때, 우리가 이 세상을 남성만으로 채울 수 있을 것인가? 그것은 누가 보더라도 불가능한 일일 수밖에 없다. 이 세상은 남성과 여성이 상호보완적으로 존재하고 활동할 때 발전할 수 있는 것이며, 여기서 누가 상대 쪽에 비해 더 일반적으로 우월하다라고 할 수는 없다는 것이다. 우열의 문제는 각 개체, 즉 개인의 문제이다. 따라서 능력이 우수한 개인과 그렇지 못한 개인은 있을 수 있을지 몰라도, 일반적으로 어느 성이 다른 성보다 우월하다고 할 수 있는 근거는 없다는 것이다.

이렇듯 성차의 문제는 단순히 부정하여야 할 문제가 아니라, 오히려 이를 적극적으로 수용하는 자세가 필요한 시점이 되었다고 본다. 이렇게 함으로써 남성과 여성이 상호 대립적이 아니라, 이 사회의 균형적인 발전을 위하여 서로 보완적으로 협조함으로써 서로간에 이익이 되는 것이며, 이는 우리 인간이 모두 하나의 동등한 존재라는 점에서 볼 때 당연히 가야 할 길이 아닌가 생각하는 것이다.

그러면 여기서 궁극적으로는 양성평등의 문제가 도출되는 것인데, 결국 남녀간의 차별이 없어지면 평등이 실현되는 것이므로 이들은 결국 같은 문제라 할 수 있다.

# 제2절 여성의 법적 평등

## 1. 법적 평등의 검토

### (1) 법적 평등의 필요

#### (가) 법적 측면의 평등

평등은 본래 법적인 개념인가. 그 여부를 논하는 것보다는 우리는 여기서 왜 평등이라는 문제를 법률적으로 접근하지 않으면 안 되는가 하는 문제부터 생각해보아야 한다. 작게 보면 평등의 문제는 사람과 사람간의 문제이다. 불평등하게 대우하는 자와 불평등하게 대우받는 자들. 이는 다시 말하면 누군가에 의해서 A와 B라는 사람이 동등한 가치로 대우받지 못하고 있다는 사실을 의미하는 것이다. 이 때 문제는 A와 B 간의 문제가 아니라, 이들을 불평등하게 대우하는 자와 그에 의하여 타인보다 부당한 대우를 받은 어느 자 사이의 문제인 것이다. 결론적으로 말하면 이는 가해자와 피해자간의 문제이나, 이를 시정하기 위해서는 법률적인 접근을 하지 않으면 안 된다는 점에 평등의 특징적 요소가 있다. 이는 이 문제가 앞에서 본 개인적 문제라는 점도 있지만, 이것이 인간의 역사가 시작된 이래 꾸준히 지속되어온 사회적·제도적 차별에 그 근원이 있다는 점에서 유래한다. 다시 말하면 개인적인 차원에서는 물론, 사회적·제도적인 측면에서도 평등실현을 위해 노력하여야 한다는 것이다. 중요성으로 따지자면 물론 제도적 측면의 노력이 훨씬 중요하다고 할 수 있다. 이는 평등의 문제를 법적으로 평가하지 않으면 안 되는 가장 기본적인 이유이다.

#### (나) 남녀평등 실현의 당위성

이렇듯 남성과 여성 사이에 평등이 이루어져야 하는 이유는 과연 무엇일까. 그것은 성차에 관하여 살펴본 바와 마찬가지로 남성과 여성은 다른 존재가 아니라, 동등한 존재라는 것이 그 이유이며, 이러한 근거에서 법적으로 평등을 실현하도록 하고 있다.

여성은 유사 이래로 남성에 비해 많은 차별을 받아온 것이 사실이다. 이러한 차별을 정당화하기 위하여 성차를 과장하고 왜곡시켜온 견해가 없지 않았던 것도 사실이나, 현대에 있어 이러한 차별은 타당하지 않음이 입증되었다고 할 수 있다. 즉 성차의 문제는 우열의 문제가 아니라, 생리적 내지 역할적 차이에 불과하기 때문이다. 한편 이 문제를 위에서 본 아리스토텔레스의 배분적 평등론에 입각하여 여성과 남성은 본래 차이가 있기 때문에 다르게 대우하는 것은 어쩔 수 없는 일이 아닌가라고 할 수 있을지 모르겠다. 그러나 만약에 남성과 여성간에 차이가 있다고 하더라도, 그것이 단지 남성과 여성이라는 성적 차이 때문이라면 이는 개인적 능력을 무시하고 성별에 의하여 하는 차별이므로 합리적이라 할 수 없는 것이다. 또 현실적으로 이 사회는 어느 하나의 성에 의해서 꾸려져 나갈 수는 없다는 것도 고려하지 않으면 안 된다. 말하자면 남성과 여성이 힘을 합쳐 발전시킬 때에 비로소 균형적인 사회의 발전이 이루어지게 된다는 것이다.

### (2) 법적 평등의 의미

#### (가) 일반적 의미의 평등

법률적으로 볼 때 평등은 무슨 의미인가. 대법원은 이에 관하여 "모든 국민을 절대적으로 평등하게 대우하여야 한다는 것은 아니고, 인간으로서의 존엄성과 인격적 가치에 있어서 평등하며 성별 또는 사회적 신분 등의 차이로 인하여 불이익한 대우를 받아서는 안 된다는 대원칙을 표시한 것으로 불합리한 차별대우를 금지한다는 취지"(대판 1988. 12. 27, 85다카657)라고 하고 있다.

그러나 무엇보다도 평등에 관한 가장 고전적인 정의는 아리스토텔레스 Aristoteles의 평등론에서 찾아야 할 것이다. 그는 평등을 두 가지로 나누어 평균적 평등과 배분적 평등으로 구별하고 있다. 전자는 모든 사람을 어떠한 여건이나 조건, 상황에 불구하고 모두 동등하게 대우하는 것이고, 후자는 합리적 기준에 따라 그 조건에 걸맞은 대우를 함으로써 결과적으로 평등하게 하는 것을 말한다. 아리스토텔레스의 평등론은 평등실현에 대한 방법론적 측면을 강조한 접근이라고 할 수 있을 것인데, 위의 대법원 판례는 남녀평등의 문제를 배분적 평등의 문제로 인식하고 있는 듯하다.

#### (나) 평등사상의 변천

평등이라는 측면에서 남녀차별을 본다면 남녀차별이 역사적으로 이루어져 왔다고 할 때, 종래 여성들의 지위는 불평등한 것이었다고 할 수 있을 것이다. 그런데 르네상스 시대에 이르러 여성 해방의 문제가 제기되었으나, 이는 적극적으로 여성들을 사회적 내지 신분적 속박으로부터 해방하여 실질적 평등을 이루고자 한 것이 아니라, 단지 여성들을 종교적 구속에서 해방하여 자유연애의 대상으로 하고자 하는 것뿐이었다. 따라서 여성들에 대해 불평등한 대우를 하는 것에 대해 의문을 가지지 않았으며, 사회적으로 당연시되었다. 예컨대 루소J. J. Rouseau가 자유·평등·독립을 주창하였을 때 그 대상으로 되는 것은 가장인 남성들뿐이었고, 여성들을 불평등하게 대우하는 것은 자연법에 적합한 것으로 간주되었다.

이후 산업혁명에 의해 산업이 발전하자 자연히 노동문제가 대두되었고, 이 시기에 남성들과 더불어 독립된 경제활동주체로 활동하고 있었던 여성들에 대한 의식의 변화가 생기게 되었다. 여성들 스스로도 노동자 의식이 싹텄고, 또 사회운동가들에 의해 여성의 인권과 평등권이 주장되었다.

그럼에도 불구하고 처음에 여성들에게 부여되었던 평등권은 기회의 평등을 내용으로 하는 형식적·추상적 평등에 지나지 않았다. 형식적 평등이란 사람의 개인차를 무시하고 기계적으로 평등하게 대우하여야 한다는 것이다. 이른바 아리스토텔레스의 평균적 평등에 상당하는 것이라 할 수 있다. 그런데 이는 기존의 불평등한 지위를 극복할 수 없는 것으로서 결과적으로 불평등을 심화시키는 것으로 인식되었다. 이에 아리스토텔레스의 배분적 평등에 상당하는 것으로 보이는 실질적 내지 결과적 평등의 도입이 이루어졌다. 이에 의하여 평등한 사람은 평등하게, 불평등한 사람의 경우는 결과적으로 평등하게 되도록 대우할 수 있게 되어 평등사상이 한 단계 발전하였다.

이러한 사상은 1919년 바이마르Weimar 헌법에 도입된 이래, 각국 헌법에 전파되었다.

#### (다) 평등과 남녀차별

양성간의 평등원칙을 위반한 것이 바로 남녀차별이라 할 것이다. 「남녀차별 금지 및 구제에 관한 법률」 제2조는 "남녀차별이라 함은 정치적·경제적·사회적·문화적 생활의 모든 영역에서 인간으로서의 기본적 자유를 인식·향유하거나 권리를 행사함에 있어서 합리적인 이유 없이 성별을 이유로 행하여지는 모든 구별·배제 또는 제한을 말한다"고 규정하고 있다. 한편 「UN 여성차별철폐협약」 제1조는 남녀차별을 "정치적, 경제적, 사회적, 문화적, 시민적 또는 기타 모든 분야에 있어서 혼인 여부와 관계없이 남녀동등의 기초 위에서 인권과 기본적 자유를 인식, 향유 또는 행사하는 것을 저해하거나 무효화하는 효과 또는 목적을 가지는 성에 근거한 모든 구별distinction, 배제exclusion, 또는 제한restriction을 의미한다"라고 정의하고 있다.

결국 이러한 차원에서 법적 평등을 위반하거나, 남녀차별을 하게 되면 이는 위법하게 되는 것이다.

### (3) 남녀평등의 실천

#### (가) 평등실현의 방법

**가) 차별대우의 금지** 일반적인 평등이라고 하면 앞에서 본 차별의 금지에 의하여 이루어질 수 있을 것이다. 헌법이 규정하고 있는 평등실현의 방법도 이와 같은 내용으로 구성되어 있다. 이 방법은 헌법 외에도 근로기준법, 남녀고용평등법 등 앞에서 본 각종 법규에서 가장 일반적으로 이용하는 방법으로서 가장 무난한 것으로 알려져 있다. 그러나 이 방법은 이는 차별을 금지함으로써 장래에 발생할 수 있는 불평등의 요소를 제거하여 평등을 실현하려고 할 뿐, 이미 발생한 과거의 불평등에 대해서는 시정할 수 없는 한계가 있다.

**나) 적극적 우대조치**affirmative action 과거의 차별에 의해 이미 불평등이 발생하였을 때에는 적극적으로 그 피해자인 약자에 대해 우대조치를 취하지 않으면 궁극적으로 평등실현은 불가능하다. 물론 이 방법은 능력위주의 기회균등 사상을 부정하는 것은 아니고, 잠정적으로 약자가 불평등에서

벗어날 때까지만 우선적 처우preferential treatment를 취함으로써 이와 같은 역차별을 통하여 궁극적으로 평등한 지위를 실현하고자 하는 것이다.

**다) 할당제** 할당제는 기존의 차별을 제거하기 위하여 일정한 비율에 이르기까지 약자에 대한 우대조치를 실현하여 평등을 실현하고자 하는 것이다. 여성들이 가부장제적 사회구조로 인하여 차별대우를 받아왔다는 현실을 감안하여, 특정 비율에 이르기까지 우선적으로 채용하여야 하는 제도가 추진되어 있다. 여기에 속하는 것으로는 현재 정당이 비례대표제 국회의원 내지 지방자치의회 의원의 선거후보자를 추천할 때 일정비율을 여성으로 추천하여야 한다는 이른바 비례대표제 의원후보 할당제가 있다. 다만 이 제도는 강제적으로 할당을 하도록 하고 있어서 헌법상의 평등규정 위반이라는 반론이 있다.

(나) 남녀평등 실천기관

남녀평등을 달성하기 위하여 정부에는 여성정책을 기획·종합하고, 여성의 인적 자원을 개발하며, 가정폭력·성폭력 방지 및 피해자 보호, 남녀차별의 금지·구제 등 여성의 권익향상과 남녀평등사회를 이루기 위한 중앙행정기관으로 종전의 여성특별위원회와 보건복지부의 일부 사무를 승계한 여성부가 설치되어 많은 활동을 하였으나, 여성부는 기존의 남녀평등사무가 인권위원회로 이관됨에 따라 여성가족부(女性家族部)로 개편되어 있다. 이와 함께 여성문제에 대한 종합적인 연구를 수행하고, 여성정책 및 여성능력 개발, 여성정보 제공을 통하여 여성의 사회참여·복지증진 및 여성과 국가발전에 이바지함을 목적으로 하는 한국여성개발원(韓國女性開發院)이 설립되어 있다.

제 **2** 편

# 여성과 헌법상의 기본권

제 **1** 장

# 기본권의 의의와 종류

인권 또는 인간의 권리란 인간이기에 당연히 갖는 권리를 말한다. 이러한 인권의 개념은 계몽주의적 자연법론과 천부인권론 등에서 사상적 기초를 둔 것으로써 18세기에 들어서서 형성되었으며, 버지니아 권리장전이나 프랑스 인권선언에서 최초로 성문화되었다. 이렇게 인권 또는 인간의 권리로 표현된 것을 바이마르 헌법(1919년)과 독일 기본법(1949년)에서는 기본권이라는 말로 사용하고 있다. 우리 헌법도 기본권이라고 표현하고 있으며, 헌법이 보장하는 국민의 기본적인 권리라고 이해하면 된다.

## 1. 인간으로서의 존엄과 가치

모든 국민은 인간으로서의 존엄과 가치를 가지며, 국가는 개인이 가지는 불가침의 기본적 인권을 확인하고 이를 보장할 의무를 진다.

헌법 제10조에서 "모든 국민은 인간으로서의 존엄과 가치를 가지며, 국가는 개인이 가지는 불가침의 기본적 인권을 확인하고 이를 보장할 의무를 진다"고 규정하여 인간이 인간으로서의 존엄과 가치의 소유자임을 확인함과 동시에 국가에 일정한 의무를 부과하고 있다.

인간으로서의 존엄과 가치는 인간이 이성적 주체로서 인격의 주체가 될 수 있다는 데에 그 존귀한 가치가 있는 것이므로 인간으로서의 존엄성이라는 것은 인간의 본질로 간주되는 인격성 내지는 인격주체성을 의미한다.

인간으로서의 존엄과 가치를 규정한 헌법 제10조는 구체적인 주관적 권리를 보장한 것이 아니고, 다른 모든 기본권의 전제가 되는 기본원리이며, 모든 기본적 인권의 이념적 출발점 내지 최고의 헌법원리이며 다른 기본권의 가치적 전제가 되는 객관적 원리로 보고 있다.

## 2. 행복추구권

우리 헌법은 모든 국민은 행복을 추구할 권리를 가진다고 하여 행복추구권을 규정하고 있다. 1980년 헌법에서 행복추구권이 신설된 이후 현행법에서도 이를 계승하고 있다.

헌법 제10조에서 규정하고 있는 행복추구권 중 행복의 개념은 역사적 조건이나 때와 장소에 따라 서로 다른 의미로 이해되는 다의적 개념이고, 다분히 주관적인 것이다. 요컨대 행복추구권이라 함은 고통이 없는 상태, 만족감을 느낄 수 있는 상태를 실현할 수 있는 권리라고 할 수 있다.

헌법재판소에 의하면 헌법 제10조의 행복추구권은 국민이 행복을 추구하기 위하여 필요한 급부를 국가에 적극적으로 요구할 수 있는 것을 내용으로 하는 것이 아니라 국민이 행복을 추구하기 위한 활동을 국가권력의 간섭 없이 자유롭게 할 수 있다는 포괄적인 의미의 자유권으로서의 성격을 가진다(헌재결 2000. 6. 1, 98헌마216). 이처럼 행복추구권을 포괄적인 기본권으로 이해한다면 그 내용도 다양할 수밖에 없다. 즉 행복추구권의 구체적 내용으로서는 프라이버시권(사생활의 비밀과 자유), 환경권, 생명권, 신체를 훼손당하지 않을 권리, 인격권, 일조권, 수면권 등이다.

**사 례 2-1** **간통죄는 행복추구권을 침해하는가**

변호사인 甲은 간통혐의로 1심에서 징역 8월을 선고받은 뒤 항소했다. 그는 미혼자들의 혼전동거 등은 처벌하지 않으면서, 기혼자의 혼외정사를 금지하고 이를 형사처벌의 대상으로 한 관련규정은 남녀간의 사랑을 규제한 것으로 국민의 행복추구권과 사생활 보호권을 침해한다고 주장하는데?

**해설** 헌법재판소의 결정에 의하면 "선량한 성도덕과 일부일처주의 혼인제도의 유지 및 가족생활의 보장을 위해서나 부부간의 성적 성실의무의 수호를 위하여, 그리고 간통으로 인하여 야기되는 사회적 해악의 사전예방을 위하여 간통행위를 규제하고 처벌하는 것은 성적 자기결정권의 본질적 내용을 침해하여 인간으로서의 존엄과 가치 및 행복추구권을 부당하게 침해하는 것은 아니다"(헌재결 1990. 9. 10, 89헌마82)라고 한다.

## 3. 평 등 권

### (1) 평등권의 의의

평등권이란 국가에 대하여 평등한 취급을 받을 권리를 의미한다. 평등권은 모든 국민에게 모든 생활영역에서 균등한 기회를 보장해 주는 것을 내용으로 하며, 어떠한 자의적인 공권력의 발동도 용납되지 않는다.

오늘날에는 국가에 의한 기본권의 침해보다 기업이나 단체 등 사인에 의한 침해가 점차 증대하고 있는데, 이것이 기본권의 대사인적 효력의 문제이다. 국내의 통설은 간접효력설(間接效力說)인데, 이는 원칙적으로 헌법상의 기본권 규정이 사법질서에서 직접적으로 적용될 수는 없고, 기본권은 사법의 일반조항이라는 매개수단을 통하여 간접적으로 사인상호간에도 적용될 수 있다고 보는 견해이다.

헌법은 “모든 국민은 법 앞에 평등하다. 누구든지 성별 · 종교 또는 사회적 신분에 의하여 정치적 · 경제적 · 사회적 · 문화적 생활의 모든 영역에 있어서 차별을 받지 아니한다”(제11조 1항)고 규정하고 있다. 법 앞의 평등이란 법을 정립하거나, 법을 집행하거나, 법을 적용하는 데 있어서 불평등해서는 안 된다는 것으로서, 입법 · 사법 · 행정기관을 구속한다.

평등의 개념과 관련하여 절대적 평등설(평균적 정의)은 모든 사람에게 모든 경우에 무차별적으로 균등하게 다루어야 한다고 하지만, 상대적 평등설(배분적 정의)은 모든 사람에게 평등하게 대우하되, 정당한 이유가 있거나 합리적인 근거가 있는 불평이나 차별은 허용된다고 한다. 평등은 이미 오래전부터 ‘같은 것은 같게, 다른 것은 다르게’ 취급하는 것으로 이해되어 왔으며, 오늘날 평등의 관념도 상대적 평등으로 이해되고 있다. 따라서 합리적 차별, 즉 여성과 연소자에 대한 근로의 배려(야간 · 휴일근로의 금지, 유해 · 위험사업에의 사용금지, 갱내근로의 금지), 성적순으로의 입학, 누범자의 가중처벌 등은 합리적 차별이므로 평등권에 위배되지 않는다.

**사 례 2-2**

### 결혼퇴직제는 평등권의 침해인가

저는 대학을 졸업하고 A중소기업에 입사를 하였습니다. 그런데 A기업의 취업규칙에는 "여직원이 결혼하면 퇴직한다"고 규정되어 있었기 때문에 저도 "결혼할 때에는 퇴직한다"는 각서를 썼습니다. 여기에 서약하지 않으면 취업되지 않을 것을 염려하였기 때문입니다. 후에 제가 결혼을 하였지만 퇴직을 하지 않자 A기업은 저를 해고하였습니다. 이런 경우 구제를 받을 수 없나요?

**해설** 헌법 제11조에 의하면 모든 국민은 법 앞에 평등하고, 누구든지 성별에 의해 차별 받지 아니한다고 규정하고 있다. 그러나 여성근로자들은 일반적으로 근로능력이 떨어지고 특히 결혼을 하면 업무수행능력이 더욱 저조해진다는 사회적 편견 때문에 직장에서 관행적으로 차별대우를 받아왔다. 이에 정부는 1987년 '남녀고용평등법'을 제정하여 근로자의 모집이나 채용에 있어서 여성에게 남성과 평등한 기회를 주어야 하고 승진·정년·해고 등에서도 여성이라는 이유로 남성과 차별하지 못하도록 하였다.

위 사례의 경우 먼저 헌법적 논의를 보면, 입사 당시에 제출한 결혼퇴직제의 서약서는 남녀평등을 규정한 헌법에 위반되며, A기업의 취업규칙 및 취업시 작성한 각서는 민법 제2조(신의성실의 원칙)와 제103조(사회질서에 반하는 법률행위)에 해당되어 위법·무효이다. 실정법적으로 보면, 근로기준법 제5조(균등처우), 남녀고용평등법 제7조와 제11조에 따라서 입법적으로 해결되어 있다. 즉 근로기준법 제5조의 위반으로 500만원 이하의 벌금에 처해지는(근로기준법 제115조 1호) 한편, 남녀고용평등법은 "사업주는 여성근로자를 모집·채용함에 있어서 모집·채용하고자 하는 직무의 수행에 필요로 하지 아니하는 용모·키·체중 등의 신체적 조건, 미혼조건 그 밖에 노동부령이 정하는 조건을 제시하거나 요구하여서는 아니"되며(제7조 제2항), "근로여성의 혼인, 임신 또는 출산을 퇴직사유로 예정하는 근로계약을 체결하여서는 아니된다"(제11조 제2항)고 규정하고 있고, 이를 위반한 경우 500만원 이하의 벌금 내지 5년 이하의 징역이나 3천만원 이하의 벌금에 처하도록 되어 있다(제37조).

## (2) 여성채용목표제·양성평등채용목표제

### (가) 여성채용목표제

종래 차별을 받아온 여성의 공직임용을 확대하여 실질적으로 평등을 실현하기 위하여 여성채용목표제를 도입하여 시행하였다. 이는 직급별로 최고 30%를 여성에게 할당하도록 한 제도로서 1996년에 도입되어 2002년 말까지 시행되었다. 그 내용은 여성의 공무원 임용기회를 확대하기 위하여 필요하다고 인정하는 경우에 한시적으로 여성이 시험실시단계별로 선발예정인원의 일정비율 이상이 될 수 있도록 선발예정인원을 초과하여 여성을 합격시키는 제도였으나, 이것이 여성의 공직사회 진출에 긍정적 역할도 한 반면, 일부에서 성차별과 역차별의 문제점이 제기되어 양성평등채용목표제로 전환되었다.

(나) 양성평등채용목표제

1996년부터 도입하여 시행되었던 여성채용목표제의 적용이 2002년에 종료됨에 따라, 2003년부터 새로 도입하기로 한 "양성평등채용목표제"는 공무원 채용 시험에서 남성 또는 여성 합격자 수가 일정 채용목표 비율에 미달할 경우, 선발예정 인원을 초과하여 남성 또는 여성을 추가로 합격시키는 제도이다. 여성채용목표제는 여성의 공직참여기회 확대와 여성의 사회 진출을 활성화하는 데 많은 기여를 한 것으로 평가되고 있으나, 2000년부터 제대 군인에 대한 가산점이 폐지되어 공직 진입 여건이 남녀 모두에게 평등한 상태에서 여성채용목표제의 실시는 남성에 대한 역차별이라는 주장이 남성 수험생을 중심으로 지속적으로 제기되어 왔으며, 일부 모집 단위에서는 여성 합격률이 70%를 초과하는 현상도 나타나기 시작하였다. 이에 따라 각계의 의견 수렴을 거쳐 그 동안 제기된 문제점을 보완하고 공무원 채용을 둘러싼 환경 변화에 적극 대처하기 위하여 2003년부터 "양성평등채용목표제"를 도입하였다.

**사 례 2-3** **양성평등채용목표제와 평등권침해여부**

군을 제대한 甲은 7급 공무원시험에 응시하였으나, 불합격하였다. 그런데 같은 점수를 받은 여성 乙은 공무원임용시험령(제20조 1항)에 규정된 양성평등채용목표제에 의해 초과정원으로 합격한 사실을 알게 되었다. 이에 甲은 동 규정이 자신의 평등권과 공무담임권을 침해하는 위헌적인 법령이라고 하면서 헌법소원을 제기하였는데 어떠한가?

**해설** 공무원임용시험령은 대통령령으로서 법규명령이고 법규명령에 의하여 직접 기본권이 침해될 때에는 헌법소원심판청구의 대상이므로 공무원임용시험령(제20조 1항)은 헌법소원심판대상이다. 따라서 甲의 헌법소원심판제기는 적법하다. 다만 평등권침해와 관련하여 헌법재판소의 비례원칙에 의한 심사척도에 의해 판단하면 어느 한 성의 공무원임용기회를 확대하여 실질적인 양성평등을 실현하고자 하는 입법목적은 정당하며, 이러한 입법목적달성에 양성평등채용목표제는 적합한 수단으로 볼 수 있고, 또한 양성평등실현이라는 공익은 중대한 공익임에 반해 이로 인해 합격점수에

도달하지 못한 어느 한 성이 채용목표제의 혜택을 받아 정원외로 합격하는 다른 성과 달리 불합격한다는 사익침해는 크지 않아 법익의 균형성에 반하지 않으므로 甲의 평등권을 침해하지 아니한다. 그리고 어느 한 성의 공무원임용기회를 확대하여 공직사회에서 실질적인 양성평등을 실현하고자 하는 것은 공공복리를 위한 정당한 입법목적으로 인정되므로 甲의 공무담임권을 침해하지도 아니한다. 따라서 이 사안에서 양성평등채용목표제는 甲의 평등권 및 공무담임권을 침해하지 않는 것으로 헌법에 위반하지 않는다.

## 4. 신체의 자유

신체의 자유는 정신적 자유와 더불어 인간의 생존을 위한 가장 중요한 기본권의 하나이다. 신체의 자유란 신체의 보전 및 활동의 자유를 의미하며, 헌법은 신체의 완전성과 신체활동의 임의성을 보호하기 위하여 인신(人身)에 관한 기본권을 보장하고 있다.

헌법은 "모든 국민은 고문을 받지 아니하며, 형사상 자기에게 불리한 진술을 강요당하지 아니한다"(제12조 2항)고 규정하고 있는데, 이를 불리한 진술거부권 또는 묵비권이라 한다.

이는 형사상 자기에게 불이익이 될 수 있는 경우이므로 민사나 행정상 불이익이 되는 경우는 제외되며, 자기의 불이익이 되어야 하므로 친구, 친척들에게 불이익이 되는 경우까지 포함하지는 않는다.

## 5. 거주이전의 자유

헌법은 "모든 국민은 거주·이전의 자유를 가진다"라고 규정하여, 거주이전의 자유를 보장하고 있다(제14조). 거주이전의 자유란 자기가 원하는 곳에 주소나 거소를 설정하거나 그것을 이전할 수 있고, 자기의사에 반하여 주거지를 옮기지 않을 자유를 의미한다.

거주이전의 자유는 자유롭게 주소와 거소를 정하면서 생활관계를 형성해 나가고 경제활동을 펴 나갈 수 있는 경제적 기본권의 성격을 가진다. 거주이전의 자유에는 국내거주이전의 자유 및 해외거주이전의 자유를 포함한다.

## 6. 재산권의 보장

18세기에 개인의 재산권은 신성불가침의 권리로 인정되었고, 이는 계약자유의 원칙과 더불어 자본주의 경제질서의 원동력이 되었다. 그러나 20세기에 들어와서는 자본주의의 발전에 따른 폐해로 빈부의 격차가 심해지게 되는 등 모순을 초래하여 수정을 받지 않을 수 없게 되었다. 즉 근대 자본주의 경제질서는 빈부의 격차 및 무산대중의 확대를 가져와 사회문제가 일어나게 되자 재산권의 신성불가침성 내지는 절대성의 원칙은 수정을 받게 되었다. 우리 헌법 제23조도 이러한 취지에서 재산권을 보장하고 있다. 즉 재산권의 내용과 한계는 법률로써 정해지고 그 행사는 공공복리에 적합해야 하는 공의무를 수반하는 것이다. 그리고 공공필요에 의해 재산권을 수용·사용 또는 제한할 수 있으나 이 때에는 정당한 보상을 하여야 한다.

## 7. 사생활의 비밀과 자유

과거에는 사생활의 비밀과 자유는 당연한 것으로 인정되었기에 이에 대한 보호요구가 적었으나, 현대에는 사생활이 공개되는 경향이 많아지면서 사생활의 비밀보장이 요구되었다.

사생활의 비밀과 자유는 개인의 프라이버시privacy권으로서 인격권의 일종이며 인간의 존엄과 불가분의 관계에 있다.

### (1) 사생활의 비밀

**사 례 2-4** **몰래카메라**

저는 약혼한 남자와 비디오방에 놀러갔다가 몰래카메라에 찍히는 바람에 음란비디오의 여주인공이 되어버렸습니다. 이러한 경우 어떠한 법적 대응이 가능할까요?

**해설** 사생활의 비밀이란 사생활의 내용을 부당히 공개당하지 아니할 권리를 의미한다. 개인적인 호기심으로 불특정 다수가 몰리는 백화점 탈의실이나 공중화장실 등에 몰래카메라를 설치하여 이를 비디오로 유포시키는 일이 종종 일어난다. 특히 최근 사회적 문제를 야기시킨 O양 비디오 사건, B양 비디오 사건이 대표적인 사생활침해에 해당된다.

국가권력에 의한 침해의 경우는 손해배상, 청원, 관계공무원의 징계를 통해 구제 받을 수 있고, 사인의 침해인 경우는 원인배제, 손해배상, 정정요구 등으로 구제 받을 수 있다.

위 사례의 경우 헌법적 측면에서는 기본권의 대사인적 효력에 의해 명백한 사생활의 침해(초상권침해)이므로 손해배상 및 정신적 고통에 대한 위자료청구가 가능하다. 한편 실정법적 측면에서는 「성폭력범죄의 처벌 및 피해자보호 등에 관한 법률」은 몰래카메라로 타인의 신체를 촬영한 사람에 대해서는 5년 이하의 징역이나 1천만원 이하의 벌금에 처한다고 규정하고 있고, 형법에 의하면 음란물을 제조, 소지, 반포한 사람에게는 1년 이하의 징역 내지 500만원 이하의 벌금에 처해진다(형법 제243조, 제244조).

### (2) 사생활의 자유

**사 례 2－5**

**낙태처벌이 사생활의 자유에 위배되는가?**

甲은 남편이 해외지사에 1년 동안 파견근무를 하는 사이에 乙과 간통을 하여 임신을 하게 되었고, 임신 3개월만에 산부인과에서 낙태수술을 받았다. 甲의 낙태행위는 모자보건법상의 위법성조각사유에 해당하지 않으므로 甲은 형법 제269조 제1항에 의해 낙태죄로 기소되었다. 그리하여 甲은 낙태죄의 처벌은 헌법 제17조에서 보장하고 있는 사생활의 자유에 위반하여 위헌이라고 주장하였는데, 과연 이 주장은 정당한가?

**해설** 위 사례는 태아에게 기본권 주체성을 인정할 수 있는가 하는 점과 태아의 생명권과 임산부의 낙태의 자유가 충돌하는 경우가 문제된다.

헌법에서 생명권에 대한 명문의 규정은 없으나, 헌법 제10조에서 그 근거를 구할 수 있고, 인간의 생명은 출생으로부터 시작하는 것이 아니라 수정 후 모체의 자궁에 착상한 이후 연면하게 이어지는 일련의 과정이며, 출생도 이러한 성장의 한 과정이므로 임신기간에 상관없이 태아도 생명권의 주체가 된다.

그리고 태아의 생명권과 임산부의 낙태의 자유권이 충돌하는 경우, 생명권은 절대적인 기본권이며 생명의 박탈은 본질적 내용의 침해에 해당하기 때문에 이익형량의 원리에 따라 태아의 생명권이 우선한다. 따라서 정당한 사유가 없다면 낙태를 처벌하는 것은 정당하다.

## 8. 양심의 자유

헌법은 제19조에서 "모든 국민은 양심의 자유를 가진다"고 규정하고 있는데, 여기서 양심이란 세계관 · 인생관 · 신조 등은 물론 이에 이르지 아니하여도 보다 널리 개인의 인격형성에 관계되는 내심에 있어서의 가치적 · 윤리적 판단도 포함된다고 볼 것이다.

양심은 인간의 윤리적 · 도덕적 영역에 관한 문제인 점에서(윤리적 측면), 인간과 사물의 본성에 관한 고차원적이고 형이상학적인 인식과 이해를 바탕으로 하는 신앙(종교적 측면)과 구별된다. 한편 이데올로기는 논리적인 측면의 사고인 점에서, 윤리적 측면의 양심과 구별된다.

## 9. 종교의 자유

헌법 제20조는 "모든 국민은 종교의 자유를 가진다. 국교는 인정되지 아니하며, 종교와 정치는 분리된다"라고 하여 종교의 자유를 선언하고, 아울러 국교의 부인과 정교분리를 규정하고 있다.

종교의 자유의 내용에는 ① 소극적으로는 신앙의 문제에 관하여 외부로부터 강제를 받지 아니하는 자유를 의미하고, 적극적으로는 자신의 종교적 확신을 자유로이 외부에 표명할 수 있는 자유를 의미하는 신앙의 자유, ② 예배 · 기도 · 축전 기타 종교적 의식에 참가 및 불참가할 자유, 종교를 위하여 선전 또는 교육을 하는 행위의 자유를 의미하는 종교적 행위의 자유, ③ 종교적 집회 및 결사의 자유를 포함한다.

**사례 2-6** **母가 종교상의 신념으로 수혈을 거부하여 자식이 죽었다면**

특정 종교의 신도인 어머니가 종교상의 신념 때문에 의사가 최선의 치료방법으로 권유한 수혈을 거부하고 방해하여 그 딸이 사망하였다. 이런 경우에 종교의 자유를 이유로 처벌받지 않을 수 있는가?

**해설** 위 사례의 경우 대법원에 따르면, 특정 종교의 신도인 어머니가 종교적 신념 때문에 딸에게 수혈을 거부하고 방해하여 그 딸이 사망한 경우 유기치사에 해당한다고 하였다(대판 1980. 9. 24, 79도1387).

생명권과 종교의 자유권이 충돌하는 경우, 생명권은 절대적인 기본권이며 생명의 박탈은 본질적 내용의 침해에 해당하기 때문에 이익형량의 원리에 따라 딸의 생명권이 우선한다.

## 10. 언론 · 출판의 자유

언론 · 출판의 자유라 함은 자기의 사상이나 지식을 언어나 문자 등으로 외부에 표현하는 자유를 말한다. 언론이란 토론, 담화, 연설, 연극, 방송, 영화 등 구두를 통한 표현을 말하고, 출판이란 문서, 도서, 사진, 조각 등 문자나 형상을 통한 표현을 말한다.

언론 · 출판의 자유는 의사의 표명 및 전달의 자유와 알 권리, 언론매체에 대한 이용접근권Access권 등을 그 내용으로 한다. 알 권리라 함은 의사형성을 위하여 필요한 정보에 접근 · 수집 · 처리할 수 있는 자유이며, 의견의 표현 및 전달의 자유가 주는 쪽의 자유라면 알 권리는 주로 받는 쪽의 자유를 말한다. 알 권리의 핵심은 정부가 보유하고 있는 정보에 대한 국민의 알 권리, 즉 국민의 정부에 대한 일반적 정보공개를 구할 권리에 있다.

언론 · 출판은 타인의 명예나 권리 또는 공중도덕이나 사회윤리를 침해해서는 안 된다(제21조 4항). 따라서 언론 · 출판이 청소년 교육에 역행하거나 음란하거나 외설적이거나, 공산주의를 찬양하는 등의 내용이어서는 안 된다.

## 11. 학문의 자유

학문의 자유라 함은 진리탐구의 자유로서 학문적 활동에 대한 어떠한 간섭이나 방해를 받지 아니할 자유를 의미한다. 이는 단순히 진리탐구의 자유에 그치지 않고, 탐구한 결과에 대한 발표의 자유 내지 가르치는 자유 등을 포함한다.

## 12. 참 정 권

참정권이란 국민이 국가기관의 구성원으로서 국정에 참여하는 권리로서 정치적 기본권이라고도 한다. 참정권은 민주정치하에서 국가기관을 구성하고 국가의사를 형성하며, 국민의 의사를 국정에 반영시킬 수 있는 권리이다.

참정권에는 직접참정권과 간접참정권이 있는데, 전자는 국민이 국가의 의사형성에 직접 참여할 수 있는 권한을 말하며, 이에는 국민표결권(제72조)이 있다. 후자는 국민이 국가기관의 형성에 참여하거나 국가기관의 구성원으로서 선임될 수 있는 권리를 말하며, 이에는 선거권, 공무담임권 등이 있다.

## 13. 근로의 권리 및 인간다운 생활을 할 권리

생존권적 기본권이라 함은 국민의 인간다운 생활을 하기 위한 제 조건을 국가에 대하여 청구할 수 있는 권리를 말한다. 현대에서 생존권은 개인에게 최저한도의 생활보장을 목적으로 하는 국가권력의 적극적 관여로 보장되는 것이다. 이러한 점에서 국민의 자유를 확보하기 위하여 국가권력의 불간섭을 요구하는 자유권적 기본권과 구별된다.

근로기본권은 근로자를 개인의 차원에서 보호하기 위한 근로의 권리(제32조)와 근로자들의 집단적 활동이나 노동조합의 활동을 보장하기 위한 근로3권(제33조)을 포함하는 개념이다. 여기서 근로의 권리란 근로자가 자신의 의사·능력에 따라 근로의 종류나 내용 및 장소 등을 선택하여 근로관계를 형성하고, 타인의 방해를 받지 않고 근로관계를 계속 유지하며, 근로의 기회를 얻지 못한 경우에는 국가에 대하여 근로의 기회를 제공해 줄 것을 요구할 수 있는 권리를 말한다.

헌법 제34조에 의하면 "모든 국민은 인간다운 생활을 할 권리를 가진다. 국가는 사회보장·사회복지의 증진에 노력할 의무를 진다"고 규정하여 국민에게는 사회보장 수급권을 보장하고 국가에게는 사회보장증진에 대한 의무를 부과하고 있다.

제 2 장
# 헌법재판

헌법재판이란 헌법을 운용하는 과정에서 헌법의 규범내용이나 기타 헌법 문제에 대한 다툼이 생긴 경우에 이를 유권적으로 해결함으로써 헌법의 규범적 효력을 지키고 헌정생활의 안정을 유지하려는 헌법의 실현작용을 말한다.

협의의 헌법재판은 위헌법률 심판제도를 의미하지만, 광의의 헌법재판은 위헌법률심판뿐만 아니라 탄핵심판, 정당해산심판, 권한쟁의심판, 헌법소원심판 등을 총칭한다.

## 제 1 절 헌법소원

### 1. 의 의

헌법소원이란 헌법에 위반하는 공권력의 행사 또는 불행사로 말미암아 헌법상 보장된 자신의 기본권이 직접 또는 현실적으로 침해당한 자가 헌법재판소에 당해 공권력의 위헌심사를 청구하여 기본권을 구제받는 제도로서, 국민의 기본권을 보호하기 위한 핵심적인 제도이다. 즉 모든 국민은 자신의 기본권이 공권력에 의해 침해된 경우 먼저 일반법원이나 행정심판 등과 같이 법률이 정해 놓은 방법에 의해 침해된 권리를 구제받을 수 있다. 그러나 이러한 방법으로는 충분한 구제를 받지 못한 경우나 권리구제가 불가능한 경우에는 헌법재판소에 헌법소원을 제기하여 심판을 받을 수 있다.

헌법소원은 개인의 주관적인 기본권을 보장하는 기본권 보장기능과 위헌적인 공권력의 행사를 통제함으로써 객관적 헌법질서를 수호하는 헌법질서 보장기능을 수행한다.

## 2. 심판절차

### (1) 소원의 신청과 심리

헌법소원심판을 청구하고자 하는 자는 헌법소원심판청구서를 복본 2부와 함께 제출하여야 한다. 동 청구서에는 헌법재판소법 제71조 제1항에 규정된 사항을 기재해야 된다. 이 청구서에는 청구인 및 대리인의 표시, 침해된 권리, 침해의 원인이 되는 공권력의 행사 또는 불행사, 청구이유, 기타 필요한 사항을 기재해야 한다.

헌법소원심판절차에 있어서 당사자는 변호사를 대리인으로 선임하지 아니하면 심판청구를 하거나 심판수행을 하지 못한다(변호사강제주의). 한편 헌법재판소는 헌법소원과 관련하여 남소(濫訴)로 인한 부담을 조절하기 위하여 공탁금 납부명령제와 지정재판부에 의한 사전심사제를 규정하고 있다(헌법재판소법 제37조 2항, 제72조).

헌법소원심판은 서면심리를 원칙으로 하는데, 재판부가 필요하다고 인정하는 때에는 변론을 열어 당사자 등의 진술을 들을 수 있다. 심판의 변론과 결정의 선고는 공개한다(동법 제34조).

### (2) 소원에 대한 심판

전원재판부가 심리를 마친 때에는 종국결정을 한다. 이 종국결정에는 심판청구가 부적법한 경우에 하는 각하결정, 심판청구가 이유 없는 경우에 하는 기각결정, 그리고 심판청구가 이유 있는 경우에 하는 인용결정이 있다. 인용결정을 하는 경우에는 7인 이상의 출석에 6인 이상의 찬성이 있어야 한다.

헌법재판소는 공권력이 기본권을 침해한 것으로 확인된 경우에는 기본권 침해의 원인이 된 공권력의 행사를 취소하거나, 그 불행사가 위헌임을 확인할 수 있다. 그리고 헌법재판소의 결정은 모든 국가기관을 구속하며 피청구인은 결정취지에 따라 새로운 처분을 하여야 한다.

**사 례 2-7** **제대군인가산점제도와 헌법소원**

甲은 대학을 졸업한 여성으로서 9급 공무원시험을 준비하던 중 「제대군인 지원에 관한 법률」이 제대군인은 6급 이하의 공무원 또는 공·사기업체의 채용시험에 응시한 경우 필기시험의 각 과목별 득점에 각 과목별 만점의 5% 또는 3%를 가산하도록 규정하고 있음을 알게 되었다. 이에 甲은 동법이 자신의 헌법상 보장된 평등권, 공무담임권, 직업선택의 자유를 침해하고 있다고 하여 헌법소원심판청구를 하였다. 甲의 헌법소원심판청구는 적법한가?

**해설** 헌법소원심판을 적법하게 청구하기 위해서는 첫째, 공권력의 행사 또는 불행사가 있을 것, 둘째, 청구인적격(현재성, 직접성, 자기관련성)이 있을 것, 셋째, 보충성의 원칙, 넷째, 청구기간을 준수할 것, 다섯째, 권리보호이익이 있을 것, 여섯째, 변호사강제주의 등의 요건이 충족되어야 한다. 이 사안의 경우 특히 청구인적격성이 문제된다. 이 사안의 경우 甲의 기본권이 현재 침해되고 있는 것은 아니지만 그가 공무원임용시험에 응시할 경우 장차 그 합격여부를 가리는 데 있어 가산점제도가 적용될 것은 심판청구 당시에 이미 확실히 예측되는 것으로 기본권침해의 현재관련성이 인정된다. 한편 청구기간과 관련하여 청구기간의 준수여부는 이미 기본권이 침해된 경우에 비로소 문제되는 것이고, 이 사안처럼 아직 기본권침해는 없으나, 장래 확실히 기본권침해가 예측되어 미리 앞당겨 현재의 법적 관련성을 인정하는 경우에는 청구기간의 준수여부는 문제되지 않으므로 甲의 청구는 적법하다.

한편 제대군인 가산점 제도는 그로 인한 효과가 너무 중대하여 제대군인의 지원이라는 입법목적과 비례에 맞는 수단으로 볼수 없어 甲의 평등권 및 공무담임권을 침해한다. 참고로, 위 규정은 2001년에 개정되어, 현재에는 이러한 우대제도는 없다.

## 제 2 절 위헌법률심판

### 1. 의 의

법률이 헌법에 위반되는 때에는 그 법률은 효력을 가지지 못하는 것이므로 어떤 법률이 헌법에 위반되는가의 여부가 문제된 때에는 법원의 제청에 의하여 헌법재판소가 위헌법률심판을 하게 된다. 헌법재판소가 어떤 법률 또는 법률조항의 위헌여부를 결정할 때에는 9인의 재판관 중 6인 이상의 찬성을 얻어야 한다.

## 2. 위헌법률심판의 결정형식

위헌법률심사에 대한 결정에는 법률에 대하여 위헌선언을 하는 위헌결정, 법률의 위헌성을 인정하면서도 법의 공백과 혼란을 피하기 위하여 일정기간 당해 법률의 효력을 지속시키는 헌법불합치결정, 법률의 일부에 대하여 위헌성을 인정하는 일부위헌결정, 법률의 위헌적 해석을 배제하기 위한 한정위헌결정, 그리고 법령의 의미를 헌법에 합치하는 방향으로 한정하는 한정합헌결정 등이 있다. 위헌으로 결정된 법률 또는 법률조항은 결정이 있는 날로부터 효력을 상실하지만, 형벌에 관한 법률 또는 법률조항은 소급하여 그 효력을 상실한다(동법 제47조 2항). 또한 헌법불합치결정이란 법률의 위헌성을 인정하면서도 입법자의 입법형성의 자유를 존중하고 법의 공백과 혼란을 피하기 위하여 일정기간 당해 법률이 잠정적인 계속효를 가진다는 것을 인정하는 결정형식이다. 그 본질은 위헌결정이다. 위헌결정은 관보에 게재함으로써 이를 공시하며, 모든 국가기관을 구속한다.

제 3 편

# 가족생활과 법

제 **1** 장

# 가 족 법

가족생활과 관련되는 법은 민법이다. 민법의 일부로 편제되어 있는 가족법은 친족법과 상속법으로 이루어져 있다. 가족법 중 친족법이란 부부관계·친자관계·친족관계 등을 포함한 일체의 신분적 공동생활관계를 규율하는 법을 말한다. 민법 제4편의 친족편이 이를 규정하고 있다. 한편 상속법은 피상속인과 일정한 친족적 신분관계에 있는 상속인이 피상속인의 사망시에 그 재산을 승계하는 것과 관련된 사항을 정하는 법을 말한다. 민법 제5편이 이를 규정하고 있다. 즉 우리 민법상 가족관계를 규율하는 법은 별도의 단행법전으로 되어 있지 않고, 민법전 제4편 「친족」과 제5편 「상속」 등 두 개의 편으로 구성되어 있다.

민법은 1958년 2월 22일 법률 제471호로 공포되었으며, 1960년 1월 1일부터 시행되었다. 민법 제정 당시 가족법에 관하여는 조선 시대의 가부장제 가족제도를 답습한 부분이 많아 남녀불평등 조항이 많이 들어 있었고, 이것은 그 후 계속적인 가족법개정 시비의 중요한 원인이 되었다.

이에 따라 가족법에 대해서 다음과 같은 몇 차례의 개정이 행해졌다. 1962년에 민법 일부개정을 통하여 법정분가제도를 신설하였으며, 1977년에는 성년의제제도를 채택하고, 성년자의 혼인에는 부모의 동의를 필요없게 하였으며, 부부간의 소속불분명한 재산은 부부의 공유로 추정하였으며, 협의상이혼의 경우에 가정법원의 확인을 얻도록 하였으며, 친권의 부모공동행사를 인정하였고, 법정상속분을 조정하고, 유류분을 신설하는 등의 비교적 큰 규모의 개정이 있었다.

1990년의 개정은 헌법이 보장하는 개인의 존엄과 남녀평등의 이념을 실현하고, 가족구성원의 의사를 존중하고 복지를 보장함으로써 민주적 가정생활을 영위할 수 있도록 하는 데 그 목적이 있었다. 구체적으로는 친족의 범위를 조절하였고, 호주제도를 약화시켜 승계제도로 바꾸는 동시에 호주승계권을 포기할 수 있도록 하고, 여호주의 지위를 강화하며, 호주권을 약화시켰다. 이외에도 이혼시 자녀의 양육책임을 합의로 정하도록 하고 면접교섭권 및 재산분할청구권을 신설하였으며, 입양과 상속제도를 보완하였다. 이어 2002년에는 특별한정승인제도를 신설하였다.

2005년의 개정은 가족법에 관한 완결편이라 할 수 있다. 이렇게 부를 수 있는 것은 그 동안 너무나도 조심스레 접근해왔던 호주제, 자녀의 성과 본, 동성동본 금혼의 문제 등이 종국적으로 해결되었기 때문이다. 구체적으로는 호주제도를 폐지하였고, 자녀의 성과 본에 관한 규정을 개정하여 모(母)를 따라 정할 수 있게 하고, 자녀의 복리를 위하여 자녀의 성과 본을 변경할 수 있도록 하였다. 또한 동성동본금혼제도를 폐지하고 근친혼금지제도로 전환하였으며 친양자제도를 신설하였다.

제 **2** 장

# 친족관계

## 1. 친족의 개념

친족(親族)은 혈연 또는 혼인에 의하여 연결되는 자 사이에 생기는 신분관계를 말한다. 민법상의 친족의 종류에는 배우자, 혈족 및 인척이 있다(제767조).

먼저 혈족이란 혈연에 의하여 성립되는 친족관계를 말한다. 자기의 직계존속(부모, 조부모 등)과 직계비속(아들, 손자 등)을 직계혈족이라 하고, 자기의 형제자매와 형제자매의 직계비속(조카, 생질 등), 직계존속의 형제자매(백부, 숙부, 고모 등) 및 그 형제자매의 직계비속(종형제자매, 고종사촌, 이종사촌 등)을 방계혈족이라 한다(제768조).

인척(姻戚)이란 혼인에 의해서 성립되는 친족관계로, 혈족의 배우자(형제의 처, 고모의 夫 등), 배우자의 혈족(배우자의 부모 · 형제자매 등), 배우자의 혈족의 배우자(배우자의 백숙부 또는 형제의 처, 배우자의 고모 · 이모 또는 자매의 夫 등)가 있다(제769조). 혈족의 배우자의 혈족(형제의 처의 부모 · 형제자매, 자매의 夫의 부모 · 형제자매 등)은 관습상 사돈에 해당되는데, 1990년의 민법개정으로 이를 인척에서 제외하였다.

인척관계는 이혼한 경우 당연히 소멸하지만 배우자 일방의 사망시에는 생존배우자가 재혼하면 인척관계가 소멸된다(제775조). 그러나 당사자가 아닌 그들 사이에서 태어난 아이들과 시집(처가)의 친족 사이의 혈족관계는 아무런 영향이 없다.

배우자는 혼인관계에 있는 부부가 서로를 지칭하는 말이다. 부부에 대해서는 민법 및 기타 법령에서 특별한 효과를 규정하고 있다.

## 2. 친족의 범위

친족관계로 인한 법률상 효력은 민법 또는 다른 법률에 특별한 규정이 없는 한 ① 8촌 이내의 혈족, ② 4촌 이내의 인척, ③ 배우자에게까지 그 효력이 미친다(제777조).

인척관계로는 종전에 며느리의 입장에서 볼 때 시아버지쪽 8촌(夫의 8촌 이내의 부계혈족), 시어머니쪽 4촌(夫의 4촌 이내의 모계혈족)까지로 하여, 시집쪽은 광범위하게 남편의 혈족범위를 그대로 친족으로 하던 것을 시아버지와 시어머니쪽 모두 4촌까지, 친정쪽은 처의 부모만을 친족으로 했던 것을 역시 4촌까지로 확대되었다. 따라서 처가 남편쪽으로 법률상 효력을 발생하는 친족범위는 축소되고, 남편은 처의 부모 외에 처남·처제(2촌), 처의 숙부·고모(3촌), 처의 4촌까지도 친족범위로 들어오게 되었다.

## 3. 가 족

민법은 친족과는 별도로 가족의 범위를 규정하고 있는데, 그 범위는 ① 배우자, 직계혈족 및 형제자매, ② 생계를 같이 하는 직계혈족의 배우자, 배우자의 직계혈족, 배우자의 형제자매로 규정되어 있다(제779조). 가족은 종전에는 특정한 호적 내에 있는 "가(家)"의 구성원 중에서 호주를 제외한 구성원을 부르는 것이었으나, 민법은 이러한 제도를 폐지하고, 호주를 인정하지 않기 때문에, 그 의미가 달라지게 되었다.

민법의 가족 개념은 상대개념인데, 그것은 나의 가족이 반드시 나를 가족으로 하는 것은 아니기 때문이다. 예를 들어 배우자의 형제자매는 생계를 같이하면 가족이 되지만, 그 형제자매의 입장에서 볼 때 형제자매의 배우자는 가족이 아니다.

**사 례 3-1** **딸들의 반란**

용인 이씨 사맹공파 종회는 용인시 소재의 종중 소유 임야를 아파트 건설회사에 매도하여 취득한 대금 350억원을 분배하면서, 성년남자에게는 1인당 1억 5천만원, 미성년 남자에게는 1,650만원 내지 5,500만원을, 또한 성년의 여성과 며느리에게는 3,300만원과 3천만원을 각각 분배하였지만, 시집간 딸들에게는 전혀 배분하지 않았다. 이에 시집간 딸들이 종중에 대해 격렬하게 항의하였으므로, 종중은 그녀들에게 며느리보다 적은 금액인 2,200만원씩 지급하였다. 출가한 딸들이 정당한 분배를 받을 수 있는가?

**해설** 원래 관습법에 의하면 종중의 종원이 되는 자격을 성년 남자로만 제한하고, 여성에게는 종원의 자격을 부여하지 않았다. 그러나 법질서는 개인의 존엄과 양성의 평등을 기초로 한 가족생활을 보장하고, 가족 내의 실질적인 권리와 의무에 있어서 남녀의 차별을 두지 아니하며, 정치·경제·사회·문화 등 모든 영역에서 여성에 대한 차별을 철폐하고 남녀평등을 실현하는 방향으로 변화되어 왔다. 따라서 종중은 공동선조의 분묘수호와 봉제사 및 종원 상호간의 친목을 목적으로 형성되는 종족단체로서 공동선조의 사망과 동시에 그 후손에 의하여 자연발생적으로 성립하는 것임에도, 공동선조의 후손 중 성년 남자만을 종중의 구성원으로 하고 여성은 종중의 구성원이 될 수 없다는 종래의 관습은, 공동선조의 분묘수호와 봉제사 등 종중의 활동에 참여할 기회를 출생에서 비롯되는 성별 만에 의하여 생래적으로 부여하거나 원천적으로 박탈하는 것이어서, 종중 구성원의 자격을 성년 남자만으로 제한하는 종래의 관습법은 이제 더 이상 법적 효력을 가질 수 없게 되었다(대판 전원합의체 2005. 7. 21, 2002다1178 참조).

따라서 위 사례에서 출가한 딸들도 종원이 되는 자격이 있기 때문에, 정당한 분배를 받을 수 있게 되었다.

제 3 장
# 호주와 호적

## 제 1 절 호주제도

### 1. 호주제도의 폐지

우리나라는 옛날부터 가부장제 가족제도를 그 기간으로 하여 가족생활이 이루어져 왔다. 이러한 가부장제 가족제도의 특징은 바로 한 가족집단에는 반드시 가장, 즉 호주가 그 가족원을 통솔하는 것이다. 이와 같이 우리나라의 전통적인 가족제도를 유지하기 위하여 종래 '호주'제도가 민법상으로 남아 있었으나, 2005년의 개정으로 폐지되어, 2008년부터 발효된다. 호주는 문자 그대로 가(家)의 장인데, 여기서 가라고 하는 것은 우리가 말하는 집이란 뜻이 아니라, 가족 구성원으로 구성되는 호적상의 관념적인 존재이다. 호적이라고 하는 것은 국민의 신분관계를 나타내는 공적인 장부인데, 이러한 장부를 기재하는 데 있어서, 즉 국민의 신분관계를 나타냄에 있어서 기준이 되는 사람이 호주이다. 따라서 호주는 한 세대를 구성하는 가족의 대표자인 주민등록법상의 세대주의 개념과는 다른 것이다.

### 2. 호주제도의 문제점

우리 민법이 종래 인정하고 있던 호주제도는 1990년의 개정으로 상당히 변화되었으나, 여전히 호적이 호주를 중심으로 하여 편성되는 등 실질적으로 기능하고 있었기 때문에 호주제도의 폐지론이 주장되었다. 이에 의하면 호주제는 단지 법상의 문제가 아니라, 국민의식에 깊이 침투하여 국민의 혼인과 가족생활에 큰 영향을 미친다고 한다.

민법상 일반적으로 남성이 우선하여 호주가 되므로, 가족 내에서 남성의 권위적 행동을 정당화시키는 역할을 하고, 이혼한 아내가 자녀의 친권자와 양육자로 지정되어 이들만의 생활공동체를 형성하더라도 그 자녀는 남편의 호적에 남게 되는 불합리성이 있다. 미혼모의 혼인 외 자녀들은 부(父)가 인지하지 않을 경우에만 모(母)의 가에 입적하게 되어있는데, 부가 인지하면 모의 의사에 상관없이 부의 호적에 입적된다. 모가 자녀의 생부와 혼인할 의사 또는 왕래할 의사조차도 없고, 부는 자녀를 전혀 양육하지 않는다 하더라도, 부 일방의 행위에 의하여 자녀는 부의 호적에 입적되어버린다. 또한 호주승계 순위가 남아(男兒) 우선으로 되어 있으므로 이것이 여성이 사회경제적으로 낮은 위치에 머무르는 것이 보통인 우리 사회의 현실과 맞물려, 남아선호사상이 두드러지게 되었다는 것이다.

## 3. 호주제도 폐지과정

호주제 폐지과정을 살펴보면 2001년 4월 당시 서울지방법원 북부지원을 비롯한 여러 법원의 호주제 위헌법률심판제청에 대해 2005년 1월 헌법재판소는 "호주제는 양성평등의 원칙과 개인의 존엄을 규정한 헌법 제36조 제1항에 위반된다"고 하여 호주제 헌법불합치결정을 내렸다. 이후 2005년 3월 호주제 완전 폐지를 골자로 한 민법개정안이 국회본회의를 통과하였는데, 이 개정안은 부칙에서 2008년 1월 1일부터 시행한다고 규정하고 있다.

## 4. 호주제도 폐지 이후의 신분등록제도

호주제가 폐지되기 때문에 2008년부터 기존의 호적은 사용할 수 없게 된다. 그 대안으로서 정부는 1인 1적제를 바탕으로 하는 새로운 신분등록제도를 마련하고 있다. 아직 확정된 것은 아니지만 대략적인 내용은 다음과 같다.

즉, 새로운 신분등록제도는 1인 1적 편제방안에 기본가족별 편제방안과 목적별 편제방안의 장점을 결합하여, 국민 개개인마다 하나의 신분등록부를 만들어 본인뿐만 아니라 배우자와 부모, 자녀의 신분정보를 기재하게 된다. 이는 현재의 호주와 같은 특정인을 기준으로 나머지 가족들이 종속되는 형태가 아니라 누구나 본인이 기준이 돼 가족 구성원 전체(직계존속과 직계비속 포함)가 하나의 신분등록부에 공시되는 가족부 형태로 편제되지만 신분변동 사항란에는 본인에 관한 내용만 기재하는 방식이다. 따라서 결혼한 여성의 경우 본적란에는 지금처럼 남편의 본적을 따르는 것이 아니라 본인의 본적이 그대로 기재된다. 또 개인의 신분정보가 노출되는 것을 막기 위해 법률에 정해진 경우 외에는 신분등록사항 전부를 임의로 확인할 수 없도록 하며 목적별 공부식 증명제도를 채택, 일정한 요건을 갖춘 경우 가족증명, 일반(이력)증명, 혼인(이력)증명, 입양(이력)증명 등 필요한 정보만 공개하도록 하고 있다.

## 제2절 호적제도

### 1. 호적제도의 의의

2005년 민법의 개정으로 호주제도가 폐지됨에 따라, 호적법도 조만간 폐지되어 2008년 1월 1일부터 새로운 신분등록법으로 개편될 예정이다. 2007년 12월말까지는 종래의 호적법이 효력을 가지기 때문에 여기서는 그 범위 내에서 간략하게 살펴보기로 한다.

호적제도는 각 개인의 출생에서 사망에 이르기까지의 신분에 관한 중요사항과 호주와 가족간의 친족관계 등을 호적부(戶籍簿)에 등록하여 이를 공증하는 제도이다. 호적은 국민의 신분관계를 등록하여 공증하는 것을 그 기본사명으로 하고 있으므로, 호적의 기재는 항상 진실한 신분관계와 부합됨을 이상으로 하고 있으며, 이를 위하여 각종 호적신고제도를 두고 있고 신고의무를 게을리 한 자에 대하여는 과태료를 부과하며, 허위의 호적신고를 한 자에 대하여는 형벌로써 처벌한다. 그 외에 호적의 기재가 부적법하거나 진실에 반하는 경우에는 이를 적법하고 진실에 부합되도록 바로잡는 절차도 마련되어 있다.

우리나라 국민은 원칙적으로 출생신고에 의하여 처음으로 호적에 기재되어 혼인, 이혼, 인지, 입양 등 여러 가지 신분행위를 하고 사망신고에 의하여 최종적으로 호적에서 제적된다. 호적은 호주를 기준으로 하여 가(家)별로 편제함으로써 가의 구성원 각 개인(가족)의 출생에서 사망에 이르기까지의 신분상의 중요사건을 시간적 순서에 따라 파악할 수 있는 기능을 가지고 있을 뿐만 아니라, 호주와 가족간의 신분관계와 가족 상호간의 신분관계를 파악할 수 있는 기능도 가지고 있다.

국민의 신분관계를 공증하는 유일한 공문서인 호적부에 기재된 사항에 대하여는 그 사항이 일응 진실하다는 추정을 받고 또한 강한 증명력(공증력)을 갖게 되는 것이나, 이러한 추정은 반증에 의하여 번복될 수 있는 것이므로 호적의 기재에 공신력이 인정되는 것은 아니다. 그리고 우리나라 국민만이 호적을 가질 수 있으므로 호적은 국적을 공시하는 기능도 함께 가지고 있다고 할 수 있다.

## 2. 호적신고

### (1) 호적신고의 종류와 절차

호적의 신고에는 보고적 신고(報告的 申告)와 창설적 신고(創設的 申告)라는 전혀 성질이 다른 두 가지 종류의 신고가 있다.

보고적 신고는 이미 발생한 일정한 사실 또는 이미 성립된 법률관계에 관한 호적신고를 말한다. 이는 호적신고와 상관없이 효력이 생긴 것을 호적에 정리하는 것이므로 신고의무자 및 신고기간을 정하고 있고, 법정신고기간 내에 신고를 해태한 자에 대하여는 과태료를 부과함으로써 신고를 강제하고 있다. 보고적 신고에 속하는 호적신고로는 출생신고, 사망신고, 개명신고, 국적상실신고, 귀화신고, 재판상 인지신고, 재판상 이혼신고 등이 있다.

창설적 신고는 신분관계의 발생, 변경, 소멸의 효력을 생기게 하는 호적

신고를 말한다. 창설적 신고는 신고 여부를 신고인의 자유의사에 맡기는 것으로 신고를 강제하지는 아니하나 신고하지 아니하면 신분관계 변동의 효력을 인정하지 않는다. 창설적 신고에 속하는 호적신고로는 혼인신고, 협의이혼신고, 임의인지신고, 입양신고, 협의파양신고 등이 있다.

특정한 호적신고를 할 수 있거나 하여야 하는 사람을 신고인이라고 한다. 보고적 신고의 경우에는 각 신고마다 신고하여야 할 신고의무자가 정하여져 있으며, 창설적 신고의 경우에는 일정한 신분행위를 하려는 자가 신고하여야 한다. 신고의무자 또는 신고적격자가 아닌 자의 신고는 수리하지 못한다.

호적신고는 서면에 의한 신고 이외에 구술에 의하여서도 할 수 있다. 그러나 혼인, 협의이혼, 입양, 협의파양은 반드시 서면으로 신고하도록 규정되어 있다. 서면에 의한 호적신고는 정해진 양식에 의한 신고서를 작성하여 제출하는 방법으로 하며, 신고사항별로 신고서 양식이 마련되어 있다. 신고서에는 소정의 기재사항을 기재하고 신고인이 기명·날인하여야 하는데, 서면으로 신고하는 경우에 신고인 본인이 반드시 신고서를 지참하여 제출하여야 하는 것은 아니고, 우편에 의한 제출도 상관없으며 타인을 시켜 제출하여도 된다. 구술로써 신고하려 할 때에는 신고인이 시(구)·읍·면의 사무소에 나가서 담당자에게 신고할 내용을 일러주면, 공무원이 신고서를 작성해주는데, 신고인이 그 서면에 기명·날인하면 된다.

### (2) 각종의 신고

여기서는 각종의 호적신고 중 대표적인 것이라고 할 수 있는 출생신고와 혼인신고 두 가지만 본다.

#### (가) 출생신고

출생신고는 사람의 출생사실을 사실 그대로 신고하는 것이다. 혼인 중의 출생자의 출생신고는 부 또는 모가 하여야 하며, 부 또는 모가 신고할 수 없는 경우에는 ① 호주, ② 동거하는 친족, ③ 분만에 관여한 의사·조산사 또는 기타의 자가 그 순위에 따라 신고하고, 혼인 외의 출생자의 출생신고는 모가 하여야 하며, 모가 신고할 수 없는 경우에는 ① 호주, ② 동거하는 친족, ③ 분만에 관여한 의사·조산사 또는 기타의 자가 그 순위에 따라 신고하게 된다. 혼인 외의 출생자에 대하여 부는 출생신고의무자가 아니나, 혼인 외의 출생자에 대하여 부가 친생자 출생의 신고를 한 때에는 그 신고는 인지의 효력이 있다.

출생신고는 출생자의 본적지 또는 신고인의 주소지나 현주소지 시(구)·읍·면의 사무소에 하여야 하나, 출생자의 출생지 시(구)·읍·면의 사무소에도 할 수 있다. 시에 있어서는 위 신고장소가 출생자의 주민등록을 할 지역과 같은 경우에는 출생자의 주민등록을 할 지역을 관할하는 동의 사무소에 출생신고를 할 수 있다.

출생신고는 출생한 날로부터 1월 이내에 하여야 하며, 이 기간 내에 신고하지 아니한 때에는 신고의무자에게 과태료를 부과하도록 규정되어 있다.

(나) 혼인신고

우리나라는 법률혼주의(法律婚主義)를 취하고 있으므로 혼인신고를 하지 아니하면 혼인으로서의 효력이 발생하지 않는다. 혼인신고에 의하여 부부는 서로 배우자로서 친족이 되며, 원칙적으로 처는 남편의 가에 입적한다.

혼인신고의 신고인은 혼인을 하려는 당사자이다. 혼인신고는 남편이나 처의 본적지 또는 주소지나 현주소지 시(구)·읍·면의 사무소에 하여야 한다. 외국에 있는 우리나라 국민 사이의 혼인은 그 외국에 주재하는 대사, 공사 또는 영사에게 신고할 수 있다. 혼인신고는 당사자 쌍방과 성년자인 증인 2인이 연서한 신고서로 하여야 한다.

혼인신고는 신고에 의하여 효력이 생기는 창설적 신고이므로 신고기간이 없다.

## 3. 호적의 정정

호적은 개인의 신분관계를 등록·공증하는 유일한 공정증서로서 호적의 기재는 일응 진실하다는 추정을 받는다. 그러나 호적의 기재가 부적법하거나 진실에 반하는 경우에는 이를 적법하고 진실에 부합하도록 바로잡아야 하는 것이지만, 이를 마음대로 고칠 수 있는 것은 아니다. 따라서 호적의 정정은 엄격한 법적 절차에 의해서 하도록 하고 있다.

호적 정정은 법원의 허가를 얻어 호적 정정을 신청하는 절차를 원칙으로 하되, 친족법상 또는 상속법상 중대한 영향을 미치는 사항으로서 가사소송법에 가사소송사건으로 규정된 사항에 대하여는 판결에 의하여서만 호적 정정을 신청할 수 있다. 그러나 경미하고 명백한 사항에 대하여는 시(구)·읍·면의 장이 직권으로 호적 정정을 할 수 있도록 하여 이해관계인의 부담을 덜고 신속하게 시정하도록 하고 있다.

### (1) 법원의 허가에 의한 호적 정정 절차

호적의 기재가 법률상 허용될 수 없는 것이거나 그 기재에 착오나 빠뜨린 곳이 있을 때에는 가정법원의 허가를 얻어 호적 정정을 신청할 수 있다. 즉, 권한 없는 자가 한 호적기재라든가, 위조·변조된 신고서에 의하여 이루어진 호적기재 또는 출생연월일이나 성별, 본 등이 잘못 기재된 경우, 혼인사유의 기재에 있어 혼인신고일자가 기재되지 않았거나 입적, 제적의 기재가 누락되었거나 신호적의 편제가 누락된 경우와 같이 호적기재사항 중 일부나 전부의 기재가 누락된 경우 등에는 호적 정정을 할 수 있다.

**사 례 3-2**

**연령정정**

甲의 언니는 1993년에 결혼하고 1994년 5월에 아이를 낳았는데 시어머니와의 갈등이 심해 이혼을 했다. 그런데 1996년에 甲의 언니가 재혼을 해서 새 형부와의 아이로 1996년 3월 2일생으로 출생신고를 했다. 실제 나이는 8살인데 법적 나이는 6살로 된 것이다. 이 때문에 지금껏 학교를 보내지 못해 문제가 되어 있다. 나이를 바로잡아 학교에 보낼 수 없는가?

**해설** 연령을 정정하는 것은 매우 힘든 일이다. 법원에 연령 정정에 대한 호적 정정허가 신청을 해야 하고, 이에 대한 결정이 있어야 호적상 연령 정정이 가능하다. 연령 정정을 하기 위해서는 정확한 출생일자에 대한 증거를 갖추어 신청하여야 한다. 다만 실제 자녀의 출생연월일로 연령 정정을 하려는 것이 아니라, 3월 생일을 2월 생일로 정정하는 것은 인정이 되지 않는다.

**사 례 3-3** **개명절차**

甲은 20년 동안 살아오면서 이름 때문에 속상한 일이 한두 번이 아니었다. 현재 사회생활을 하는 데도 많은 문제가 있다. 그래서 이름을 바꾸려고 하는데 그 절차는 어떻게 되는가?

**해설** 이름에는 부르기 좋고 듣기도 좋은 이름이 있는 반면 호칭하기에 거북한 이름이 있다. 이러한 이름으로 인해서 사회생활에 지장이 있거나, 지장이 예상되면 법원은 개명을 허가해 준다. 개명을 하기 위해서는 개명하고자 하는 자의 주소지나 본적지의 가정법원 또는 지방법원에 개명허가신청을 해야 한다. 개명신청자가 미성년자인 경우에는 법정대리인(예: 부모)이 개명신청을 해야 한다. 법원의 허가를 받으면 허가등본을 첨부하여 허가받은 날로부터 1개월 이내에 개명신고를 해야 한다(호적법 제113조).

그러나 법원의 개명허가가 무척 엄격하여 신청이 받아들여질지는 확신할 수 없다. 김섭섭, 김치국 등 부르거나 듣기에 거북할 뿐만 아니라 사회생활에 지장을 초래하는 경우는 허가율이 높다. 통계상 허가율은 발음상 부르기 나쁜 이름보다는 성별에 어울리지 않는 이름이 더 높고, 그보다 욕설로 들리거나 수치감을 느끼는 이름 및 흉악범이나 부도덕한 자의 이름을 연상케 하는 이름이 더욱 높다.

참고로 수원지방법원은 2000년 중 관내에서 2천61건의 개명신청을 받아 처리했는데, 법원에 따르면 이 중 미성년자가 전체의 75%인 1천5백44건으로 1천4백91건(허가율 97%)이 개명허가를 받았고, 성인은 5백17건 중 2백69건(허가율 52%)이 개명허가를 받았다고 한다. 개명허가신청 이유를 살펴보면 미성년자의 경우는 성명철학상의 이유가 32%, 놀림 대상 28%, 실제 사용하는 이름과 일치시키기 위한 경우 24%, 기타 16%(항렬자, 동명인 등)이며, 성인의 경우는 놀림 대상이 60%, 실제 사용 이름과 일치시키기 위해 23%, 철학상 이유 15%, 기타 2%이었다. 개명 허가를 받은 이름 중에는 "성기", "사정" 등의 이름과 "추어라", "고소혜", "신안나", "이대로" 등의 성명이 있었다. 특히 "오 하나님이주신따님"이나 "오 온누리햇살"과 같은 성명은 부르기 힘들다는 이유로 개명허가를 받았다.

### (2) 판결에 의한 호적 정정 절차

친족법상 또는 상속법상 중대한 영향을 미칠 수 있는 사항으로서 가사소송법에 가사소송사건으로 규정된 사항에 대하여는 확정판결에 의하여서만 호적 정정을 할 수 있다. 이에 속하는 것으로는 혼인무효, 이혼무효, 인지무효, 친생자관계 존부 확인, 입양무효, 파양 무효, 호주승계의 무효 또는 회복 등이다. 가사소송법에 의하여 판결을 받을 수 없는 사항에 관한 호적기재의 정정, 예컨대 사망 여부나 사망일자의 정정 또는 성별의 정정과 같은 사항은 법원의 허가를 얻어 호적 정정을 신청할 수 있다.

**사 례 3-4** **이중호적**

甲이 태어나기 전 어머니와 아버지가 헤어졌다. 물론 혼인신고도 하지 않은 상태였다. 그래도 학교에는 가야 했기에 아버지 성은 최씨였지만, 외삼촌 아들이 되어 윤씨 성으로 호적을 만들었다. 당연히 주민등록번호도 갖게 되었다. 그런데 지금 현재는 최○○으로 살고 있다. 甲이 초등학교 4학년 때 아버지가 甲을 찾아서 호적에 올렸기 때문이다. 그래서 甲은 주민등록번호가 둘이고 이름도 둘이지만 몸은 하나인 그런 존재가 되었다. 학교는 윤XX으로 다녔지만, 면허증은 최○○ 명의로 받았다. 신검 때도 윤XX 명의의 학력 증명서로 최○○ 신검을 받았다. 앞으로 윤XX도 신검이 있을 텐데 걱정이다. 그래서 서류를 정리하려는 데 가족간에 갈등이 있어 외삼촌이 협조를 해주지 않는다. 외삼촌의 협조가 없어도 甲은 윤XX이란 호적을 아예 없애고 그 학력을 최○○으로 올리고 싶은데 가능한가?

**해설** 甲의 경우, 구체적인 호적 기재의 내용을 알 수 없으나, 甲이 현재 외삼촌의 자(子)로 등재되어 있는 경우라면 먼저 甲과 외삼촌 사이에 친자관계가 존재하지 않는다는 법원의 확인을 받아야 한다. 특정인 사이에 친생자관계가 존재하지 않는다는 것을 주장하는 소송을 친생자관계부존재확인(親生子關係不存在確認)의 소라고 한다(민법 제865조). 예를 들면 혼인 외의 자를 부(父)가 자신의 호적에 등재하면서 혼인 외의 자라는 사실을 밝히지 않고 마치 자신의 법률상 처와의 사이에서 낳은 것처럼 출생신고를 하는 경우에, 그 혼인 외의 자의 진정한 생모를 호적에 정정해 넣기 위해 제기할 수 있다. 친자관계상의 당사자, 법정대리인, 직계존비속뿐만 아니라 확인의 이익을 가지는 이해관계인도 이 소의 원고가 될 수 있다. 친자관계의 일방 당사자가 원고가 된 경우에는 상대방 당사자를 피고로 하여야 하고, 제3자가 원고가 된 경우에는 부정하고자 하는 친자관계의 당사자(예: 호적상 부와 자, 호적상 모와 자) 쌍방을 피고로 해야 한다. 피고가 될 수 있는 자가 생존해 있는 동안은 제소기간의 제한이 없다. 다만, 피고가 될 자가 모두 사망하여 검사를 피고로 하는 경우 그 사망사실을 안 날로부터 1년 내에 소송을 제기해야 한다. 따라서 甲의 경우 호적상의 부(외삼촌)를 상대로 소를 제기하여야 한다(외숙모가 모로 등재된 경우라면, 외삼촌과 외숙모를 공동 피고로 하여야 한다). 재판이 확정되면 확정일로 부터 1개월 이내에 판결등본 및 확정증명서를 첨부하여 호적정정 신청을 할 수 있다(호적법 제123조).

### (3) 호적사무관장자의 직권에 의한 호적 정정 절차

호적 정정 사항 중 경미하고 명백한 사항에 대하여는 호적사무관장자인 시(구)·읍·면의 장이 직권으로 호적 정정을 할 수 있다.

시(구)·읍·면의 장이 감독법원의 허가를 얻어 정정하는 경우는 호적의 기재가 법률상 무효인 것이거나 그 기재에 착오나 빠트린 것이 있어 시(구)·읍·면의 장이 신고인 또는 신고사건의 본인에게 그 사실을 통지하였으나 호적 정정을 신청하는 자가 없는 때나 위 통지를 할 수 없는 때, 호적기재의 착오 또는 누락이 호적공무원의 과오로 인한 것인 때 등이다.

호적사무관장자의 직권에 의한 호적기재사항 중 대법원규칙으로 정하는 경미한 사항은 감독법원의 허가 없이 시(구)·읍·면의 장이 직권으로 정정할 수 있다.

**사 례 3-5** **공무원의 실수에 의한 호적기재의 잘못**

아이가 태어나서 출생신고를 하였는데, 최근에 호적을 정리할 일이 있어 등본을 떼어보니 아이의 출생일이 잘못 기재되어 있다. 출생신고를 잘못 했나 하여 구청에 문의를 했더니 담당자가 실수로 잘못 옮겨 적어서 그렇게 되었다고 한다. 이 때에도 법원의 허가를 받아 호적을 정정하여야 하는가?

**해설** 신고에는 잘못이 없으나, 호적공무원이 내용을 잘못 옮겨 적어 착오가 발생한 때에는 법원을 거치지 않고, 담당 공무원이 직권으로 정정할 수 있다. 따라서 공무원의 착오가 분명한 때에는 구청에 정정을 해달라고 요구하면 구청에서 바로 정정해 줄 수 있다.

제 4 장
# 혼 인

## 제 1 절 약 혼

### 1. 약혼의 의의

약혼이란 장차 혼인할 것을 목적으로 하는 당사자 사이의 계약이다. 그러므로 당사자의 합의만이 필요하고 일정한 형식은 필요로 하지 않는다. 일반적으로는 약혼의 증표로서 예물이나 반지를 교환하는 등의 일정한 형식을 갖추는 경우가 많지만, 민법은 약혼에 관하여 아무런 체결방식을 규정하지 않고 있다. 또한 당사자의 합의를 외부에 공시할 필요도 없다.

약혼은 어디까지나 혼인하고자 하는 양당사자들의 합의로 성립하기 때문에 당사자들의 합의가 없는 약혼은 무효가 된다. 그리고 실질적인 혼인생활을 하면서 다만 혼인신고만을 하지 않고 있는 이른바 사실혼과는 구별된다.

### 2. 약혼의 성립요건

약혼이 성립하기 위해서는 양당사자의 합의가 있어야 한다. 따라서 본인 이외의 부모들이 정한 약혼(정혼)은 무효이다. 남자는 만 18세, 여자는 만 16세에 달하여야 약혼할 수 있다(제801조). 성년에 달한 자는 부모나 후견인의 동의 없이 자유로이 약혼할 수 있다. 그러나 남자 만 18세, 여자 만 16세 이상의 미성년자가 약혼할 때에는 부모 또는 후견인의 동의를 얻어야 한다. 금치산자는 부모 또는 후견인의 동의를 얻어 약혼할 수 있다.

이중약혼은 원칙적으로 무효이다. 그러므로 배우자가 있는 자(유부남 또는 유부녀)의 약혼이나 약혼자 있는 자는 약혼을 할 수 없다(제810조). 예를 들면 법률상의 부부가 오랫동안 별거상태에 있어 사실상 이혼상태에 있는 경우에 이혼절차를 밟은 후에 다른 사람과 부부가 되자는 약혼은 유효하지만, 앞으로 처와 이혼하겠다고 하면서 약혼하는 것은 사회질서에 반한다고 볼 수 있으므로 이와 같은 약혼은 무효이다.

## 3. 약혼의 효과

약혼이란 장래에 혼인을 하고자 하는 남녀 당사자간의 계약 즉 혼인의 예약이다. 약혼 당사자는 서로 혼인을 성립시킬 책임이 있으므로 서로 성실하게 교제하여 멀지 않은 장래에 부부공동체를 이룰 의무를 진다. 약혼은 혼인이 아니기 때문에 약혼자 사이에 아무런 친족관계가 발생하지 않는다. 따라서 약혼자는 서로 정교관계를 요구하거나 동거를 요구할 권리도 없고 의무도 없다. 만약 약혼자 사이에서 子를 출생하더라도 그 子는 혼인 외의 子가 된다. 다만 子의 출생 후 약혼당사자가 혼인을 하게 되면 그 子는 준정(準正)이 되어 혼인중의 子가 된다.

약혼의 본질이 계약이므로 모든 계약은 상대방의 불이행시에 법원에 강제이행을 청구할 수 있음이 원칙이다. 그렇다면 약혼한 당사자 일방은 약혼대로 혼인하지 않을 경우에도 상대방에게 약혼의 강제이행을 청구할 수 있을까. 이 때 약혼 당사자의 일방이 이 의무를 이행하지 않더라도 법은 손해배상의 청구권을 인정할 뿐이고, 혼인의 강제이행의 청구를 인정하지 않는다. 그 이유는 혼인의 본질이 남녀간의 육체적·정신적 결합인데, 이미 혼인할 의사가 없는 자에게 이를 강제한다는 것은 혼인의 본질에 반할 뿐만 아니라, 설령 약혼의 이행강제가 가능하다고 하더라도 혼인의 의사가 없는 자가 동거 및 부양해 가며 혼인공동체를 이루어 잘 살아갈 수 있다고 기대할 수도 없기 때문이다.

**사 례 3-6** **약혼을 한 남자가 다른 사람과 사귀고 있는데**

甲男과 乙女는 시골에서 어려서부터 오빠동생 하면서 서로 잘 지냈다. 乙은 甲의 성공을 위해서라면 자신의 희생은 각오하고 있었던 터라 자신의 대학 진학은 포기하고, 甲의 대학 재학 4년 동안을 뒷바라지하면서 보냈다. 졸업 직전에 甲과 乙은 양가 부모를 모시고 조촐하게 약혼을 하였고, 그 후 甲은 대기업에 입사하게 되었는데, 그 동안 乙의 공은 까마득히 잊어버리고 자신의 성공을 위하여 乙이 아닌 회사 간부의 딸과 사귀고 있다. 이 사실을 알게 된 乙은 더 이상 관계가 깊어지기 전에 혼인을 해야겠다는 생각이 들었다. 이 경우에 乙은 甲과의 약혼의 이행을 강제할 수 없을까?

**해설** 사례의 경우에 乙은 약혼의 이행 즉 혼인을 강제할 수는 없다. 다만 乙은 약혼 불이행으로 인한 손해배상청구권이 있다.

## 4. 약혼의 해제

약혼당사자는 장래 혼인을 할 의무를 지지만, 이 의무는 그 성질상 강제할 수 없기 때문에 일방이 상대방의 의사를 무시하고 약혼을 해제해도 어쩔 수가 없다. 다만 정당한 이유없는 약혼의 파기는 상대방으로부터의 손해배상청구의 원인이 된다. 민법은 정당한 약혼해제사유를 다음과 같이 규정하고 있다(제804조).

① 약혼 후 자격정지 이상의 형을 선고받은 때
② 약혼 후 금치산 또는 한정치산의 선고를 받은 때
③ 성병, 불치의 정신병 기타 불치의 악질이 있는 때
④ 약혼 후 타인과 약혼 또는 혼인한 때
⑤ 약혼 후 타인과 간음한 때
⑥ 약혼 후 1년 이상 그 생사가 불명한 때
⑦ 정당한 이유 없이 혼인을 거절하거나 그 시기를 지연할 때
⑧ 기타 중대한 사유가 있는 때

'기타 중대한 사유'란 예를 들면 연령이나 직업 등의 사기, 약혼 후 가족을 부양할 수 없을 정도로 재산상태가 악화된 경우, 상대방 또는 그 부모에 의한 중대한 모욕, 심한 불구자가 된 경우, 약혼 전에 자격정지 이상의 형의 선고를 받은 사실이 밝혀진 경우 등이 이에 해당할 수 있다. 그러나 단순한

재산상태의 착오, 상대방의 성격이 다소 불성실하다는 것, 임신불능 등은 정당한 해제사유라고 할 수 없다.

약혼의 해제는 상대방에 대한 의사표시로 한다. 그러나 상대방에 대하여 의사표시를 할 수 없는 때에는 그 해제의 원인이 있음을 안 때에 해제된 것으로 본다(제805조). 1년 이상 생사가 불명한 것 등을 이유로 약혼을 해제하는 경우에는 상대방에 대한 의사표시가 불가능하기 때문이다.

약혼을 해제하면 당사자의 일방이 과실 있는 상대방에 대하여 이로 인해 발생한 손해배상을 청구할 수 있다(제806조 1항). 과실 여부를 판단함에 있어서는 약혼의 파기에 이르는 경위와 책임, 당사자의 연령과 재산상태 등을 종합적으로 고려하여야 한다. 정당한 사유 없이 약혼을 해제한 경우에 그 손해배상의 범위는 약혼의 파기에 의해 발생한 재산적 손해 및 정신적 손해의 양쪽을 포함한다(제806조 2항). 재산적 손해에는 약혼식에 소요된 약혼비용, 혼인 준비에 쓴 비용, 혼인을 위하여 사직한 경우 등과 같이 약혼으로 인한 일실이익, 중매인에 대한 사례 등이 포함될 수 있다. 한편 정신적 고통에 대해서도 손해배상을 청구할 수 있지만, 그 배상청구권은 행사상의 일신전속권이기 때문에 양도 또는 승계할 수 없다(제806조 3항 본문). 그러나 당사자 사이에 이미 그 배상에 관한 계약이 성립되거나 소송을 제기한 후에는 양도 또는 승계될 수 있다(제806조 3항 단서).

약혼할 때 예물을 교환하는 관행이 사회적으로 널리 행해지고 있다. 이 예물의 수수는 혼인의 성립을 예정하기 때문에 한 증여이며, 혼인이 성립하지 않으면 주지 않았을 증여이다. 따라서 약혼이 혼인에 이르지 못하게 되면 약혼당사자는 서로 교환한 예물의 반환을 부당이득의 법리에 따라 청구할 수 있다. 그러나 약혼의 해제에 책임이 있는 당사자가 자기가 준 예물의 반환청구권을 행사하는 것은 권리남용으로 보아 인정하지 않는다. 따라서 일방당사자에게만 과실이 있는 경우에는, 과실이 없는 당사자는 준 예물의 반환청구권을 가지고, 받은 예물의 반환의무는 없다. 반대로 과실이 있는 당사자는 받은 예물을 반환하여야 하고, 준 예물에 대한 반환청구권은 없다. 만약 약혼당사자 쌍방에게 모두 과실이 있는 경우에는 과실상계의 원리를 적용하여 반환의 정도를 정하면 된다.

혼인이 일단 성립하면, 그 후에 혼인이 해소되더라도 예물 등의 반환문제는 발생하지 않는다. 그러나 혼인 성립 후 극히 짧은 기간 내에 이혼을 한 경우에는 혼인이 성립하지 않은 경우에 준하여 해결하는 것이 형평의 원칙에 합당할 것이다.

**사 례 3-7** **약혼의 해제사유**

甲과 乙은 중매로 알게 되었고 그 후 약혼을 하였다. 그런데 甲은 전주고등학교 부설 방송통신고등학교를 나왔음에도 불구하고 전주고등학교를 졸업했다고 하였고, 또한 세종문화회관소속 기능직 8등급 공무원임에도 불구하고 서울시 일반행정직 7급 공무원으로 재직하고 있는 것처럼 거짓말을 하였다. 약혼 후에 이 사실을 알게 된 乙은 학력 및 경력의 허위를 이유로 약혼을 해제할 수 있는가?

**해설** 민법은 제804조에서 약혼해제의 사유를 규정하고 있는데, 위의 사례의 경우에는 동조 제8호의 "기타 중대한 사유가 있는 때"에 해당하는지가 문제된다. 대법원판례(대판 1995. 12. 8, 94므1676, 1683)에 의하면 "약혼은 혼인할 것을 목적으로 하는 혼인의 예약이므로 당사자 일방은 자신의 학력, 경력 및 직업과 같은 혼인의사를 결정하는 데 있어 중대한 영향을 미치는 사항에 관하여 이를 상대방에게 사실대로 고지할 신의성실의 원칙상의 의무가 있다고 하면서, 이러한 신의성실의 원칙에 위반한 행위로 인하여 믿음이 깨어져 애정과 신뢰에 바탕을 둔 인격적 결합을 기대할 수 없으므로, 동조 제8호의 기타 중대한 사유가 있는 때에 해당하여 이로 인한 약혼해제는 적법하다"고 판시하였다. 따라서 乙은 甲의 학력 및 경력의 허위를 이유로 약혼을 해제할 수 있을 뿐만 아니라 위자료도 청구할 수 있다. 다만 乙에게도 甲의 학력이나 경력을 시간을 두고 정확히 확인하지 아니한 채 경솔하게 약혼을 한 과실은 있으므로 위자료 산정에 참작될 것이다.

# 제2절 혼 인

## 1. 혼인의 의의

민법상 혼인은 남녀간의 영속적 결합을 목적으로 당사자의 합의 및 혼인신고에 의해 법률적으로 유효하게 성립한다. 친척들을 초대하여 성대하게 혼인식을 거행하고 부부로서 생활을 하고 있다고 하더라도 혼인신고를 하지 않으면 사실혼에 불과할 따름이고 법률혼은 아니다.

혼인은 가족을 형성하는 기초이며 본인뿐 아니라 사회에까지 영향을 미치기 때문에 민법은 혼인의 성립에 관하여 일정한 요건을 정하고 있고, 이 요건에 반하는 혼인은 무효 또는 취소할 수 있는 것으로 하고 있다. 따라서 혼인이 성립하기 위해서는 실질적 요건과 형식적 요건을 갖추어야 한다.

## 2. 혼인의 성립

### (1) 실질적 요건

#### (가) 혼인에 대한 당사자간의 합의가 있어야 한다.

혼인에 대한 당사자간의 합의란 부부관계를 성립시킨다는 의사의 합치이다. 따라서 당사자의 합의가 없는 부모끼리의 정혼, 혼인하더라도 육체적 결합은 갖지 않는다는 부동거(不同居) 결혼, 부부공동체 형성의 목적이 아닌 다른 목적을 위한 가장혼인(假裝婚姻), 당사자 일방에게만 혼인 의사가 있는 일방적 혼인신고, 어떤 조건부 또는 기한부 혼인 등은 당사자간의 혼인의사의 결여로서 모두 무효이다. 혼인할 의사는 결혼식 때는 물론, 혼인신고서를 작성할 때와 이 신고가 수리될 때까지 존재해야 된다.

한편 일방당사자에게 혼인할 의사가 없는 데도 다른 일방당사자 또는 부모들이 일방적으로 혼인신고를 하는 경우가 있는데, 이러한 경우 혼인의사의 결여로서 원칙적으로 무효이다. 다만 당사자가 사실상 혼인의사를 가지고 있음에도 불구하고 신고를 게을리 하고 있는 경우에는 다른 사람이 신고를 하였다고 하더라도 혼인은 성립한다.

**사례 3-8** **혼자서 한 혼인신고**

甲과 乙은 결혼식을 하고서 신혼여행을 다녀오다가 교통사고로 남편인 甲이 식물인간이 되었다. 그래서 乙은 상속받을 목적으로 乙이 혼자서 혼인신고를 했다. 이런 경우도 유효한 혼인신고가 되는가?

**해설** 혼인이란 혼인신고를 해야 법률혼으로 인정받을 수 있는데, 혼인신고를 할 때에는 혼인의 의사가 존재해야 한다. 따라서 甲이 의사능력이 없고, 이 상태에서는 혼인의 의사가 있다고 볼 수 없기 때문에 일방적인 乙의 혼인신고는 무효이다. 단 甲이 식물인간 상태 전에 혼인신고서를 작성했다든지 하는 특별한 사유가 있으면 그렇지 않다.

위 사례의 경우 혼인신고는 무효이므로, 가정법원에 혼인무효확인청구를 하여 그 판결이 확정된 후 1개월 이내에 판결서 등본과 확정증명서를 첨부하여 관할 구청에 호적의 정정신청을 하면 된다.

(나) 당사자가 혼인연령에 달해야 한다.

민법상 혼인할 수 있는 최저의 연령을 '혼인적령'이라고 하는데, 남자는 만 18세, 여자는 만 16세 이상이어야 한다. 또한 혼인적령에 달하였다고 하더라도 성년, 즉 만20세에 달하지 않은 사람이 혼인하기 위해 반드시 부모 등의 동의가 있어야 한다. 여기서 부모 등이라는 것은 친권자를 의미하는 것이 아니므로 사실상의 부모이면 된다.

(다) 일정한 근친자간의 혼인이 아니어야 한다.

동성동본불혼의 기원은 중국 주대(周代)에 시작하여 한대(漢代)에 확립되었다고 한다. 우리나라의 경우 신라시대나 고려시대에는 동성혼 및 근친혼이 오히려 성행했었다. 다만 조선시대에 들어서면서 대명률에 따라 동성혼을 금지하기에 이르렀던 것이다.

동성동본간의 혼인을 금하는 이유는, 첫째 동성자는 근친이기에 윤리적인 견지에서, 둘째 우생학적 견지에서 금하였던 것이다. 물론 여성계 등 동성동본 금혼제도 폐지론자들의 주장은 이것이 조선의 사대주의 정책의 결과 중국으로부터 수입한 제도이며, 우생학적 견지에서 동성혼이 열성자라는 근거도 없으며, 지나치게 혼인의 자유를 부정한다는 데 있다. 이러한 주장을 받아들여 민법은 종래의 금혼의 범위가 너무 넓다고 하여 이를 합리적으로 축소하였다. 그 범위를 보면, 8촌 이내의 혈족(친양자의 입양 전의 혈족을 포함한다) 사이(제809조 1항), 6촌 이내의 혈족의 배우자, 배우자의 6촌 이내의 혈족, 배우자의 4촌 이내의 혈족의 배우자인 인척이거나 이러한 인척이었던 자 사이(2항), 그리고 6촌 이내의 양부모계(養父母系)의 혈족이었던 자와 4촌 이내의 양부모계의 인척이었던 자 사이(3항)에서는 혼인하지 못하는 것으로 하였다.

**사례 3-9** **동성동본간의 혼인**

저는 대학 동아리 선배를 차츰 이성으로 대하게 되었고 급기야는 사랑을 고백하는 단계에까지 왔습니다. 그런데 선배는 저와 동성동본이라는 사실을 알게 되었습니다. 하지만 친족의 범위에 해당하지 않기 때문에 별 문제가 되지 않을 것이라고 생각하고 결혼준비를 하고 있습니다. 동성동본이라도 혼인신고를 하는 데 지장이 없는지요?

**해설** 과거에는 민법 제809조에 의하여 동성동본의 혼인은 취소사유이고, 혼인신고를 받아 주지 않았으므로 혼인이 이루어질 수 없었다. 그런데 동성동본 금혼 규정은 헌법상의 인간의 존엄과 가치 및 행복추구권을 침해하고 개인의 존엄과 양성평등의 원칙에 반하는 것을 이유로 헌법재판소에서 헌법불합치 결정(헌재결 1997. 7. 16, 95 헌가6-13)을 내렸고, 현재는 민법이 개정되어 동성동본이라도 9촌이 넘는 혈족간의 혼인은 허용되고 있다. 다만 혼인신고시 동성동본이지만 촌수가 그 범위를 벗어난다는 확인서류가 하나 더 필요할 뿐이다. 8촌 이내 사이의 혼인은 여전히 무효이다.

**사례 3-10** **형부와 처제간의 혼인**

교통사고로 아내를 잃은 甲은 어린 남매 때문에 항상 걱정이었다. 그런데 대학 때부터 처제는 형부집에서 생활했었기에 아이들도 매우 따르고 해서 처제와 함께 지내게 되었다. 서로 좋아하는 처지라면 둘이 혼인할 수는 없는가?

**해설** 우리 민법이 시행되기 전에는 형부와 처제의 혼인이 법률로 금지되지 않았을 뿐 아니라 형부의 자녀를 돌보기 위한 방편으로 형부와 처제간의 결혼이 관습상으로 허용되었다고 한다. 그런데 1990년 민법 개정을 통하여 인척의 범위가 4촌 이내로 확대되었다. 따라서 위 사례의 경우 제809조 제2항이 규정하는 금혼범위 중 배우자의 4촌 이내의 혈족인 인척이거나 인척이었던 자에 해당되므로 법률상 혼인이 금지되지만 일단 혼인을 하면 무효로 되는 것은 아니고, 취소할 수 있을 뿐이다.

#### (라) 중혼이 아니어야 한다.

민법은 일부일처제를 혼인의 본질로 하기 때문에 배우자 있는 자가 중복해서 혼인할 수 없다. 따라서 기혼자는 현재의 혼인관계가 해소되지 않은 상태에서 혼인할 수 없다.

#### (마) 재혼금지기간의 제한은 없다.

종전에는 남자가 재혼하는 데 대해서는 아무런 제한이 없는데 비하여, 여자의 경우에는 전혼관계가 종료한 날로부터 6개월을 경과하지 않으면 재혼할 수 없다고 하는 규정이 있었으나, 2005년의 개정에 의해 삭제되었다. 재혼금지기간은 오로지 부성(父性)추정의 충돌을 피하려는 데 목적이 있는

데, 요즘은 쉽게 그 부모를 가릴 수 있게 되었으므로, 그러한 제한은 불필요한 것으로서 양성평등에 위반되기 때문이다.

### (2) 형식적 요건

혼인이 유효하기 위해서는 혼인신고와 같은 형식적 요건을 갖추어야 한다. 혼인은 원칙적으로 호적법이 정하는 바에 따라 신고를 하여야 한다. 따라서 혼인신고를 하지 않고 부부관계를 수십년간 계속해도 법률상 혼인으로 인정되지 않는다.

혼인신고를 하기 위해서는 당사자쌍방과 성년자인 증인 2인이 연서하고 호적법에 따른 기재사항을 기재한 혼인신고서를 본인(당사자)의 본적지 또는 주소지나 현재지에서 신고하여야 한다. 이와 같은 신고만 있으면 족하고 결혼식이라든가 하는 의식은 필요가 없다.

혼인신고는 당사자쌍방이 생존해 있을 것을 요구한다. 따라서 죽은 이와의 영혼결혼은 물론이고, 당사자 쌍방이 사망한 후에 한 혼인신고는 무효이다. 다만 혼인신고서를 작성한 후 신고인의 생존 중에 우송한 신고서는 그 사망 후라도 시, 읍, 면의 장은 이를 수리하여야 한다고 하여 아주 극히 예외적인 경우에 한하여 사망한 자와의 혼인신고를 수리하여 주고 있다.

#### (가) 연령별 혼인

(단위: 천건)

| | 1991 | 1995 | 1998 | 2000 | 2004 |
|---|---|---|---|---|---|
| 남자 26 ~ 30세 | 232.5 | 214.2 | 201.2 | 173.8 | 131.5 |
| 여자 24 ~ 28세 | 199.9 | 210.7 | 208.0 | 178.3 | 144.1 |

＊자료: 통계청(2005).

○ 연령별 혼인건수는 2000년에 비해 여자 30~34세를 제외한 전 연령층에서 감소하였는데, 특히 주혼인 연령층(남자 26~30세, 여자 24~28세)에서 현저히 감소함.

주혼인 연령층의 경우 1991년 남자 232.5천건, 여자 199.9천건에서 2000년 남자 173.8천건, 여자 178.3천건으로 각각 57.7천건, 21.7천건, 2004년 남자 131.5천건, 여자 144.1천건으로 각각 101.0천건, 55.8천건 감소하여 감소폭이 두드러짐.

[양식 제6호]

**혼 인 신 고 서(　　)**
(　　년　　월　　일)

※ 뒷면의 작성방법을 읽고 기재하시되 선택항목은 해당번호에 "○"으로 표시하여 주시기 바랍니다.

| 구 분 | | | 남 편 | | | | 처 | | | |
|---|---|---|---|---|---|---|---|---|---|---|
| ① 혼인당사자 | 본적 | | | 호 주 및관계 | 의 | | | 호 주 및관계 | 의 | |
| | 주소 | | | 세대주 및관계 | 의 | | | 세대주 및관계 | 의 | |
| | 성명 | 한글 | 서명(인) | 전화 | | 한글 | 서명(인) | 전화 | | |
| | | 한자 | | 본 | | 한자 | | 본 | | |
| | 주민등록번호 | | | | | 주민등록번호 | | | | |
| ② 부모 | 부 | 본 적 | | | | 본 적 | | | | |
| | | 성 명 | | | | 성 명 | | | | |
| | 모 | 본 적 | | | | 본 적 | | | | |
| | | 성 명 | | | | 성 명 | | | | |
| ③ 혼인해소일자 | | | 년 월 일 | | | 년 월 일 | | | | |
| ④ 신 본 적 | | | | | | | | | | |
| ⑤ 기타사항 | | | | | | | | | | |
| ⑥ 증인 | 성 명 | 서명(인) | 주민등록번호 | | | | | | | |
| | 주 소 | | | | | | | | | |
| | 성 명 | 서명(인) | 주민등록번호 | | | | | | | |
| | 주 소 | | | | | | | | | |

※ 다음은 통계법 제13조에 의거 개인의 비밀사항이 철저히 보호되고 또한 국가의 인구정책 수립에 필요한 정보 수집이 목적이므로 사실대로 기재하여 주십시오.

| ⑦ 실제결혼년월일 | | 년 월 일부터 동거 | | |
|---|---|---|---|---|
| ⑧ 직 업 | 남 편 | | 처 | |
| ⑨ 교 육 정 도 | 남 편 | 1무 학 2초등학교 3중학교 4고등학교 5대학이상 | 처 | 1무학 2초등학교 3중학교 4고등학교 5대학이상 |
| ⑩ 혼인종류 | 남 편 | 1초혼 2사별후재혼 3이혼후재혼 | 처 | 1초혼 2사별후재혼 3이혼후재혼 |

### (나) 평균 초혼연령

(단위: 세)

| | 1991 | 1995 | 1998 | 2000 | 2002 | 2003 | 2004 |
|---|---|---|---|---|---|---|---|
| 남자 | 28.0 | 28.4 | 28.9 | 29.3 | 29.8 | 30.1 | 30.6 |
| 여자 | 24.9 | 25.4 | 26.1 | 26.5 | 26.8 | 27.3 | 27.5 |

○ 2004년도의 평균 초혼연령은 남자 30.6세, 여자 27.5세로 1991년에 비해 남자는 2.6세 여자는 2.6세 늘어났음.

### (다) 혼인종류별 혼인

(단위: %)

| | | 1991 | 1995 | 1998 | 2000 | 2004 |
|---|---|---|---|---|---|---|
| 계 | | 100.0 | 100.0 | 100.0 | 100.0 | 100.0 |
| 남자 | 초혼 | 91.8 | 89.3 | 88.3 | 86.7 | 83.1 |
| | 재혼 | 8.1 | 10.0 | 11.6 | 13.1 | 16.5 |
| 여자 | 초혼 | 92.7 | 89.3 | 87.4 | 85.2 | 81.2 |
| | 재혼 | 7.1 | 10.0 | 12.5 | 14.5 | 18.3 |

○ 전체혼인 중 재혼비중은 지속적으로 높아지고 있으며, 특히 여자의 경우 1991년에 비해 2배 이상 증가하여 여성의 재혼이 더 활발해짐.

### (라) 혼인형태별 혼인

(단위: %)

| 연도 | 계 | 초혼(남)-초혼(여) | 재혼(남)-초혼(여) | 초혼(남)-재혼(여) | 재혼(남)-재혼(여) |
|---|---|---|---|---|---|
| 1991 | 100.0 | 89.4 | 3.5 | 2.5 | 4.6 |
| 1995 | 100.0 | 86.3 | 3.6 | 3.6 | 6.5 |
| 1999 | 100.0 | 82.5 | 3.5 | 4.7 | 9.3 |
| 2000 | 100.0 | 82.0 | 3.5 | 4.9 | 9.6 |
| 2004 | 100.0 | 75.0 | 3.9 | 6.1 | 14.3 |

○ 남자 초혼-여자 재혼인 경우는 1991년 2.5%에서 꾸준히 증가하여 2000년에 4.9%, 2004년에 6.1%로 2배 이상 늘어남. 남자 재혼-여자 재혼인 경우는 2000년 9.6%, 2004년 14.3%로 1991년 4.6%에 비해 2배 내지 3배 가량 증가하여 혼인 10쌍 중 1 내지 1.5쌍 정도가 남녀 모두 재혼이라는 결과로 됨.

## 3. 사 실 혼

사실혼이란 사실상 혼인생활을 하면서 법률상의 방식인 혼인신고를 하지 않았기 때문에 법률상의 혼인으로 인정되지 않는 부부관계이다. 사실혼이 성립하기 위해서는 주관적으로는 혼인할 의사가 있어야 하고, 객관적으로는 부부공동생활이라고 인정될 만한 혼인생활의 실체가 있어야 한다.

사실혼의 신분적인 효과는 법률혼의 경우와 다를 것이 없다. 즉 동거의무, 부양 및 협조의무, 정조의 의무가 인정되므로 사실혼의 처와 정교관계를 맺은 자에 대해 사실혼의 남편은 불법행위로 인한 손해배상청구를 할 수 있다. 또한 사실혼의 재산적인 효과 중에서 일상가사대리권, 일상가사채무의 연대책임, 부부의 특유재산, 부부의 누구에게 속한 것인지 분명하지 않은 재산에 대한 공유 추정 규정은 법률혼과 마찬가지로 인정된다. 다만 혼인신고를 전제로 하는 혼인의 효과는 사실혼에는 인정되지 않는다. 따라서 ① 사실혼 배우자 사이에는 그 일방이 사망하여도 상속을 받을 수 없으며, ② 사실혼관계에서 출생한 자는 혼인 외의 자로 된다. ③ 사실혼 배우자 사이는 물론 상대방의 혈족과의 사이에서 인척관계도 발생하지 않고, ④ 다른 배우자가 간통을 하더라도 고소할 권한이 없다. ④ 사실혼관계에 있는 자가 혼인하더라도 중혼이 되지 않는다.

**사 례 3-11** **사실혼배우자의 상속권**

甲은 위암으로 남편을 잃고 아들, 딸과 함께 살다가 자녀는 모두 결혼하고 혼자 살고 있었는데, 주위의 권유로 乙과 재혼을 하게 되었다. 그런데 부부로서 함께 살고는 있으나 미처 혼인신고를 못하고 있던 사이에 그만 교통사고로 乙을 잃게 되었다. 乙에게는 전처 소생의 결혼한 두 자녀가 있는데, 甲은 乙의 재산에 대해 상속을 받을 수 있는가?

**해설** 위 사례의 경우 동거중인 乙의 사망시 사실혼관계에 있는 甲이 乙의 재산을 취득하는 방법에는 상속과 유증(遺贈) 및 특별연고자에 대한 분여(分與) 등 세 가지 방법이 있다.

그런데 상속과 관련해서는 혼인신고를 전제로 하므로 혼인신고를 하지 않은 사실혼관계에 있는 甲은 乙의 사망시 상속권을 주장할 수는 없다. 다만 乙이 생전에 유언으로 재산의 일부를 甲에게 증여하겠다는 의사표시를 했다면, 그 재산을 이전 받을 수 있다. 위 사례의 경우 甲은 乙의 법률상의 배우자가 아니므로 乙의 재산에 대해 상속을 받을 수 없다. 그리고 乙에게는 상속권자인 두 자녀가 있으므로 상속인이 없는 경우에 인정되는 특별연고자에 대한 분여에 의해 재산을 이전받을 수도 없다.

## 4. 혼인의 효과

### (1) 혼인의 일반적 효과

#### (가) 친족관계의 발생

부부가 혼인을 하게 되면 서로 배우자라는 신분을 갖게 되며 서로 친족이 된다. 또한 부부는 상대방의 4촌 이내의 혈족과 4촌 이내의 혈족의 배우자 사이에 서로 인척관계가 생긴다.

#### (나) 호적의 변동

종래 민법은 혼인을 하면 처는 남편의 가에 입적하도록 하고 있었다(제826조 3항). 즉 아내는 남편의 호적에 오르고 자신의 친가 호적에서는 제적처리된다. 그런데 민법의 개정에 의하여 호주와 호적제도가 없어지게 되므로, 2008년 이후에는 신분등록부에 혼인의 사실이 기재되는 외에, 혼인에 의하여 입적 등의 일이 일어나는 것은 없게 되었다.

#### (다) 부부의 성(姓)

우리나라 사람은 누구나 자신의 부계혈족 고유의 성을 가지고 있으며, 결코 성을 바꿀 수 없었다(성불변의 원칙). 따라서 혼인이 성립하여도 부부는 혼인 전부터 가지고 있던 각자의 성을 그대로 유지한다. 다만 자녀들의 성은 원칙적으로 아버지를 따르되, 모의 성을 따르게 할 수 있는 경우가 있게 되었다(제781조).

#### (라) 동거 · 부양 · 협조의 의무

부부 사이에는 동거의무가 있다. 즉 거소를 같이 하면서 정신적 · 육체적 동거를 포함하는 개념이다. 따라서 거소를 같이 한다고 하더라도 잠자리를 같이 하지 않거나, 다른 방을 쓰면서 생활하는 것은 동거라고 할 수 없다. 그러나 직업상의 필요나 정신상·육체상의 일시적 장애, 자녀의 교육상 필요, 그 밖의 사유 등 정당한 이유로 일시적으로 동거하지 않는 경우에는 서로 인용하여야 한다(제826조 1항). 동거장소는 부부의 협의에 의하여 정한다(제826조 2항). 그러나 협의가 이루어지지 않을 경우에는 당사자의 청구에 의하여 가정법원이 정하게 된다(제826조 2항 단서).

나아가 부부는 서로 부양하고 협조할 의무가 있다. 그것은 부부공동생활에서 동고동락하고, 정신적·육체적·경제적인 각 방면에 있어서 협조하여 원만한 공동생활을 할 의무이다.

그리고 혼인은 부부 상호간의 배타적인 성적 관계를 기초로 하므로, 부부는 서로에 대하여 정조를 지킬 의무를 진다.

**사 례 3-12** 동거의무

甲乙 부부는 의견충돌로 심한 부부싸움을 하게 되었고, 결국 이들 둘은 이혼까지 고려하게 되었다. 그래서 이들은 3주간 별거하면서 냉각기간을 두기로 합의하였다. 그런데 남편 甲은 3주가 지났는데도 돌아올 생각을 하지 않고 있다면 어떻게 해야 하는가?

**해설** 위 사례의 경우 3주간의 별거에 대한 약정기간이 경과했음에도 불구하고 돌아오지 않는 것은 부부간의 동거의무 위반에 해당한다. 아내는 남편 甲을 상대로 동거청구에 관한 조정을 신청할 수 있다. 조정이 불성립한 경우 동거를 명하는 심판에 대해서는 직접강제나 간접강제는 허용되지 않는다. 다만 부당한 동거의무의 위반은 악의의 유기에 해당되어 제840조 제2호의 재판상 이혼원인이 된다.

#### (마) 성년의제

미성년자가 혼인을 하면 성년에 달한 것으로 본다(제826조의2). 이를 성년의제제도라고 하며, 1977년의 민법 일부개정으로 도입되었다. 미성년자는 친권에 복종하므로 혼인하더라도 부부의 일방 또는 쌍방이 미성년자인 경우에는 부부생활이 제3자의 간섭을 받게 되는 등의 문제점이 발생하였기 때문에, 미성년자라도 혼인하면 성년자와 마찬가지로 행위능력을 가지는 것으로 배려하고 있다.

## (2) 혼인의 재산적 효과

부부관계도 기본적으로 경제생활을 기초로 하고 있으므로 부부간의 재산관계를 명백히 규율하고 있어야 하는데, 이를 부부재산제라고 한다. 우리 민법상의 부부재산제는 부부재산계약제도와 이러한 계약이 없는 경우에 적용되는 법정재산제의 이원적 규정을 두고 있다.

### (가) 부부재산계약

부부는 혼인을 하면서 그 재산관계에 관하여 자유로이 부부재산계약을 체결할 수 있다(제829조 1항). 부부재산계약의 체결 당사자는 장차 혼인을 하려는 자이며, 이러한 계약을 하기 위해서는 혼인을 하는 데 필요한 능력이 있으면 족하다. 부부재산제는 당사자가 임의로 정할 수 있지만 법정재산제와는 다른 내용으로 하여야 한다.

민법은 부부재산계약의 방식에 관하여는 아무런 규정을 두고 있지 않으나, 부부재산계약의 존재를 부부의 승계인 및 제3자에게 대항하기 위해서는 혼인신고시까지 그 등기를 하여야 한다(제829조 4항).

**사례 3-13** **부부재산계약**

아내의 동의 없는 남편의 채무에 대해 아내가 연대책임을 지지 않는다는 내용의 부부재산계약을 체결하여 등기했다면 남편의 채무자인 제3자에 대해서 그 채무를 갚지 않아도 되는가?

**해설** 부부재산계약제도는 가정의 재산관계를 투명하게 함으로써 결혼이라는 남녀간의 계약을 실질적으로 평등하게 만들 수 있는 효과적인 장치이며, 이혼시 재산분할 분쟁해결의 기준이 된다.

부부재산계약 내용은 등기 즉시 제3자에게도 영향을 미쳐 부부 중 일방이 계약을 위반하고 제3자와 맺은 계약은 타방 당사자에게는 자신에게는 효력이 없다고 주장할 수 있다. 한편 부부재산계약은 부부 중 일방이 혼인 중에 이를 변경하지 못한다. 다만 정당한 사유가 있는 경우에 한해서 법원의 허가를 받아야 한다.

따라서 위 사례의 경우 등기된 부부재산계약은 제3자에 대항할 수 있으므로 아내는 남편의 채무를 갚지 않아도 된다.

### (나) 법정재산제

부부가 혼인신고 전에 부부재산계약을 체결하지 않으면 그 재산관계는 모두 제830조 내지 제833조의 법정재산제에 의한다.

**가) 부부별산제**　　우리 민법은 부부별산제를 원칙으로 하고 있다. 부부별산제란 부부의 재산을 공유재산과 각자의 특유재산으로 구분하여, 특유재산에 대해서는 각자가 관리, 사용, 수익할 수 있도록 하는 제도이다.

부부별산제하에서의 부부재산의 귀속형태는, 첫째, 부부 각자의 소유로 되어 있는 재산, 둘째, 부부의 공유로 되어 있는 재산, 셋째, 명의는 부부의 일방 당사자로 되어 있으나 그 실질은 공유인 재산, 넷째, 명의는 부부의 일방 당사자로 되어 있으나 그 실질은 타방 당사자의 특유재산이거나 고유재산인 경우 등으로 나누어 볼 수 있다.

**사 례 3-14　부부별산제**

남편이 사업을 하다가 부도가 나서 채권자들이 몰려와서 부인에게 남편의 빚을 갚으라고 독촉하고 있다. 이 경우 아내가 남편의 빚을 갚아야 하는가?

**해설** 남편의 빚에 대해 아내가 보증을 섰다거나 하는 경우가 아니라면 이를 아내가 갚을 책임은 없다. 부부별산제를 채택하고 있는 우리 민법에서 빚도 역시 각자가 책임져야 하는 것이다. 다만 재산 중에서 부부 공유로 추정되는 재산에 대해서는 남편의 지분에 대해 강제집행을 당할 수 있는데, 이 때에는 현실적으로 손실이 있을 수 있으므로 그 손해를 피하기 위하여 자발적으로 갚는 경우는 별문제로 하면, 남편의 빚을 부인이 갚아야 할 경우는 없다. 부인이 빚을 진 경우에도 남편이 갚을 이유가 없는 것은 당연하다.

**나) 혼인생활비용의 부담**　　부부가 공동생활을 함에 필요한 비용의 부담에 관하여는 우선 당사자의 약정으로 정할 수 있다. 이에 관하여 당사자인 부부 사이에 특별한 약정이 없으면 부부가 공동으로 부담하여야 한다(제833조). 이와 같이 부부가 통상의 공동생활을 유지하는 데 필요한 비용을 혼인공동생활비용이라고 하고, 구체적으로는 가족의 의식주에 관한 비용, 자녀의 출산·양육·교육에 관한 비용, 가족의 의료비, 가족생활의 유지에 필요한 제세공과금 등이 여기에 해당한다. 그리고 공동부담의 원칙을 취한다고 해서 반드시 혼인생활비용을 균등하게 부담해야 한다는 의미는 아니고, 각자의 형편과 가정의 상황에 따라 부담하는 것이다.

**다) 일상가사대리권과 일상가사비용의 연대책임**　　민법 제827조 및 제

832조에 의하면 "부부는 일상의 가사에 관하여 서로 대리권이 있다" 그리고 "부부의 일방이 일상의 가사에 관하여 제3자와 법률행위를 한 때에는 다른 일방은 이로 인한 채무에 대하여 연대책임이 있다"고 규정하고 있다.

구체적으로 어떠한 행위가 일상가사에 해당하는지는 민법에 규정이 없다. 다만 판례는 그 기준에 관하여 "일상가사란 부부의 공동생활상 필요로 하는 통상의 사무를 말하는데, 그 내용, 정도 및 범위는 부부의 사회적인 지위, 직업, 재산, 수입의 능력 등 개별적으로 인정할 현실적 생활능력을 고려하여 가사처리자의 주관적 의사와 함께 객관적으로 결정하여야 한다(대판 1999. 3. 9, 98다46877)"고 판시하고 있다.

구체적으로는 쌀 등의 식료품의 구입, 연료, 의복류의 구입, 가옥의 임대차, 집세, 방세 등의 지급, 전기요금 등의 지급 등이 여기에 해당될 것이다. 그러나 보통 타당하다고 여겨지는 범위를 넘는 금전을 빌리는 행위, 순수한 직업상의 사무, 배우자의 중요재산을 처분하거나 담보에 제공하는 것, 생활에 맞지 않는 지나친 사치품의 구입 등은 일상가사에 해당하지 않으므로 배우자의 채무에 대해 갚아줄 책임이 생기지 않는다.

**사례 3-15** **일상가사대리**

남편 甲이 교통사고로 의식불명이 되어 입원을 하였는데, 남편이 없는 동안에 입원비, 자녀양육비, 생활비 등 비용이 필요하게 된 아내 乙이 이 비용을 마련하기 위해 남편 명의의 유일한 가옥을 적정가격으로 丙에게 매각하고 그 대금으로 이들 비용에 충당하고 나머지는 전세금으로 하였다. 그 후 완치된 甲은 乙의 매매가 대리권 없이 한 법률행위라고 하여 丙에게 가옥을 반환하라고 하는데 丙이 이 가옥을 반환해야 하는가?

**해설** 일상가사대리권의 범위 내의 행위라면 부부간에는 연대책임이 있으므로 서로 책임을 져야 하지만, 문제는 일상가사대리권의 범위 외의 행위에 대해서는 어떻게 처리할 것인지가 문제이다. 입원 당시에 甲이 乙의 가사상담에 응할 처지가 못되었고, 또한 입원 전후에 입원비나 자녀교육비, 생활비 등을 마련해 둔 바가 없다면 乙이 甲 소유의 가옥을 권원(權原) 없이 丙에게 매도하였다 해도 이 경우에 乙은 甲의 대리권이 있고, 그 매도대금이 적정가격으로써 입원비, 생활비, 양육비 등에 충당하고 나머지로 전세금에 충당할 생각으로 매도하고 또 그렇게 지출했다면 이러한 사유는 丙이 알았건 몰랐건 간에 객관적으로 보아서 乙에게 대리권이 있다고 믿을 만한 정당한 사유가 된다고 하여 甲에게 책임이 있으므로 丙은 甲에게 가옥의 반환청구에 응하지 않아도 된다.

## 〈부부재산약정등기의 보기〉

| 등기<br>번호 | 第5호 | 1 |
|---|---|---|

| 약정자의 성명과<br>주소와 주민등록번호 | 관리자의 변경과<br>공유재산의 분할 |
|---|---|
| 부　이 정 세<br>800101-1098765<br>부산 해운대 재송 110-1<br><br>처　장 이 원<br>810204-2148111<br>부산 남 대연 222-19 | |
| 부부재산약정 | |
| 접수 2005년 9월 12일<br>第5호<br>원인 2005년 9월 12일 부부재산약정<br><br>-약정사항-<br>1. 부부재산 중 다음에 기재한 것은 각자재산으로 이혼시 상대의 재산에 대해서 권리를 주장할 수 없다.<br><부의 재산><br>① 부산시 동래구 장전동 100<br><처의 재산><br>① 부산시 해운대구 재송동 110-1<br>② 부산시 연제구 연산동 200 그린상가 101호<br>2. 혼인기간중 취득하는 재산은 동일지분의 부부공유로 본다.<br>-2면에 계속- | 소　멸 |

| 등기번호 | 제5호 | 3 |
|---|---|---|

| 약정자의 성명과 주소와 주민등록번호 | 관리자의 변경과 공유재산의 분할 |
|---|---|
| 공 란 | |
| 부부재산약정 | |
| -1면에서 계속-<br>3. 부와 처는 월순수입 중 60% 이상을 가계생활비용으로 부담한다.<br>4. 일방이 사전 서면동의 없이 부부재산의 수익을 감소시켰을 때에는 손해액 100%를 일방의 특유채무로 본다.<br>5. 혼인 중 취득 재산은 처의 명의로 등기한다.<br>6. 부부의 급여, 수입, 공유재산은 아내가 관리한다.<br>7. 장래를 위한 저축은 아내 명의로 한다.<br>8. 남편은 어떤 형태의 채무에 대해서도 아내의 허락을 받아야 하고, 허락 없는 남편의 채무는 아내가 책임지지 않는다.<br>9. 부와 처는 총채무액 500만원을 초과하여 채무를 부담하는 경우 상대방의 서면동의를 얻어야 한다.<br>10. 자녀 양육비는 남편이 전액 부담한다.<br>11. 이혼시 혼인중 취득한 재산은 아내가 70%, 남편이 30%로 분할한다.<br>—끝— | 소 멸 |

# 제 5 장
# 이　　혼

## 제 1 절 이혼이란

이혼은 완전 · 유효하게 성립한 혼인을 당사자 쌍방 또는 일방의 의사에 의하여 해소하는 제도이다. 원래 혼인은 남녀간의 영속적인 결합을 목적으로 하고 있으므로, 부부 쌍방이 생존하고 있는 상황에서 혼인관계를 해소하는 이혼은 비정상적인 현상이다. 그러나 여러 가지 사유로 말미암아 더 이상 혼인관계를 유지할 수 없을 때, 억지로 그 혼인관계를 법률상으로 유지시키는 것보다 차라리 그 혼인관계를 해소시키는 것이 나을지도 모른다. 따라서 대부분의 나라들이 이혼을 법률로서 인정하고 있다.

한편 부부 가운데 일방이 사망하면 혼인은 당연히 해소된다. 부부의 일방이 사망하면 부부 쌍방의 생존을 전제로 했던 모든 법률관계는 원칙적으로 소멸하고, 사망자의 재산에 대해서는 상속이 이루어진다. 나아가 생존배우자는 재혼도 할 수 있음은 물론이다.

혼인 중 부부의 일방이 사망하더라도 생존배우자와 사망배우자의 친족 사이에 발생하였던 인척관계는 당연히 종료하지는 않고, 만약 생존배우자가 재혼을 하게 되면 그 인척관계가 비로소 종료하게 된다(제775조). 이 점은 이혼의 경우와 다르다.

# 제2절 협의이혼

## 1. 협의이혼의 의의

협의이혼이란 부부의 합의에 의하여 성립하는 이혼이다(제834조). 1977년 가정법원의 이혼의사확인제도를 도입하였는데, 이는 당사자의 의사만으로 인정되던 협의이혼제도에 법원의 관여를 규정한 것으로서 이혼의 신중화 내지는 억제의 효과를 가져오기 위한 것이다. 그러나 이 제도로는 이혼율의 감소를 가져오는 데 실패하였기 때문에, 이혼 전 부부가 반드시 일정기간의 숙려(熟慮)를 거쳐야 하는 숙려기간제도와, 전문상담기관에서 이혼상담을 받아야 하는 이혼상담제도의 도입이 논의되고 있다.

## 2. 협의이혼의 요건

협의이혼이 성립하기 위해서는 이혼의사의 합치가 필요하다. 이혼의사란 혼인의 실체를 영구적으로 해소하려는 효과의사를 말한다. 따라서 부부관계의 영구적 해소라는 이혼의 성질상 이혼의사에는 조건이나 기한을 붙일 수 없다.

협의이혼도 이혼의사의 합치라는 실질적 성립요건 외에 신고라는 형식적 성립요건이 필요하다. 민법은 협의이혼이 성립하기 위해서는 가정법원의 확인을 받아 호적법에 정한 바에 따라서 신고하도록 규정하고 있다(제836조 1항). 신고는 호적법에 정한 바에 의하여 당사자 쌍방과 성년자인 증인 2인이 연서한 서면으로 하여야 한다(제836조 2항).

협의이혼의 의사확인신청은 가정법원에 서면 또는 구술로 할 수 있다. 확인신청이 있는 때에는 가정법원은 당사자 쌍방을 출석시켜 그 진술을 듣고 이혼의사의 존부를 확인하여야 한다. 당사자 쌍방의 이혼의사가 확인되면 가정법원은 확인서를 작성하여야 한다. 이혼신고는 가정법원으로부터 확인서등본을 교부 또는 송달받은 날로부터 3월 이내에 그 등본을 첨부하여 신고인의 본적지 또는 주소지에 하여야 한다. 확인받은 후 신고하지 않고 3월을 경과한 때에는 가정법원의 확인은 그 효력을 상실한다.

## 3. 협의이혼의 무효와 취소

이혼신고가 수리되었으나, 당사자 사이에 이혼합의가 없는 경우에는 그 협의이혼은 무효이다. 예컨대 ① 부부공동생활을 해소할 의사 없이 채권자의 집행을 면하거나 또는 혼인 외의 출생자를 혼인중의 출생자로 하기 위한 방편으로 부부가 가장이혼을 합의하여 신고한 경우, ② 당사자 일방 또는 쌍방이 모르는 사이에 누군가가 이혼신고를 한 경우, ③ 유효하게 이혼신고서를 작성한 후 그 접수 이전에 호적공무원에게 이혼의사를 철회한 경우, ④ 심신상실자가 이혼신고시에 의사능력이 없었던 경우 등에는 원칙적으로 무효이다. 그러나 이혼신고서의 확인제도가 있으므로 이러한 일은 과거보다는 많지 않을 것이다.

가장이혼(假裝離婚)의 효력에 관해 종래 판례는 실질적 의사주의에 의거하여 "서자를 적자로 하기 위한 방편으로 형식상 이혼신고를 하였다 하더라도 신고당시에 당사자 쌍방에게 이혼의 뜻이 없었을 경우에는 그 이혼은 무효"라고 판시하였고, "혼인의 파탄이란 사실도 없이 부부가 동거생활을 계속하면서 통모하여 형식상으로만 협의이혼 신고한 경우는 무효"라고 판시한 바가 있다. 그러나 최근 판례(대판 1993. 6. 11, 93므171)는 형식적 의사설에 의거하여 "혼인 및 이혼의 효력발생여부에 관한 형식주의하에서의 이혼신고의 법률상 중대성에 비추어 볼 때 협의이혼의 의사는 법률상 부부관계를 해소하려는 의사를 말한다 할 것이므로 일시적으로나마 법률상 부부관계를 해소하려는 당사자간의 합의하에 이혼신고가 된 이상 그 협의이혼에 다른 목적이 있더라도 양자간에 이혼의사가 없다고는 말할 수 없고, 이와 같은 협의이혼은 무효로 되지 않는다"고 판시하고 있다. 따라서 일시적으로나마 이혼신고를 하기로 하는 합의하에 협의이혼신고를 한 사실이 인정되는 이상, 부부관계의 해소는 바라지 않고 단지 장인, 장모를 상대로 임금청구를 하기 위한 목적이 있었다 하더라도 이혼의사가 결여되어 무효라고는 할 수 없다고 하였다.

**사 례 3-16** **가장이혼의 효력**

남편인 甲의 사업부도로 채권자들의 빚 독촉에 시달리자 甲은 乙과 상의하에 채권자들의 집행을 면하고 또한 사태가 진정될 때까지 이혼한 것으로 가장하기 위하여 협의이혼 신고를 하였다. 그 후 마음이 변한 甲은 丙과 혼인신고를 하고서 살고 있는데, 乙은 甲과 다시 합쳐서 살고 싶다면, 어떻게 하여야 할까?

**해설** 위 사례의 경우 乙은 이혼의사가 없었음을 누구나 납득할 만한 충분한 증거를 제시하여 법원에 이혼무효소송을 제기하여 이를 입증함으로써 甲乙 사이의 이혼을 무효로 하는 판결을 받아 혼인관계를 회복하게 된다면 甲丙 사이의 혼인은 중혼관계가 되어 이를 취소할 수 있게 된다.

## 제3절 재판상 이혼

### 1. 재판상 이혼원인

재판상 이혼은 당사자의 일방의 청구로 법원이 판결에 의하여 혼인을 해소시키는 것이다. 이는 당사자 일방의 이혼요구에 대해서 상대방이 이에 응하지 않는 경우에 이혼을 할 수 있는 유일한 방법이며 또한 강제적인 이혼의 방법인 점에서 중요한 의의를 가진다.

재판상 이혼을 하려면 법률이 정한 이혼사유가 있어야 하고 또 이것을 충분히 증명하여야 한다. 우리 민법 제840조가 규정한 재판상 이혼사유는 다음과 같다.

① 배우자에게 부정한 행위가 있을 때
② 배우자가 악의로 다른 일방을 유기한 때
③ 배우자 또는 그 직계존속으로부터 심히 부당한 대우를 받았을 때
④ 자기의 직계존속이 배우자로부터 심히 부당한 대우를 받았을 때
⑤ 배우자의 생사가 3년 이상 분명하지 아니한 때
⑥ 기타 혼인을 계속하기 어려운 중대한 사유가 있을 때

이를 구체적으로 설명하면 다음과 같다.

### (1) 배우자의 부정행위

배우자의 부정한 행위란 '간통'이 전형적인 실례라고 할 수 있으나, 반드시 간통에 국한된다고 할 수는 없다. 이것은 간통이라는 개념보다는 넓은 것이고, 비록 간통에 이르지는 않았으나, 그 행동이 순결의무, 정조의무에 충실하지 못한 것으로 볼 수 있다면 부정한 행위가 된다.

부정한 행위는 물론 그 행위가 자유로운 의사에 의한 경우만을 말한다. 그래서 제3자에 의하여 성폭행(강간)을 당한 경우는 부정한 행위를 저지른 것으로 볼 수 없다.

간통과 같은 부정한 행위는 은밀히 이루어지는 것이기 때문에 이를 증명하기가 무척 어렵다. 그래서 부정한 행위는 추정에 의하는 경우가 많다. 예를 들어 이성과 한 방에서 밤을 지낸 경우, 숙박업소에 함께 투숙한 경우, 아내가 출산하였는데 남편의 자식이 아님이 증명된 경우, 배우자 이외의 사람으로부터 성병에 감염된 경우에는 부정한 행위가 있었다고 추정할 수 있다.

부정한 행위에 대하여 다른 배우자가 사전에 동의하거나 사후에 용서한 때에는 배우자의 부정한 행위를 이유로 하여 이혼을 청구할 수 없다(제841조). 동의나 용서는 명시적 내지는 묵시적인 의사표시로 할 수 있다. 배우자의 부정한 행위를 알고서도 아무 말 없이 부부생활을 계속하는 것은 사후의 묵시적인 용서라고 본다.

부정한 행위를 이유로 이혼을 청구하기 위해서는 시간상의 제약이 있다. 즉 이를 안 날로부터 6월, 그 사유가 있는 날로부터 2년 내에 소송을 제기하여야만 하고, 그 이후에는 이혼청구가 허용되지 않는다.

**사례 3-17** **배우자의 부정행위**

남편 甲은 아내인 乙 몰래 회사의 여직원인 丙과 불륜관계를 맺고 있다. 甲의 행동이 수상함을 직감으로 알아챈 乙은 지방출장을 핑계 대는 甲을 미행하여 남편의 불륜현장을 목격함에 따라 협의이혼을 요구했다. 그러나 甲은 이에 응하지 않고 있으며, 굳이 이혼을 원한다면 위자료를 내라고 요구하고 있는데 어떻게 해야 하는가?

**해설** 위 사례에서 乙은 甲의 부정행위를 들어 재판상 이혼청구를 할 수 있다. 또한 혼인파탄의 책임 있는 甲이 이혼의 책임을 져야 하기 때문에 乙은 위자료도 청구할 수 있고 이와 별도로 재산분할을 청구할 수 있다.

### (2) 악의의 유기

악의의 유기란 배우자의 일방이 정당한 이유 없이 서로 동거·부양·협조하여야 할 부부로서의 의무를 포기하고 다른 일방을 버린 경우를 말한다. 그러나 그 모든 의무에 위반하여야만 이혼원인인 악의의 유기가 되는 것은 아니다. 예컨대 남편이 첩과 함께 살면서 집에는 오지 않으면서 처에게 생활비를 빠짐없이 보내어 부양의무를 이행했다 하더라도 악의의 유기는 성립하는 것이다.

이처럼 악의의 유기는 혼인생활을 상당한 정도로 포기하는 것이기 때문에 상당한 기간 계속되지 않으면 안 된다. 따라서 일상생활에서 흔히 볼 수 있는 단순한 가출정도는 악의의 유기라고 할 수 없다. 또한 건강상, 직업상, 경제상 또는 자녀의 교육상 필요하여 별거하는 것은 유기에 해당되지 않는다. 판례에 의하면 남편이 정신이상의 증세가 있는 처를 두고 가출하여 비구승이 된 경우(대판 1990. 11. 9, 90므583, 590)와 혼인신고한 후 약 20일간 동거하다가 농사일이 힘들고 건강이 나쁘다는 이유로 집을 나가 돌아오지 않는 경우(대판 1986. 10. 28, 86므83, 84)를 악의의 유기라고 하고 있다.

### (3) 배우자 또는 그 직계존속에 의한 심히 부당한 대우

배우자 일방의 타방에 대한 심히 부당한 대우는 이혼사유가 된다. 부당한 대우란 신체, 정신에 대한 학대 또는 명예에 대한 모욕을 의미한다. 한편 그것이 심하다는 것은 배우자의 일방이 부부의 동거생활의 계속에 대하여 고통을 느낄 정도를 말한다고 보는 것이 일반적이다. 그러나 무엇이 심히 부당한 대우이냐는 순전히 사회적 통념에 따라 결정된다. 즉 일반인들이 보았을 때, 그 정도면 도저히 혼인생활을 계속 할 수 없는 사정이 되는 경우이다.

한편 이와 같은 심히 부당한 대우는 배우자의 일방의 타방에 대한 경우뿐만 아니라 배우자의 직계존속으로부터 심히 부당한 대우를 받은 경우에도 이혼사유가 된다.

구체적으로 이에 해당하는 것으로는 배우자의 직계존속으로부터의 구타나 폭행, 심히 모욕적인 욕설 등이 된다. 그리고 서울가정법원의 판결 중에는 혼인신고를 마치고 난 뒤 시어머니가 최고급 냉장고·가구 및 아파트 전세금 등 과다한 혼수를 요구하여 양가 사이에 잦은 불화를 일으키는 등 욕설과 행패를 부리자 이는 민법상 배우자 또는 직계존속으로부터 심히 부당한 대우에 해당한다고 하여 이혼을 인정한 사례가 있다.

판례는 남편이 혼인 초부터 아기를 낳을 수 없다는 트집을 잡아 학대를 하며 이혼을 요구하여 왔고, 이에 응하지 아니하면 자살하겠다고 하면서 실제로 두 차례에 걸쳐 자살한다고 농약을 마시는 소동을 벌여 이에 견디지 못한 처가 집을 나와 친정으로 복귀함으로써 부부 사이가 파탄에 빠졌다면, 이는 재판상 이혼사유인 배우자로부터 심히 부당한 대우를 받은 경우에 해당한다고 판시하고 있다(대판 1990. 11. 27, 90므484, 491).

**사 례 3-18** **배우자의 부당한 대우**

甲과 乙은 자식 두 명을 둔 부부이다. 그런데 甲은 술만 마시면 아내를 구타하는 버릇이 있다. 자식들 생각하여 참아 오다가 최근에는 그 증상이 더 심해서 도저히 더 이상은 참을 수가 없어서 가출을 해서 혼자 지내고 있다. 乙은 이혼을 요구하고 있으나 甲은 무단가출을 이유로 이혼에 응하지 않고 있는데 이혼을 할 수 있는 방법은 없는가?

**해설** 위 사례의 경우 乙은 배우자인 甲의 심히 부당한 대우로 가출을 한 것이기 때문에 제840조 제3호에 해당되어 甲을 상대로 법원에 이혼청구소송을 제기하여 이혼을 할 수 있다.

### (4) 자기의 직계존속에 대한 배우자의 심히 부당한 대우

자기의 직계존속에 대한 배우자의 심히 부당한 대우, 즉 며느리가 시부모에 대한 심히 부당한 대우 및 사위가 장인, 장모에 대하여 심히 부당한 대우를 한 경우에도 마찬가지로 이혼사유가 된다.

### (5) 배우자의 3년 이상 생사불명

배우자가 현재까지 3년 이상 생사불명일 경우에는 이혼소송을 제기할 수 있다. 생사불명이란 문자 그대로 생존도 사망도 확인하거나 증명할 수 없는 경우를 말한다. 이 기간은 계속되어야 하는데, 이는 과거에도 생사불명이었지만 현재도 생사불명일 것을 요한다는 것이다. 생사불명의 원인은 묻지 않으며, 다른 사람들이 혼인을 방해하기 위하여 빼돌린 결과, 본인에게는 생사불명이지만 배우자의 가족들은 연락이 되어도 이혼을 할 수 있다.

이 때의 이혼소송은 공시송달과 결석판결이라는 절차를 밟아서 행하여진다. 일단 소송에 의해 이혼이 확정되면 배우자가 생존해서 돌아오더라도 이혼의 효력이 소멸하지 않는다.

### (6) 혼인을 계속할 수 없는 중대한 사유

무엇이 '혼인을 계속하기 어려운 중대한 사유'에 해당할 것인가에 대하여는 법원이 최종적으로 판단하게 될 것이지만, 혼인관계가 심각하게 파탄되어 다시는 혼인에 적합한 생활공동체관계를 회복할 수 없을 정도에 이른 사실이 있고, 이러한 경우에 혼인생활을 강요하는 것이 일방 배우자에게 참을 수 없는 고통이 되는 경우를 말한다고 하겠다. 이를 판단함에 있어서는 혼인계속의사의 유무, 파탄의 원인에 관한 당사자의 책임 유무, 혼인생활의 기간, 자녀의 유무, 당사자의 연령, 이혼후의 생활보장, 기타 혼인관계의 제반 사정을 두루 고려하여야 한다.

보통 혼인을 계속하기 어려운 사례로 보는 경우를 보면, 육체적인 파탄원인으로 부당한 피임, 성병의 감염, 이유 없는 성교거부, 성적 불능 등이, 윤리적 · 정신적 파탄원인으로서는 불치의 정신병, 부부간의 애정상실 또는 성격의 불일치, 수년간 계속된 사실상의 별거, 어린이에 대한 정신적이거나 육체적인 모욕 또는 가해, 신앙의 차이, 또는 광신, 알코올 중독 또는 마약중독 등이, 경제적 파탄원인으로 배우자의 방탕한 생활, 가계를 돌보지 않는 처의 난맥행위나 낭비 또는 지나친 사치 등이 이에 해당하는 것으로 볼 수 있다. 그러나 사소한 불화나 감정의 대립, 한 때 이혼하기로 합의한 후 위자료까지 준 사실이나, 성적 기능이 다소 원활하지 못하다는 사실, 처의 임신불능이나 남편의 무정자증 등은 그 자체로서는 혼인을 계속하기 어려운 중대한 사유라고 볼 수 없을 것이다.

**사 례 3-19** **성생활과 이혼**

남편은 성기능이 불완전함에도 불구하고 이를 은폐한 채 저와 결혼하였습니다. 우리 부부가 혼인 후 6개월 동안의 신혼생활 중 단 한번도 성교관계를 가지지 않았습니다. 남편의 불완전한 성기능을 이유로 이혼청구를 할 수 있는지요?

**해설** 성기능이 불완전한 경우 재판상 이혼 청구가 가능하다. 성기능이 불완전함에도 불구하고 이를 은폐한 채 혼례식을 거행하고 젊은 부부로서 약 6개월 동안의 신혼생활을 하는 동안 단 한번도 성교관계가 없었다면, 비록 임신이 가능하더라도 정상적인 성생활을 원하는 여자로서는 정신상 고통을 받게 되므로 이는 재판상 이혼사유에 해당한다. 아내의 정신적 고통에 대한 위자료청구가 가능함은 물론이다.

## 2. 유책배우자의 이혼청구권

우리 민법상 재판상 이혼은 이혼사유가 있는 경우에만 인정한다. 다만 민법이 규정한 재판상 이혼사유가 있는 경우라고 하더라도 혼인을 회복할 수 없을 정도로 파탄시킨 데 대하여 전적으로 또는 주로 책임이 있는 배우자의 이혼청구는 받아들이지 않는다. 이를 이혼에 있어서 유책주의라고 한다.

이에 대하여 혼인이 파탄이 되었으면 누구의 잘못을 따지지 않고 이혼을 인정하는 것을 파탄주의라고 한다. 파탄주의는 이혼의 허용여부를 결정함에 있어서 법관의 재량에 의한 판단을 인정한다는 점과 유책사유가 없는 무책적 이혼원인을 인정하는 점에 특징이 있다. 이는 자유주의 내지는 개인주의적 풍조의 반영으로서 오늘날 많은 국가들이 파탄주의 이혼제도를 채용하고 있으나, 우리 이혼법상 아직은 파탄주의를 전면적으로 수용하지 않고 있다. 그 이유는 만약 그렇게 하면 아직까지는 사회적 지위가 열악한 여성이 사실상의 축출이혼을 당하는 사례가 많아지게 되기 때문이다.

유책배우자의 이혼청구권이란 부부관계 자체는 회복할 수 없을 정도로 파탄되었으나, 혼인의 파탄에 대하여 전적으로 또는 책임을 질 배우자에 의한 이혼청구를 인정할 것이냐 하는 문제이다. 대법원판례는 파탄주의를 무제한으로 인정하지 않고 유책배우자의 이혼청구인 경우에는 이를 제한하려는 입장이다. 다만 유책배우자의 이혼청구라 할지라도 예외적으로 허용되는 경우가 있다.

① 유책배우자로부터 이혼청구를 받은 배우자도 이혼할 의사가 있고 그 의사를 소송중에 표시한 경우나, 속으로 이혼의사는 있지만 단지 이혼청구를 받은 배우자가 오로지 오기나 보복적 감정에 사로잡혀 표면적으로만 이혼을 거부하고 있을 뿐, 실제로는 혼인을 계속할 의사가 없는 행동을 하는

등 이혼의사가 객관적으로 명백한 경우에는 유책배우자가 한 이혼청구라 할지라도 이혼을 받아들이고 있다.

② 이혼을 청구하는 사람의 유책성이 문제되는 것은 그 사람의 행위에 기인하여 혼인파탄이 생긴 때에 한하여야 한다. 따라서 다른 원인에 의하여 이미 혼인이 파탄되어 있는 경우에는, 설사 이혼을 청구하는 사람에게 유책적인 행위가 있더라도 그것으로써 이혼청구를 배척하여서는 안 된다. 예컨대 혼인이 이미 다른 원인으로 거의 파탄되어 버린 사정하에서 남편이 부정을 하였다고 하여, 남편의 부정만을 들어 남편을 유책배우자라고 하는 것은 타당하지 않다.

③ 부부관계는 서로 상호적인 것이므로 혼인파탄의 책임도 많든 적든 부부 모두에게 있는 것이 일반적이다. 그래서 부부 쌍방에게 같은 정도의 파탄의 책임이 있는 경우나 이혼을 청구하는 사람이 이혼을 청구당한 사람보다 파탄의 책임이 가벼운 때에는 이혼을 당하는 사람에게 이혼의사가 없더라도 이혼청구는 인정하고 있다.

**사례 3-20** **유책배우자의 이혼청구**

甲과 乙은 성격차이로 다투다가 甲은 집을 나가 丙녀와 동거를 하게 되었다. 그 후 甲은 乙과 협의이혼을 하려고 했으나, 乙이 이에 동조하지 않자 甲은 장기간의 별거가 제840조 제6호의 "기타 혼인을 계속할 수 없는 중대한 사유"에 해당한다고 생각하고 이혼소송을 제기하려고 하는데 가능한가?

**해설** 책임 있는 배우자의 이혼청구와 관련하여 판례 및 다수설의 입장은 근본적으로 유책주의이나, 유책배우자의 이혼청구를 법원이 거부한다고 하여 이미 파탄된 가정의 회복이 가능한 것은 아니기에 예외적인 경우에는 유책배우자의 이혼청구를 인정하고 있다. 사례의 경우 예외적인 경우에 해당하지 않아 甲의 이혼청구는 배척될 것이다.

### (가) 평균 이혼연령

(단위: 세)

| | 1991 | 1995 | 1998 | 1999 | 2000 | 2003 | 2004 |
|---|---|---|---|---|---|---|---|
| 남자 | 37.2 | 38.4 | 39.8 | 40.0 | 40.1 | 41.3 | 41.8 |
| 여자 | 33.1 | 34.6 | 36.1 | 36.4 | 36.6 | 37.9 | 38.3 |

* 자료: 통계청(2004).

○ 2003년 평균 이혼연령은 남자 41.3세, 여자는 37.9세로 1991년에 비해 남자는 4.1세, 여자는 4.8세 늘어남. 이는 15년 이상 장기동거부부의 이혼 증가 및 혼인연령의 상승 등에 기인함.

### (나) 동거기간별 이혼

(단위: %)

| | 1991 | 1995 | 1998 | 2000 | 2004 |
|---|---|---|---|---|---|
| 계 | 100.0 | 100.0 | 100.0 | 100.0 | 100.0 |
| 0 ~ 4년 | 38.7 | 32.6 | 29.4 | 29.3 | 25.2 |
| 5 ~ 9년 | 28.3 | 25.1 | 23.3 | 22.3 | 22.9 |
| 10 ~ 14년 | 19.6 | 20.6 | 19.2 | 18.7 | 18.9 |
| 15 ~ 19년 | 9.0 | 13.1 | 15.5 | 15.3 | 14.7 |
| 20년 이상 | 4.4 | 8.2 | 12.4 | 14.3 | 18.3 |

* 자료: 통계청(2004).

○ 이혼한 부부의 동거기간이 20년 이상인 경우는 1991년 4.4%에서 2004년 18.3%로 약 4배 증가하여 5건의 이혼 중 1건이 20년 이상 동거한 부부의 이혼으로 나타남. 동거기간이 5년 미만인 부부의 이혼비율이 25.2%로 가장 높으나 1991년 이후 서서히 감소함.

### (다) 주된 이혼사유

(단위: %)

| | 2000 | 2001 | 2002 | 2003 | 2004 |
|---|---|---|---|---|---|
| 계 | 100.0 | 100.0 | 100.0 | 100.0 | 100.0 |
| 배우자 부정 | 8.1 | 8.7 | 8.6 | 7.3 | 7.0 |
| 정신·육체적 학대 | 4.3 | 4.7 | 4.8 | 4.3 | 4.2 |
| 가족간 불화 | 21.9 | 17.6 | 14.4 | 13.0 | 10.0 |
| 경제 문제 | 10.7 | 11.6 | 13.6 | 16.4 | 14.7 |
| 성격차이 | 40.1 | 43.0 | 44.7 | 45.3 | 49.4 |

| | | | | | |
|---|---|---|---|---|---|
| 건강문제 | 0.9 | 0.7 | 0.6 | 0.6 | 0.6 |
| 기　　타 | 14.0 | 13.7 | 13.3 | 13.1 | 14.1 |

* 자료: 통계청(2004).

○ 2004년 이혼의 주된 사유는 성격차이 49.4%, 경제문제 14.7% 등의 순으로 나타났으며 경제문제로 인한 이혼 비율은 2003년도보다 다소 감소하였음. 경제문제로 인한 이혼은 성격차이 다음의 주된 이혼사유로 대두되고 있음.

# 제5절 이혼의 효과

## 1. 일반적 효과

이혼에 의하여 부부라는 배우자관계가 소멸하므로 부부 사이의 정조의무, 동거·부양·협조의 권리의무, 부부재산관계 등은 모두 소멸하고, 혼인에 의하여 배우자의 혈족과의 사이에 생긴 인척관계는 이혼에 의하여 소멸된다. 그리고 재혼이 가능하게 된다.

## 2. 자녀에 대한 효과

부부 사이에 출생한 자녀는 부부가 이혼을 하더라도 혼인중의 출생자로서의 지위를 잃지 않는다. 그러나 자녀가 미성년자인 경우에는 친권이나 양육권을 공동으로 행사하기 어렵다. 따라서 이혼을 할 때에는 친권자나 양육권자를 정할 필요가 있다.

### (1) 친권자의 결정

부모가 이혼을 한 경우에는 부모의 협의로 친권을 행사할 자를 정하고, 부모의 협의가 되지 않거나 협의를 할 수 없는 경우에는(예컨대 일방이 행방불명이라든가 의식불명인 경우) 당사자의 청구 또는 직권에 의하여 가정법원이 누가 친권을 행사할지를 결정한다(제837조 2항). 친권자를 변경할 필요가 있

[양식 제 7 호]

## 이혼(친권행사자 지정) 신고서
( 년 월 일)

※ 뒷면의 작성방법을 읽고 기재하시되 선택항목은 해당번호에 "○"으로 표시하여 주시기 바랍니다.

| 구분 | | | 남편 | | | 처 | | | |
|---|---|---|---|---|---|---|---|---|---|
| ① 이혼당사자 | 본적 | | | 호주 및관계 | 의 | | | 호주 및관계 | 의 |
| | 주소 | | | 세대주 및관계 | 의 | | | 세대주 및관계 | 의 |
| | 성명 | 한글 | 서명(인) | 전화 | | 한글 | 서명(인) | 전화 | |
| | | 한자 | | 본 | | 한자 | | 본 | |
| | 주민등록번호 | | | | | 주민등록번호 | | | |
| ② 부모 | 부 | 본 적 | | | | 본 적 | | | |
| | | 성 명 | | | | 성 명 | | | |
| | 모 | 본 적 | | | | 본 적 | | | |
| | | 성 명 | | | | 성 명 | | | |
| ③ 복적 또는 부흥할가 | | 본 적 | | | | 호 주 | | | |
| ④ 신 본 적 | | | | | | | | | |
| ⑤ 부흥 또는 일가창립장소 | | | | | | 일가창립원인 | | | |
| ⑥ 기타사항 | | | | | | | | | |
| ⑦ 재판확정일자 | | 년 월 일 | | | | 법원명 | | | |
| ⑧ 친권자지정 | 미성년자성명 | | | | | | | | |
| | 주민등록번호 | | | | | | | | |
| | 친권행사자 | | 지정일자, 원인 | . . . | | | 지정일자, 원인 | . . . | |
| ⑨ 증 인 | 성 명 | | 서명(인) | 주민등록번호 | | | | | |
| | 주 소 | | | | | | | | |
| | 성 명 | | 서명(인) | 주민등록번호 | | | | | |
| | 주 소 | | | | | | | | |

※ 다음은 통계법 제13조에 의거 개인의 비밀사항이 철저히 보호되고 또한 국가의 인구정책 수립에 필요한 정보 수집이 목적이므로 사실대로 기재하여 주십시오.

| ⑩ 실제결혼년월일 | 년 월 일부터 동거 | | ⑪ 실제이혼년월일 | 년 월 일부터 별거 |
|---|---|---|---|---|
| ⑫ 20세미만자녀수 | 명 | | ⑬ 이혼의 종류 | 1협의이혼 2재판에의한이혼 |
| ⑭ 이혼사유 | 1배우자 부정 2정신적·육체적 학대 3가족간 불화<br>4경제문제 5성격차이 6건강문제 7기타 | | | |
| ⑮ 최종 졸업학교 | 남편 | 1무학 2초등학교 3중학교<br>4고등학교 5대학 이상 | 처 | 1무학 2초등학교 3중학교<br>4고등학교 5대학 이상 |
| ⑯ 직 업 | 남편 | | 처 | |

는 경우에도 마찬가지이다. 친권자의 지정과 변경의 경우에 미성년자인 자녀의 이해와 직접 관련되는 사항을 조정함에는 자녀의 복지가 우선적으로 고려되어야 하며, 자녀가 15세 이상인 때에는 심판에 앞서 본인의 의견을 들어야 한다.

### (2) 양육권자에 관한 사항의 결정

또한 이혼하는 경우의 자녀의 양육권자 및 양육에 관한 사항은 부모의 협의로 정하고, 협의가 되지 아니하거나 협의할 수 없는 때에는 가정법원이 당사자의 청구 또는 직권에 의하여 그 자녀의 연령, 부모의 재산상황 기타 여러 사정을 참작하여 양육에 필요한 사항을 정한다(제837조 2항 전단). 양육에 관한 사항이 결정된 후에라도 자녀의 이익을 위하여 필요한 경우에는 가정법원은 당사자의 청구에 의하여 언제든지 양육에 관한 사항을 변경하거나 또는 다른 적당한 처분을 할 수 있다(제837조 2항 후단).

이와 같이 일방이 친권자로 정해졌더라도 친권자가 당연히 아이를 양육하는 것은 아니다. 양육에 관한 사항은 친권에 관한 사항과는 달리 합의할 수 있다. 즉 친권은 아버지가 양육은 어머니가 하되, 비용부담은 균분한다고 하는 식으로 결정할 수도 있다. 다만 이 경우에도 자녀의 복리가 우선적으로 고려되어야만 한다. 양육권자를 결정하는 시기는 대개는 이혼 전에 하는 것이 보통이지만, 이혼 후라 할지라도 상관없다.

**사 례 3-21** **친권자 및 양육권자의 결정**

우리 부부에게는 어린 자식이 두 명 있습니다. 그런데 최근 우리 부부는 성격차이로 이혼을 하게 되었습니다. 그런데 문제는 저는 경제사정이 좋지 않아 자식을 키우기가 어렵고, 아내도 재혼을 하게 되어 아이를 맡기가 곤란하다는 것입니다. 이런 경우에 자식에 대한 친권자 및 양육권자는 누가 되어야 하는지요?

**해설** 부모가 이혼하는 경우 친권자 및 양육권자는 부모의 협의로 친권 및 양육권을 행사할 자를 정하고, 협의할 수 없거나 협의가 이루어지지 않는 경우에는 당사자의 청구에 의하여 가정법원이 정한다. 위 사례의 경우 친권자 및 양육권에 대한 협의가 이루어지지 않을 것이므로 법원이 개입하여 이를 정할 수밖에 없다. 법원은 당사자의 청구에 의하여 현재 양육권자는 누구인지, 부모의 재산상황, 양육능력, 교육정도, 자녀에 대한 애정 등을 종합적으로 고려하여 양육권자, 양육방법, 양육비 등을 결정한다.

### (3) 면접교섭권

면접교섭권이란 이혼 후 그 자녀를 직접 양육하지 아니하는 어버이의 일방이 이혼 후 그 자녀와 직접 면접, 서신교환 또는 접촉하는 권리를 말한다. 우리나라에서는 1990년의 민법 일부개정을 통해서 도입된 제도로서 비교적 최근에 인정된 것이지만, 서구에서는 오래 전부터 인정되어 오던 권리이다. 종래 우리나라에서는 이혼 후 친권자나 양육권자가 아닌 부모는 자녀의 면전에 떳떳이 나서지 않고 숨어서 지켜보는 것을 미덕으로 여겼기 때문에 면접교섭의 문제는 발생할 여지가 적었다. 그러나 핵가족화가 촉진되고 또 친권에 있어서의 남녀평등이 현실화되는 한편, 자녀의 복리를 위해서도 양부모와의 면접교섭이 필요하다는 인식하에 면접교섭권을 입법화하였다.

자녀의 면접교섭의 방법, 시기 등에 관하여는 부모가 협의하면 그대로 효력이 발생하고, 그러한 협의가 되지 않거나 협의할 수 없을 때에는 가정법원에 청구하면 법원이 면접교섭권의 행사방법과 범위를 결정한다(제837조의2).

다만 면접교섭권을 인정한 결과 자녀에게 좋지 않은 상태가 발생하였을 경우에는 당사자의 청구 또는 직권에 의하여 가정법원은 자녀의 복리를 위하여 면접교섭을 제한하거나 배제할 수 있다(동조 2항). 의무자가 면접교섭을 허용하지 않으면 법원에 청구하여 이행명령을 받을 수 있고, 이행명령에 위반하면 100만원 이하의 과태료에 처할 수 있다(가소 제64조 1항, 제67조).

**사 례 3-22** **이혼한 아내가 자식이 보고 싶다면**

아내인 乙은 남편과 어린 자식을 둔 가정주부이다. 그런데 乙은 우연하게 알게 된 丙과 잠시 외도를 하게 되었는데, 때마침 남편에게 그 사실이 발각되어 이혼을 하게 되었다. 자식은 甲이 양육하기로 했지만 乙은 딸이 너무나 보고 싶다. 이혼녀 乙은 딸을 만나 볼 수 있는 방법이 없는가?

**해설** 이혼녀인 乙이 딸을 만날 수 있는 권리인 면접교섭권이 1990년 민법의 개정으로 인정되었다. 따라서 이혼하여 양육을 담당하지 않는 부모의 일방은 면접교섭의 방법이나 시기 등에 관해 협의하여 면접교섭할 수 있고, 협의되지 않거나 협의할 수 없을 때에는 가정법원에 청구하여 그 결정에 따라 자식을 면접교섭할 수 있다.

## 3. 재산상의 효과

부부가 혼인을 하면 가족공동체를 형성함과 아울러 경제공동체도 이룩한다. 우리 민법상 부부재산제는 당사자 사이에 부부재산계약이 없는 한, 별산제가 원칙이다. 따라서 각자의 명의로 된 재산은 그 명의자의 것이다. 따라서 혼인 중에는 누구의 기여에 의해 그 재산을 취득하였나를 불문하고 일단 그 명의자의 재산인 것으로 추정한다. 그런데 이혼을 하는 경우에는 부부공동체는 종료하고, 청산의 단계에 들어간다.

부부가 이혼하는 경우는 당사자 사이에 직접적으로 발생하는 재산문제는 두 가지이다. 즉 첫째는 위자료 문제이며, 둘째는 부부가 혼인중 공동의 협력으로 이룩한 재산의 분할문제이다.

### (1) 위자료청구권

이혼시 위자료청구권은 배우자 일방이 책임 있는 상대방에게 정신상 고통에 대한 손해배상으로서 청구하는 권리이다. 위자료청구권이 성립하기 위해서는 상대방에게 고의, 과실과 같은 책임 있는 사유가 있어야 한다. 즉 이혼의 경우에 배우자의 일방이 부정한 행위나 심히 부당한 대우를 하였다거나 하는 경우이어야 한다. 그러나 이혼원인이 예컨대 배우자 일방에게 불치의 정신병이 있어서 도저히 그 혼인을 계속할 수 없어서 이혼을 하는 경우에는 비록 혼인파탄의 원인을 배우자 일방이 제공하였지만 정신병이 그의 고의나 과실에 의해서 발생한 것이 아니므로 위자료 문제는 발생하지 않는다.

**사 례 3-23** **위자료청구**

乙은 지난 1989년 결혼해 수퍼마켓을 운영하면서 시부모를 모시고 살고 있었는데, 1996년경 아무 이유 없이 갑자기 남편(甲)이 집을 나가 돌아오지 않으면서 1~2년에 한 번씩 "돈 많이 벌어 들어갈테니 열심히 살라"는 전화를 했을 뿐, 이후 한 번도 찾아오거나 생활비, 양육비를 보내지 않았다. 그러나 乙은 남편이 반드시 돌아올 것이라는 믿음을 가지고 홀로 수퍼마켓을 운영하며 9년 동안 시부모를 모시며, 아이들을 양육해 왔고, 수퍼마켓이 어려울 때에는 낮에는 화장품 영업사원으로, 밤에는 식당주방에서 번 돈으로 어렵게 지내왔다. 그런데 최근 乙은 시어머니(丙)가 가출한 남편이 다른 여자와 동거하고 있다는 사실을 1999년부터 알고 있었지만, 자신에게는 그 사실을 알리지 않은 채, "내년이면 아들이 돌아 올테니 참고 기다려라. 조금만 참으면 집을 마련해 주겠다"는 말로 속여왔다는 사실을 알게 되었다. 이참에 乙은 甲을 상대로 이혼소송과 위자료의 청구를 하면서, 아울러 시어머니(丙)에게도 위자료를 청구하고 싶은데 가능할까?

**해설** 위자료란 가정파탄을 일으킨 사유로 인하여 타방 배우자가 입은 정신적 고통에 대한 손해배상을 말한다. 따라서 책임 있는 甲은 위자료 청구권자가 아니다. 乙이 甲을 상대로 위자료청구권을 가질 뿐이다. 위자료산정과 관련해서는 유책배우자의 재산의 정도, 가정파탄의 경위, 이혼당사자의 신분 및 사회적인 지위, 혼인기간, 고통의 정도 등 모든 사정을 종합적으로 고려하여 법원이 재량으로 결정하는 것이다. 이 사건에서 법원은 부인의 이혼청구를 받아들이고, 남편은 부인에게 3천만원의 위자료를 지급하라고 하면서, "아들이 다른 여자와 동거하고 있다는 사실을 알게 되었음에도 아들을 돌아오게 하거나, 며느리에게 이런 사실을 알려 새로운 선택을 할 기회를 제공하기는커녕 동거사실을 숨긴 채 혼인 생활을 지속토록 강요한 시어머니에게 혼인파탄의 책임이 있다"고 하여, 며느리에게 1천만원의 위자료를 지급하라고 명령하였다.

### (2) 재산분할청구권

재산분할청구권이란 부부가 혼인 중 공동협력으로 이룩한 재산에 대하여 이혼시에 청산을 청구하는 권리를 말한다. 재산분할청구권이 포섭하는 권리내용의 범위 내지 성질이 어디까지인가 하는 점에 관하여 견해의 대립이 있으나, 재산분할은 부부가 혼인중 공동협력으로 이룩한 재산의 청산과 이혼후의 부양료까지 포괄한다고 보는 것이 일반적이다.

재산분할청구는 협의이혼의 경우는 물론 재판을 통해 이혼하는 경우 모두 인정된다. 그 분할을 하는 방법은 첫째, 협의이혼하는 당사자는 재산분할을 할 것인가, 한다면 그 액수와 방법은 어떻게 할 것인가를 당사자가 협의하여 결정한다(제839조의2 제1항). 둘째, 만일 협의되지 않거나 협의할 수 없을 때에는 법원에 재산분할을 청구할 수 있다(제2항). 재산분할청구는 재판이혼청구와 동시에 할 수도 있고, 이혼은 협의이혼의 방식으로 하고 재산분할청구는 소송의 형식으로 따로 할 수도 있다. 법원이 재산분할을 결정함에 있어서는 혼인중의 당사자 쌍방의 협력으로 이룩한 재산의 액수, 그 밖의 사정을 모두 참작하여 분할의 액수와 방법을 정한다.

재산분할청구권의 행사는 이혼한 날로부터 2년 이내에 하여야 한다(제839조의2 제3항). 이는 협의에 의한 이혼이든 재판에 의한 이혼이든 마찬가지이다.

**사 례 3-24** **재산분할청구권**

출가한 자식을 둔 결혼한 지 25년이 되는 맞벌이 부부인 甲과 乙은 이혼을 했다. 결혼 후 직장을 다니면서 받은 아내의 월급은 가계비와 남편 명의로 된 부동산을 구입하는 데 지불했다. 이 경우 아내인 乙은 남편 명의의 부동산에 대해서 어떠한 권리를 갖는가?

**해설** 종래에는 이혼하는 경우 재산관계의 청산은 주로 위자료로써 해결해 왔으나, 현행민법은 1990년 개정으로 별도의 재산분할청구권을 인정하고 있다. 위자료청구권과 재산분할청구권은 그 성질을 달리하기 때문에 양자를 함께 청구할 수 있으며, 위자료청구권 없는 유책배우자도 재산분할청구는 할 수 있다. 따라서 위 사례의 경우 乙은 쌍방이 협력으로 이룩한 甲의 단독명의의 부동산에 대해 재산분할청구권이라는 권리를 행사할 수 있다.

# 제 6 장 부모와 자녀

부부는 자녀가 출생하게 되면 부모로서의 지위를 얻게 된다. 그러므로 부모와 자녀 사이의 친자관계는 자연의 혈족관계, 즉 친생자와 친부모의 관계를 말한다. 그리고 현행 민법에서는 이외에 법정친자관계로서 양자제도를 인정하고 있다.

친생자관계는 다시 혼인관계가 있는 부모로부터 출생한 경우와 혼인관계가 없는 부모 사이에서 출생한 경우에 따라 혼인중의 출생자와 혼인 외의 출생자로 나누어진다. 그리고 법정친자관계는 양자와 양부모 사이의 관계, 즉 양친자관계라고 하는데, 여기에는 보통의 양자제도와 친양자제도가 인정되어 있다.

## 제 1 절　친생자관계

### 1. 친생자관계의 의의

부모와 자녀의 관계는 보통 출산에 의해 이루어진다. 이렇게 출생에 의해 성립한 부모자식간의 관계를 친생자관계라고 한다. 이 관계는 입양에 의해 만들어지는 양친자 관계와는 달리, 자연적으로 이루어지는 친자관계이므로 가장 일반적이고도 보편적인 친자관계이다. 보통 친생자관계는 혼인에 의해 생기게 되지만, 반드시 그런 것은 아니므로, 민법은 혼인에 의해 생긴 친생자와 그렇지 않은 친생자를 구별하고 있다. 앞의 것을 혼인중의 자라고 하고, 뒤의 것을 혼인 외의 자라고 한다. 이 구별은 현재에는 그다지 큰 의미를 가지고 있는 것은 아니다.

## 2. 혼인중의 출생자

### (1) 친생추정을 받는 혼인중의 자

혼인중의 출생자는 혼인관계에 있는 부부 사이에서 출생한 자, 즉 혼인이 성립한 후에 부모 사이의 성적 교섭에 의하여 출생한 자를 말한다. 혼인중의 출생자는 당연히 출생으로 인정되는 모자관계와는 달리, 아버지와 자녀간의 관계는 친생추정에 의해 이루어진다.

친생추정을 받기 위해서는 모가 부와 혼인관계에 있고, 혼인중에 포태한 자여야 한다. 이 때 혼인관계의 유무는 혼인신고에 의한 호적의 기재로 확인한다. 혼인취소의 경우에는 그 효과가 소급하지 않으므로(제824조), 그 혼인관계 중에 포태한 자는 혼인중의 자로 된다. 그리고 포태 시점을 정확하게 파악하는 것은 매우 어렵기 때문에 민법은 "혼인 성립의 날로부터 200일 후 또는 혼인 관계 종료의 날로부터 300일 이내에 출생한 자는 혼인중에 포태한 것으로 추정한다"고 규정하고 있다(제844조 2항). 이 때, 혼인 성립의 날은 원칙적으로 혼인신고를 한 날을 의미하지만 해석상 사실혼 성립시라고 보고 있다. 이 견해에 의할 경우 혼인 성립 후 비록 200일을 경과하지는 않았으나, 사실혼 성립 후 200일 이후에 출생한 자는 친생자 추정을 받게 되며, 친생부인의 소에 의하지 아니하고는 그 친자관계를 다투지 못하게 된다. 그러나 이 기간 중에 부부가 장기간 동거하지 않은 사실이 명확할 경우에는 친생추정을 받지 못한다.

친생자 추정을 받는 子는 친생부인의 소(제846조)에 의하지 않는 한 그 추정이 번복되지 않는다. 따라서 친생추정을 받기 위해서는 친생부인의 소를 제기하여야만 한다.

그런데 부부가 혼인중에 있다 하더라도 그 동안 부부관계가 없음이 명백한 경우에도 친생자의 추정을 받는가의 문제가 있으나, 우리 판례는 친생추정이 부부가 동거함으로써 처가 부의 자를 포태할 수 있는 상태에서 자를 포태한 경우에 적용되는 것이고 부부의 한 쪽이 장기간에 걸쳐 해외에 나가 있거나 사실상의 이혼으로 부부가 별거하고 있는 경우 등 동서의 결여로 처가 부의 자를 포태할 수 없는 것이 외관상 명백한 사정이 있는 경우에는 그 추정이 미치지 아니한다고 하고 있다.

혼인중의 출생자는 부의 성과 본을 따르게 되어 있으나, 부모가 혼인 전에 협의를 하여 모의 성과 본을 따르기로 할 수 있다.

**사 례 3-28** **자식은 아버지의 성을 따라야 하는가?**

아버지와 어머니 사이에서 태어난 자식이 어머니의 성을 따르고 싶은데 가능한가. 우리 민법은 子는 父의 성과 본을 따르도록 규정하고(민법 제781조 1항) 있는데, 동 규정이 헌법상 인간으로서의 존엄과 가치 및 행복추구권에 위배되지는 않는가?

**해설** 헌법재판소는 "부성주의 자체가 개인의 자유와 평등에 대한 과도한 제한이 되지 않는 것은 통상적인 부모와 자녀 사이를 상정한 것"이라며 "성이 생물학적 부의 혈통을 상징하는 것보다 훨씬 더 큰 이익과 관련되어 있는 경우에는 다른 성으로 변경하는 것을 허용해야 할 것"이다. 다만 "이 사건 법률조항에 대해 위헌을 선고할 경우 부성주의 원칙 자체에 대해서까지 위헌으로 선언하는 결과를 초래하게 되므로 헌법불합치 결정을 선고하지만 개선 입법이 있을 때까지 법률조항의 효력을 유지한다"고 하여 헌법불합치 결정을 내렸다. 즉 곧바로 관련 규정에 대해 위헌 결정을 내린다면 법적 공백이 생기게 되므로 민법 규정이 개정될 때까지 법률조항의 효력을 유지하도록 했다(헌재결 2005. 12. 22, 2003헌가5, 6).

그런데 2008년부터 시행되는 개정 민법에 이 사건 법률조항이 개정됐기 때문에 2007년 12월 31일까지만 적용시키기로 결정한 것이다. 따라서 이 사안의 경우 2008년부터는 어머니의 성을 따를 수 있는 길이 열리게 되었다.

### (2) 친생추정을 받지 못한 혼인중의 자

친생추정을 받지 못하는 자는 혼인중의 자가 아니라고 하여야 하지만, 자의 포태 이후에 부모가 혼인을 한 경우에는 넓은 의미에서 혼인중의 자로 보아줄 수 있다. 이를 준정(準正)이라 하는데, 이에 의하여 본래는 혼인 외의 자를 혼인중의 자로 간주하게 된다. 준정을 하기 위해서는 부모의 혼인과 아버지에 의한 자의 인지가 필요하다.

친생추정을 받지 않은 혼인중의 자는 친생자관계존부확인의 소에 의해 친생자관계를 부인할 수 있다.

### (3) 부를 정하는 소

현행 민법은 재혼금지기간을 두고 있지 않으므로, 혼인 해소 후 즉시 다시 혼인을 할 수 있다. 따라서 이런 경우에는 앞의 혼인과 뒤의 혼인의 친생추정기간이 중복되는 부분이 있게 되고 이 기간 중에 자가 출생한 경우에는 누구를 자의 아버지로 하여 출생신고를 하여야 할지 문제로 된다. 즉 전혼의 해소 후 300일 이내, 후혼의 성립 후 200일 이후에 자가 출생한 경우에는 전혼과 후혼간에 친생자 추정이 경합하게 되는데, 민법은 당사자의 청구에 의하여 가정법원이 아버지를 결정하도록 하고 있다(제845조). 이 소를 부를 정하는 소라고 한다.

### (4) 친생부인의 소

친생부인의 소는 혼인중의 출생자로 추정 받는 자에 대해 아버지가 그 친생자임을 부인하기 위하여 제기하는 소를 말한다. 혼인중의 출생자로 추정받는 자는 반드시 친생부인의 소에 의해서만 친자관계를 부인할 수 있다.

친생부인의 소를 제기할 수 있는 것은 부(夫) 또는 처이고, 제소자의 배우자 또는 자를 상대방으로 한다. 처가 제기하는 경우는 자신과의 친자관계를 부인하기 위한 것이 아니라, 부와 자녀 사이의 친생추정을 부인하기 위한 것임은 주의를 요한다. 상대방이 될 자가 모두 사망한 때에는 검사를 상대로 하여 소를 제기하게 된다. 친생부인의 소는 친생부인의 사유가 있는 것을 안 날로부터 2년 이내에 하여야 한다. 자의 출생 후에 친생자임을 승인한 자는 다시 부인의 소를 제기하지 못한다. 그러나 승인이 사기나 강박에 의하여 이루어진 경우에는 취소할 수 있으므로 부인권은 소멸하지 않는다.

부인의 주장이 판결에 의하여 확정되면 부와 자 사이에는 친자관계가 소멸하지만, 그 자가 처의 혈족인 관계로 인척관계가 성립하게 된다. 자와 모와의 사이에 친자관계가 종료할 수는 없으나 혼인 외의 자가 되고, 친부에 의해 인지를 받을 수 있는 지위에 선다. 친생부인의 효과는 형성적인 것이며 제3자에 대하여 효력이 있다.

**사 례 3-26** **7개월 만에 태어난 자식의 아버지는?**

乙은 순진한 甲男과 결혼을 했다. 그런데 혼인한 후 7개월 만에 자식이 태어났다. 혼인 전에 乙녀와 동숙(同宿)한 적이 없는 甲은 너무나 황당하여 어쩔 줄을 몰랐다. 이 경우에도 혼인 중에 태어난 자식은 甲의 자식인가?

**해설** 甲과 태어난 자식간에 친자관계가 성립하느냐 그렇지 않느냐는 친권, 양육, 상속 등 법률상 상당히 중요한 문제이다. 위 사례의 경우 혼인성립의 날로부터 200일 이후에 출산한 자는 혼인중에 포태한 것으로 추정하고 있으므로 일단 甲의 자식으로 추정을 받는다. 다만 甲은 자기 자식이 아니라는 것을 입증하여 친생부인의 소를 제기함으로써 친생추정을 부인할 수 있다.

## 3. 혼인 외의 출생자

### (1) 혼외자의 의의

혼인외의 출생자란 법률상 혼인관계에 있지 않은 남녀 사이에서 출생한 자를 말하는데, 줄여서 혼인 외의 자 내지 혼외자라고도 한다. 예를 들어 사실혼관계·무효혼관계·사통관계·부첩관계 등에서 출생한 자와 혼인중에 출생한 자가 친생부인 또는 친생자관계부존재확인의 판결에 의하여 그 친생자가 아님이 확인된 자는 혼외자이다.

혼인 외의 출생자는 그 친부의 인지를 받기 전에는 모와의 사이에서만 친자관계가 발생하고, 모의 친권에 복종하게 된다(제909조 1항). 모와 혼외자의 관계는 기아와 같은 특수한 경우를 제외하고는 출생과 동시에 인지없이 성립하기 때문이다. 만약 부의 인지를 받게 되면 부와의 사이에서도 친자관계가 발생하게 된다. 이 때 부모가 혼인관계에 있으면 준정에 의하여 혼인중의 자로 전환되나, 그렇지 못하면 부모가 공동으로 친권을 행사할 수 없는 때에는 부모간의 협의로 친권을 행사할 자를 결정하게 되고 협의가 이루어지지 않는 경우에는 당사자의 청구에 의하여 가정법원이 이를 결정한다. 부의 인지를 받지 못한 혼외자는 모의 성과 본을 따르고, 모도 알 수 없는 자는 법원의 허가를 얻어 성과 본을 창설한다(제781조 3항).

### (2) 인 지

인지란 혼인 외의 출생자를 그 부 또는 모가 자기의 자라고 인정하는 행위로서 자발적으로 하는 임의인지와 소송을 통해서 하는 강제인지가 있다.

#### (가) 임의인지

임의인지란 혼인 외의 자를 그 부 또는 모가 자기의 자라고 스스로 인지하는 것을 말한다. 혼인 외의 출생자는 그 생부나 생모가 이를 인지할 수 있다(제855조 1항). 인지는 신분행위로서 미성년자나 한정치산자도 단독으로 법정대리인의 동의 없이 자유로이 자기의 자에 대하여 인지할 수 있다. 다만, 금치산자는 의사능력이 없으므로 후견인의 동의를 얻어 인지하여야 한다(제856조).

원칙적으로 인지의 대상자는 혼인 외의 출생자이다. 그 자가 미성년자이거나 성년자에 관계없이 인지될 수 있다. 피인지자인 자가 사망한 경우에도 그에게 직계비속이 있는 경우에는 인지가 가능하다(제857조). 그리고 태아에 대하여도 인지를 할 수 있다. 이 경우에는 생모의 동의를 구할 필요가 없다.

그러나 타인의 친생추정을 받는 자는 그 호적상의 부모가 친생부인을 하지 않는 한 인지는 물론 친생자관계존부확인의 소도 제기할 수 없다. 아울러 친생추정을 받지는 않으나 타인의 친생자로 신고되어 있는 자에 대해서도 친생자관계존부확인의 심판이 확정된 후가 아니면 인지가 불가능하다.

인지를 하는 방법은 인지자가 출생신고 내지 자신과의 친자관계를 인정하는 신고를 하는 것이다. 반드시 인지신고라고 할 필요는 없고, 일단 신고되어 수리되면 비록 신분등록부에 등재되지 않았다 하더라도 인지의 효력은 발생한다. 유언으로 인지를 할 수 있는데, 이 때에는 유언집행자가 취임 후 1월 이내에 인지에 관한 유언서 등본 또는 유언녹음을 기재한 서면을 첨부하여 신고한다.

#### (나) 강제인지

강제인지란 부 또는 모가 임의로 인지를 하지 않는 경우 자나 그 직계비속 또는 법정대리인이 인지청구의 소를 제기하여 가정법원의 심판에 의하여 인지를 받는 것을 말한다.

인지청구를 하기 위해서는 우선 가정법원에 조정을 신청하여야 한다. 인지청구의 소를 제기할 수 있는 자는 혼인 외의 출생자와 그 직계비속 또는 그 법정대리인이다(제863조). 그리고 소의 상대방은 부 또는 모이나, 부 또는 모가 사망한 때에는 검사가 상대방이 된다(제863조, 제864조).

강제인지의 청구는 부가 생존하고 있으면 언제라도 청구할 수 있다. 다만 부 또는 모가 사망한 경우에는 그 사망을 안 날로부터 2년 이내에 한하여 인지청구의 소를 제기할 수 있다(제864조).

인지청구권은 포기할 수 없으며, 포기하더라도 그 포기는 무효이다. 친자관계를 바로잡을 것을 포기하는 것은 인륜에 반하고 자녀에게 너무 가혹하기 때문이다. 또한 인지청구권의 포기 이후에 재판상인지를 한다고 해서 이를 신의칙 위반이라 할 수 없다.

#### (다) 인지의 효과

임의인지의 경우에는 인지신고가 수리되거나 유언자의 사망에 의하여, 강제인지의 경우에는 인지판결이 확정된 때, 그 자의 출생시에 소급하여 효력이 생긴다(제860조 본문). 이로서 생부와 혼인 외의 출생자 사이에는 법률상 친자관계가 발생한다.

인지에 의하여 父는 子가 출생한 때로부터 子에 대하여 부양의무를 지게 되고, 부양료는 부모가 그 자력에 따라서 분담한다. 이처럼 부양료는 분담이 원칙이므로 만약 생부가 자녀 출생 후 인지하기까지 체당한 부양료에 대하여 생모가 생부를 상대로 부당이득반환을 청구할 수 있는가에 대하여 학설은 주로 이를 긍정하고 있다. 판례는 과거에는 이를 부정하여 왔으나 근래에는 종전의 판례를 변경하여 이를 긍정하고 있다.

또한 인지 전에 부가 사망한 경우에는 인지 받은 자는 출생시에 소급하여 상속권을 갖는다. 그런데 이미 제3자에게 상속분이 처분되거나 종래의 상속인 사이에서 재산분할이 된 경우, 상속개시 당시로 돌아가 상속재산을 되돌려주는 것이 아니라, 상속분에 상당하는 가액의 지급청구만을 인정하고 있다(제1014조).

**사 례 3-27** **과거의 양육비**

저는 젊을 때 어떤 유부남과 사랑하게 되어, 결혼할 수 없음을 알면서도 그의 아이를 낳아 길러왔습니다. 그런데, 그 남자는 아이를 낳은 후 발길을 끊더니 아이의 양육비조차 전혀 대주지 않아서, 제가 홀로 직장을 다니면서 어렵게 아이를 길러왔습니다. 그런데 갑자기 그 남자가 나타나서 인지를 하였다고 합니다. 그 아이가 그 남자의 자식인 것은 분명하지만, 지금까지 나 몰라라 한 것은 이해할 수 없습니다. 그래서 그 남자로부터 차후의 양육비를 받겠지만, 지금까지 키워온 양육비도 받고 싶습니다. 얼마나 받을 수 있을까요?

**해설** 어떠한 사정으로 인하여 부모 중 어느 한 쪽만이 자녀를 양육하게 된 경우에, 그와 같은 일방에 의한 양육이 그 양육자의 일방적이고 이기적인 목적이나 동기에서 비롯한 것이라거나 자녀의 이익을 위하여 도움이 되지 아니하거나 그 양육비를 상대방에게 부담시키는 것이 오히려 형평에 어긋나게 되는 등 특별한 사정이 있는 경우를 제외하고는, 양육하는 일방은 상대방에 대하여 현재 및 장래에 있어서의 양육비 중 적정 금액의 분담을 청구할 수 있음은 물론이고, 부모의 자녀양육의무는 특별한 사정이 없는 한 자녀의 출생과 동시에 발생하는 것이므로 과거의 양육비에 대하여도 상대방이 분담함이 상당하다고 인정되는 경우에는 그 비용의 상환을 청구할 수 있다.

한 쪽의 양육자가 양육비를 청구하기 이전의 과거의 양육비 모두를 상대방에게 부담시키게 되면 상대방은 예상하지 못하였던 양육비를 일시에 부담하게 되어 지나치고 가혹하며 신의성실의 원칙이나 형평의 원칙에 어긋날 수도 있으므로, 이와 같은 경우에는 반드시 이행청구 이후의 양육비와 동일한 기준에서 정할 필요는 없고, 부모 중 한 쪽이 자녀를 양육하게 된 경위와 그에 소요된 비용의 액수, 그 상대방이 부양의무를 인식한 것인지 여부와 그 시기, 그것이 양육에 소요된 통상의 생활비인지 아니면 이례적이고 불가피하게 소요된 다액의 특별한 비용(치료비 등)인지 여부와 당사자들의 재산 상황이나 경제적 능력과 부담의 형평성 등 여러 사정을 고려하여 적절하다고 인정되는 분담의 범위를 정할 수 있다(대결 전원합의체 1994. 5. 13, 92스21).

### (3) 준 정

준정이란 법률상 혼인관계가 없는 부모 사이에서 출생한 자가 그 부모의 혼인을 원인으로 하여 혼인중의 출생자의 신분을 취득하는 것을 말한다.

부모의 혼인 전에 출생하여 父로 부터 인지를 받고 있던 子는 부모의 혼인에 의하여 준정이 되고, 부의 인지를 받지 전에 부모가 혼인한 때에는 부의 인지를 통해 혼인중의 자가 된다. 그리고, 혼인 외의 출생자가 부모의 혼인중에 인지되지 않고 있다가 혼인이 해소 후에 비로소 인지를 받은 경우에는 생부의 인지 신고시에 준정이 된다. 부로부터 인지된 혼인 외의 자가 직계비속을 남기고 사망한 경우에는 그 부모가 혼인을 하면 혼인을 한 때로부터 준정이 된다. 또한 그 부모가 혼인한 후에 부가 인지를 한 경우에는 준정이 되며 이러한 경우 子의 직계비속은 부모의 적손이 된다.

혼인 외의 출생자는 준정으로 인하여 부모가 혼인신고를 한 때로부터 혼인중의 출생자의 신분을 취득한다(제855조 2항). 한편, 준정에 의한 혼생자는 친생추정을 받는 것은 아니므로, 친자관계에 대한 다툼이 있는 경우에는 친생자관계존부확인의 소에 의하여야 한다.

### (4) 친생자관계존부확인의 소

#### (가) 의 의

친생자관계존부확인의 소란 특정인 사이의 법률상 친생자관계존부의 확인을 구하는 소이다. 이 소는 부를 정하는 소, 친생부인의 소, 인지에 대한 이의의 소 및 인지청구의 소의 목적과 저촉되지 않는 '다른 사유'를 원인으로 한다(제862조). 친생부인의 소, 부를 정하는 소, 인지취소의 소는 기존의 친생자 관계를 법률로서 소멸시키거나 새로 친생자 관계를 발생시키는 것을 목적으로 하는 것에 비하여, 이 소는 기존의 법률관계를 변동시키지 않는다.

#### (나) 요 건

친생자의 추정을 받는 자(제844조)는 친생부인의 소에 의하지 않으면 친자관계를 부인할 수 없으므로, 그 추정을 받지 않는 子와 그 모의 부에 대한 관계는 친생자관계부존재확인의 소에 의하여 부인할 수 있다. 예컨대 혼인 성립 후 200일 전에 출생한 자에 대하여 그 부로 호적에 기재되어 있는 경우, 이 소에 의하여 호적을 정리할 수 있다. 형식상 친생추정을 받는 경우라도 예컨대 자가 포태된 때에 부부가 실제 동거하지 않은 경우 등에는 그 출생자에 대하여 모의 부는 친생부인의 소에 의할 것 없이 바로 친생자관계부존재확인의 소를 제기할 수 있다. 또 출생신고가 허위로 행해진 경우, 예컨대 혼외자가 본처의 친생자로 호적에 기재된 경우에도 이 소를 제기할 수 있고, 타인의 호적에 등재되어 있으나 친부모가 별도로 존재하는 경우에는 친부모를 상대로 하여 친생자관계존재확인의 소를 제기할 수 있다. 그리고, 생부의 인지에 의하여 그 호적에 등재되었으나 그 인지의 효력을 다투는 자가 있는 경우에는 친생자관계존재확인의 소에 의하여 친자관계를 확정할 수 있다.

子가 부의 혼외자로 인정받기 위하여는 인지청구의 소를 제기하여야 할 것이나, 모에 대하여는 인지여부에 상관없이 친자관계가 존재하는 것이므로 바로 친생자관계존재확인의 소를 제기할 수 있다.

(다) 심판의 청구

친생자관계존부확인의 소를 제기할 수 있는 자는 부를 정하는 소, 친생부인의 소, 인지에 대한 이의의 소, 인지청구의 소의 규정에 의하여 소를 제기할 수 있는 자이어야 한다. 다시 말하면, 부, 부의 후견인, 부의 유언집행자, 부의 직계존속 및 직계비속, 모, 자, 자의 법정대리인, 자의 직계비속 및 이해관계인이 소를 청구할 수 있다. 여기에서 친족이 소를 제기하는 경우에 친족은 당연히 이해관계인에 포함되는가의 문제가 있으나, 청구인이 친족인 이상 불명확한 신분관계로부터 생기는 지위와 불안으로 인하여 판결을 받을 것이 필요한 사람이면 이해관계인에 해당한다고 한다.

심판의 상대방으로 될 사람은 부모로부터 소가 제기된 때에는 子, 子로부터 제기된 때에는 생존중인 부모가 상대방이 된다. 그리고 이해관계인 제3자가 친생자관계존부확인의 소를 제기하는 경우에는 부모 및 자 모두를 상대방으로 한다.

원칙적으로 제척기간은 없으나 당사자 일방이 사망한 때에는 사망을 안 때로부터 1년 내에 검사를 상대로 소를 제기할 수 있다(제855조 2항).

(라) 판결의 효력

판결의 효력은 제3자에게도 미친다(가소법 제21조). 그리고 판례는 친생자관계존부확인청구는 성질상 당사자가 임의로 처분할 수 없는 사항을 대상으로 하고 있으므로, 이에 관하여 재판상 화해가 성립되더라도 그 효력이 없다고 한다. 한편, 친생부인의 소로써 다투어져 할 것을 친생자관계부존재확인의 소로서 다투어, 이것이 인정된 경우에도 당연무효는 아니라고 판시하고 있다.

**사 례 3-28** **타인의 자로 인지된 자**

제가 젊을 때 어떤 여성과 사랑을 나눈 적이 있는데, 그 후 연락이 끊기게 되어 아무 것도 모르고 살고 있다가 최근 그 여인이 내 아이를 출산하여 키우고 있는 것을 알게 되었습니다. 그런데, 그 아이는 어떤 다른 사람의 혼인 외의 자로 출생신고가 되어 있다고 합니다. 저는 이 아이와 아이의 어머니에게 진 빚을 갚기 위해서라도 이 아이를 나의 아이로 바로잡고 싶습니다. 어떤 방법을 취해야 할까요?

**해설** 통상 이런 경우에는 타인의 인지가 잘못된 것으로 생각하여 인지에 대한 이의의 소 또는 인지무효의 소를 제기하여야 하는 것으로 알기 쉽다. 그러나 이들 소는 민법 제855조 제1항, 호적법 제60조의 규정에 의하여 생부 또는 생모가 인지신고를 함으로써 혼인 외의 자를 인지한 경우에 그 효력을 다투기 위한 소송이며, 위 각 법조에 의한 인지신고에 의함이 없이 일반 출생신고에 의하여 호적부상 등재된 친자관계를 다투기 위해서는 위의 각 소송과는 별도로 민법 제865조가 규정하고 있는 친생자관계부존재확인의 소에 의하여야 할 것이다. 호적법 제62조에 부가 혼인외의 자에 대하여 친생자 출생신고를 한 때에는 그 신고는 인지의 효력이 있는 것으로 규정되어 있으나, 그 신고가 인지신고가 아니라 출생신고인 이상 그와 같은 신고로 인한 친자관계의 외관을 배제하고자 하는 때에도 인지에 관련된 소송이 아니라 친생자관계부존재확인의 소를 제기하여야 한다(대판 1993. 7. 27, 91므306).

# 제 2 절 양 자

## 1. 양 자 란

양자제도는 입양에 의해서 인위적으로 친자관계를 맺는 것으로 고대사회로부터 오늘에 이르기까지 대다수의 국가에서 인정하고 있다. 본래 양자제도는 조상의 제사를 비롯하여 혈통의 승계를 위한, 즉 '가(家)를 위한' 양자제도로부터 발달하였으나, 오늘날에 있어서 양자제도의 목적은 자식욕이나 경제적 원조를 본위로 한 '어버이를 위한' 양자를 거쳐서, 근래에 와서는 중요한 사회문제가 된 고아나 사생아 등 양육할 사람이 없는 자녀의 복리를 위한, 즉 '자녀를 위한' 양자제도로 변천해 가고 있다.

1990년의 민법 개정으로 많은 부분에 있어서 과거의 불합리한 양자제도는 정비되었지만, 아직 양자의 성을 바꾸지도 못하고, 혈연관계에 집착하는 우리나라 사람의 관념에 비추어 볼 때, 호적에 양자라는 사실이 나타나고 양자가 되더라도 친생부모와의 관계는 그대로 유지되는 등 완전한 자녀를 위한 양자제도라고 할 수는 없다. 이에 민법은 2005년 완전양자의 일종이라고 할 수 있는 친양자제도를 새로이 마련하였다.

양부모자관계는 오로지 파양에 의해서만 해소될 수 있다. 민법상 파양의 방법은 협의상 파양과 재산상 파양으로 나누어진다.

## 2. 입양의 요건

현행법상 입양을 하기 위한 요건을 보면, 첫째, 우선 양부모와 양자간에 입양의 합의가 있어야 한다(제883조). 이러한 입양의사의 합치는 자유롭게 결정되어야 하며 조건부 또는 기한부 입양이어서는 안 된다. 둘째, 양부모는 성년자이어야만 한다(제866조). 양부모가 성년자이기만 하면 반드시 기혼자일 필요는 없으며, 성별이나 자식의 유무를 묻지 않고 양부모가 될 수 있다. 셋째, 양자로 될 아이가 15세 미만인 경우에는 법정대리인 또는 후견인이 대신하여 입양의 승낙을 하여야 한다(제869조). 넷째, 양자가 될 자가 15세 이상 20세 미만인 때에는 부모 또는 다른 직계존속이 있으면 그들의 동의를 얻어야 하며, 부모 또는 다른 직계존속이 없으면 후견인의 동의를 얻음과 동시에 가정법원의 허가를 얻어야 한다. 한편 양자가 될 자가 20세 이상이어서 성년자라 하더라도 부모의 동의를 얻어야 한다. 부모가 모두 사망하거나 기타의 사유로 인하여 동의를 할 수 없는 경우에는 다른 직계존속의 동의를 얻어야 한다(제872조). 다섯째, 기혼자가 입양을 할 때에는 부부가 공동으로 입양을 하여야 하고, 반대로 기혼자가 다른 사람의 양자가 될 때에는 다른 배우자의 동의를 얻어야 한다(제874조). 여섯째, 양자는 양친의 존속 또는 연장자가 아니어야 한다. 일곱째, 호적법이 정하는 바에 따라 입양신고를 하여야 한다.

**사례 3-29** **이성양자, 허위친생자출생신고**

甲과 乙은 맞벌이 부부로서 2세를 갖는 것을 미루어 오다가 이제는 아이를 가질 수 없는 처지가 되어 버렸다. 그래서 甲과 乙은 입양을 하기로 결심했다. 고아원을 찾아가 원장과 상담한 결과 3세된 남아인 丙으로 결정했는데, 문제는 그 아이의 성이 甲의 성과 다른 것이다. 이 경우에 아이인 丙의 성을 양부인 甲의 성으로 변경할 수는 없는가? 변경할 수 없다면 이성양자(異姓養子)와 동성양자간의 법적인 차별은 있는가, 그리고 甲乙 부부가 3세인 어린아이를 데려다가 보육함으로써 자기의 친생자와 똑같은 애정을 가지게 함과 동시에 丙의 장래를 위해 입양신고 대신에 甲乙이 낳은 친생자인 것으로 출생신고를 해버렸는데 어떠한가?

**해설** 甲과 丙간에 양친자관계가 성립하면 丙은 甲의 호적에 오르게 되고, 입양신고일로부터 甲의 혼인중의 자와 법적으로 동일한 지위를 취득하게 된다. 그런데 이성양자의 성변경에 관해서는 명문의 규정이 없으므로 견해가 대립되고 있다. 다만 아동복지법에 의한 아동복지시설과 생활보호법에 의한 보호시설에 있는 18세 미만의 자로서 일정한 요건하에 있는 자의 경우에는 입양촉진 및 절차에 관한 특례법 제7조 제1항에 의해 양친이 원하는 때에는 양친의 성과 본을 따를 수 있도록 하고 있다.

1990년 개정전의 민법에서는 이성양자는 호주상속을 할 수 없다고 규정(제877조 2항)하여 차별이 있었으나, 현행 민법은 이 조항을 삭제했으므로 이성양자도 법적으로 차별을 받지는 않는다.

그리고 입양신고 대신 친생자출생신고에 대해 판례는 당사자간의 양친자관계를 성립시키려는 의사가 있고, 기타 입양의 실질적인 요건을 구비한 경우에는 입양의 효력을 인정한다. 따라서 甲과 乙은 친생자신고가 허위라는 이유로 丙과 친생자관계가 없다는 청구를 할 수 없다.

## 3. 친 양 자

양자를 들이더라도 양친과 양자사이의 관계는 어디까지나 양친자관계가 생길 뿐이기 때문에 이러한 관계는 친생부모와 자식의 관계와는 다르게 된다. 호적에는 양친자관계와 별도로 친생부모와의 관계가 표시되고, 친생부모와의 중복관계를 인정하는 등 그 관계는 제한적일 수밖에 없다. 이에 민법은 2005년 법개정을 통하여 현행 양자제도를 그대로 유지하면서 양자의 복리를 더욱 증진시키기 위하여, 양친과 양자를 친생자관계로 보아 종전의 친족관계를 종료시키고 양친과의 친족관계만을 인정하며 양친의 성과 본을 따르도록 하는 친양자(親養子) 제도를 신설하였다. 그러나 친양자도 본질상 양자이므로 일정한 경우에 파양이 허용되고, 친양자가 파양되면 친양자 관계가 종료되며, 친양자 입양으로 인하여 종료되었던 종전의 친족관계가 부활된다.

현행법상 양자는 친생자와 명확히 구분되어 호적에 양자로 기재되고, 양자로 된 후에도 호적에 친생부모의 성명이 기재될 뿐만 아니라 자신을 낳아준 부 또는 모의 성과 본을 그대로 따르며, 단지 입양특례법에 의하여 입양된 경우에만 양친의 성과 본을 따를 수 있을 뿐이다. 따라서 입양당사자들은 양자의 신분을 공개하는 현행의 입양제도를 기피하는 것이 보통이므로, 입양사실을 숨기거나 양자가 친생자처럼 취급되기를 원하여 입양신고가 아니라 양친이 양자를 친생자로 낳은 것처럼 가장하여 친생자 출생신고의 방법을 취하기도 하는 현실을 반영하여 친양자제도를 도입하기로 한 것이다.

친양자를 하려는 자는 가정법원에 친양자 입양의 청구를 하여야 하는데(제908조의2 1항), 그 요건은 다음과 같다. ① 3년 이상 혼인중인 부부로서 공동으로 입양할 것. 다만, 1년 이상 혼인중인 부부의 일방이 그 배우자의 친생자를 친양자로 하는 경우에는 그러하지 아니하다. ② 친양자로 될 자가 15세 미만일 것 ③ 친양자로 될 자의 친생부모가 친양자 입양에 동의할 것. 다만, 부모의 친권이 상실되거나 사망 그 밖의 사유로 동의할 수 없는 경우에는 그러하지 아니하다. ④ 양자로 될 자가 15세 미만이므로 위 친생부모의 동의와는 별도로 친양자 본인의 승낙에 갈음하여 법정대리인의 입양승낙이 있을 것. 친양자 입양의 신청이 있으면 가정법원은 이를 받아들일 것인가를 심사하여야 하는데, 친양자로 될 자의 복리를 위하여 그 양육상황, 친양자 입양의 동기, 양친의 양육능력 그 밖의 사정을 고려하여 친양자 입양이 적당하지 아니하다고 인정되는 경우에는 청구를 기각할 수 있다(동조 2항).

가정법원이 입양을 승인하면 친양자는 부부의 혼인중의 출생자로 간주하며(제908조의3 1항), 친양자의 입양 전의 친족관계는 친양자 입양이 확정된 때에 종료한다. 다만, 부부의 일방이 그 배우자의 친생자를 단독으로 입양한 경우에 있어서의 배우자 및 그 친족과 친생자간의 친족관계는 종료하지 않는다.

친양자 입양도 파양할 수 있는데, 파양사유는 일반의 입양의 경우와는 조금 다르다. ① 양친이 친양자를 학대 또는 유기(遺棄)하거나 그 밖에 친양자의 복리를 현저히 해하는 때, ② 친양자의 양친에 대한 패륜(悖倫)행위로 인하여 친양자관계를 유지시킬 수 없게 된 때에는 가정법원에 파양을 신청할 수 있게 되며, 친양자 입양이 취소되거나 파양된 때에는 친양자관계는 소멸하고 입양 전의 친족관계는 부활한다.

# 제3절 친권과 후견

## 1. 친 권

친권은 부모가 미성년자를 보호·교양할 권리의무를 말한다. 이는 누구에게도 방해당하지 않고 이를 행사할 수 있다는 의미에서 일종의 권리라고 볼 수도 있지만, 미성년인 자녀를 사회화하기 위하여 신체적, 정신적으로 보호·교양하는 사회적 의무로서의 성질이 더 강하다.

미성년인 자녀는 부모의 친권에 복종한다(제909조 1항). 부모가 혼인 중일 때에는 친권을 공동으로 행사하고, 부모의 의견이 일치하지 않는 경우에는 당사자의 청구에 의하여 가정법원이 이를 정한다(제909조 2항).

부모가 이혼한 경우에는 이혼 후 누가 친권을 행사할지를 부모가 협의해서 정하고, 협의가 되지 않거나 협의할 수 없을 때에는 가정법원에 청구하면 가정법원이 결정한다(제909조 4항). 친권자는 필요한 범위에서 자녀에 대한 징계권을 가지고, 미성년자의 영업에 대한 허락 및 그 취소권, 미성년자의 근로계약에 대한 동의권, 취소권 자녀의 신분상 행위에 대한 대리권과 동의권 등을 가지며, 자기명의로 취득한 특유재산을 관리한다.

민법은 친권의 남용 및 현저한 비행 기타 친권을 행사시킬 수 없는 중대한 사유가 있는 경우에는 친권상실을 시킬 수 있도록 하고 있다(제924조). 친권의 남용이란 친권의 내용인 권리를 과도하게 불법적으로 행사하거나 또는 그 적당한 행사를 게을리함을 말한다. 다만 어느 정도의 행위가 친권남용이 되는가의 기준은 획일적으로 정할 수는 없으며, 자녀의 보호라는 측면에서 제반사정을 고려하여 결정하여야 할 것이다. 또 현저한 비행이란 음주, 도박 등으로 친권자의 소행이 심히 불량하여 자를 그와 같은 친권자의 보호하에 두는 것이 자에게 나쁜 영향을 주거나 자녀의 재산을 위험에 몰아 넣을 우려가 있는 경우를 말한다.

**사 례 3-30** **친권상실**

성생활의 불만족을 이유로 부부간의 갈등이 있었던 乙은 가출을 하였고, 甲과 乙은 이를 계기로 협의이혼을 하였다. 그런데 乙은 혼외정사를 일삼았던 A와 재혼을 한 상태이다. 그 후 뜻하지 않은 사고로 甲은 사망하게 되었고 현재는 조부와 조모 그리고 10세인 자식 丙이 함께 살고 있는데, 재혼한 乙이 丙의 친권자로서 보험금을 수령하여 관리한다고 한다. 자식교육에 좋지 않은 영향을 미칠 뿐 아니라 보험금마저 며느리에게 빼앗길 것 같은데, 조부모가 그 권리를 행사할 수는 없을까?

**해설** 재혼한 乙은 여전히 자식인 丙에 대해서는 친권자이다. 그러나 위 사례의 경우 乙은 甲과 혼인 중에도 A와 혼외정사를 일삼은 점, 10세인 미성년자를 두고도 재혼한 점 등의 정황으로 보아 조부모는 乙의 친권상실의 청구를 할 수 있을 것이다. 乙의 친권상실로 조부모는 丙의 후견인이 되어 그 권리를 행사할 수 있게 된다.

## 2. 후 견

후견제도는 행위무능력자에 대하여 그 능력을 보충해 주는 제도이다. 미성년자의 경우 보통은 부모가 1차적으로 친권자로서 법정대리인이 되는 것이지만, 그러한 친권자가 없는 경우에는 후견인을 정하여 두고 후견인으로 하여금 미성년자의 법률행위에 대한 동의나 대리를 하도록 하고 있다.

후견인은 1인이다(제930조). 미성년자 후견인의 종류에는 3가지가 있다. 미성년자의 후견인은 제1순위가 지정후견인, 제2순위가 법정후견인, 제3순위가 선임후견인이다.

지정후견인은 최후로 친권을 행사하는 자, 즉 친권자가 사망하기 전에 미리 유언으로 자신의 사후에 누가 후견인이 될지를 정해 놓았다면 그 사람이 후견인이 된다. 이러한 지정후견인을 정하는 유언이 없는 경우에 법정후견이 개시된다. 즉 지정후견인이 없는 경우에 미성년자의 직계혈족, 3촌 이내의 방계혈족의 순위로 후견인이 된다(제932조). 법정후견이 될 직계혈족 또는 방계혈족이 여러 사람인 때에는 촌수가 가장 가까운 사람이 선순위로 후견인이 되고, 같은 순위의 사람이 여러 사람인 때에는 연장자를 선순위로 한다(제935조 1항). 한편 양자의 경우, 양가혈족의 친족들을 기준으로 후견인의 순위가 결정된다. 이러한 법정후견인이 될 사람 즉 3촌 이내의 방계혈족도 전혀 없는 경우에 피후견인의 친족(제777조) 기타 이해관계인의 청구에 의하여 가정법원이 후견인을 선임한다. 이를 선임후견인이라고 한다.

## 제 4 절 인공수정자

### 1. 의 의

우리나라의 경우 혼인부부 중 약 15% 정도가 불임부부라는 통계가 있는 바와 같이 자녀를 갖기 원해도 출산이 불가능한 부부가 많이 있다. 예전에는 대를 잇기 위하여 첩을 들이기도 하였으며, 부인이 임신을 할 수 없으면 남편이 씨받이를 이용하여 대를 이을 후손을 얻기도 하였다. 그러나 의학의 발전은 남녀 사이의 자연적 성관계 없이도 자녀를 출산할 수 있는 인공적 임신조작기술의 발전을 가져왔다.

시험관에서 정자와 난자를 결합시켜 그 수정란을 여성의 자궁에 이식하여 자녀를 출산케 하는 체외수정이 영국에서 처음으로 성공한 후 우리나라에서도 많은 시험관 아기가 태어났다. 더 나아가 여성자궁에 이상이 있어 임신이 절대적으로 불가능한 경우에 제3의 여인인 대리모의 자궁을 빌려 임신케 하여 자녀를 출산하는 방법까지도 행해지고 있다. 이와 같이 대리모 임신을 비롯한 인공출산이 널리 행해지고 있어 그로 인한 윤리적, 도덕적, 종교적, 법적 문제점이 심각하게 제기되고 있다.

### 2. 인공수정

남성에게 불임원인이 있는 경우, 예를 들면 성기능 장애·성교장애 등의 성불구, 무정자증, 극단적 정자감소증 등의 치료행위로서 인공수정에 의한 임신은 이미 널리 이용되고 있다.

인공수정의 형태로는 두 가지가 있다. 첫째, 부(夫)의 정자에 의한 인공수정Artificial Insemination by Husband: AIH이다. 이는 정자의 자궁 내 상승이 방해받거나 정액상태가 나쁜 경우에 시술되는데, 부의 정자로 처가 인공수정을 하여 자를 출산하기 때문에 이들이 혼인중의 부부인 한 부의 친생자로 추정되고 별다른 법적 문제가 없다. 둘째, 제3의 정자제공자에 의한 인공수정Artificial Insemination by Dcnor: AID이다. 이는 절대적인 남성불임, 예를 들면 무정자증 등의 경우에 제3자의 정자로 인공수정을 하여 자를 출산하는 경우이다. AID의 경우에 현행 민법상 인공수정에 관한 규정이 없기 때문에 민법의 해석에 의하여 태어난 자녀의 법적 지위를 검토하여야 한다.

부가 AID에 의한 인공수정을 동의한 경우에는 AID에 의하여 태어난 자는 친생자추정을 받게 되고, 이후 부의 친생부인권의 행사는 허용되지 않는다(다수설의 입장). 통상 AID의 경우 정자제공자가 AID에 의해 태어난 자의 생물학적 아버지임에도 불구하고 법적인 친생자관계를 인정하지 않는다. 그리고 자는 부의 성과 본을 따르고 부의 친권에 복종하며 부가 사망하면 그의 혈족인 직계비속으로서 상속권을 가지게 된다.

통상 AID는 부의 동의하에 이루어지지만, 부의 동의 없이 처가 AID에 의한 자녀를 출산하게 되면 친생자추정이 되더라도 부가 친생부인의 소를 제기할 수 있다. 이 경우에 동의 없는 AID에 관하여 간통죄가 성립한다거나 재판상 이혼의 원인이 되는 배우자의 부정행위가 있었다고 보기는 어려울 것이다.

**사 례 3-31** **인공수정자의 부모는 누구인가**

甲乙 부부는 결혼 후 수년 간 자녀가 없어 고민하다가 병원에서 검진을 받아본 결과 부인인 乙은 아무 이상이 없으나 남편인 甲이 무정자증이어서 임신이 되지 않는다는 사실을 알게 되었다. 이들 부부는 입양도 고려하였으나 주변의 권유에 의하여 인공수정을 하기로 결정하였다. 이에 丙의 정액을 이용하여 인공수정을 하였고, 10개월 후 건강한 아기 丁을 출산하였다. 그런데 수년 후 丙이 찾아와서 丁은 자신의 아이이므로 인도해 달라고 한다. 甲乙 부부는 이에 응하여야 하는가?

**해설** 생물학적으로 본다면 丁은 丙의 자식임에 틀림없을 것이다. 그러나 인공수정의 경우에는 정액을 제공한 자가 아버지가 된다면 법적으로 곤란한 문제가 생기므로 일반적인 출생의 경우와 마찬가지로 자의 모의 부를 아버지로 보는 것이 다수설의 입장이다. 따라서 丙은 丁에 대한 친권을 주장할 수 없고, 甲乙 부부도 丁을 인도해 줄 필요가 없다.

## 3. 체외수정

체외수정이란 정자와 난자를 인위적으로 채취하여 모체의 자궁 밖에서 수정시킨 후 이를 다시 모체의 자궁에 착상시키는 방법에 의하여 임신하는 것을 말한다. 이에 의하여 출생한 자를 체외수정자 또는 시험관 아기라 한다. 시험관 아기는 1978년 영국에서 처음 성공한 이래 지금은 세계 각국에서 빈번히 시술되고 있으며 우리나라도 이런 방법에 의하여 임신하는 예가 매우 흔한 실정이다.

처와 부의 정자와 난자에 의하여 포태하는 경우는 모체 밖에서 수정된다는 점을 제외하고는 실제로 AIH와 같으므로 법률상 문제는 없다. 한편, 제3자의 난자에 의하여 출생한 체외수정자에 대하여는 자궁을 제공하여 포태·분만한 母가 법률상의 母가 된다. 그리고 제3자의 정자와 제3자의 난자에 의하여 체외수정된 경우에는 제3자의 정액제공에 의한 인공수정과 제3자의 난자 제공에 의한 체외수정이 경합된다.

## 4. 대리모출산

여성의 자궁적출 등과 같이 자궁의 이상으로 인하여 임신이 절대적으로 불가능한 불임부부에게는 인공수정도, 체외수정에 의한 수정란이식도 할 수 없으므로 제3의 여인의 자궁을 빌려 대리임신케 하는 대리모 출산을 이용하기에 이르렀다. 대리모계약Surrogate Mother Contract이란 부부 중 처의 자궁이상으로 임신이 불가능한 경우에 제3의 여인으로 하여금 부의 자를 임신케 하여 출생 후 자를 인도해줄 것을 내용으로 하는 가족법상의 특수한 계약을 말한다.

대리모계약은 대리모에 대한 보수지급, 대리모측의 출산아 인도의무, 대리모 부부의 친권포기 내지 감호권의 양도, 의뢰자의 처의 입양합의 등을 그 주요 내용으로 하는데 계약위반시 법적인 강제이행이 불가능한 이른바 신사협정으로서의 성질을 가지고 있다.

우리나라의 경우 현행법상 민법 제103조의 선량한 풍속, 기타 사회질서에 위반함을 이유로 대리모계약의 효력을 부인하는 것이 다수설이나, 대리모에 의한 임신·출산이 절대적 불임부인의 불임극복을 위한 최후의, 그리고 유일한 수단이고 안정된 혼인생활을 영위하는 불임부부가 간절히 자녀를 원하는 경우에 있어서는 대리모계약의 효력을 인정해도 좋을 것이라는 견해도 있다.

**Baby-M 사건(1986-1988)**

대리모문제로 널리 알려진 유명한 사건이다. 부인의 임신불능으로 아기를 가질 수 없는 William and Elizabeth Stern 부부는 Mary Beth Whitehead와 대리모계약을 체결하였다. 그 내용은 대리모가 될 Mrs. Whitehead가 Mr. Stern의 정자로 인공수정을 받고서 임신할 것과 아이를 출산 후 곧 Mr. Stern에게 인도하며, 아이의 인도시에 1만 달러를 Mrs. Whitehead에게 지급하고 Mr. Stern의 처인 Elizabeth가 그 아이를 입양한다는 것이었다. 그러나 Mrs. Whitehead가 여자아이(이른바 Baby M)를 출산한 후 심경의 변화를 일으켜 계약과는 달리 Mr. Stern에게 아기의 인도를 거부하였다. 이에 따라 Mr. Stern은 New Jersey주 법원에 소송을 제기함으로써 미국 및 전 세계의 주목을 받게 되었다.

New Jersey주의 Superior Court는 대리모계약의 유효성을 인정하고 Mrs. Whitehead의 친권을 종료시켜 Stern씨 부부에게서 아이가 자라는 것이 아이의 행복 내지 최선의 이익에 합치된다고 하여 원고 Mr. Stern에게 승소판결을 내렸다. Mrs. Whitehead는 불복하여 상소하였다. New Jersey주의 Supreme Court는 1988년 2월 3일 대리모에게 금전을 지급하고 출생한 아이를 생리적인 부 및 그 처에게 영구적으로 인도할 것을 내용으로 하는 대리모계약은 제정법과 공서양속(public policy)에 반하여 무효이며 강제이행할 수 없고, 이 사건에서는 대리모의 친권을 종료시킬 다른 근거가 없으나 아이의 최선의 이익을 위하여 Stern 가족에게 감호권을 줄 것이 요청된다고 판시하였다.

결국 Stern 부부에게 Baby M을 인도하라는 결론으로 매듭지어졌으며 이 사건을 계기로 여러 주에서 대리모에 관한 입법을 마련하기 시작하였다.

**중국의 대리모사건(2003년)**

이 사건은 중국에서 일어난 것인데, 앞의 베이비 M사건과 대비해보면 흥미가 있을 것이다.

중국 장쑤(江蘇)성 난징(南京)의 한 종합병원 의사인 천(陳)씨는 아내 쑹(宋)씨가 31살이던 1998년 3월 딸을 낳았는데, 이 아이를 돌보기 위해 들인 안후이(安徽)성 류안(六安) 출신 쉬샤오리(徐小麗)라는 소녀의 실수로 외동딸이 사망하였다. 샤오리는 자책감을 이기지 못해 인근 강에 몸을 던졌으나 천재일우로 목숨을 건졌고, 천씨 부부는 딸을 잃은 슬픔 속에서도 샤오리를 질책하지 않고 그녀의 병석을 지켜주었다.

천씨의 아내 쑹씨는 딸을 잃기 3개월 전 자궁 종양으로 자궁 절제수술을 받아 더 이상 임신이 불가능했기 때문에, 천씨 부부는 새 아이를 얻기 위해 비밀리에 대리 임신을 해줄 수 있는 여자를 물색하기 시작했으나, 씨받이를 자처하는 여자를 찾을 수가 없었다. 이러한 계약이 중국에서는 법적, 도덕적으로 용납되지 않았기 때문이다.

마침내 천씨 부부는 이제 18살 된 샤오리에게 자신들의 생각을 털어놓고 눈물을 흘리며 대리 임신을 해줄 것을 간청했고, 죄책감에 시달려오던 샤오리는 결국 이들 부부의 제안에 동의해 '대리 임신 계약서'를 체결했다. 계약서 내용은 다음과 같았다.

첫째, 태어난 아이는 천씨 집안에 속한다. 쉬샤오리는 아이의 부양과 교육 등의 의무를 지지 않는다. 둘째, 아이가 태어나면 천씨 부부는 쉬샤오리에게 5만위안(약 750만원)의 위로비를 지급한다. 셋째, 쉬샤오리는 아이 출생 한 달 뒤 천씨 집을 떠난다. 이후부터 쌍방은 서로 왕래하지 않는다. 넷째, 쌍방은 비밀을 엄수한다. 일방이 이를 어겼을 경우 5만위안의 위약금을 내야 한다.

천씨 부부는 2001년 4월 상하이(上海)의 한 병원에서 자신들의 수정란을 샤오리의 자궁에 이식하는 수술을 실시했고, 그 후 2002년 3월 샤오리는 4kg의 건강한 남자아기를 낳았다. 아기가 태어난 지 한 달이 되던 날 밤 천씨 부부는 당초 계약대로 5만위안을 샤오리에게 건네주며 떠나달라고 요구했으나, 샤오리의 애원으로 마음이 약해진 천씨 부부는 아이가 돌이 될 때까지 머무는 조건으로 샤오리가 집에 계속 있도록 허락했다.

그러나 2003년 3월 아이의 돌이 되자, 오늘밤만 지나면 아기와 헤어진다는 생각에 견딜 수 없었던 샤오리는 사람들이 북적거리는 틈을 타 아기를 안고 고향으로 달아나고 말았다. 천씨 부부는 샤오리의 행방을 수소문한 끝에 그녀가 고향에 머물고 있다는 것을 알고 찾아갔는데, 샤오리가 끝내 아이를 내놓지 않자 천씨 부부는 법원에 소송을 제기했다. 샤오리는 출생 증명서를 제출하면서 자신의 아이라고 주장했고, 천씨 부부는 친자 감정 확인서와 함께 "고정적인 직업과 수입이 없는 샤오리가 아이를 부양하고 교육할 수 없다"고 맞섰다. 결국 법원은 샤오리의 손을 들어주었다. "쌍방간의 대리 임신 계약서는 중국법률에 위반되므로 계약이 성립되지 않는다. 쉬샤오리는 아이를 자연 분만한 생모로서 아이가 태어나는 동시에 어머니로서의 권리를 갖는다"라는 게 법원의 판결이었다. 그러면서 법원은 "아이는 샤오리가 부양하되 천씨 부부는 영원히 아이를 찾아볼 수 있는 권리도 동시에 갖는다"고 밝혀 천씨 부부의 입장도 고려하였다.

제 7 장
# 상 속

## 제 1 절 상속의 의의

### 1. 상속의 개념

상속이란 사람이 사망한 경우에 그의 재산이 다른 일정한 사람에게 이전되는 것을 말한다. 이 때 사망한 자를 피상속인이라 하고, 사망한 자의 재산을 물려받는 사람을 상속인이라고 한다.

상속에는 당사자의 의사와 상관없이 법률의 규정에 따른 효과가 당연히 발생하는 법정상속과 유언이라는 형태로 표시된 피상속인의 최종적인 의사에 따라 이루어지는 유언상속이 있는데, 유언이 있으면 그에 의해 상속이 이루어지게 되므로 법정상속에 관한 민법규정은 그 범위에서 적용되지 않는다.

### 2. 상속의 개시

상속은 사망으로 인하여 개시된다(제997조). 상속인은 상속개시된 날로부터 피상속인의 재산에 관한 포괄적 권리의무를 승계한다. 즉 피상속인의 재산뿐만 아니라 부채도 상속한다. 다만 피상속인의 일신에 전속한 것은 그러하지 아니하다(제1005조). 이러한 의미에서 상속재산이 채무초과인 경우에는 상속인에게 피해가 갈 수 있고, 법은 상속의 승인·포기 제도를 두어 상속인을 보호하기 위한 노력을 하고 있다.

# 제2절 상 속 인

## 1. 상속인과 상속 순위

민법상 상속인은 모두 법정상속인을 말한다. 상속인이 되기 위해서는 그 법률상의 배우자이거나 피상속인과 혈족관계가 있어야 하고, 상속이 개시될 당시에 생존하고 있어야 한다. 따라서 법인은 당연히 상속권이 없고, 사람이 아닌 나무나 동물도 상속을 받을 수 없다. 그리고 혈족관계이면 자연혈족이든 법정혈족이든 가리지 않으나, 인척인 경우에는 상속권을 인정받지 못한다. 이들은 피상속인의 사망에 의해서 민법이 정한 순위에 따라서 법률상 당연히 상속인이 된다. 따라서 상속이 개시될 때에 상속인의 자격을 가진 자가 한 사람밖에 없을 경우에는 별 문제가 없지만, 2인 이상의 경우에는 그 순위를 법률이 정해 놓을 필요가 생긴다. 법률이 획일적으로 정한 상속인의 순위는 다음과 같다.

제1순위 - 피상속인의 직계비속
제2순위 - 피상속인의 직계존속
제3순위 - 피상속인의 형제자매
제4순위 - 피상속인의 4촌 이내의 방계혈족

이 때 배우자는 ① 피상속인에게 직계비속이 있는 경우에는 직계비속과 같은 순위가 되고, ② 직계비속이 없고 직계존속이 있는 경우에는 직계존속과 같은 순위가 되며, ③ 직계비속은 물론 직계존속도 없는 경우에는 단독 상속인이 된다. 상속인들이 여러 명이 있을 때에는 선순위 상속인이 있으면 후순위 상속인은 상속권이 없고, 같은 순위의 상속인은 상속분에 따라 공동으로 상속을 하게 된다. 같은 순위라도 피상속인과의 관계에서 촌수 등으로 친소관계가 나뉠 때에는 근친자가 우선순위를 차지하게 된다. 예컨대, 피상속인에게 자녀와 손자녀가 함께 있으면 손자녀는 상속을 받지 못하고, 선순위 상속인이 없어서 방계혈족이 상속인이 되는 경우에 백숙부, 이모, 조카 등 3촌인 친족이 있으면 종형제, 종손자녀 등 4촌들은 상속권이 없다.

상속인을 정할 때 태아는 출생한 것으로 본다. 이는 태아도 상속권이 있다는 의미이나, 실제 상속을 받기 위해서는 살아서 출생하여야 한다는 조건이 달리므로 사산(死産)한 경우에는 상속을 받을 수 없게 되는 것이다. 이러한 이유에서 그 취급이 문제되어 있는데, 학설로는 일단 태아에게 상속을 시키고 사산이면 상속을 취소하게 하는 해제조건설이 우세하나, 판례는 일단 태아를 배제하고 상속을 하고 나서 후에 태아가 살아서 출생하면 태아의 몫을 다시 계산하게 하는 정지조건설을 취하고 있다.

**사 례 3-32** **상속인**

사실혼관계에 있던 아내인 乙은 남편 甲의 부모를 모시고 동거하고 있다. 그러던 중에 乙은 임신을 하게 되었고, 갑자기 중앙선을 침범한 트럭과 충돌하여 운전석에 있던 남편만이 사망하고 말았다. 乙은 남편 없이 자식을 키운다는 것도 문제이지만, 후에 아버지 없는 자식이라고 놀림받을 것을 걱정하여 임신중절수술을 해버렸다. 이러한 경우 乙 및 태아였던 丙은 甲의 재산에 대한 상속권이 있는가?

**해설** 乙 및 丙은 甲의 재산에 대해 상속권이 없다. 우리 민법은 "생존한 동안 권리의무의 주체가 된다"고 하여 태어나지 않는 태아에게는 권리를 부여하고 있지 않는 것이 원칙이나, 예외적으로 태아를 보호하기 위하여 개별적으로 태아에게도 권리를 부여하고 있는데, 태아의 재산상속과 불법행위로 인한 손해배상청구권이 바로 그것이다. 그런데 태아에게 예외적으로 인정되는 권리도 태아가 살아서 출생하는 것을 전제로 인정되는 것이므로 사산(死産)한 경우에는 이러한 권리가 인정되지 않는다.

따라서 위 사례의 경우 임신중절수술을 받았다면 丙은 상속인이 되지 못하고, 타인의 불법행위에 대한 손해배상청구권도 갖지 못한다. 한편 사실혼관계에 있던 乙 또한 상속권을 갖지 못하므로 甲의 재산에 대한 상속권자는 직계존속인 甲의 부모가 된다.

## 2. 대습상속

상속은 피상속인이 사망 당시 생존해 있는 상속인들에게만 인정된다. 그러나 피상속인의 사망 당시, 상속인이 되어야 하는 직계비속 또는 형제자매가 상속개시 당시에 이미 사망하고 없거나 상속결격이 된 경우에 그의 자녀인 직계비속이나 배우자가 있는 경우, 이미 사망한 자를 대신하여 상속권을 갖게 된다. 이를 '대습상속(代襲相續)'이라고 하는데, 그렇게 하는 것이 상속제도의 취지에 비추어 정당하고 또 공평의 이념에 부합되기 때문이다. 즉 대습상속을 인정하지 않으면 먼저 사망한 자의 배우자나 자녀들은 상속을 받지 못하게 되어 부당하게 될 뿐만 아니라, 다른 상속인이나 그 배우자 및 자녀들에 비해 불공평한 대우를 받는 것으로 되기 때문이다.

이러한 논리의 연장선상에서 검토해볼 문제가 있는데, 예컨대 피상속인의 자녀가 모두 사망한 경우에 손자녀들이 상속하는 것이 본래 자신의 상속권에 기한 상속(본위상속)인가 아니면 대습상속인가의 문제가 있으나, 판례는 대습상속으로 보고 있다. 이렇게 본다면 상속분을 결정함에 있어서 일단 대습상속을 할 상속인이 있는 피상속인의 자녀들에게 그 상속분에 따라 상속을 하고, 대습상속인들은 각자 자신의 부모가 받은 몫에서 다시 상속분을 결정하게 되므로 대습상속인들 사이에 몫이 차이가 날 수 있다. 그러나 본위상속이라고 본다면 이런 차이는 없게 되고, 그 몫이 원칙적으로 균등하게 된다.

**사 례 3-33** **대습상속**

1,000억원대의 갑부인 이 회장은 여름휴가로 괌에 피서를 가던 중, 비행기 추락사고로 처와 장남부부, 장녀와 그 아들 딸 등 일가족 8명과 함께 사망했다. 그런데 유족으로 의사인 사위 甲과 이 회장의 형제 乙이 있다. 이 경우에 이 회장의 재산은 누가 상속하는가?

**해설** 이 사례는 1997년 8월 모 항공사의 비행기 추락사고로 숨진 모 재벌의 유산상속을 놓고 그 형제들과 사위간에 벌어진 법정 다툼으로서 사회적으로 큰 쟁점이 되었다. 이와 관련하여 법조계 일부에서는 회장과 장녀가 동시에 사망했다고 봐야 하기 때문에 장녀가 재산을 상속받지 못하므로 결과적으로 회장과 혈연관계가 없는 甲은 상속받기 어렵고, 이 회장의 형제인 乙이 상속권을 갖게 된다는 의견이 제시되었다. 장녀가 이 회장보다 늦게 숨졌다는 것을 입증해야 甲이 아내로부터 상속권을 이어받을 수 있다는 이유였다. 그러나 1990년 개정 민법에서는 개정 전과는 달리 남편에게도 대습상속을 인정하고 있기 때문에, 사위는 장인이 먼저 죽으면 상속권이 없지만, 딸이 먼저 죽으면 대습상속하게 된다. 그런데 장인과 딸이 동시사망한 경우에는 딸이 먼저 사망한 경우와 마찬가지로 보아 판례는 동시사망의 경우에도 대습상속이 일어나는 것으로 해석하고 있다.

따라서 사례의 경우 사위인 甲이 단독상속권자로서 이 회장의 전 재산을 상속하게 되며, 형제자매들은 상속권이 없다.

## 3. 상속결격

상속결격이란 상속인에 대하여 상속을 시킬 수 없는 법정사유가 발생한 경우에 따로 재판을 기다리지 않고 법률상 당연히 그 상속인으로서의 지위를 잃는 것을 말한다.

법이 규정하는 상속결격사유는 5가지가 있는데, ① 고의로 직계존속, 피상속인, 그 배우자 또는 상속의 선순위나 동순위에 있는 자를 살해하거나 살해하려한 자, ② 고의로 직계존속, 피상속인과 그 배우자에게 상해를 가하여 사망에 이르게 한 자는 상속인이 되지 못한다. 또 ③ 사기 또는 강박으로 피상속인의 상속에 관한 유언 또는 유언의 철회를 방해한 자와 ④ 사기 또는 강박으로 피상속인의 상속에 관한 유언을 하게 한 자, 그리고 ⑤ 피상속인의 상속에 관한 유언서를 위조·변조·파기 또는 은닉한 자 등이다.

상속결격사유가 발생하면 상속인은 상속자격을 잃는다. 상속결격자는 수증결격자도 되므로 유증을 받을 수도 없다. 상소개시 후 상속결격사유가 발생한 경우 일단 유효하게 개시된 상속도 그 개시시에 소급하여 당연 무효가 된다. 따라서 결격자로부터 상속재산을 선의·무과실로 양수인에게 양도한 경우에도 그 양도행위는 당연무효이며, 선의취득의 보호를 받지 않는 한 제3자는 아무런 권리를 취득하지 못한다.

## 4. 특별연고자에 대한 분여

사망한 자에게 앞에서 본 범위에 속하는 상속인이 한 사람도 없다면 원칙적으로 그 재산은 국가로 귀속하여야 한다. 그러나 이와 같은 것이 하는 것은 사망한 자와 특별한 연고관계를 가진 사람에게는 가혹한 결과로 될 수 있다. 즉 피상속인과 같이 살았다던가, 혼인은 하였으나 혼인신고를 하지 않았다던가, 사실상 양자로 들어가 부모처럼 모신 사람들은 법적인 혈연관계가 없으므로 상속인이 될 수는 없으나, 사실상의 연고는 상속인과 다를 바가 없다고 할 수 있으므로 이 사람들에게 아무런 권리를 주지 않는 것은 정당하다고 할 수 없다. 이러한 이유에서 상속인의 자격은 없으나 피상속인과 연고가 있었던 사람에게 국가에 귀속될 재산을 나누어 줄 수 있는 제도가 도입되었다. 즉 민법은 "제1057조의 기간 내에 상속권을 주장하는 자가 없는 때에는 가정법원은 피상속인과 생계를 같이 하고 있던 자, 피상속인의 요양간호를 한 자, 기타 피상속인과 특별한 연고가 있던 자의 청구에 의하여 상속재산의 전부 또는 일부를 분여할 수 있다"고 규정하고 있다(제1057조의2). 기타의 특별연고자로는 사실혼의 배우자, 사실상의 양자, 피상속인과 동거하고 있던 친척, 피상속인이 장기간 도움을 받았던 요양소나 양로원을 들 수 있을 것이다.

따라서 상속인 수색공고 기간이 끝난 뒤에도 상속인이 나타나지 않는 경우에는 2개월 이내에 가정법원에 특별연고자는 상속재산을 나누어 달라고 청구할 수 있다. 특별연고자의 분여청구가 이유가 있으면 상속재산의 일부는 물론, 경우에 따라서는 전부가 돌아갈 수도 있게 된다.

**사 례 3-34** **특별연고자**

사실혼관계에 있는 甲과 乙은 혼인의 의사를 가지고 동거하고 있었다. 그런데 어느 날 甲은 교통사고로 사망하고 말았다. 사실혼관계에 있는 乙은 甲의 재산을 승계받는 방법이 없는가?

**해설** 사실혼의 배우자에게는 상속권이 없다는 것이 확고한 판례의 태도이다. 그런데 사실혼의 처도 남편의 재산을 승계받을 수 있는 방법이 전혀 없는 것은 아니다. 즉 상속인의 존부가 분명하지 아니한 때에는 법원은 피상속인의 친족 기타 이해관계인 또는 검사의 청구에 의하여 상속재산관리인을 선임하고 지체없이 이를 공고한 후에 공고가 있은 날로부터 3월 이내에 상속인의 존부를 알 수 없는 때에는 상속재산관리인은 지체없이 일반상속채권자와 유증을 받은 자에 대하여 2월 이상의 기간을 정하여 그 기간 내에 그 채권 또는 유증받은 사실을 신고할 것을 공고해야 한다.

이 공고기간 내에 상속권을 주장하는 자가 없는 때에는 피상속인과 특별한 연고가 있던 자는 상속인 수색공고가 끝난 뒤 2개월 이내에 가정법원에 상속재산의 분여를 청구하여야 한다.

위 사례의 경우 사실혼관계에 있는 처인 乙은 특별연고자에 해당하므로, 甲의 사망으로 상속인이 없다면 甲의 재산의 전부 내지 일부에 대해 분여받을 수 있다.

# 제 3 절 상 속 분

## 1. 상속분의 의의

상속분이란 2인 이상의 상속인이 공동상속을 하는 경우에 상속재산 전체에 대하여 각각의 상속인이 받는 몫을 말한다. 상속분은 상속재산의 2분의 1, 3분의 1과 같이 비율에 의하여 표시되며, 각 상속인이 받을 구체적 상속재산은 상속재산 전체의 가액에 각자의 상속분을 곱하여 산정한다.

우리 민법은 각 공동상속인의 상속분은 똑같다는 균분상속주의를 취하고 있다. 즉 남・녀, 혼인중의 출생자・혼인 외의 출생자, 부계와 모계에 따른 아무런 차별이 없다.

피상속인의 배우자의 상속분은 직계비속과 공동으로 상속하는 때에는 직계비속의 상속분의 5할을 가산하고, 배우자의 직계존속과 공동으로 상속하는 때에는 직계존속의 상속분의 5할을 가산한다(제1009조 2항).

대습상속인의 상속분은 피대습자의 상속분에 의한다(제1010조 1항). 대습상속인이 수인인 때에는 그 상속분은 피대습자의 상속분의 한도에서 위에서 설명한 법정상속분에 의하여 정한다(제1010조 2항 전단). 이 경우에도 대습상속인인 배우자의 상속분은 대습상속인인 직계비속의 상속분에 5할을 가산한다.

**사 례 3-35** **상속분**

7천만원의 재산을 남기고 남편인 甲은 사망했다. 그 유족으로는 아내인 乙, 미혼인 대학생인 丙, 출가한 丁이 있다. 아내는 甲의 재산 중 얼마를 상속받을 수 있는가?

**해설** 위 사례의 경우 이들 상속인들 사이의 법정 상속분은 乙(1.5) : 丙(1) : 丁(1)의 비율로 상속받게 된다. 따라서 乙의 상속분은 7,000만원 × 1.5/3.5 = 3,000만원이 된다. 참고로 丙의 상속분은 7,000만원 × 1.0/3.5 = 2,000만원이고, 丁의 상속분은 7,000만원 × 1.0/3.5 = 2,000만원이 된다.

## 2. 특별수익자의 상속분

공동상속인 중에 피상속인으로부터 생전에 증여를 받았거나 또는 피상속인이 특히 어떤 상속인에게 얼마를 준다는 유언을 남긴 경우가 있을 수 있다. 이러한 사람을 '특별수익'을 받은 사람이라고 한다. 이런 특별수익자는 특별수익이 자기의 상속분에 달하지 못한 때에 그 부족한 부분의 한도에서 상속분을 가지는 것으로 하고 있다. 피상속인으로부터 상속을 먼저 받은 것이라고 할 수 있는 증여나, 피상속인의 사후에 유증을 받는 경우에도 이를 도외시하고 상속분을 산정하게 되면 이들 특별이익을 받은 상속인은 이중의 이익을 받는 것이 되어 불공평한 경우가 생긴다. 특별수익으로서 인정되는 증여의 범위는 특별히 정해 놓은 것이 없지만, 혼인을 위한 것이나 생계의 자금이 된 것 등이 그 전형적인 것이 될 것이며, 그밖에 고등교육을 받기 위한 학자금 등도 이 범위에 들어간다고 할 것이다.

판례에 의하면 "공동상속인 중에 특별수익자가 있는 경우의 구체적인 상속분의 산정을 위하여는 피상속인이 상속개시 당시에 가지고 있던 재산의 가액에 생전증여가액을 가산한 후, 이 가액에 각 공동상속인별로 법정상속분율을 곱하여 산출된 상속분의 가액으로 특별수익자의 수증재산의 가액을 공제하는 계산방법에 의할 것이고, 여기서 이런 계산의 기초가 되는 피상속인이 상속개시 당시에 가지고 있던 재산의 가액은 상속재산 가운데 적극재산의 전액을 가리키는 것으로 보아야 한다"고 판시하였다(대판 1995. 3. 10, 94다16571).

이와 같은 계산의 결과 실제 상속인이 상속받는 액수는 자신이 본래 상속받을 부분에서 생전 증여 등 특별수익을 뺀 나머지가 될 것이다. 그러나 이 특별수익이 상속분을 초과하는 경우에는 그 초과부분을 반환하여야 한다. 그러나 그 반환은 계산상의 반환에 지나지 않는 것으로서 특별수익이 상속분을 초과한다고 하여 무조건 반환하여야 할 필요는 없고, 그 초과로 인하여 다른 상속인의 유류분을 침해한 경우에 그 침해분만큼만 반환하면 충분하다.

**사 례 3－36** **특별수익자의 상속분**

아버지인 甲은 장남인 丙의 결혼시 주택구입자금으로 4,000만원을 주고, 장녀인 丁의 결혼시에는 2,000만원을 결혼비용으로 주었다. 그 후 甲은 1억 2천만원 상당의 주택 한 채를 남기고 사망했다. 유족으로는 어머니 乙, 장남 丙, 장녀 丁, 차녀 戊가 있다. 丙과 丁은 이미 어느 정도 아버지의 재산을 물려받았음에도 불구하고 법정상속분을 주장하는데, 丙과 丁의 상속분은 얼마인가?

**해설** 공동상속인 중에 특별수익자가 있는 경우, 상속재산분배액 = (상속재산가액 + 생전증여) × 상속분율 - (생전증여 + 유증)의 공식에 따라 처리된다.

위 사례의 경우, 丙의 상속분 : 18,000만원 × 1.0/4.5 - 4,000만원 = 0원,
丁의 상속분 : 18,000만원 × 1.0/4.5 - 2,000만원 = 2,000만원,
乙의 상속분 : 18,000만원 × 1.5/4.5 = 6,000만원,
戊의 상속분 : 18,000만원 × 1.0/4.5 = 4,000만원이 된다.

## 3. 기 여 분

상속인들 중에 피상속인의 재산형성 및 유지에 특별한 기여를 한 사람이 있을 수도 있고, 또 부모를 오랫동안 봉양해 온 자식도 있을 수 있다. 이러한 사정을 전혀 고려하지 않고 무조건 평등하게 상속을 한다면 사실상 불공평한 처사라는 것은 두말할 필요가 없을 것이다. 그래서 1990년 민법의 개정시에는 법정상속분을 완전히 평등하게 함과 동시에, 상속재산에 관하여 특별히 공로 및 기여가 있거나 부모를 부양한 상속인이 있는 경우에는 그 상속인의 기여분을 인정해주어 실제상의 불공평이 없도록 배려하였다. 이를 '기여분'이라고 한다.

기여의 구체적인 예를 들어보면 자녀가 급료를 받지 않고 아버지가 경영하는 점포나 공장에서 일을 했거나 아버지가 경영하는 사업에 자식이 자본을 대드리거나 아버지의 사업상 빚을 대신 갚아드려 아버지의 재산이 남에게 넘어가지 않게 한 경우, 또는 아내가 남편과 함께 점포를 공동으로 경영하여 높은 이익을 올리게 하거나 남편 명의의 재산을 크게 증가시킨 경우, 장기간 병들어 누우신 부모님을 옆에서 헌신적으로 간호하여 직업적 간호인에게 지출한 비용을 지출하지 않게 된 경우 등이다. 이러한 기여는 특별한 기여이어야 한다. 부모와 자녀 사이에는 상호간에 부양의 권리의무가 있는

데 이러한 부양의무를 이행한 것에 지나지 않는 정도로는 특별한 기여라고 할 수 없다.

공동상속인 중 누구에게 기여분을 인정할 것인가의 여부와 인정한다면 어느 정도를 인정할 것인가에 관해서는 우선 상속인들끼리 협의해서 정할 수 있다. 협의를 하자는 제안은 반드시 기여를 한 자가 먼저 하여야 하는 것은 아니다. 공동상속인이면 누구나 제안할 수 있고 그 협의 시기는 피상속인 사망 후 최소한 상속재산을 분할하기 전까지 하면 된다. 공동상속인간에 협의가 되지 않거나, 협의할 수 없을 때에는 기여자가 가정법원에 청구하면 가정법원에서 결정한다. 구체적으로 기여분을 산정함에 있어서는 기여의 시기, 방법, 내용, 상속재산의 가액, 그밖에 모든 사정이 참작된다.

**사 례 3-37** **기여분**

甲은 아내인 乙과 자식인 丙, 丁, 戊에게 시가 2억원의 아파트 한 채를 남기고 사망했다. 그런데 甲이 생전에 사업을 하면서 재산을 형성할 당시에 丙은 甲의 채무를 갚은 사실이 있어 가족들의 협의에 의해 2,000만원의 기여분이 인정되었다. 이러한 경우 丙의 상속분은 얼마인가?

**해설** 위 사례의 경우 실질적인 상속재산은 총재산에서 기여분을 공제한 18,000만원이 된다. 이 상속재산에서 丙의 상속분 비율을 곱하여 산출한다. 즉

丙의 상속분 : 18,000만원 × 1.0/4.5 + 2,000만원 = 6,000만원이 된다.

참고로 乙의 상속분 : 18,000만원 × 1.5/4.5 = 6,000만원
丁의 상속분 : 18,000만원 × 1.0/4.5 = 4,000만원
戊의 상속분 : 18,000만원 × 1.0/4.5 = 4,000만원이 된다.

## 제4절 상속의 효과

상속인은 상속이 개시되면 피상속인에게 속하였던 모든 재산상의 권리와 의무를 포괄적으로 승계한다. 따라서 피상속인이 갖고 있었던 권리뿐만 아니라 재산상의 의무 즉 채무도 원칙적으로 상속된다. 즉 피상속인이 재산을 남기지 못하고 빚만 남겼을 경우에도 이 빚이 상속되는 것이다. 나아가 피

상속인이 남의 빚보증을 선 경우에 통상적인 보증채무도 상속되므로 상속인들이 갚아줘야 하며, 피상속인이 타인에게 손해배상을 해 줄 채무가 있다면 이도 상속되고, 나아가 벌금을 납부할 의무도 상속된다.

다만 당사자간의 신뢰성을 기초로 하는 위임 계약이나 근로 계약과 같은 일신전속적인 지위 및 권리, 의무는 상속되지 않는다.

## 1. 상속재산의 분할

상속인이 수인인 때에는 원칙적으로 상속재산은 모든 상속인에게 공동으로 귀속된다. 이를 공동상속이라고 한다. 이 경우 공동상속인들은 상속재산을 분할할 수 있다. 상속재산의 분할방법에는 세 가지가 있다. ① 유언에 의한 분할이다. 피상속인은 유언으로 상속재산의 분할방법을 정하거나 이를 정할 것을 공동상속인이 아닌 제3자에게 위탁할 수 있고, 상속개시의 날로부터 5년을 초과하지 아니하는 기간 동안 그 분할을 금지할 수 있다(제1012조). ② 협의에 의한 분할이다. 공동상속인은 유언에 의한 분할방법의 지정·분할방법 지정의 위탁이 없는 경우나 분할금지가 없으면 언제든지 그 협의에 의하여 상속재산을 분할할 수 있다(제1013조 1항). ③ 법원에 의한 분할이다. 공동상속인 사이에서 상속재산분할의 협의가 성립되지 아니한 때에는 각 공동상속인은 가정법원에 분할을 청구할 수 있다(제1013조 2항). 다만 이 경우에는 각 공동상속인은 가정법원에 먼저 조정을 신청하여야 하며, 조정이 성립되지 않으면 심판을 청구할 수 있다. 심판에 의한 분할방법은 현물분할을 원칙으로 하며, 현물로 분할할 수 없거나 분할로 인하여 현저히 그 가액이 감소될 위험이 있는 때에는 물건의 경매를 명할 수 있다.

**사례 3-38** **상속재산의 분할**

甲은 상속재산으로 아파트, 전, 답을 남기고 사망했다. 그 유족으로는 아내인 乙 및 아들 丙, 丁과 딸 戊가 있다. 이 경우 상속재산은 어떻게 분할하며, 만일 상속인 중에 상속재산에 불만을 품은 戊가 상속재산분할협의에 불응하면 어떻게 되는가?

**해설** 상속재산의 분할은 상속개시로 인하여 생긴 공동상속인간에 있어서 상속재산의 공유관계를 종료시키고 상속분에 응하여 그 배분 및 귀속을 목적으로 하는 일종의 청산행위를 말하며, 각 공동상속인은 언제든지 협의로 상속재산을 분할할 수 있다. 그런데 판례에 의하면 공동상속인 중에 한 명이라도 협의에 참여하지 않고 한 협의분할은 무효라고 판시하고 있다. 따라서 가정법원에 분할을 청구할 수밖에 없다.

## 2. 상속의 승인과 포기

### (1) 의 의

상속은 피상속인이 사망한 경우에 상속인이 상속개시사실을 알았거나 몰랐거나 법률상 당연히 개시한다. 그런데 어떤 사람이 많은 재산을 가진 경우에는 그 배우자나 자녀가 그 사람의 사망 후에 일정분의 상속재산을 받을 것을 기대하겠지만, 엄청난 부채를 지고 있는 사람의 경우에는 그 배우자나 자녀는 그 사람의 사망 후에 엄청난 부채를 물려받지 않을까 오히려 걱정하게 된다. 원래 개인의 채무는 그 개인 자신의 채무이고, 배우자나 자녀가 책임질 것은 아니다. 그러나 우리 민법은 배우자나 혈족에게 상속권을 주고, 사망과 동시에 피상속인이 가지고 있던 재산적 권리를 취득하고 의무도 승계하도록 하고 있다. 이러한 구조는 상속법에 의해 일방적으로 상속인에게 상속을 강제하는 결과가 되므로, 적어도 상속인에게 그 재산을 받을 것인가 거부할 것인가의 자유가 주어져야 할 것이다. 따라서 민법은 한편으로는 상속인에게 당연승계를 인정하면서, 다른 한편으로는 상속을 승인할 것인가 포기할 것인가의 자유를 상속인에게 보장하고 있다. 즉 적극재산과 소극재산 모두를 상속인에게 승계시키고, 상속인에게는 ① 자기에게 재산이 귀속하는 것을 그대로 승인하거나(단순승인), ② 적극재산과 소극재산을 청산해서 적극재산이 많은 경우에만 상속하는 것을 승인하거나(한정승인), ③ 상속을 거절하여 처음부터 상속인이 아니었던 것으로 할 것인가(상속포기)를 선택할 수 있는 자유를 주고 있다.

### (2) 단순승인

상속의 승인과 포기에 관하여 우리 민법의 원칙적인 형태는 상속포기나 한정승인이 아니라 단순승인이다. 즉 원칙적으로는 채권, 채무를 모두 상속하는 것이다. '권리 · 의무를 모두 받겠다'고 하는 것을 달리 말하면 '상속을 승인한다'라고 한다. 이를 한정승인과 대비해서 '단순승인'이라고 한다.

우리 실생활을 보면 대부분의 경우는 가정법원에 상속을 받지 않겠다고 포기신고를 하거나 혹은 한정승인 신고를 하지는 않고, 또 상속을 받겠다고 하는 승인의 의사표시를 따로 하지는 않는다. 다시 말해서 포기나 한정승인을 하려면 신고라는 특별한 절차를 거쳐야 하지만 단순승인은 특별한 절차를 거치는 것이 아니라 다음과 같은 사유가 있으면 상속인이 상속을 승인한 것으로 보아 그에게 망자의 모든 권리의무를 귀속시키는 것이다.

① 상속인이 상속재산을 처분하는 행위를 하였을 때,

② 상속인이 3월의 숙려기간 내에 한정승인이나 포기를 하지 아니한 때,

③ 상속의 포기 및 한정승인을 한 후에 상속재산을 은닉하거나 부정소비하거나 고의로 재산목록에 기입하지 않은 때이다.

이와 같이 기간이 경과하거나, 처분행위 등을 하면 상속을 승인한 것으로 되는데 이렇게 되면 상속인은 상속채무에 대해서도 자신의 고유재산으로 변제를 하여야 하며 아울러 채권자는 상속인의 고유재산에 대해서도 강제집행을 할 수 있게 된다.

**사 례 3－39** **아버지의 빚도 갚아야 하는가**

아버지는 사업의 실패로 받을 돈보다 갚아야 할 빚이 더 많은데, 아버지의 빚쟁이들이 자식에게 아버지 빚을 갚으라고 하는데 갚아야 하는가, 아버지의 빚도 상속대상인가?

**해설** 아버지의 사망과 동시에 아버지의 재산뿐 아니라 빚도 자식에게 상속된다. 따라서 자식은 아버지 사망일로부터 3개월 이내에 상속의 포기나 한정승인을 할 수 있다. 만약 이 둘 중 어느 하나라도 하지 않았다면 단순승인이 되어 자식은 아버지의 채무도 갚아야 한다.

참고로 제1019조 제1항은 '상속개시 있음을 안 날로부터 3개월 이내에' 단순승인이나 한정승인 또는 포기를 할 수 있다고 규정하고 있고, 제1026조 제2호는 "동 기간 내에 한정승인 또는 포기를 하지 않은 때에는 단순승인을 한 것으로 본다"는 부분에 대해 헌법불합치결정이 선고되어 법개정이 이루어졌는데, 현행법은 상속인이 상속채무가 그 재산을 초과하는 사실을 중대한 과실 없이 이 기간 내에 알지 못하고 단순승인을 하거나 단순승인을 한 것으로 간주된 경우에는 그 사실을 안 날로부터 3월 내에 한정승인을 할 수 있다고 규정하고 있다(제1019조 3항).

### (3) 한정승인

상속인은 상속이 개시되었음에도 불구하고 피상속인이 남겨 놓은 재산이 많은지, 빚이 많은지 잘 모르는 경우가 있다. 이러한 경우 다행히 빚이 많았다면 상속포기를 해도 별로 아까울 것이 없지만, 나중에 알고 봤더니 남겨 놓은 재산이 많았다고 할 때에는 매우 아까운 일일 것이다. 이러한 경우를 위하여 민법은 상속인에 대하여 또 하나의 구제책을 제시해 놓고 있다. 즉 한정승인이라고 하는 것으로, 이는 피상속인의 채무는 상속인이 상속으로 얻은 이익(재산)의 한도 내에서만 갚고, 모자라면 자신들의 재산으로는 갚지 않아도 되는 반면, 빚을 갚고 남는 재산이 있으면 상속하겠다고 하는 제도를 말한다.

한정승인도 상속포기와 마찬가지로 상속개시 원인이 있음을 안 날로부터 3개월 이내에 가정법원에 한정승인 신고를 하여야 하며, 상속인이 상속채무가 상속재산을 초과한 사실을 중대한 과실 없이 알지 못한 때에는 단순승인이 되었다 하더라도 그 사실을 안 날로부터 3개월 이내에 한정승인을 할 수 있다. 특히 뒤의 것을 '특별한정승인'이라 한다. 이 신고를 함에 있어서는 상속재산의 내용을 명백히 하기 위해 '상속재산목록'을 첨부하도록 하고 있다. 재산목록에서 자기에게 유리한 재산을 일부러 누락시키는 것은 허용되지 않으며 그렇게 하면 한정승인으로서의 효력이 없게 된다. 일단 적법한 한정승인 신고가 이루어지면 상속인은 상속으로 얻은 재산의 한도 내에서만 피상속인의 채무를 변제하면 된다. 예를 들어 상속으로 얻은 이익이 1억원이고 상속된 채무가 2억원이라면, 한정승인을 한 경우에는 1억원의 채무만 갚으면 되는 것이며, 수인의 공동상속인들이 있는 경우에도 이들은 자기들의 법정상속분의 비율대로 한정승인할 수 있다.

**사 례 3-40** **한정승인**

중소기업을 경영하는 아버지가 과로로 갑자기 사망했다. 그런데 현재 아버지의 재산은 시가 5억원 정도의 단독주택이 한 채 있으나 부채는 얼마가 되는지 알 수가 없다. 이러한 경우에 한정승인과 상속의 포기 중 어느 것이 더 좋을까?

**해설** 이 경우에는 한정승인을 하는 것이 더 좋다. 즉 상속인은 자신의 상속분에 따라 취득한 상속재산의 한도에서 채무와 유증을 변제할 것을 조건으로 상속을 승인하는 것을 말한다. 다만 상속인이 한정승인을 하려면 상속개시 있음을 안 날로부터 3개월 이내에 상속재산의 목록을 첨부하여 법원에 한정승인의 신고를 해야 한다.

### (4) 상속의 포기

앞에서 본 바와 같이 상속의 대상에는 채무도 포함되므로 경우에 따라서는 상속재산보다 상속채무가 더 많은 경우가 있다. 이러한 경우에 상속인을 보호하기 위한 제도 중의 하나가 상속포기이다. 즉 상속의 포기는 피상속인의 권리와 의무가 자기에게 승계, 이전되는 것을 부인하는 의사표시이다. 다만 상속의 포기의 의사표시는 반드시 상속인이 상속개시가 된 것을 알고 그로부터 3개월 이내에 하여야 한다. 이 기간은 가정법원에 청구하여 연장이 가능하다. 상속포기는 반드시 가정법원에 대해 신고를 해야만 법률상 유효한 포기가 된다.

이와 같은 상속의 포기는 상속재산 전부에 대하여 하고, 특정한 재산은 상속하고 특정한 재산이나 빚만큼은 포기한다는 식으로는 허용되지 않으며 포기에 기한이나 조건을 붙일 수도 없다. 그리고 일단 포기를 했다가 이를 취소하는 것도 원칙적으로 허용되지 않는다.

상속을 포기하면 상속개시 당시에 소급해서 효력이 생기므로, 피상속인의 사망일에 이미 포기자는 상속인이 아니었던 것으로 된다.

그런데 상속포기를 함에 있어서 정말 주의를 하여야 할 점은 상속이 채무초과인 경우 1순위 공동상속인이 모두 상속포기를 하였다면 2순위 상속인들에게 상속이 이루어진다는 점이다. 즉 채무초과를 이유로 상속을 포기함에 있어서는 1순위자들만 포기를 하여서는 안 되고, 모든 순위의 상속인들이 전부 포기를 하여야만 채무를 면할 수 있다.

# 제 8 장
# 유 언

## 제 1 절 유언의 의의 및 내용

### 1. 유언의 의의

유언이란 유언을 한 사람이 사망했을 때 비로소 그의 생전의 의사대로 어떤 법률효과가 일어나도록 하는 것을 말한다. 이는 유언자 본인의 최종적인 의사, 즉 사망하기 전의 의사를 존중하고 그것에 법률효과를 부여하는 것이다. 유언은 일정한 방식에 의해 행하는 상대방 없는 단독행위이며, 이는 반드시 유언자 본인의 자유로운 의사에 기하여 이루어져야 한다.

유언은 상대방 없는 단독행위로서 의사능력이 있으면 된다. 다만 미성년자에 대하여는 만17세를 능력의 표준으로 하고 그 이하의 연령인 사람의 유언은 무효이다(제1061조).

금치산자는 그 의사능력을 회복한 때에 한하여 후견인의 동의없이 유언을 할 수 있다. 다만 의사는 금치산자인 유언자가 유언할 당시 심신회복의 상태에 있다는 취지를 유언서에 부기하고 이에 서명날인하여야 한다(제1063조).

### 2. 유언사항

유언을 할 수 있는 사항은 다음의 9가지로 법으로 정해져 있다. 따라서 법률에 정해져 있지 않는 사항은 유언으로서 아무런 효력이 없다. 이를 사항별로 분류하면 다음과 같다.

(1) 가족관계에 관한 사항

① 친생부인(제850조)
② 인지(제859조 2항)
③ 후견인의 지정(제931조)

(2) 재산의 처분에 관한 사항

④ 유증(제1074조 이하)
⑤ 재단법인의 설립(제47조 2항)
⑥ 신탁(신탁법 제2조)

(3) 상속에 관한 사항

⑦ 상속재산 분할방법의 지정 또는 위탁(제1012조 전단)
⑧ 상속재산의 분할금지(제1012조 후단)

(4) 유언의 집행에 관한 사항

⑨ 유언집행자의 지정 또는 위탁(제1093조)

## 제 2 절 유언의 방식

유언은 유언자가 사망한 후에 그 효력이 발생하기 때문에 과연 그것이 정말 유언자의 뜻인지 아닌지, 또한 유언이 있었는지 없었는지의 여부를 확인하기가 매우 어렵다. 그래서 유언서를 누가 고치거나, 위조를 하거나 혹은 없애버려도 유언을 한 사람이 죽고 없기 때문에 무엇이 진실한 것인가를 확정하기가 매우 어렵다. 따라서 민법은 유언서의 진정성을 담보하기 위하여 아주 엄격한 방식을 정해 놓고 있는데, 이러한 방식을 따르지 않은 유언은 무효로 한다(제1065조).

유언의 방식으로는 다음의 5가지가 있다. 아무리 애써 만든 유언장이라고 하더라도 다음과 같은 방식을 갖추지 않는 한 유언으로서의 효력이 발생되지 않는다.

유언서 작성시 유의할 사항은 유언자의 의사를 명백히 하여야 하고, 증인결격자(미성년자, 한정치산자, 금치산자, 유언에 의하여 이익을 받을 자 및 그 배우자와 직계혈족)의 참여를 막아야 하며, 비밀을 유지하고 유언서의 위조를 방지하며 그 보관 등에 주의해야 한다.

## 1. 자필증서에 의한 유언

자필증서에 의한 유언이란 유언자가 유언증서를 직접 육필로 써서 남기는 유언을 말하는데, 이를 위해서는 다음의 요건을 갖추어야 한다. 즉 유언자가 유언의 전문을 직접 쓰고 작성연월일, 주소, 성명을 기재하고 날인하는 방식이다(제1066조).

이 방식에 의한 유언서는 반드시 직접 써야 한다. 왜냐하면 타인이 대필하거나 또는 타인에게 불러주어 타인으로 하여금 쓰게 한 유언을 유효하다고 한다면, 만약 누군가가 유언서를 위조해서 가져온 경우라도 그것이 진짜 죽은 이의 유언서인지 아닌지를 확인할 길이 없기 때문이다. 작성연월일도 반드시 유언자가 직접 적어야 한다. 이는 이 날짜를 기준으로 미성년자의 경우 17세가 넘었는지를 판단하고, 나아가 한 사람의 유언서가 여러 통이 발견되었는데, 서로 내용의 모순이 있을 경우 나중에 작성된 유언서의 내용대로 효력을 발생시키기 위해서이다. 성명은 유언자가 누구인가를 알 수 있으면 되므로 호나 예명을 쓰더라도 무방하다. 날인은 타인이 대신해도 괜찮고, 손도장도 무방하다.

그리고 자필증서에 문자의 삽입, 삭제 또는 변경을 할 때에는 유언자가 이를 자서하고 날인하여야 한다(제1066조 2항).

자필증서에 의한 유언은 간편하고, 비밀의 유지가 가능하나, 문자를 모르는 사람은 이 방법을 쓸 수가 없고, 유언서의 유무가 유언자의 사후에 쉽게 판명되지 않는다는 것, 위조나 변조의 위험이 많다는 점이 단점이다.

**사 례 3-41** **자필증서에 의한 유언**

甲과 乙은 사실혼관계에 있는 부부인데, 甲은 유언으로 乙에게 주택 한 채를 주겠다는 내용의 각서를 남겼다. 甲의 자식들이 사실혼관계에 있는 乙은 상속권이 없다고 하여 분쟁이 발생하여 법정에 서게 되었다. 결과는 어떠한가?

**해설** 위 사례의 경우 乙은 사실혼관계에 있으므로 상속권은 없다. 다만 甲이 유언으로 재산을 무상 증여하는 유증을 하면 甲의 재산을 이전 받을 수 있다. 특정물에 대한 유증의 경우 그 특정물도 일단 상속재산으로서 상속인에게 귀속되고 수증자인 乙은 상속인에 대하여 유증의 이행을 청구할 수 있는 권리를 취득하게 된다.

그런데 甲이 작성한 각서형태의 유언의 효력과 관련하여 유언자가 유언의 전문 즉 사후에 아파트 한 채를 乙에게 주겠다는 내용을 직접 쓰고 작성 연월일, 주소, 성명을 기재하고 날인하는 방식을 갖추었다면 제1066조의 자필증서에 의한 유언에 해당되어 유언의 효력이 있다. 다만 乙은 甲의 사망시 지체 없이 법원에 제출하여 검인을 받아야 한다.

## 2. 녹음에 의한 유언

녹음에 의한 유언은 유언자가 녹음기라는 문명의 이기를 이용하여 하는 유언이다. 즉 유언자가 유언의 취지, 유언자의 성명, 유언의 연월일을 녹음하고, 여기에 참여한 증인이 유언자의 유언임이 틀림없고 정확하다는 내용과 자기 성명을 녹음시키면 된다(제1067조).

이 방식에 의한 유언은 녹음기만 있으면 간편하게 유언할 수 있고, 유언자의 육성을 사후에도 그대로 보존할 수 있는 장점이 있으나, 녹음된 것이 잘못하면 소멸되어 버릴 염려가 있다는 것이 단점이다.

## 3. 공정증서에 의한 유언

공정증서에 의한 유언은 유언자가 직접 유언장을 작성하지 않고 공증인으로 하여금 유언서를 작성케 하는 것이다. 즉 유언자가 공증인(공증인법에 의하여 공증사무를 할 수 있도록 임명된 사람)이나 5인 이상의 변호사가 법무부장관의 설립인가를 받아 개설한 공증합동법률사무소 또는 법무법인에게 유언에 관한 공정증서의 작성을 부탁하여 이루어지는 유언이다. 원래 공증은 반드시 공증인 사무소에서 하여야 하지만 유언에 관한 공증은 공증인사무소에 출석하지 않아도 되고, 공증인이 유언자의 자택이나 병원으로 오게 해서 하는 것도 가능하다.

우선 공증인 사무소에 가서 유언을 하고 싶다고 하면, 우선 공정증서에 의한 유언에 있어서도 증인이 필요한데, 이 증인은 공증인 사무소의 보조인이나 대리인, 촉탁사항에 관하여 이해관계를 가진 사람 등은 증인이 되지 못하므로 우선 증인 두 사람을 확보한다. 증인이 확보되면, 유언자가 공증인 앞에서 유언의 취지를 말해주거나 자기가 정리한 유언의 문서를 보여주면 공증인이 유언자가 말하거나 또는 보여준 문서내용을 다시 필기하여 이를 유언자와 증인 앞에서 낭독하여 틀림없음을 확인시킨다. 그러면 유언자와 증인이 그 정확성을 시인한 후 각자 서명 또는 기명날인한다(제1068조).

이 방식에 의한 유언은 공증인이 모든 절차를 알아서 해 줄 것이므로, 방식흠결로 인하여 무효로 되는 경우는 거의 없을 것이지만, 공증비용이 든다는 단점이 있다.

## 4. 비밀증서에 의한 유언

비밀증서에 의한 유언이란 유언자가 자신의 유언의 내용을 비밀로 해두고 싶을 때 이용하는 유언이다. 이 유언서를 작성하기 위해서 유언서 자체를 반드시 유언자가 쓸 필요가 없고 타인이 써도 된다. 그리고 유언자는 작성한 유언서에 자신의 이름을 쓴 후 타인이 함부로 열어볼 수 없도록 봉하고, 봉한 곳에 날인을 한다. 이렇게 엄봉날인한 유언서를 2인 이상의 증인의 면전에 제출하여 자기의 유언서임을 표시하게 한 뒤, 유언서의 겉봉에 유언서의 제출 연월일을 기재하고 유언자와 증인이 각자 서명 또는 기명날인한다. 그리고 이러한 절차가 완료된 날로부터 5일 이내에 공증인이나 법원서기에게 제출하여 그 봉서(유언서를 넣은 봉투)상에 '확정일자인'을 받으면 비밀증서에 의한 유언이 되는 것이다(제1069조). 위의 절차 중에 하나라도 결여한 때에는 그 유언증서는 무효가 된다. 다만 증서의 전문과 연월일, 주소,

성명을 자서하고 날인함으로써 자필증서의 방식에 적합한 때에는 비밀증서로서의 방식에 흠결이 있는 경우라도 자필증서에 의한 유언으로서 유효하게 된다(제1071조).

## 5. 구수증서(口授證書)에 의한 유언

구수증서(口授證書)에 의한 유언은 질병이나 그 밖에 급박한 사정 때문에 앞서 본 바와 같은 유언을 할 수 없는 경우에만 인정되는 유언이다.

우선 유언자는 두 사람 이상의 증인을 참여시켜 유언의 취지를 불러 주고, 그 증인이 이를 필기하여 읽어준 다음, 유언자와 증인이 유언의 정확성을 확인한 후 각자 서명 또는 날인한다. 그 후 급박한 사유가 종료된 날로부터 7일 이내에 법원에 검인을 신청하여 검인을 받으면 된다(제1070조). 교통사고 등으로 죽음에 다다른 환자가 급히 유언을 하려고 하는 경우 이 방식에 의한 유언을 할 수 있다.

**사 례 3-42** **구수증서에 의한 유언**

아버지 甲은 상속재산으로 가옥 및 전, 답을 남기고 질병으로 사망했다. 그 유족으로는 세 자녀가 있었다. 사망하기 전에 甲은 장남을 불러놓고 장남에게는 가옥을, 장녀에게는 밭을, 차남에게는 논을 주겠다는 내용의 유언장을 대필시켰다. 그런데 차남은 자기 몫이 조금 작다는 이유로 법정상속분에 따른 상속재산분배를 주장하는데, 그렇다면 甲의 유언은 효력은 어떻게 되는가?

**해설** 구수증서에 의한 유언의 방식은 전술한 바와 같이 질병 기타 급박한 사정으로 인하여 전술한 4가지 방식에 의한 유언을 할 수 없는 경우에 한하여 인정된다. 따라서 사례의 경우 이에 해당된다고 보기 어려워 유언으로서 효력이 부인된다. 또한 자필증서에 의한 유언을 제외한 녹음, 공정증서, 비밀증서, 구수증서에 의한 유언방식은 모두 증인의 참여를 필요로 하고 있으며, 그 증인의 자격은 제1072조에서 법률로 정하고 있다. 그런데 사례의 경우 장남은 직계혈족 내지는 유언에 의하여 이익을 받을 자에 해당되어 증인자격이 없으므로 이 유언은 무효이다.

## 제3절 유언의 효력

유언은 유언자가 사망한 때로부터 그 효력이 생긴다. 유언에 정지조건(停止條件)이 있는 경우에 그 조건이 유언자의 사망 후에 성취된 때에는 그 조건성취된 때로부터 유언의 효력이 생긴다(제1073조). 예컨대 아버지가 자신 소유의 승용차를 자식에게 취업하면 주겠다고 유언한 경우 아버지 사망 후에 자식이 취업해야 그 때부터 그 자동차의 소유권이 자식에게 이전된다.

유언은 유언자의 의사를 존중하는 것이므로 유언자는 언제든지 유언 또는 생전행위로써 유언의 전부나 일부를 철회할 수 있고(제1108조 1항), 내용이 다른 유언을 새롭게 하면 먼저 한 유언은 효력이 없어진다. 그리고 유증을 받은 자는 유언자의 사망 후에 언제든지 유증을 승인 또는 포기할 수 있다(제1074조). 유증은 유언자의 사망 전에 유증을 받은 자가 사망한 때에는 그 효력이 생기지 아니한다(제1089조 1항).

## 제4절 유 류 분

생전에 재산을 취득한 자는 자기 재산을 생전에는 물론, 유언에 의해 사후에도 처분할 수 있는 자유가 있다. 그런데 유언으로 자기 재산을 처분함에 있어서는 유족이 아닌 제3자에게도 처분할 수 있다. 그러나 유언에 의한 재산처분의 자유를 무한정 허용하면, 경우에 따라서는 유족들이 상속분을 제대로 받지 못하거나 상속권이 배제되는 경우도 있을 수 있다.

우리나라에서는 '유족을 위해 꼭 남겨 주어야 하는 재산의 몫'을 인정하고 이를 '유류분'이라고 해서 이를 침해하지 못하도록 하고 있다. 예컨대 甲이 유언으로 전 재산을 첩에게 주었다 하더라도 甲의 처와 자녀들은 자신들의 유류분을 확보할 수 있다.

다만 우리 민법은 피상속인이 생전에 증여하거나 유언으로 상속재산 전부나 대부분을 상속인 가운데 일부나 제3자에게 주는 것 자체는 제한하지 않고 있으나, 그렇게 함으로써 상속인의 유류분을 침해한 경우에 상속인들에게 자기의 유류분만큼은 반환해 달라고 하는 유류분반환청구권을 인정하고 있다. 이 반환청구는 상속의 개시와 증여 또는 유증을 한 사실을 안 날로부터 1년 이내에, 상속이 개시된 날로부터 10년 내에 행사하여야 한다.

유류분권리자는 상속권자이다. 상속권자의 유류분의 범위는 '직계비속과 배우자'의 경우에는 자기의 법정상속분의 2분의 1이며, '직계존속과 형제자매'의 경우에는 자기의 법정상속분의 3분의 1이다(제1112조). 따라서 피상속인이 상속재산을 전부 유언으로 처분하더라도 직계존속과 배우자는 자기의 법정상속분의 2분의 1을, 직계존속과 형제자매는 3분의 1을 반환청구할 수 있다.

유류분을 계산하기 위해서도 먼저 피상속인의 상속재산의 가액을 확정하여야 하는데, 이에는 우선 상속개시 당시 즉 피상속인이 사망 당시 가진 재산의 가액을 계산하여야 하는데, 이 때 채무는 물론 공제하여야 한다. 그러나 유류분 산정시에 하나 염두에 두어야 할 것은 상속 개시 전 1년 이내에 제3자에게 증여한 재산의 가액은 이를 상속재산으로 보아 더한다는 점이다.

**사 례 3-43** **유류분**

어려서 부모와 사별한 3형제인 甲·乙·丙은 조모와 함께 살았다. 최근에 조모는 모든 재산인 9억원을 장손인 甲에게 준다는 유언을 하고 사망했다. 유언의 자유와 상속권자인 丙, 丁의 권리간에 충돌이 생기는데, 丙과 丁에게는 어떠한 권리가 있는가?

**해설** 위 사례의 경우, 甲·乙·丙은 공동상속권자이고, 특히 丙과 丁은 유류분권이라는 권리가 있다. 따라서 이들은 각각 자기의 법정상속분(각각 3억)의 1/2(각각 1억5천만원)에 대해 甲을 상대로 반환청구할 수 있는 것이다.

제 4 편

# 여성과 재산관계법

# 제 1 장
# 서 설

오늘날 우리 인간은 의·식·주에 필요한 재화를 지배하고 그것을 이용하지 않고서는 살아갈 수 없다. 그러나 현실의 세계에 있어서는 우리가 그러한 재화를 모두 자급자족할 수 없기 때문에 자기에게 남는 재화를 팔아서 자기에게 부족한 재화를 구입하는 경제활동을 하게 된다. 이와 같이 사인간에 경제적 거래의 활동이 이루어지는 원인은 자기가 갖고 있지 않은 어떤 물건을 취득하고자 하는 욕구로부터 비롯된다. 이로부터 자기가 보유하고 있는 잉여의 재산을 잃는 대가로 자기가 갖고 있지 않은 물건을 새로이 취득하는 데 거래의 궁극적 목적이 있다.

민법상 거래의 대상으로 될 수 있는 것은 재화, 권리, 용역 그리고 기타의 정신적 산출물 등이 있을 수 있으나, 민법이 예상하고 있는 사인끼리의 경제활동 중에서 가장 전형적인 형태는 재화, 즉 물건을 대상으로 하는 경우이다. 우리 민법은 어떤 물건에 대한 새로운 지배상태가 형성되어 거래의 당사자들이 거래를 통한 경제적 목적을 달성하기까지의 과정을 크게 두 단계로 나누어 규율하고 있다. 우선 거래의 당사자들은 목적물의 특정, 가격의 결정 등에 대하여 흥정을 거쳐 합의에 의한 약속을 하게 되는데, 이러한 약속을 법률적으로 계약의 체결이라 한다. 이러한 계약이 체결되었다고 해서 산 사람이 당장 물건을 들고 오고 상대방은 물건을 사간 사람으로부터 돈을 챙길 수는 없다. 즉 계약의 체결로부터는 물건을 넘겨 달라고 요구할 수 있는 권리인 채권을 발생시키고, 또한 그러한 권리에 복종하여야 할 의무인 채무를 부담할 뿐이다. 그래서 계약과 같이 채권·채무를 발생하게 하는 법률행위를 채권행위라고 한다. 다음으로 서로가 채권·채무의 대립된 채권관계 속에서 채권의 행사와 이에 대한 약속의 이행을 하게 되는데 약속의 이행도 서로 권리자의 마음대로 하는 것이 아니라 서로 합의해서 이행하게 된다. 즉 "이 물건을 당신에게 넘겨준다", "이 물건을 넘겨받는다"는 자유스러운 의사의 합치하에서 실제로 목적했던 물건이 상대방에게 넘어감으로써 거래는 그 경제적 목적을 달성하고 완료되는 것이다. 이러한 물권의 변동을 목적으로 하는 법률행위를 물권행위라 하고 이를 위하여 당사자들 사이에서 물건을 이전해 가는 것에 대한 합의를 하여야 하는데, 이것을 채권행위인 계약과 용어상 구별하기 위하여 그 표현을 달리하여 물권적 합의라 한다. 또한 이처럼 물건에 대한 그 주인에 대한 지배관계인 물권은 나의 것이라는 것을 외부로 표시해 주어야 하는데, 이를 공시라 한다. 목적물이 동산인 경우에는 물건에 대한 사실상의 지배상태(점유)를 이전하여야 하고 부동산인 경우에는 등기의 이전이 있어야 물권을 취득하게 된다. 이를 물권의 변동이라 한다.

**계 약**

계약이란 복수의 당사자가 일정한 채권관계를 발생시키기 위해서 서로 대립되는 의사표시를 함으로써 성립하는 법률행위이다. 계약은 가장 전형적인 법률행위로서 법률행위 자유의 원칙은 계약자유의 원칙이라고 하기도 한다. 계약자유의 원칙이 가지는 주요한 내용에는 네 가지가 있다. 계약체결의 자유, 상대방선택의 자유, 내용결정의 자유, 방식의 자유가 그것이다.

계약은 원칙적으로 당사자의 자유의사에 의하여 맺어지므로, 계약의 모습은 매우 다양하다. 특히 현대사회와 같이 새로운 유형의 거래가 끊임없이 발생하고 있는 사회에서는 법이 예상하지 못한 계약도 많이 있다. 민법은 우리 생활에서 흔히 일어날 수 있는 계약을 14가지로 분류하여 이를 규정하고 있다. 이를 전형계약이라고 하는데, 증여, 매매, 교환, 소비대차, 사용대차, 임대차, 고용, 도급, 현상광고, 위임, 임치, 조합, 종신정기금, 화해가 이에 속한다. 그러나 거래의 실제에 있어서는 전형계약 이외에도 계약자유의 원칙이 인정되므로 얼마든지 새로운 유형의 계약을 체결할 수 있다. 전형계약 이외의 계약을 비전형계약 혹은 무명(無名)계약이라고 한다.

제 2 장
# 부동산의 매매

## 제 1 절 부동산 매매계약

### 1. 부동산 매매계약의 체결

우리 사회의 거의 모든 거래는 계약이라는 형식으로 이루어지고 있고, 부동산 거래도 마찬가지다. 부동산 매매계약은 매도인이 어떤 부동산을 매수인에게 이전할 것을 약정하고, 매수인은 이에 대하여 그 대금을 지급할 것을 약정함으로써 성립하는 계약을 말한다. 매도인과 매수인이 부동산을 사고 팔겠다는 의사의 합치만 있으면 매매계약은 성립하고 계약금 지급이나 계약서 작성이 반드시 필요한 것은 아니다.

부동산 거래의 실태를 보면 매매대금의 10% 정도를 계약금으로 하여 매수인이 매도인에게 지급하고 나머지 대금도 중도금, 잔금이라고 하여 몇 차례 나누어 지급하는 것이 관례이고, 또 후일의 분쟁소지를 없애고 그 내용을 확실히 하기 위하여 매매계약서를 작성하는 것이 일반적이다.

매매계약이 성립되면 계약내용대로 매도인은 매수인에게 대금을 지급할 것을 청구할 권리를 가지게 되고 매수인은 매도인에게 소유권 이전을 청구할 권리를 가지게 된다. 이와 같이 상대방에 대하여 일정한 행위를 청구할 수 있는 권리를 채권이라 하는데(상대방에 대하여 일정한 행위를 하여야 할 의무를 채무라 한다), 물건에 대한 배타적 지배를 내용으로 하는 물권과 대비된다.

부동산 매매계약이 체결되면 매도인은 매수인에게 매매목적물인 부동산의 소유권과 점유를 이전해 주어야 할 채무를 부담하게 되는데, 부동산에 관한 소유권의 이전은 반드시 등기를 하여야 한다. 민법 제186조는 “부동산에 관한 법률행위로 인한 물권의 득실변경은 등기하여야 그 효력이 생긴다"고 규정한다.

**사 례 4－1** **부동산의 구입**

저는 대학을 졸업한 후 회사에 취직하여 돈을 모았습니다. 이제 결혼을 앞두고 주택을 장만하려고 합니다. 부동산을 구입할 때 주의해야 할 점은 무엇입니까?

**해설** 부동산을 매수하고자 하는 경우 제일 먼저 당해 부동산의 권리관계가 어떠한지 알아보아야 한다. 소유권자가 누구인지 확인하고, 토지의 경우 임차권이나 지상권 등 제한물권이 설정되어 있는 것은 아닌지 확인해 보아야 한다. 건물의 경우에는 건물 사용을 위한 임차권이나 전세권이 설정되어 있는지 확인해 보아야 한다. 또한 당해 부동산을 목적으로 하는 담보물권이 설정되어 있는지 여부도 조사해야 하는데, 이러한 권리관계의 확인은 등기부등본을 통해 손쉽게 할 수 있다. 다음으로 계약을 체결하는 상대방이 부동산에 대한 처분권을 가지고 있는지 확인해야 한다. 미성년자여서는 안 되고 대리인인 경우 대리권의 유무를 확인해 보아야 한다.

## 2. 부동산 매매계약의 중개

통상 부동산거래는 중개업자(공인중개사)를 통해서 이루어진다. 부동산중개업자는 중개대상물의 권리관계 및 법령의 규정에 의한 거래 또는 이용제한사항 등을 확인하여 부동산거래를 주선하여야 하나(부동산중개업법 제17조 1항), 이 의무를 위반하여 거래 상대방에게 손해를 입히는 경우가 많다

부동산 중개업자의 중개의뢰인과의 법률관계는 민법상의 위임관계와 같으므로 민법 제681조에 의하여 중개업자는 중개의뢰의 내용에 따라 선량한 관리자의 주의로써 의뢰받은 중개업무를 처리하여야 할 의무가 있고, 부동산중개업법 제16조에 의하여 신의와 성실로써 공정하게 중개행위를 하여야 할 의무를 부담하고 있다. 부동산중개업자에게 속아서 하자가 많은 부동산을 구입하여 피해를 입었을 경우에는 부동산중개업자에게 사기로 인한 형사책임을 물을 수 있고 손해배상청구를 할 수도 있으나, 부동산거래는 유효하게 성립하는 것이 일반적이다.

따라서 부동산중개업자에게 매매알선을 의뢰하는 경우에도 본인이나 대리인이 직접 자세한 내용을 확인한 후에 계약체결에 임하는 것이 안전하다.

# 부동산매매계약서

| 검 인 |
|---|
| |

## 부동산의 표시

| 소 재 지 | | | | |
|---|---|---|---|---|
| 토 지 | 지 목 | | 면 적 | m²( 평) |
| 건 물 | 구조·용도 | | 면 적 | m²( 평) |

위 부동산에 대하여 매도인과 매수인은 합의하여 다음과 같이 매매계약을 체결한다.
제1조 [매매대금 및 지급시기] ①매도인과 매수인은 지불시기를 다음과 같이 약정한다.

| 매 매 대 금 | 一金 원整 ( ₩ ) | | |
|---|---|---|---|
| 계 약 금 | 一金 원整 은 계약시에 지불하고 영수함 | 영수자성명 | 인 |
| 1차 중도금 | 一金 원整 은 년 월 일에 지불한다. | | |
| 2차 중도금 | 一金 원整 은 년 월 일에 지불한다. | | |
| 잔 금 | 一金 원整 은 년 월 일에 지불한다. | | |

②제1항의 매매대금은 달리 정함이 없는 한 공인중개사의 입회하에 지불하기로 한다.
제2조 [소유권이전] 매도인은 매매대금의 잔금을 수령함과 동시에 소유권 이전등기에 필요한 모든 서류를 교부하고 위 부동산을 인도하여야 한다.
제3조 [제한권 등 소멸] 매도인은 소유권의 행사를 제한하는 사유나 공과금 기타 부담금의 미납이 있을 때에는 잔금수수일 이전까지 그 권리의 하자 및 부담등을 제거하여 완전한 소유권을 이전하여야 한다. 다만, 달리 약정한 경우에는 그러하지 아니하다.
제4조 [제세공과금] 위 부동산에 관하여 발생한 수익과 조세공과 등의 부담금은 부동산의 인도일을 기준으로 하여 그 전일까지의 것은 매도인에게 그 이후의 것은 매수인에게 각각 귀속한다. 단, 지방세 납부의무 및 납부책임은 지방세법의 규정에 따른다.
제5조 [부동산의 인도] ①매도인은 계약당시 매매물건에 부속하는 수목·정원·문·담장 등 기타건물에 부속물·시설일체를 인도하여야 한다.
②매도인은 위 부동산에 대하여 폐기물 등을 처리하고 통상적인 청소를 하고 난 후에 인도하여야 한다. 다만, 달리 약정한 경우에는 그러하지 아니하다.
제6조 [계약의 해제] 매수인이 매도인에게 계약당시 계약금 또는 보증금 명목으로 금전이나 물건을 교부한 때에는 다른 약정이 없는 한 중도금(중도금약정이 없을 때는 잔금)을 지불하기 전까지 매도인은 계약금의 배액을 상환하고 매수인은 계약금을 포기하고 이 계약을 해제할 수 있다.
제7조 [채무불이행과 손해배상] ①매도인 또는 매수인에게 본 계약상의 채무불이행이 있었을 경우에는 그 상대방은 불이행을 한 자에 대하여 서면으로 이행을 최고하고 계약을 해제할 수 있다. ②제1항에 의해 계약이 해제된 경우 별도의 약정이 없는 한, 매수인이 위약한 경우에는 계약금을 몰수당하고 매도인이 위약한 경우에는 계약금의 배액을 배상하기로 약정한다.
제8조 [중개수수료] 공인중개사의 중개수수료는 다른 약정이 없는 한 본 계약의 체결과 동시에 매도인과 매수인 쌍방이 각각 지불하며, 공인중개사의 고의나 과실없이 매도인 또는 매수인의 사정으로 본 계약이 무효, 취소, 해제되어도 중개수수료는 지급한다.
제9조 [확인설명서 등 교부] 공인중개사는 중개대상물 확인설명서를 작성하여 년 월 일 중개의뢰인에게 공제증서사본을 첨부하여 교부한다.

**특 약 사 항**: ______

본 계약에 대하여 매도인과 매수인은 이의없음을 확인하고 각자 서명 또는 날인 후 매도인,매수인,공인중개사가 각1통씩 보관한다.

년 월 일

| | | | | | | |
|---|---|---|---|---|---|---|
| 매도인 | 주 소 | | | | | (인) |
| | 주민등록번호 | | 전 화 | | 성 명 | |
| 대리인 | 주 소 | | | | 성 명 | (인) |
| 매수인 | 주 소 | | | | | (인) |
| | 주민등록번호 | | 전 화 | | 성 명 | |
| 대리인 | 주 소 | | | | 성 명 | (인) |
| 공인중개사 | 사무소 명칭 | | | | | |
| | 사무소소재지 | | | | | |
| | 대 표 | | (인) | | | (인) |
| | 소속공인중개사 | | (인) | | | (인) |
| | 등 록 번 호 | | 전 화 | | 전 화 | |

※ 본 계약서는 대한공인중개사협회 공제가입 회원인 공인중개사( )의 중개와 물건 확인·설명에 의하여 정당하게 성립된 계약 내용에 대하여는 본 협회가 보증한다.

부동산중개 수수료는 지방자치단체의 조례로 규정되어 있고, 매매당사자는 조례에서 정한 요율 및 한도액에 의해 각각 부담하며, 중개인은 규정수수료 이상을 받을 수 없다.

**사 례 4-2** **계약서 작성**

토지매매계약서 작성시 유의할 사항은 무엇인가?

**해설** 계약서를 쓰기 전 계약당사자인지 대리인인지 여부를 확인하고 대리인일 경우 위임장, 인감증명서, 주민등록증을 확인하여야 한다. 목적물의 표시(등기부등본, 토지대장), 대금의 액수와 지불시기, 매도인·매수인의 성명, 주소, 주민등록번호, 부동산의 명도시기, 부동산소유권의 이전 및 매도인의 책임사항, 특약 입회인 등을 확인하여야 한다. 등기부상의 면적과 실제면적과의 차이가 발생하는 경우가 있으므로 이러한 점이 발생할 경우에 대한 매매금액의 정산방법에 대한 약정도 하여야 한다. 계약이후 잔금지급일 이전에 있을 수 있는 추가저당권설정, 이중계약 등에 대비하여 별도약정을 하여 두어야 한다. 숫자는 아라비아숫자보다 한자로 표기하며, 내용은 알기 쉽게 쓰고 특약란에는 후일 분쟁의 소지가 있는 것은 약정을 하여 두면 좋다. 계약서 작성 후 이상이 없으면 기명, 날인 후 계약금을 지불하고 영수증을 받고 매도인, 매수인, 입회인이 1부씩 보관한다.

## 3. 부동산 매매계약의 해제

계약의 해제란 유효하게 성립하고 있는 계약의 효력을 당사자 일방의 의사표시에 의하여 그 계약이 처음부터 없었던 것과 같은 상태로 복귀시키는 것을 말하며, 이러한 일방적 의사표시에 의하여 계약을 해제시키는 권리를 해제권이라 한다.

당사자가 서로 합의하여 계약을 해제하는 것은 얼마든지 자유이지만(약정해제), 당사자가 일방적으로 해제할 수 있는 경우는 엄격히 제한되어 있다(법정해제). 민법이 정한 해제 원인으로는 계약의 상대방이 계약 내용에 따른 채무를 이행하지 않을 경우(물론 그에 대한 귀책사유가 있어야 하지만)에 한정하고 있다. 이를 채무불이행에 의한 해제라고 한다(제544조). 예를 들면 부동산을 매매한 자가 대금을 약속된 기일에 지급하지 않거나 소유권이전등기절차에 협력하지 않는 것과 같은 경우에는 계약을 제대로 이행한 것이 되지 않으므로 해제사유가 된다.

통상 부동산매매계약서에는 매매대금의 10%에 해당하는 금액을 계약금으로 주고 받는 것이 일반적이다(물론 계약금은 반드시 매매대금의 10%라는 법은 없다). 위와 같이 매매계약을 체결할 때 매수인이 매도인에게 계약금 명목으로 일정금액을 지급하는 경우의 계약금의 성질이 무엇인가는 당사자간에 수수된 계약금의 목적, 계약의 취지, 관습 등에 따라 결정된다.

일반적으로 계약금은 민법 제565조 제1항의 '해약금'으로서의 성질을 가지므로 당사자의 일방이 이행에 착수하기 전까지 교부자는 이를 포기하고 수령자는 그 배액을 상환하여 매매계약을 해제할 수 있다. 실제 거래에서 사용되고 있는 매매계약서에도 "본 계약을 매도자가 위약했을 때에는 계약금의 배액을 매수인에게 배상하고 매수자가 위약했을 때에는 계약금은 무효가 되고 반환청구를 할 수 없다"라는 계약조항이 기재되어 있는 경우가 많다.

위와 같이 매매계약 당사자가 계약금으로 수수한 금액에 관하여 매수인이 위약하면 이를 무효로 하고 매도인이 위약하면 그 배액을 상환하기로 하는 뜻의 약정을 한 경우에 그 위약금의 약정은 민법 제398조 제4항에 정한 '손해배상의 예정'으로 추정된다. 따라서 이와 같은 약정이 있는 경우에는 채무자에게 채무불이행이 있으면 채권자는 실제 손해액을 증명할 필요도 없이 그 예정액을 청구할 수 있는 반면, 실제 손해액이 예정액을 초과하더라도 그 초과액을 청구할 수 없게 된다. 이렇게 함으로써 손해액에 대한 입증곤란을 배제하고 분쟁을 사전에 방지하여 법률관계를 간이하게 해결하는 것 외에 채무자에게 심리적으로 경고를 줌으로써 채무이행을 확보할 수 있게 된다.

**사 례 4-3** **계약의 해제**

甲은 현재 그린벨트에 묶여 있는 토지를 매각하였다. 그런데 그 토지는 곧 그린벨트에서 해제된다고 하는 소문을 듣게 되어 甲은 계약을 체결한 것을 후회하고 있다. 甲은 계약금을 반환하고서라도 계약을 파기하고 싶은데 언제까지 가능한가?

**해설** 당사자일방이 이행에 착수하기 전까지 계약금의 두 배를 돌려주고 계약을 해제할 수 있으나, 이미 계약이행에 착수한 다음에는 계약을 해제할 수 없다. 민법 제565조에서 해제권 행사의 시기를 상대가 이행에 착수할 때까지로 제한한 것은 상대가 이미 이행에 착수한 경우 그 당사자는 그에 필요한 비용을 지출하였을 것이고, 또 그 당사자는 계약이 이행될 것으로 기대하고 있는데 만일 이러한 단계에서 상대방으로부터 계약이 해제된다면 예측하지 못한 손해를 입게 될 우려가 있으므로 이를 방지하고자 하는 취지이다. 따라서 당사자 일방이 이행에 착수하지 않은 경우라면 계약을 해제할 수 있으나 이행에 착수한 경우라면 설령 이행에 착수한 당사자 자신이 계약의 해제를 원한다 하여도 계약금 반환에 의한 해제는 할 수 없다. 여기서 '이행에 착수할 때까지'라고 하는 것은, 이행의 준비만으로는 부족하고, 중도금이나 잔금의 일부를 제공하는 것과 같은 이행행위 자체에 착수하는 것을 의미한다. 따라서 甲이 계약만 체결하였을 뿐 아직 중도금을 지급하지 않았다면 계약금을 포기하고 매매계약을 해제할 수 있다.

**해제와 취소**

해제와 같이 계약 등을 무효화할 때, 그 소급의 효과가 인정되는 것으로 '취소'가 있으나, 취소는 계약이 미성년자 등과 같은 무능력자에 의하여 체결되었다든가 사기 또는 착오가 있었다든가 하는 등으로 계약의 '성립'과정에서 장애가 있는 경우에 이를 이유로 계약의 효력을 소급하여 없애버리는 것임에 반하여, 해제는 일단 유효하게 성립한 계약이 '이행'되어 가는 과정에서 일방 당사자가 그 채무를 이행하지 아니함으로 인하여 상대방이 계약의 효력을 소급적으로 해소시켜 버리는 것이므로 양자는 구별할 필요가 있다.

## 제2절 부동산등기제도

부동산 매매계약이 체결되면 매도인은 매수인에게 부동산의 소유권을 이전하여 주어야 할 채무를 부담하며 그 채무의 이행을 위하여는 매수인 앞으로 소유권 등기가 넘어가야 한다.

우리 민법은 부동산물권변동에 관하여 이른바 "성립요건주의"를 채택하고 있으므로(제186조), 아무리 매매계약을 체결하고 매매대금을 전부 지급했다 하더라도 등기를 넘겨오지 않는 이상 완전한 소유권자가 될 수 없다. 물론 상속, 공용징수(예컨대 토지수용), 판결, 경매 기타 법률의 규정에 의한 부동산에 관한 물권의 취득은 등기를 요하지 아니하나, 이 경우에도 등기를 하지 아니하면 이를 처분하지 못한다(제187조).

부동산의 권리관계를 모든 사람에게 알려주기 위한 방법으로 국가에서 등기부라고 하는 공적인 장부를 만들어 놓고 등기공무원으로 하여금 부동산의 표시와 권리관계에 관한 일정한 사항을 기재하도록 하는 것이 부동산 등기제도이다. 부동산 등기부는 토지등기부와 건물등기부 두 종류가 있으며, 부동산 등기에는, 소유권보존등기 · 소유권이전등기 · 저당권설정등기 및 경정등기 · 말소등기 · 회복등기 등이 있다. 등기부는 누구나 소정의 수수료를 납부하고 그 등본을 교부받거나 열람할 수 있고 또한 이해관계 있는 부분에 한하여 등기신청서류를 열람할 수 있다(뒤에 예시한 등기부등본의 예 참조).

등기부는 부동산에 관한 권리관계와 객체인 부동산에 관한 상황을 기재하는 공적장부를 말하는데, 이에는 토지등기부와 건물등기부가 있다.

그리고 특별법에 의하여 건물과 토지 이외의 부동산으로 다루어지는 것을 등기하기 위한 입목등기부, 공장재단등기부, 광업재단등기부가 있다. 그리고 선박, 자동차, 항공기, 건설기계에 관해서는 동산이지만, 선박등기부, 자동차등록부, 항공기등록원부, 건설기계등록원부가 비치되어 있다.

우리 부동산등기법은 1부동산 1등기용지의 원칙을 취하고 있으나 구분건물에 관하여는 예외를 인정하고 있다.

그리고 1등기용지는 한 장의 종이를 의미하는 것이 아니라, 등기번호란, 표제부, 갑구, 을구의 4부분으로 되어 있는 1조의 종이를 의미한다. 1등기용지는 세 장으로 구성되어 있는데, 등기번호란과 표제부가 함께 1장으로 구성되어 있고, 갑구, 을구가 각각 1장으로 이루어져 있다.

등기번호란에는 각 토지 및 건물대지의 지번을 기재한다. 표제부는 표시번호란과 표시란으로 구성되어 있는데 표시번호란에는 표시란에 등기한 순서를 기재하고, 표시란에는 부동산의 현황(지번, 지목, 지적, 건물의 종류, 구조, 건평 등)과 그 변경에 관한 사항을 기재한다. 갑구는 순위번호란과 사항란으로 나누어지고, 갑구 사항란에는 소유권에 관한 사항을 기재하고 갑구 표시란에는 갑구사항란의 등기사항을 기재한 순서를 적는다. 을구도 순위번호란과 사항란으로 나누어지고, 을구 사항란에는 소유권이외의 권리에 관한 사항을 기재하고 을구 순위번호란에는 을구 사항란에 기재한 순서를 적는다.

**사 례 4-4** **부동산의 등기**

甲과 乙은 주택매매계약을 체결하였다. 매수인 乙은 매매대금을 다 지급했는데 매도인 甲이 집은 넘겨주고서 등기 이전을 차일피일 미루고 있다. 만약 乙이 등기를 이전받지 않으면 어떤 불이익이 있는가?

**해설** 우리나라는 부동산 물권 변동에 있어서 성립요건주의를 취하고 있다. 따라서 법률행위로 인한 부동산 물권의 득실변경은 등기하여야 효력이 생기며, 취득한 부동산 물권은 등기를 하지 않으면 처분하지 못한다(제186조). 따라서 토지나 건물을 매수한 후 부동산을 인도받은 경우라도 등기를 이전받지 않았다면 乙은 소유권을 취득하지 못한다. 대수인은 등기청구권을 가지게 되는데 이는 매매계약에 기한 채권적 청구권이므로 10년의 소멸시효에 걸리게 된다. 그러나 판례는 부동산을 인도 받은 경우에는 소멸시효가 중단되어 매수인은 언제든지 등기 이전을 청구할 수 있다고 한다(대판 1976. 11. 6, 76다148). 그렇지만 건물을 매수하고 대금지급을 하면서 바로 등기를 이전받는 것이 바람직하다.

# 등기부 등본 (말소사항 포함) - 토지

부산광역시 동래구 수안동 101-19 고유번호 1234-5678-009999

**【표 제 부】** (토지의 표시)

| 표시번호 | 접 수 | 소 재 지 번 | 지 목 | 면 적 | 등 기 원 인 및 기 타 사 항 |
|---|---|---|---|---|---|
| 1<br>(전 1) | 1977년 10월 20일 | 부산광역시 동래구 수안동<br>101-19 | 잡종지 | 450.8㎡ | 부동산등기법 제177조의6 제1항의 규정에 의하여<br>2001년 01월 03일 전산이기 |

**【갑 구】** (소유권에 관한 사항)

| 순위번호 | 등 기 목 적 | 접 수 | 등 기 원 인 | 권 리 자 및 기 타 사 항 |
|---|---|---|---|---|
| 1<br>(전 1) | 소유권 이전 | 1986년 6월 11일<br>제48769호 | 1986년 6월 5일 매매 | 소유자 황영기<br>부산광역시 서구 대신동 90 |
| 2<br>(전 4) | 가압류 | 1997년 2월 14일<br>제39747호 | 1997년 2월 10일<br>수원지방법원 가압류 결정<br>(97카단83749) | 청구금액 금30,000,000원<br>권리자 주식회사 장군명군<br>수원시 권선구 고등동 11-8<br>부동산등기법 제177조의6 제1항의 규정에 의하여 1번 내지 2번 등기를 2001년 01월 03일 전산이기 |

- 이 하 여 백 -

**【을 구】** (소유권 이외의 권리에 관한 사항)

| 순위번호 | 등 기 목 적 | 접 수 | 등 기 원 인 | 권 리 자 및 기 타 사 항 |
|---|---|---|---|---|
| 1<br>(전 5) | 근저당권 설정 | 2001년 8월 20일<br>제87690호 | 2001년 8월 19일 설정계약 | 채권최고액 금일억원정<br>채무자 황영기<br>부산광역시 서구 대신동 90<br>채권자 정무상<br>서울특별시 종로구 정동 23-9 |

- 이 하 여 백 -

수수료 금 1,000원 영수함 관할등기소 부산지방법원 동래등기소

이 등본은 부동산 등기부의 내용과 틀림없음을 증명합니다.

서기 2005년 10월 15일

부산지방법원 등기과 등 기 관 박장수 (인)

*실선으로 그어진 부분은 말소사항을 표시함. *등기부에 기록된 사항이 없는 갑구 또는 을구는 생략함

발행번호 2165493121DFS54621546434678OWI93654KJ964132346875354686621 1/1 발행일 2005/10/15

제 3 장
# 부동산의 임대차

## 제 1 절 주택임대차

### 1. 의의 및 적용범위

주택임대차보호법은 주거용 건물의 임대차에 관하여 민법의 특례를 규정하여 소액 임차인을 보호하기 위한 법으로서, 제2조에 의하면 "주거용 건물의 전부 또는 일부에 관하여 적용하고, 그 임차주택의 일부가 주거외의 목적으로 사용되는 경우에도 적용된다"고 하여 그 적용범위를 명시하고 있다. 동조와 관련하여 판례는 "임차주택의 일부가 주거외의 목적으로 사용되는 경우에도 주택임대차보호법 제2조의 규정에 의하여 그 법률의 적용을 받는 주거용 건물에 포함되나, 주거생활의 안정을 보장하기 위한 입법의 목적에 비추어 거꾸로 비주거용 건물에 주거의 목적으로 일부를 사용하는 경우에는 제2조가 말하는 일부라는 범위를 벗어나 이를 주거용 건물이라 할 수 없고, 이러한 건물은 이 법의 보호대상에서 제외된다"고 판시(대판 1987. 4. 28, 86다카2407)하고 있다. 여기서 주거용 건물인지 비주거용 건물인지의 여부는 일반적으로 사실상의 용도를 기준으로 하고 있고, 사회통념상 건물로 인정하기에 충분한 요건을 구비하고 있으면 공부상의 용도란에 주거용으로 기재되어 있지 않아도 동법의 적용을 받는다고 한다.

주거용 건물인지 일반상가용 건물인지의 판단기준시기는 임대차계약 체결시로 한다. 예를 들면 임대차계약 체결시 점포가 딸린 주거용 건물이었으나, 6개월 후에 상가건물로 변경된 경우에도 이 법이 적용된다.

다만 일시사용을 위해 피서지에서 민박시설을 임대차한 경우와 같이 일시사용을 위한 임대차에는 이 법이 적용되지 않는다.

**사 례 4-5** **가게가 딸린 주택도 동법의 적용대상인가**

甲은 보증금 3,000만원에 조그만 가게가 딸린 주택을 임차하여 살림을 하면서 구멍가게를 운영하고 있는데, 주인인 乙의 부득이한 사정으로 이 건물이 경매로 넘어가게 되었다. 이 경우 甲의 보증금은 주택임대차보호법에 의하여 보호받을 수 있는가?

**해설** 상가 임대차의 주된 목적이 아니라 주거용 임대차가 주된 목적이고 그 중 일부를 구멍가게로 할애하는 경우라면 주택임대차보호법의 적용을 받게 된다. 위 사례의 경우 조그만 가게가 딸린 주택이라고 표현하고 있으므로 주거용 주택이 주된 목적으로 보인다. 따라서 甲의 보증금은 동법의 적용을 받게 된다.

## 2. 대 항 력

### (1) 대항력의 의의

주택임차권의 대항력이란 주택의 용익권자로서 임차인이 임차권에 등기를 하지 않은 경우라도 타인의 주택을 사용·수익하며, 보증금에 대한 권리관계를 임대인뿐만 아니라, 타인에 대하여도 주장할 수 있는 힘을 말한다.

주택임대차는 임차인이 주택의 인도를 받고 주민등록의 전입신고를 마친 경우에는 그 다음날부터 제3자에게 효력이 생긴다. 제3자에 대하여 효력이 생긴다는 것은 임대인 이외에 임차주택의 양수인이나 임대권을 승계한 자에게 임대주택의 점유 및 사용수익금을 주장할 수 있다는 의미이다. 이것은 결국 임대차기간 중 임대주택의 소유자가 변경되는 경우에도 임대인의 지위가 신소유자에게 포괄적으로 승계됨으로써 임차인은 계약기간 동안 그 집에서 살 수 있다는 것이다.

여기서 제3자란 매매, 증여, 교환 등 법률행위에 의하여 임대주택의 소유권을 취득한 자는 물론, 경매나 국제징수법에 의한 공매처분 등 법률의 규정에 의하여 소유권을 취득한 자를 포함한다. 그러나 임차인이 입주와 전입신고를 하기 전에 이루어진 저당권등기, 가압류 또는 압류 등에 따른 경매나 가등기에 의한 본등기에 의하여 소유권을 취득한 경우에는 임차인은 새로운 소유권자에 대하여 대항할 수 없다.

### (2) 대항력의 취득요건

#### (가) 주택의 인도

주택의 인도는 주택에 입주하는 것을 의미하며, 현실인도, 간이인도, 반환청구권의 양도에 의한 인도 등을 모두 포함한다. 현실인도란 임차인이 짐을 가지고 임차주택에 입주하는 것 또는 다세대주택이나 아파트인 경우에는 임대인으로부터 열쇠를 건네받아 점유를 이전하는 것을 말한다. 간이인도란 소유자가 사용하던 주택을 다른 사람에게 팔면서 원소유자가 그 매수인으로부터 다시 임차하는 경우에 당사자의 의사표시에 의해서만 이루어지는 인도를 말한다(원래 주택의 소유자가 그 주택을 팔고 나서도 계속 그 주택을 구입한 사람으로부터 빌려 계속 사는 경우). 그리고 반환청구권의 양도에 의한 인도란 이미 임차권을 가지고 있는 임차인으로부터 제3자가 임차권을 양수한 경우, 즉 전차(轉借)주택의 임차권을 양수한 경우에 이루어지는 인도를 말한다.

#### (나) 주민등록

주택의 인도와 함께 대항력의 요건으로 규정하고 있는 주민등록은 거래의 안전을 위하여 임차권의 존재를 제3자가 명백히 인식할 수 있는 공시방법으로 마련된 것이다. 따라서 전입신고를 할 때에 단독주택 형태인 다가구주택의 경우에는 번지만 기재해도 대항력을 취득하나, 아파트 연립주택 다세대주택을 공동주택의 경우에는 세입자는 번지 다음에 건축물관리대장에 따른 공동주택명칭과 정확한 동 호수를 기재해야만 대항력을 인정받을 수 있다.

다가구 주택과 다세대 주택을 가장 쉽게 구별하는 방법은 등기부를 확인하는 것으로 건물 전체가 하나로 등기되어 있으면 다가구주택, 각 가구마다 따로 등기가 되어 있으면 다세대주택이다.

### (3) 대항력의 발생

대항력은 주택의 인도와 주민등록의 전입신고를 마친 다음날(익일)부터 발생한다. 통상적으로는 주택을 먼저 인도받고 난 후 주민등록의 전입신고를 하지만, 주민등록을 먼저 마친 경우에는 후에 주택의 인도를 받았을 때 대항력이 발생한다.

주택임대차보호법 제3조 제1항에서 주택임차인에게 주택의 인도와 주민등록을 요건으로 명시하여 등기된 물권에 버금가는 강력한 대항력을 부여하고 있는 취지에 비추어 볼 때, 달리 공시방법이 없는 주택임대차에 있어서 주택의 인도 및 주민등록이라는 대항요건은 그 대항력 취득시에만 구비하면 족한 것이 아니고, 그 대항력을 유지하기 위하여서도 계속 존속하고 있어야 한다. 따라서 주택의 임차인이 그 주택의 소재지로 전입신고를 마치고 그 주택에 입주함으로써 일단 임차권의 대항력을 취득한 후 어떤 이유에서든지 그 가족과 함께 일시적이나마 다른 곳으로 주민등록을 이전하였다면 이는 전체적으로나 종국적으로 주민등록의 이탈이라고 볼 수 있으므로 그 대항력은 그 전출 당시 이미 대항요건의 상실로 소멸되는 것이고, 그 후 그 임차인이 얼마 있지 않아 다시 원래의 주소지로 주민등록을 재전입하였다 하더라도 이로써 소멸되었던 대항력이 당초에 소급하여 대항력이 재차 발생하는 것은 아니다.

**사 례 4-6** **일시적으로 퇴거한 후 재전입신고를 했다면 대항력은 존속하는가**

甲은 부산에 있는 乙의 아파트에 보증금을 주고 2년간 임대차계약을 체결했다. 그런데 때마침 6개월간 서울에 파견근무를 하게 되었는데, 짧은 기간이어서 부산의 임대차는 해지하지 않고 그대로 둔 채, 서울의 동생 집에서 생활하기로 했다. 회사 사정으로 부산에서 지내고 있는 아내를 포함한 전 가족이 서울로 퇴거를 했다. 그 후 파견근무를 마친 甲은 부산의 집으로 전입신고를 했다. 이 경우 甲의 대항력은 어떻게 되는가? 만일 아내를 비롯한 가족의 주민등록은 남기고 본인의 주민등록만 서울의 주택으로 이전한 경우는 어떠한가?

**해설** 위 사례의 경우 주택의 인도 및 주민등록이라는 대항요건은 대항력 취득시에만 구비하면 족한 것이 아니고, 그 대항력을 유지하기 위해서도 계속 존속하고 있어야 한다고 해석함이 상당하므로 일시라도 주민등록을 이전한 이상 대항력은 소멸되고, 후에 재전입신고하면 재전입신고한 때로부터 대항력을 취득하는 것이 된다. 따라서 甲의 대항력은 재전입신고한 때로부터 다시 취득하게 된다.

한편 주민등록이라는 대항요건은 임차인 본인뿐 아니라 그 배우자나 자녀 등 가족의 주민등록도 포함된다. 따라서 임차한 주택에 실제로 입주를 하였고, 가족의 주민등록은 그대로 남겨두었다면 위의 경우와는 달리 甲의 대항력은 지속된다.

## 3. 임대차기간 및 묵시적 갱신

### (1) 임대차기간의 2년 보장 및 임대인의 선택권

주택임대차의 기간은 원칙적으로 당사자간의 합의에 의하여 자유롭게 정할 수 있다. 그러나 기간의 정함이 없거나 기간을 2년 미만으로 정한 임대차는 그 기간을 2년으로 보며 임대차가 종료한 경우에도 임차인이 보증금을 반환받을 때까지는 임대차관계가 존속하는 것으로 본다. 따라서 임차인의 의사에 반하여 2년 미만으로 임대차기간을 정했을 경우에도 임대차기간은 2년으로 연장된다. 그러나 임대차기간을 2년 미만으로 약정한 경우에 임대인은 2년 미만의 약정기간을 주장할 수 없지만 임차인을 이를 주장할 수 있도록 하여 임차인의 주거안정과 임대차기간에 관한 선택권을 함께 보장하였다. 따라서 입주시에 임대차기간을 1년 6개월로 정했다면 임차인은 1년 6개월만 살고 이사갈 수도 있고, 2년까지 살 수도 있게 되었다.

**사 례 4-7** **집주인이 계약기간 2년을 주장하는데**

甲은 전셋집을 구하기 힘든 나머지 오래된 주택에 시세보다 많은 보증금을 지불하고 1년계약으로 乙과 임대차계약을 체결했다. 1년이 지나서 甲은 집주인에게 계약기간이 끝났으니 보증금을 돌려달라고 했더니, 젊은 사람이 주택임대차보호법도 모르냐면서 오히려 핀잔을 주었다. 甲은 이사할 수 없는가?

**해설** 제4조 제1항의 "기간의 정함이 없거나 기간을 2년 미만으로 정한 임대차는 그 기간을 2년으로 본다"는 규정의 취지는 임대인이 1년 단위로 계약하고 재계약시 또다시 보증금을 올리던 관행에 대해 임차인을 보호함에 있었다.

그런데 최근 경제사정과 관련하여 임대차기간을 2년으로 보는 것이 오히려 임차인에게 불리한 경우가 발생하여 1999년 주택임대차보호법의 개정으로 단서를 신설하여 임차인은 2년 미만으로 정한 경우 그 유효함을 주장할 수 있다고 명문화했다. 따라서 위 사례의 경우 甲은 乙을 상대로 보증금을 돌려달라고 주장할 수 있고, 임의로 주지 않으면 조정이나 소송을 통하여 반환청구하면 된다.

### (2) 묵시적 갱신

임대인이 임대차 기간만료 전 6월부터 1월까지 임차인에 대하여 갱신거절의 통지 또는 조건을 변경하지 아니하면 갱신하지 아니한다는 뜻의 통지를 하지 아니한 경우에는 그 기간이 만료된 때에 전임대차와 동일한 조건으로 다시 임대차한 것으로 보며, 임차인이 임대차기간 만료 전 1월까지 임대인에 대하여 통지를 하지 아니한 경우에도 그 기간이 만료된 때에 전임대차와 동일한 조건으로 다시 임대차한 것으로 본다. 이 경우에 임대차의 존속기간은 그 정함이 없는 것으로 본다.

그런데 1998년의 개정으로, 묵시적으로 갱신된 임대차계약의 경우에 임차인은 언제든지 해지통지를 할 수 있게 하고, 임대인이 그 통지를 받은 날로부터 3개월이 경과하면 해지의 효력이 발생되는 것으로 하였다.

**사 례 4-8** **기간이 만료되었는데 아무런 통지가 없다면**

甲은 2년 계약으로 乙의 원룸아파트를 임대하여 생활하고 있었다. 그런데 乙은 계약기간이 만료했음에도 불구하고 아무런 얘기를 하지 않고 있다. 기간이 만료되었으니 보증금을 반환하든지 계약을 연장한다든지 하는 통지가 없는데, 이러한 경우에는 어떻게 되는가?

**해설** 위 사례의 경우 임대인이나 임차인 모두 기간 만료 전 1개월 이내에 계약갱신의 통지 또는 조건 변경의 통지를 하지 않아서 제6조의 법정갱신에 해당된다. 따라서 기존의 임대차와 동일한 조건으로 다시 임대차한 것이 된다. 다만 임대차 기간은 약정이 없는 것으로 되어, 임차인인 甲은 언제든지 계약해지의 통지를 할 수 있으나, 임대인인 乙이 이 해지통지를 받은 날로부터 3월이 지나면 효력이 발생한다. 그런데 판례는 임대차기간에 대해서도 2년으로 된다고 하고 있다(대판 1992. 1. 17, 91다25017; 동 1996. 4. 26, 96다5551).

**사 례 4-9** **기간만료 전에 이사를 하려고 하는데, 방이 안 나가면**

甲은 달동네에 있는 乙의 주택에 보증금을 지급하고 전세계약을 체결했다. 그런데 혼자였던 甲은 결혼을 하게 되어 계약기간 만료 전에 방을 빼고 싶은데, 乙은 계약기간이 5개월이 남았으므로 보증금을 돌려줄 수 없다고 하는데 어떻게 해야 하는가?

**해설** 임대인에게는 계약기간 동안 기한이익 즉 기한이 도래하지 않음으로써 그 동안 당사자가 받는 이익이 있다. 따라서 원칙적으로 임대차기간이 만료하기 전에는 임대인은 보증금 반환의무가 없다. 그러므로 임대인이 스스로 보증금 반환을 하지 않는다면 법적으로 이를 지급청구할 수는 없다. 마찬가지로 월세의 지불을 조건으로 임대차한 경우라면 특약이 없는 경우라면 임차인이 남은 계약기간 동안도 월세를 지급해야 한다.

위 사례의 경우 특약이 없는 한, 乙은 甲에게 남은 계약기간이 종료할 때까지는 보증금을 반환할 의무는 없다. 이러한 경우 甲은 乙의 동의를 얻어 다시 전세를 놓아 보증금을 받아 갈 수는 있다.

### (3) 차임연체에 대한 임대차계약의 해지

임대차기간을 2년으로 정하였다고 하여도 임차인이 2기의 차임을 연체하거나 기타 임차인으로서 의무를 현저히 위반한 경우에는 임대차기간에 대하여 보호받지 못한다.

## 4. 임차보증금의 증·감액

약정한 차임 또는 보증금이 임차주택에 관한 조세·공과금 기타 부담의 증액이나 경제사정의 변경으로 인하여 상당하지 아니하게 된 때에는 당사자는 장래에 대하여 그 증액을 청구할 수 있다. 그러나 증액의 경우에는 대통령령이 정하는 기준에 따른 비율을 초과하지 못한다(제7조).

임대차에 있어서 임대차기간이 만료되기 전이라도 1년이 지난 후라면 임차인이나 임대인은 공과금의 인상 등 경제사정의 변동을 이유로 보증금의 증·감액을 청구할 수 있다. 따라서 보증금의 증액 등 경제사정의 변동을 이유로 임대인이나 임차인 모두가 기간 만료 전에 요구하는 것이고, 이에 합의가 안 되면 법원에 조정을 신청할 수 있다.

다만 보증금의 증액청구는 약정한 차임들의 20분의 1(5%)을 초과할 수 없다. 이러한 증액청구는 임대차계약 또는 약정한 차임의 증액이 있은 후 1년 이내에는 이를 하지 못한다(시행령 제2조).

**사 례 4-10** **임차보증금의 증액**

甲은 보증금 3,500만원에 2년 계약으로 乙의 아파트를 임대차하여 거주하고 있다. 그런데 최근 건설회사의 잇따른 부도의 여파로 주택의 신축이 많지 않아 전세금이 매매가에 육박하고 있는 실정이다. 이런 현실을 감안하여 乙은 1년이 지나자 보증금을 5,000만원으로 올려달라고 한다. 2년간 계약했으면 계약기간 내에는 증액을 요구할 수 없다고 생각하는데, 올려 줘야 된다면 얼마를 올려줘야 하는가?

**해설** 위 사례의 경우 1년이 지난 후에는 乙은 甲에게 조세, 공과금, 기타 경제사정의 변동을 이유로 보증금의 증액을 청구할 수 있다. 다만 乙은 보증금(3,500만원)의 1/20의 범위(175만원) 내에서만 가능하고 甲은 초과된 범위에 대해서는 거절할 수 있다.

## 5. 보증금의 회수

주택임대차보호법은 임차인의 순위에 의한 우선변제권과 보증금 중 일정액의 최우선변제권을 인정함으로써 직접적으로 보증금 회수를 보장하고 있다고 볼 수 있다.

### (1) 우선변제권

#### (가) 우선변제권의 의의

주택임대차보호법상 임차인이 주택의 인도와 주민등록의 대항요건과 임대차계약증서상의 확정일자를 갖춘 경우에 민사집행법에 의한 경매 또는 국세징수법에 의한 공매시 임차주택의 환가대금에서 후순위권리자 기타 채권자보다 우선하여 보증금을 변제받을 권리를 가지는데, 이를 임차인의 순위에 의한 우선변제권이라고 한다. 후순위권리자 기타 채권자보다 우선하여 보증금을 변제받을 권리가 있을 뿐이므로 임차인이 인도, 주민등록 및 계약서상의 확정일자를 갖추기 전에 설정된 담보물권보다는 우선하지 못한다.

#### (나) 대항요건과 확정일자

주택임대차보호법상 대항요건이란 앞에서 설명한 바와 같이 주택의 인도와 주민등록을 마친 것을 말한다. 그리고 임대차계약증서상의 확정일자란 공증인, 법원 또는 행정관청이 그 날짜 현재에 임대차계약서가 존재하고 있다는 것을 증명하기 위하여 확정일자부의 번호를 써넣거나 일자인을 찍는 것을 말하며, 임차인은 주민등록등본과 임대차계약서를 가지고 가까운 법원 또는 공증인사무실에 가서 확정일자를 받을 수 있다. 요즈음에는 동사무소에서도 전입신고와 함께 확정일자를 부여해 주고 있다.

확정일자어 의한 우선변제권의 취득은 대항요건을 전제로 한다. 즉 입주와 주민등록을 마친 후에 확정일자를 받으면 확정일자를 받은 날로부터 효력을 갖고, 확정일자를 입주와 주민등록한 날과 같은 날이나 그 전에 했다면 입주와 주민등록 전입신고 다음 날부터 효력을 갖게 된다. 확정일자에 의한 우선변제권은 대항요건을 전제로 하므로 우선변제권이 계속 유지되려면 대항요건도 낙찰기일까지 유지해야 한다. 이는 소액 보증금에 의한 최우선변제권이나 확정일자에 의한 우선변제권 모두에 적용된다(대판 1997. 10. 10, 95다44597). 만일 임대차기간 중에 주민등록을 다른 곳으로 퇴거했다가 다시 전입신고를 하면 우선변제권은 새로 전입신고한 날을 기준으로 인정된다.

**사례 4-11** **대항요건과 확정일자를 구비한 후에 저당권이 설정되고, 그 이후 보증금을 증액했는데 경매처분된다면**

甲은 시가 1억원인 乙의 아파트에 보증금 5,000만원에 임차하여 입주하면서 전입신고 및 확정일자를 받아 두었다. 그 후 5월이 지나서 甲은 무심코 등기부등본을 확인해 본 결과 이 아파트에 5,000만원의 저당권이 설정되었음을 알게 되었다. 1년이 지나서 甲은 乙의 요구로 보증금을 500만원 증액해 주었다. 만일 이 아파트가 경매처분된다면 甲은 노증금 전액인 5,500만원을 돌려받을 수 있을까?

**해설** 경매시 낙찰대금에서 대항요건과 확정일자를 구비한 5,000만원에 대해서는 후순위인 저당권자보다 우선하여 배당받는다. 다만 저당권설정 후에 甲乙간의 합의로 증액한 500만원에 대해서는 그 증액이전에 설정된 저당권자나 낙찰자에게는 대항할 수 없다. 따라서 낙찰자가 5,000만원을 주고 주택을 비워달라고 요구하면 이에 응해야 한다. 만인 나머지 500만원에 대해서도 증액당시 재계약서를 작성하고 이에 확정일자를 받아둔 경우에 한해 저당권자가 배당받고 남는 것이 있다면 배당받을 수 있다. 나머지 500만원에 대해서는 甲乙간의 순수한 채권문제로서 乙에게 받아야 한다.

### (다) 우선변제권의 행사요건

임차인이 임차주택의 환가대금에서 후순위권리자 기타 채권자보다 우선하여 보증금을 변제받으려면 주택의 인도와 주민등록 및 임대차 계약서상의 확정일자를 갖추어야 하고, 임차주택을 임차주택의 양수인에게 인도해야 하며, 임차인이 당해 주택의 양수인에게 대항할 수 있는 경우에는 임대차가 종료되어야 한다.

대항요건을 가지고 대항력을 행사할 수 있는 대상은 양수인과 낙찰자이다. 여기서 양수인이라 함은 대항요건을 갖춘 후에 매매, 증여, 상속, 교환 등으로 임차주택의 소유권을 취득한 사람을 말한다. 이런 양수인은 종전 임대인의 지위를 이어받고 동시에 양도인은 기존의 임대차 관계에서 해방된다. 따라서 임차인은 더 이상 양도인에게는 보증금을 돌려 달라고 할 수 없고, 양수인에게만 임차권을 주장하여 기간까지 살고 만료 후 보증금을 돌려받을 수 있다. 그리고 경매로 임차주택을 낙찰받은 사람도 양수인의 일종이지만, 다른 양수인과는 달리 경매로 낙찰자에게 소유권이 넘어간 뒤 그에게 대항하려면 경매로 인해 임차권이 소멸되지 않아야 한다. 대항요건을 구비했더라도 그 시점이 저당권이나 가압류 등과 같은 날이거나 이보다 늦으면 경매되었을 때 임차권이 소멸하므로 더 이상 대항력을 가질 수 없어 낙찰자에게 보증금을 받지 못한 채 집을 비워줘야 한다. 이러한 경우 즉 저당권보다 후순위인 경우 대항요건을 구비하고 확정일자까지 받아 두면 경매시 낙찰자에게는 보증금을 돌려받을 수 없으나, 법원의 배당에는 참가할 수 있다.

**사 례 4-12** **대항요건을 갖춘 후 저당권이 설정되고 그 후에 확정일자를 받았다면**

甲은 乙의 주택을 임대차하여 입주와 전입신고만 한 상태에서 乙의 주택에는 저당권이 설정되었고, 이 사실을 안 후에 서둘러 확정일자를 받았다. 그 후 乙의 주택은 경매처분되었고, 배당을 선택해 배당받아보니 선순위 저당권자가 받아 간 후인지라 남은 배당금으로 자신의 보증금의 전부를 배당받을 수 없게 되었다. 이 경우에 甲은 나머지 보증금을 받지 못하고 집을 비워줘야 하는가?

**해설** 대법원판례에 의하면 주택임대차보호법의 임차인 보호라는 취지로 볼 때 낙찰자에 대한 대항력과 우선변제권은 동시에 행사할 수 있다고 한다(대판 1997. 8. 22, 96다53628). 따라서 위 사례의 경우 甲은 배당에서 선순위에 밀려 못받게 된 보증금은 낙찰자에게 받을 수 있고, 낙찰자가 보증금을 줄 때까지 집을 비워주지 않을 권리(대항력)가 있다.

### (라) 임차인의 경매신청시 우선변제권보장

종전에는 전세금 반환소송에서 승소한 임차인이 살고 있던 집에 대하여 경매신청을 하는 경우에는 먼저 집을 비워야만 하는데, 집을 비워주게 되면 우선변제권이 인정되지 않기 때문에 다른 채권자들보다 우선적으로 변제받을 수 없었다. 이러한 문제점을 해소하기 위하여 1998년의 개정으로 임차인이 임차보증금반환채권의 확정판결 기타 이에 준하는 채무명의에 기하여 경매신청을 하는 경우에는 임차인이 주택을 비우지 아니하고서도 경매를 신청할 수 있도록 하였다. 이에 따라 임차인은 우선변제권을 실질적으로 보장받게 되어 있다. 한편 임차인이 아닌 다른 채권자가 경매를 신청할 경우에는 종전과 같이 전셋집에 살면서 우선변제권을 보장받을 수 있다.

### (2) 소액보증금의 최우선변제권

#### (가) 최우선변제권의 의의 및 소액보증금의 범위

주택임대차보호법은 보증금이 일정액 이하인 영세한 임차인을 보호하기 위하여 경매신청의 등기 전에 대항요건을 갖춘 경우에는 임차인에게 보증금 중 일정액을 다른 담보물권자보다 우선하여 변제받을 수 있도록 규정하고 있다. 임차인이 주택에 대한 경매신청의 등기 전에 주택의 인도와 주민등록을 마친 경우에, 수도권(수도권정비계획법상 과밀억제권역)에서는 4,000만원 이하의 보증금으로 입주하고 있는 임차인은 1,600만원의 보증금에 대하여 다른 담보물권자보다 우선 변제받을 수 있고, 광역시(군 지역 및 과밀억제권역인 인천광역시 제외)에서는 3,500만원 이하의 보증금에 대해 1,400만원까지, 기타의 지역에서는 3,000만원 이하의 보증금에 대해 1,200만원까지 다른 담보물권자보다 우선변제를 받을 수 있다.

임차인이 다른 담보물권자보다 우선변제를 받을 수 있다는 것은 당해 임차주택소유자에 대한 일반채권자는 물론 그 주택 위에 선순위저당권 등 담보물권을 가지고 있는 자보다도 보증금 중 일정액을 우선하여 반환받을 수 있다는 것이다.

그런데 최우선변제를 받을 보증금 중 일정액이 주택가액의 2분의 1을 초과하는 경우에는 주택가액의 2분의 1범위 내에서 우선변제권이 있다. 예를 들면 서울시에서 주택가액이 6천만원인 주택을 2명의 임차인이 각각 보증금 3천만원에 세들어 살고 있는 경우에는 임차인 1인당 1,500만원까지 최우선변제를 받을 수 있다. 따라서 최우선변제권이 인정되더라도 보증금 전액에 대하여 인정되는 것이 아니므로 보증금 전액의 우선변제권을 보장받기 위하여는 대항요건 외에 임대차계약서에 확정일자인을 받아두어야 한다. 그러나 확정일자를 받았다 하더라도 선순위의 권리자가 있는 경우에는 선순위권리자의 등기와 확정일자 받은 날을 기준으로 우선순위가 정해지므로 반드시 보증금을 다 돌려받을 수 있는 것은 아니다.

**사 례 4-13** **소액보증금**

부산에 사는 甲은 乙의 아파트에 보증금 3,000만원에 임대차계약을 체결하고 주택의 인도와 주민등록을 마친 상태에서 거주하고 있다. 그런데 乙의 아파트에는 그 이전에 이미 주택은행으로부터 2,400만원의 1번 근저당이 설정되어 있었고, 또 다른 은행으로부터 5,000만원의 2번 근저당이 설정되어 있었다. 아파트 시가는 1억 정도인데 경매과정에서 7,400만원에 낙찰되었다. 甲은 보증금을 돌려받을 수 있을까?

**해설** 물권은 채권에 우선한다는 일반원칙에 의하면, 경락대금 7,400만원에서 물권자인 1번 근저당권자가 2,400만원을 우선변제 받고, 2번 저당권자가 5,000만원을 변제받게 된다. 채권자인 임차인 甲은 결국 하나도 반환받을 수 없게 된다.

그러나 소액임차인의 재산권을 보호할 사회보장적 필요에 의해 소액의 보증금에 대해서는 대항력의 구비시기를 불문하고 당해 아파트의 경락대금에서 다른 담보물권자보다도 우선하여 변제받을 수 있는 권리가 주택임대차보호법에 규정되어 있다.

위 사례의 경우 甲은 소액임차인에 해당되고, 대항요건을 구비하고 있으므로 경매절차에 따라 권리신고를 하면 이해관계인으로 취급되어 최우선적으로 1,400만원을 배당받게 된다.

(나) 최우선변제의 행사요건

임차인이 최우선변제권을 행사하려면 임차주택의 인도를 받고 주민등록의 전입신고를 마쳐야 하는데, 이러한 대항요건은 늦어도 경매신청의 등기전에 갖추어야 한다. 최우선변제권의 행사에는 일반적인 우선변제권의 경우와는 달리 임대차계약서상의 확정일자인은 요구되지 않는다. 왜냐하면 확정일자인이 없더라도 경매신청 등기시에 임차인이 임차주택에 입주하고 있고 주민등록이 되어있으면 보증금 중 일정액을, 임대차계약서에 확정일자인을 받아 놓았을 경우에는 최우선 변제액을 제외한 나머지 보증금은 순위에 따라 우선변제를 받게 된다.

임대차가 종료한 경우에도 임차인이 보증금을 반환받을 때까지는 임대차관계는 존속하는 것으로 본다. 따라서 임차인은 보증금 전액을 반환받을 때까지 주택을 점유할 수 있고 주택의 명도와 보증금의 반환은 동시이행의 관계에 있다.

**사례 4-14** **대항요건만 갖춘 경우와 확정일자까지 갖춘 경우의 차이는**

甲은 부산광역시에서 보증금 3,000만원에 乙의 주택을 임차하여 살고 있던 중 乙의 주택이 경매처분되었다. 그런데 甲은 乙의 주택에 입주하여 전입신고를 마쳤으나, 확정일자는 받지 않았다. 이 경우 甲은 보증금을 전액 반환받을 수 있는가?

**해설** 위 사례의 경우 甲은 최우선변제로 1,400만원을 돌려받을 수 있지만, 나머지 1,600만원의 문제는 간단하지 않다. 만약 확정일자를 받았다면 다른 담보물권자들과 같이 우선변제 배당에도 참가하여 확정일자와 담보권설정일의 선후를 따져서 배당을 받게 된다. 그런데 위 사례와 같이 확정일자를 받지 않았다면 배당에는 더 이상 참가할 수 없게 된다. 만일 보증금이 3,500만원을 초과하여 소액보증금에 해당하지 않는다면 甲은 주택임대차보호법의 적용을 받지 못하게 되고, 甲과 乙의 관계는 순수한 채권인 임대차이어서 다른 물권에 후순위가 되므로 경우에 따라서는 보증금전체를 돌려받지 못하는 때도 있게 된다.

## 6. 임차권등기명령제도

일반적으로 주택임대차에 있어서 임대인은 임대차기간이 만료되면 새로운 임차인과 임대차계약을 체결하고 그로부터 받은 보증금으로 계약이 완료된 임차인에게 변제하려고 하나, 후속임대차가 잘 이루어지지 않는 경우에 임차인은 대단히 어려움을 겪게 된다. 이사를 가려고 해도 임차주택을 비워 둘 수 없다. 이사를 하게 되면 주택임대차보호법의 대항요건이 탈락되어 동법의 적용을 받을 수 없기 때문이다. 이러한 점 때문에 임차인은 임대차종료에 맞추어 새집을 장만하거나 새로운 아파트에 이사하려 하여도 임대인이 보증금을 돌려 주지 않는 한 이사하지 못하는 불편을 겪어야만 했다. 이러한 문제를 해결하기 위하여 1999년 주택임대차보호법의 개정을 통하여 임차권등기명령제도를 신설하였다. 이에 따라 임대차가 종료된 후 보증금을 반환받지 못한 임차인은 임차주택의 소재지를 관할하는 지방법원 · 지방법원지원 또는 시 · 군법원에 임차권등기명령을 신청할 수 있게 되었다. 임대차등기 신청을 위해서는 확정일자인이 첨부된 임대차계약서와 주민등록등본, 임차주택에 거주하고 있다는 이웃의 확인서 등이 필요하다.

임차권등기명령의 집행에 의한 임차권등기가 경료되면 임차인은 대항력 및 우선변제권을 취득한다. 만일 임차인이 이미 대항력과 우선변제권을 취득한 자인 경우에는 종전의 대항력과 우선변제권을 유지하며, 임차권등기 이후에는 주택의 점유와 주민등록의 요건을 갖추지 아니하더라도 임차인이 종전에 가지고 있던 대항력과 우선변제권이 유지되도록 함으로써 임차권등기의 효력을 강화하고 임차인이 자유롭게 주거를 이전할 수 있도록 하였다.

임차권등기명령의 집행에 의한 임차권등기가 경료된 주택(임대차의 목적이 주택의 일부인 경우에는 해당 부분에 한함)을 그 이후에 임차한 새로운 임차인은 최우선변제를 받을 권리가 없다. 따라서 임차권등기명령에 의한 임차권등기가 되어 있는 주택의 경우에는 새로운 임차인이 주민등록(전입신고)과 주택 인도(입주)의 대항요건을 갖추었더라도 최우선변제권이 인정되지 않음을 유의하여야 한다.

임차인은 임차권등기명령의 신청 및 그 임차권등기와 관련하여 소요된 비용을 임대인에게 청구할 수 있다(제3조의3).

**사 례 4-15**　**기간 만료 후 이사하고 싶은데 집주인이 보증금을 반환하지 않으면**

甲은 乙과 계약으로 乙의 주택을 임차하여 입주와 전입신고 및 확정일자를 받아두었다. 乙의 주택에는 이미 국민은행으로부터 선순위의 근저당이 설정되어 있었고, 甲의 임대차계약 이후에 생명보험사의 근저당이 설정되었다. 甲은 임대차계약이 만료되어 이사를 갈려고 하는데, 乙이 보증금을 반환하지 않고 있고, 이사를 가서 주민등록을 옮기면 대항력을 잃게 된다고 하여 아직까지 이사를 가지 못하고 있는 실정이다. 이런 경우를 대비하기 위해 임차권등기명령제도가 있다고 하는데, 지금 등기를 하면 제1순위(국민은행), 제2순위(생명보험사), 제3순위(본인)로 되어 순위가 밀리는 것은 아닌가?

**해설** 종래 전세보증금을 반환받지 못하고 이사를 가는 경우가 종종 있었다. 그렇게 되면 대항력을 잃게 되어 불이익을 받는 경우가 생긴다. 이러한 불편을 해소하기 위한 것이 임차권등기명령제도이다. 이는 민법 제621조에서 말하는 "임차권의 등기"와는 구별된다. 만일 임차권의 등기를 하면 우선순위는 등기의 선후에 의하기 때문에 甲은 생명보험사보다 후순위가 된다. 그렇지만 주택임대차보호법에서 규정하는 임차권등기명령제도에 의해 등기를 하면 기존의 대항력과 우선변제권을 그대로 유지하게 된다. 따라서 甲은 임차권등기명령제도에 의한 등기를 하고 이사를 하면 여전히 2순위가 유지된다.

## 7. 주택임차권의 승계

(1) 임차주택의 양수인 기타 임대권을 승계한 자는 임대인의 지위를 승계한 것으로 본다. 따라서 종전의 임대인과 임차인 사이에 존재하는 임대차계약관계가 그대로 새로운 임차주택의 양수인에게 승계된다. 이러한 임대인의 지위승계는 그 요건을 구비하였을 때 법률의 규정에 의하여 당연히 승계하는 것으로 보기 때문에 임차인과 양수인 사이에 따로 약정을 할 필요가 없다.

임차주택의 양수인이란 매매 증여 교환 등 법률행위에 의하여 임차주택의 소유권을 취득한 자와 상속이나 경매 법원의 판결 등 법률의 규정에 의하여 소유권을 취득한 자를 말한다. 그리고 임대권을 승계한 자란, 예를 들면 주택임대업자로부터 주택을 임대할 권리를 양수한 자를 말한다.

임차주택의 양수인이 임대인의 지위을 승계한다는 것은 종전의 임대차계약서에서 정하여진 권리와 의무를 모두 이어받는다는 것이다. 따라서 양수인은 임차인에 대하여 임차주택의 소유권변동 후에 발생하는 차임을 청구할 수 있고, 보증금 또는 전세금반환채무를 부담하여야 한다.

그러나 임차주택의 양수인이라고 하여 모두 임대인의 지위를 계승하는 것은 아니다. 임차주택의 양수인이라고 하더라도 임차인이 입주와 전입신고를 하기 전에 이루어진 저당권등기, 가압류 또는 압류 등에 따른 경매나 가등기에 기한 본등기에 의하여 소유권을 취득한 경우에는 임차인은 그 양수인에 대하여 임차권을 주장할 수 없다.

(2) 임차인이 상속권자 없이 사망한 때에는 그 주택에서 가정공동생활을 하던 사실상의 혼인관계자가 임차인의 권리와 의무를 승계하고(제9조 1항), 임차인이 사망한 경우에 사망당시 상속권자가 함께 가족공동생활을 하지 않은 때에는 그 주택에서 가정공동생활을 하던 사실상의 혼인관계에 있는 자와 2촌 이내의 친족은 공동으로 임차인의 권리와 의무를 승계한다(제9조 2항). 임차인이 사망한 후 1개월 이내에 승계권자가 임대인에게 승계하지 않겠다는 의사표시를 하면 승계되지 않는다(제9조 3항). 따라서 아무런 의사표시를 하지 않으면 자동으로 승계되고, 승계권의 발생사실을 몰랐어도 1개월이 지나면 자동승계된다.

## 8. 임차보증금의 반환청구

소액사건심판법은 원칙적으로 2,000만원 이하의 소액사건을 신속히 처리하기 위하여 민사소송법의 특례를 규정한 법인데, 개정된 주택임대차보호법은 전세보증금의 액수에 제한 없이 모든 전세보증금 반환청구소송에 관하여 소액사건심판법의 규정을 준용하도록 함으로써 소송절차가 간편하고 신속하게 진행될 수 있도록 하였다(제13조).

**주택임대차계약시 주의할 점**

1. 주택에 관한 등기부 확인사항

이미 담보권이 설정되어 있거나 압류, 가압류, 가처분, 가등기된 집을 임차하는 경우 보증금도 받지 못하고 집을 비워 주어야 하는 일이 있을 수 있으므로 임차인으로서는 임대차계약을 체결하기 전에 반드시 그 주택의 등기부를 열람하거나 등기부등본을 발급받아 그 주택에 담보권 등이 설정되어 있는지를 확인하여야 한다. 만약 권리관계가 복잡한 주택의 경우에는 임대차계약을 하지 않는 편이 좋다.

2. 임차인이 있는지를 확인할 것

등기부상 담보권 등이 전혀 설정되어 있지 않은 경우라 하더라도 소액임차인이나 이미 확정일자를 받은 임차인이 있는지 여부를 알아보고 이들에게 보증금을 우선변제하고도 임차인의 보증금 확보가 가능한지를 확인해 보아야 한다.

3. 확정일자인은 반드시 받아둘 것

확정일자인을 받아 두어야 후순위담보권자보다 우선하여 변제받을 수 있으므로 전입신고와 동시에 임대차계약서에 확정일자인을 받아 두어야 한다.

# 제 2 절 상가건물 임대차보호법

## 1. 의의 및 적용범위

상가건물 임대차보호법은 상가건물 임대차에 관하여 민법에 대한 특례를 규정함으로써 임차인을 보호하여 국민 경제생활의 안정을 보장함을 목적으로 2001년 12월 29일 법률 제6542호로 제정되어 2002년 11월 1일부터 시행되었다.

이 법은 상가건물의 임대차에 적용된다. 다만 모든 상가건물의 임대차에 적용되는 것이 아니라 일정한 제한이 있다. 즉 동법의 적용대상이 되는 것은 보증금액이 서울특별시는 2억4천만원 이하, 수도권정비계획법에 의한 수도권 중 과밀억제권역(서울특별시는 제외)은 1억9천만원 이하, 광역시(군지역과 인천광역시는 제외)는 1억5천만원 이하, 그 밖의 지역은 1억4천만원 이하인 상가건물 임대차에 한한다.

## 2. 대 항 력

상가건물 임대차는 그 등기가 없는 경우에도 임차인이 건물의 인도와 부가가치세법 제5조, 소득세법 제168조 또는 법인세법 제111조의 규정에 의한 사업자 등록을 신청한 때에는 그 다음 날로부터 제3자에 대하여 효력이 생긴다. 임대차기간 중에 상가건물의 소유권의 변경이 있더라도 새로운 소유권자는 임대인의 지위를 승계한 것으로 본다. 따라서 상가 임차인은 새로운 소유권자에 대해서도 자기의 권리를 주장할 수 있다.

**사 례 4－16** **부산시에서 임대보증금액을 1억7천만원으로 했는데 동법의 적용대상인가**

甲은 부산시 대연동에서 상가건물 1층에서 가게를 내기 위해 건물주인 乙과 보증금 1억7천만원에 임대차 계약을 체결함과 동시에 상가건물 임대차보호법상의 대항력을 구비하였다. 그런데 동 건물에는 이미 1억5천만원의 1번 저당권과 2억원의 2번 저당권이 설정되어 있었다. 가게를 개업한 후 1년도 지나기 전에 건물주의 사업실패로 이 건물이 경매로 처분되었다. 경락대금은 3억5천이었는데, 甲의 보증금은 어떻게 되는가?

**해설** 상가건물 임대차보호법은 모든 상가건물에 적용되는 것이 아니라 보증금액이 서울특별시는 2억4천만원 이하, 수도권정비계획법에 의한 수도권 중 과밀억제권역(서울특별시는 제외)은 1억9천만원 이하, 광역시(군지역과 인천광역시는 제외)는 1억5천만원 이하, 그 밖의 지역은 1억4천만원 이하인 상가건물 임대차에 한한다. 따라서 사례의 경우 甲은 상가건물 임대차보호법을 적용받을 수 없으므로 동법상의 우선변제나 최우선변제는 받을 수 없고 단순한 임대차 즉 채권관계로 남을 뿐이다.

## 3. 임대차기간과 계약갱신요구권

### (1) 임대차기간

기간의 정함이 없거나 기간을 1년 미만으로 정한 임대차는 그 기간을 1년으로 본다. 다만 임차인은 1년 미만으로 정한 기간이 유효함을 주장할 수 있다. 한편 임대차가 종료한 경우에도 임차인이 보증금을 반환받을 때까지는 임대차관계는 존속하는 것으로 본다.

### (2) 계약갱신요구권

임대차기간과 관련하여 1년이라는 기간은 임차인이 상가건물에 영업활동 등을 위하여 자본을 투자한 경우에 이의 회수를 위해서는 너무나 짧은 기간이다. 따라서 동법은 임차인에게 계약갱신요구권을 두어 임대차기간 만료 전 6월부터 1월까지 사이에 행하는 계약갱신요구에 대하여 정당한 이유 없이 이를 거절할 수 없게 하고 있다. 다만 이 갱신요구권은 최초의 임대차기간을 포함하여 전체 임대차기간이 5년을 초과하지 않는 범위 내에서만 행사할 수 있다. 갱신되는 임대차는 전 임대차와 동일한 조건으로 다시 계약된 것으로 본다. 다만 차임과 보증금은 차임 등의 증감청구권(동법 제11조) 행사의 범위 내에서 증감할 수 있다.

임대인이 임차인의 갱신요구권을 정당하게 거절할 수 있는 사유로는 ① 임차인이 3기의 차임액에 달하도록 차임을 연체한 사실이 있는 경우, ② 임차인이 거짓 그 밖의 부정한 방법으로 임차한 경우, ③ 쌍방 합의하에 임대인이 임차인에게 상당한 보상을 제공한 경우, ④ 임차인이 임대인의 동의 없이 목적 건물의 전부 또는 일부를 전대한 경우, ⑤ 임차인이 임차한 건물의 전부 또는 일부를 고의 또는 중대한 과실로 파손한 경우, ⑥ 임차한 건물의 전부 또는 일부가 멸실되어 임대차의 목적을 달성하지 못할 경우, ⑦ 임대인이 목적 건물의 전부 또는 대부분을 철거하거나 재건축하기 위해 목적 건물의 점유회복이 필요한 경우, ⑧ 그 밖의 임차인이 임차인으로서 의무를 현저히 위반하거나 임대차를 존속하기 어려운 중대한 사유가 있는 경우 등이다.

### (3) 묵시적 갱신

임대인이 임대차기간 만료 전 6월부터 1월까지 사이에 임차인에 대하여 갱신거절의 통지 또는 조건의 변경에 대한 통지를 하지 아니한 경우에는 그 기간이 만료된 때에 전임대차와 동일한 조건으로 다시 임대차한 것으로 본다. 이 경우 임대차의 존속기간은 정함이 없는 것으로 본다. 이 경우 임차인은 언제든지 임대인에 대하여 계약해지의 통고를 할 수 있고, 임대인이 그 통고를 받은 날로부터 3월이 경과하면 그 효력이 발생한다.

## 4. 차임 등의 증감청구권 및 보증금의 월차임 전환

### (1) 차임 등의 증감청구권

차임 또는 보증금이 임차건물에 관한 조세, 공과금 그 밖의 부담의 증감이나 경제사정의 변동으로 인하여 상당하지 아니하게 된 때에는 당사자는 장래에 향하여 그 증감을 청구할 수 있다. 그러나 증액의 경우에는 대통령이 정하는 기준에 따른 비율을 초과하지 못한다. 즉 증액청구 당시의 차임 또는 보증금의 100분의 12의 금액을 초과하지 못한다. 한편 증액청구는 임대차계약 또는 약정한 차임 등의 증액이 있은 후 1년 이내에는 하지 못한다.

### (2) 보증금의 월차임 전환

보증금의 전부 또는 일부를 월 단위의 차임으로 전환하는 경우에는 그 전환되는 금액에 은행법에 의한 금융기관에서 적용하는 대출금리 및 당해 지역의 경제여건 등을 감안하여 대통령령이 정하는 비율을 곱한 월차임의 범위를 초과할 수 없다. 현재 월차임 전환시 산정률은 1할 5푼으로 규정하고 있다.

## 5. 보증금의 회수

### (1) 우선변제권

상가의 임차인이 건물의 인도와 사업자등록 신청을 마친 후 관할 세무서

장으로부터 임대차계약서상의 확정일자를 받은 임차인은 민사집행법에 의한 경매 또는 국세징수법에 의한 공매시 임차건물(임대인소유의 대지를 포함)의 환가대금에서 후순위권리자 그 밖의 채권자보다 우선하여 보증금을 변제받을 권리가 있다.

이 경우에 우선변제의 순위와 보증금에 대하여 이의가 있는 이해관계인은 경매법원은 또는 체납처분청에 이의를 신청할 수 있고, 이의신청을 받은 체납처분청은 이해관계인이 7일 이내에 임차인을 상대로 소를 제기한 것을 증명한 때에는 당해 소송의 종결시까지 이의가 신청된 범위안에서 임차인에 대한 보증금의 변제를 유보하고 잔여금액을 배분하여야 한다. 이 때 유보된 보증금은 소송의 결과에 따라 배분한다.

### (2) 최우선변제권

건물에 대한 경매신청의 등기 전에 대항요건을 갖춘 임차인은 보증금 중 일정금액에 대하여 다른 담보물권자보다 우선하여 변제받을 권리가 있다.

우선변제를 받을 임차인 및 보증금 중 일정액의 범위와 기준은 임대건물가액(임대인소유의 대지가액을 포함)의 3분의 1의 범위 안에서 당해 지역의 경제여건, 보증금 및 차임 등을 고려하여 대통령으로 정하고 있다. 현재 우선변제를 받은 임차인의 범위는 서울특별시의 경우 4천500만원 이하의 임차인, 수도권정비계획법에 의한 수도권 중 과밀억제권역(서울특별시 제외)의 경우 3천900만원 이하의 임차인, 광역시(군지역과 인천광역시를 제외)의 경우 3천만원 이하의 임차인, 그 밖의 지역의 경우 2천500만원 이하의 임차인이다. 우선변제를 받을 보증금의 범위는 서울특별시의 경우 1천350만원, 수도권정비계획법에 의한 수도권 중 과밀억제권역(서울특별시 제외)의 경우 1천170만원, 광역시(군지역과 인천광역시를 제외)의 경우 900만원, 그 밖의 지역의 경우 7백50만원 범위 내에서 우선변제를 받을 수 있다.

**사 례 4-17** **소액보증금**

부산에 사는 甲은 乙의 상가건물에 보증금 3,000만원에 임대차계약을 체결하고 상가건물 임대차보호법상의 대항력을 구비하였다. 그런데 乙의 건물에는 그 이전에 이미 국민은행으로부터 2,400만원의 1번 근저당이 설정되어 있었고, 또 다른 은행으로부터

5,000만원의 2번 근저당이 설정되어 있었다. 건물 시가는 1억 정도인데 경매과정에서 7,400만원에 낙찰되었다. 甲은 보증금을 돌려 받을 수 있을까?

**해설** 물권은 채권에 우선한다는 일반원칙에 의하면, 경락대금 7,400만원에서 물권자인 1번 근저당권자가 2,400만원을 우선변제받고, 2번 저당권자가 5,000만원을 변제받게 된다. 채권인 임차인 甲은 결국 하나도 반환받을 수 없게 된다.

그러나 상가건물의 소액임차인의 재산권을 보호할 사회보장적 필요에 의해 소액의 보증금에 대해서는 대항력의 구비시기를 불문하고 당해 건물의 경락대금에서 다른 담보물권자보다도 우선하여 변제받을 수 있는 권리가 상가건물임대차보호법에 규정되어 있다. 의 사례의 경우 甲은 소액임차인에 해당되고, 대항요건을 구비하고 있으므로 경매절차에 따라 권리신고를 하면 이해관계인으로 취급되어 최우선적으로 900만원을 배당받게 된다. 나머지는 2,100만원에 대해서는 경락인에 대해 권리를 주장할 수 있다.

## 6. 임차권등기명령제도

임대차가 종료된 후 보증금을 반환받지 못한 임차인은 임차건물의 소재지를 관할하는 지방법원·지방법원지원 또는 시·군법원에 임차권등기명령을 신청할 수 있다. 임차권등기명령의 신청에는 ① 신청의 취지 및 이유, ② 임대차의 목적인 건물(임대차의 목적이 건물의 일부분인 경우에는 도면을 첨부), ③ 임차권등기의 원인이 된 사실(임차인이 제3조 제1항의 규정에 의한 대항력을 취득하였거나 제5조 제2항의 규정에 의한 우선변제권을 취득한 경우에는 그 사실), ④ 그밖에 대법원 규칙에서 정하는 사항을 기재해야 하며, 신청의 이유 및 임차권등기의 원인이 된 사실은 이를 소명하여야 한다.

임차권등기명령의 집행에 의한 임차권등기가 경료되면 임차인은 제3조 제1항의 규정에 의한 대항력 및 제5조 제2항의 규정에 의한 우선변제권을 취득한다. 다만 임차인이 임차권등기 이전에 대항력 또는 우선변제권을 취득한 경우에는 그 대항력 또는 우선변제권은 그대로 유지되며, 임차권등기 이후에는 제3조 제1항의 대항요건을 상실하더라도 이미 취득한 대항력 또는 우선변제권을 상실하지 아니한다. 한편 임차권등기명령의 집행에 의한 임차권등기가 경료된 건물을 그 이후에 임차한 임차인은 제14조의 규정에 의한 우선변제를 받을 권리가 없다.

# 부동산임대차계약서

□전 세
□월 세

## 부동산의 표시

| 소 재 지 | | | | |
|---|---|---|---|---|
| 토 지 | 지 목 | | 면 적 | ㎡( 평) |
| 건 물 | 구조·용도 | | 면 적 | ㎡( 평) |

위 부동산에 대하여 매도인과 매수인은 합의하여 다음과 같이 매매계약을 체결한다.
제1조 [매매대금 및 지급시기] ①매도인과 매수인은 지불시기를 다음과 같이 약정한다.

| 매매대금 | 一金 원整 ( ₩ ) | | |
|---|---|---|---|
| 계 약 금 | 一金 원整 은 계약시에 지불하고 영수함 | 영수자성명 | 인 |
| 중 도 금 | 一金 원整 은 년 월 일에 지불한다. | | |
| 잔 금 | 一金 원整 은 년 월 일에 지불한다. | | |
| 차임(월세) | 一金 원整 은 매월( 일)에 지불하기로 한다. | | |

②제1항의 보증금은 공인중개사의 입회하에 지불하기로 한다.
제2조 [존속기간] 임대인은 위 부동산을 임대차 목적대로 사용 수익할 수 있는 상태로 년 월 일 까지 임차인에게 인도하며, 임대차기간은 인도일로부터 년 월 일 까지로 한다.
제3조 [용도변경 및 전대 등] 임차인은 임대인의 동의 없이는 위 부동산의 용도나 구조 등을 변경하거나 전대, 임차권 양도 또는 담보제공을 하지 못하며 임대차 목적 이외의 용도에 사용할 수 없다.
제4조 [계약의 해지] 임차인이 2회 이상 차임의 지급을 연체하거나 제3조를 위반했을 때는 임대인은 본 계약을 해지할 수 있다.
제5조 [계약의 종료] ①임대차 계약이 종료된 경우 임차인은 위 부동산을 원상으로 회복하여 임대인에게 반환한다. ②제1항의 경우, 임대인은 보증금을 임차인에게 반환하고 연체임대료 또는 손해배상 금액이 있을 때는 이들을 제하고 그 잔액을 반환한다.
제6조 [계약의 해제] 임차인이 임대인에게 계약당시 계약금 또는 보증금 명목으로 금전이나 물건을 교부한 때에는 다른 약정이 없는 한 중도금(중도금이 없을 때는 잔금)을 지불할 때까지는 임대인은 계약금의 배액을 상환하고 임차인은 계약금을 포기하고 이 계약을 해제할 수 있다.
제7조 [채무불이행과 손해배상] ①임대인 또는 임차인에게 본 계약상의 채무불이행이 있었을 경우에는 그 상대방은 불이행을 한 자에 대하여 서면으로 이행을 최고하고 계약을 해제할 수 있다. ②제1항에 의해 계약이 해제된 경우 별도의 약정이 없는 한, 임차인이 위약한 경우에는 계약금을 몰수당하고 임대인이 위약한 경우에는 계약금의 배액을 배상하기로 약정한다.
제8조 [중개수수료] 공인중개사의 중개수수료는 다른약정이 없는 한 본 계약의 체결과 동시에 임대인과 임차인 쌍방이 각각 지불하며, 공인중개사의 고의나 과실없이 거래 당사자 사정으로 본 계약이 무효, 취소, 해제되어도 중개수수료는 지급한다.
제9조 [확인설명서 등 교부] 공인중개사는 중개대상물 확인설명서를 작성하여 년 월 일 중개의뢰인에게 공제증서사본을 첨부하여 교부한다.

**특약사항**: ______________________________

______________________________

______________________________

본 계약에 대하여 임대인과 임차인은 이의없음을 확인하고 각자 서명 또는 날인 후 임대인, 임차인, 공인중개사가 각1통씩 보관한다.

년 월 일

| | | | | | | |
|---|---|---|---|---|---|---|
| 임대인 | 주 소 | | | | | (인) |
| | 주민등록번호 | | 전 화 | | 성 명 | |
| 대리인 | 주 소 | | | | 성 명 | (인) |
| 임차인 | 주 소 | | | | | (인) |
| | 주민등록번호 | | 전 화 | | 성 명 | |
| 대리인 | 주 소 | | | | 성 명 | (인) |
| 공인중개사 | 사무소 명칭 | | | | | |
| | 사무소소재지 | | | | | |
| | 대 표 | (인) | | | | (인) |
| | 소속공인중개사 | (인) | | | | (인) |
| | 등 록 번 호 | 전 화 | | | 전 화 | |

※본 계약서는 대한공인중개사협회 공제가입 회원인 공인중개사( )의 중개와 물건 확인·설명에 의하여 정당하게 성립된 계약 내용에 대하여는 본 협회가 보증한다.

제 4 장
# 금전거래

## 제 1 절 소비대차

### 1. 소비대차의 의의

우리들은 많은 사람들과 여러 가지 거래관계를 맺으면서 생활하고 있다. 우리들의 거래관계에서 특히 금전거래가 차지하는 비중은 매우 높은 편이다. 금전거래에서 돈을 빌려주는 사람을 채권자, 돈을 빌리는 사람을 채무자라고 한다. 이와 같은 금전거래는 민법상의 계약 중에서 소비대차에 해당한다.

소비대차는 당사자의 일방이 금전 기타 대체물의 소유권을 상대방에게 이전할 것을 약정하고 상대방은 동종, 동질, 동량의 물건을 반환할 것을 약정함으로써 성립하는 계약이다. 그 중에서도 특히 소비대차의 목적물이 금전인 경우가 금전소비대차이다.

금전소비대차는 현실적으로 대부분 이자부 소비대차의 형태로 이루어진다는 것이다. 즉 금전소비대차계약을 하면서 이자에 관한 특약의 합의를 하여 금전소비대차의 대가로 이자를 지급할 것을 약정하게 된다. 그 이율은 당사자간에서 자유롭게 결정할 수 있으나 이율에 대하여 약정한 바가 없으면, 그 이율은 법정이율인 연 5%에 의하게 된다.

### 2. 책임재산의 확보

금전거래에 있어서 채권자는 금전채무의 이행을 확보할 수 있는 장치를 마련해 두지 않으면 안 된다. 채권의 실현이 적절한 수단에 의하여 확보하지 않은 상태에서 금전거래를 하다가, 채무자의 무자력으로 채권자가 채권회수를 하지 못하는 경우를 자주 보게 된다.

금전채권의 만족을 얻기 위한 궁극적인 자금은 채무자의 재산으로부터 나오고, 결국 금전채권의 이행을 보장하는 것은 채무자의 자력이다. 채무자의 재산은 채권실현의 종국적인 실질적 기초를 이루고 있기 때문에 채무자의 재산이 채권의 최종적 보루이며, 이러한 채무자의 일반재산을 '책임재산' 이라고 부른다.

원래 채권이란 채무자라고 하는 사람에 대한 청구권에 불과할 뿐, 채무자의 재산에 대한 권리는 아니기 때문에 채무자의 재산에 대하여는 채무자만이 그 주체이며, 채무자는 원칙적으로 그의 재산을 자유로이 처분할 수 있다. 그 결과 채권의 실질적 가치가 채무자의 처분에 좌우되어 채무자의 책임재산이 없거나 부족하면 채권자는 채권의 만족을 얻기 어렵다. 여기서 민법은 채무자가 책임재산의 유지를 게을리 하거나 나아가서 이것을 감소시킴으로써 채권의 실질적 가치가 저하되게 하는 때에는 책임재산을 유지·회복하기 위한 법적 수단을 채권자에게 부여하고 있다. 채권자대위권과 채권자취소권이 그것인데, 이 두 권리는 모두 책임재산을 보전하여 놓고, 이것에 강제집행을 하기 위한 준비행위를 함을 목적으로 하는 것이다.

## 제2절 담보제도

### 1. 담보제도의 의의

채권자가 채권의 만족을 확보하기 위하여는 위와 같은 채무자의 책임재산의 유지·확보로서만은 안심할 수 없다. 왜냐하면 채무자가 당초부터 무자력인 경우에는 속수무책일 뿐만 아니라, 채권자대위권이나 채권자취소권에 의하여 채무자의 책임재산을 보전하였다고 하더라도 「채권자 평등의 원칙」(병존하는 채권은 모두 평등하며 성립시기의 선후에 의한 우열의 차이가 없다는 원칙)의 적용으로 그 보전된 재산을 자기의 채권만의 만족에 돌릴 수는 없기 때문이다. 따라서 채권자로서는 위의 방법 이외의 수단을 마련해야 하고 그러한 수단들을 '담보'라고 한다.

채권담보제도에는 인적 담보와 물적 담보의 두 가지가 있는데, 전자는 하나의 채권의 만족을 위하여 제3자의 재산을 그 책임재산으로 만드는 것으로, 연대채무와 보증채무가 그것이다. 후자는 채무자나 다른 사람의 어떤 특정한 재산을 가지고 채권의 담보에 충당하는 것으로, 각종의 담보물권이 그 전형적인 것이다.

인적 담보제도는 채무자의 수를 늘림으로써 채권자가 취급할 수 있는 책임재산의 양을 늘리는 것으로서 아무래도 인적 요소에 의존하는 정도가 강하며, 물적 담보제도는 물건 또는 권리가 가지는 객관적 가치에 의하여 담보되는 점에서 인적 요소에 의존하지 않고 또한 담보권자에게 우선변제를 받게 하는 점에서 채권자의 지위를 안전, 확실하게 한다.

## 2. 인적 담보제도

인적 담보제도는 금전채권의 실현에 있어서 그 거점이 되는 책임재산으로서 채무자의 재산뿐만 아니라 다른 제3자(보증인)의 책임재산도 추가하는 담보제도이다. 인적 담보는 담보하는 자의 일반 재산의 상태에 의하여 담보로서 가치가 좌우되고, 인적 요소에 의존하는 정도가 강하므로 담보로서의 효력도 물적 담보보다 불확실하나 그 절차가 간편하다는 장점이 있다.

인적 담보제도로는 보증채무, 연대채무 등이 빈번하게 이용되고 있다.

### (1) 보증채무

보증채무는 채권자와 보증인의 보증계약에 의하여 주채무자가 채무를 이행하지 아니할 경우 보증인이 이를 이행할 것을 내용으로 하는 채무이다. 따라서 주채무자가 그의 채무를 이행하지 아니할 때에는 보증인이 이를 이행할 책임을 짐으로써 주채무에 대한 채권을 담보하는 전형적인 인적 담보제도이다. 실제로 채무자의 지급능력이 의심스럽거나 불안할 때에는 보증인을 붙이게 하는 일이 많다. 채무자가 담보물을 가지고 있지 아니하거나, 소액의 금융거래의 경우에는 보증인을 세우게 하여, 본래의 채무자(주채무자)로부터 이행을 받지 못했을 때, 보증인으로부터 이행을 받아낼 수 있다. 이와 같이 보증인도 담보의 일종이며, 보증인의 재산상태나 신용이 극히 중요한 의미를 갖게 된다.

보증채무의 가장 큰 특질은 주채무자의 채무이행이 없는 경우에 그것을 이행할 책임을 지므로, 보증인은 채권자에 대하여 최고·검색의 항변권을 행사할 수 있다는 점이다. 최고의 항변권은 채권자가 주채무자에 대하여 이행의 청구를 하지 않고 보증인에 대하여 이행의 청구를 하면 보증인은 채권자에게 먼저 이행을 최고할 것을 항변할 수 있다는 것이며, 검색의 항변권은 보증인이 주채무자가 변제능력이 있고 집행이 용이하다는 것을 증명하여 채권자에게 대하여 채무자에게 먼저 이행의 청구 및 그의 재산에 대하여 집행할 것을 요구하고 그때까지 그의 보증채무의 이행을 거절할 수 있는 권리이다.

보증채무의 특수한 형태로 연대보증이 있다. 연대보증은 보증인이 주채무자와 연대하여 채무를 이행할 것은 내용으로 하는 보증채무이다. 연대보증의 경우에는 보증채무와 같은 최고·검색의 항변권이 인정되지 않고 보증인이 채무자보다도 먼저 채무를 이행하는 경우도 인정되므로 채권의 담보력이 훨씬 강하다. 따라서 연대보증인은 채권자의 이행청구에 대하여 최고·검색의 항변을 하여 이행을 거절할 수 없으며, 주채무자의 변제의사, 변제자력과 관계없이 이행하여야 하는 점에서 채권자의 입장에서는 (단순)보증보다 연대보증약정을 하는 편이 유리하다.

**사 례 4-18** **연대보증인의 책임**

甲은 2003년 4월 3일 乙에게 돈 1,000만원을 대여하면서, 이자는 월 1부, 변제기는 2005년 4월 3일로 정하였다. 그리고 乙의 甲에 대한 채무를 담보하기 위하여 丙을 연대보증인으로 세웠다. 그런데 乙은 사정이 어렵다고 하면서 변제기가 지나도록 원리금을 갚지 아니하고 있다. 甲은 어떠한 조치를 취할 수 있는가?

**해설** 채권자인 甲은 채무자인 乙이 변제기를 도과하여도 임의로 자신의 채무를 이행하지 않는 경우에는 관할법원에 乙을 상대로 대여금청구소송을 제기할 수 있다.

여기서 丙이 乙의 채무를 연대보증하였으므로 甲은 丙에게도 乙의 채무를 이행할 것을 청구할 수 있고, 이 경우 병은 이른바 '최고·검색의 항변권'을 행사할 수 없다. 甲은 乙과 약정한 대로 원금 1,000만원과 월 1부의 이자를 청구할 수 있고, 또 변제기(이행기)를 2년으로 정하고 있으므로 별도로 甲이 乙에게 이행의 최고를 할 필요는 없다. 甲이 을에게 빌려준 원금은 1,000만원이므로 소액사건심판절차에 따라 간이한 절차에 의하여 신속하게 재판을 받을 수 있다.

여기서 유의할 점은 소송이 진행되는 도중에 乙이 재산을 매각처분하거나 도피시켜 놓을 우려가 있으므로, 乙의 재산을 가압류해 두는 편이 안전하다.

### (2) 연대채무

연대채무는 수인의 채무자가 동일한 내용의 급부에 관하여 각각 독립하여 전부의 이행을 하여야 할 채무를 부담하고 그 중 어느 한 채무자가 전부의 급부를 하면 모든 채무자의 채무가 소멸하는 다수당사자의 채무이다.

예컨대, 甲, 乙, 丙이 채권자 丁에게 300만원의 채무를 연대하여 부담하기로 약정한 경우, 3인은 각자 丁에게 300만원의 채무를 부담하지만, 甲이 300만원을 변제함과 동시에 乙, 丙의 채무도 함께 소멸한다.

채권자가 이행을 청구할 채무자가 다수이며, 그에 따라 채무자의 무자력으로 인한 위험을 질 우려도 적어진다는 의미에서 인적 담보제도로 이용하는 것도 가능하다는 것이다.

## 3. 물적 담보제도

### (1) 의　의

물적 담보란 채무자의 책임재산을 이루고 있는 재화 중의 어느 특정의 재화를 가지고 담보에 충당하는 제도이다. 예컨대 1억의 재산을 가지고 있는 A에게 순차적으로는 甲은 8,000만원, 乙은 7,000만원, 丙은 5,000만원 그리고 丁도 5,000만원을 빌려 주었다고 했을 때, 채권은 배타성이 없는 권리로서 그 성립에 있어서 순위나 시간적 우선성에 따른 우월성을 인정하여 주지 않는다. 따라서 채무자 A가 변제 능력을 잃게 되었을 때, 모든 채권자들은 각자의 채권액에 따라 평등하게 채권의 실행을 할 수 있을 뿐이므로 A의 1억의 책임재산에 대하여 甲은 25분의 8(3,200만원), 乙은 25분의 7(2,800

만원), 丙은 25분의 5(2,000만원) 그리고 丁도 25분의 5(2,000만원)의 변제에 만족할 수밖에 없다. 이러한 위험을 방지하기 위하여 채무자나 그의 채무를 자신의 재산으로 책임을 지겠다는 제3자(물상보증인)의 재화에 담보권을 설정하게 되면 그 채권자는 채권자평등의 원칙을 깨고 그 물적 담보로부터 자신의 채권을 우선 변제받게 된다. 즉 물적 담보제도는 채무자 또는 제3자(물상보증인)소유의 물건에 대하여 교환가치의 파악을 목적으로 하는 물권의 설정을 통하여 권리순위에 따라 배타적으로 채권의 만족을 얻도록 하는 제도이다. 인적 담보는 실제적으로 보증인 등의 재산상태에 의존하여 채권의 실현이 확보되는가의 여부가 불확실한 반면에, 물적 담보제도는 피담보목적물의 가격이 급격히 떨어지지 않는 한 가장 확실한 채권담보제도인 것이다. 그러나 물적 담보는 담보물권의 설정에 의하여 성립되므로 그 절차가 계약의 체결로써 성립되는 인적 담보에 비하여 복잡하다는 단점이 있다.

### (2) 담보물권의 순위

동일물 위에 두 개 이상의 담보물권이 존재하는 경우에는 그 담보물권 상호간의 순위가 문제되는데, 우리 민법과 같이 담보물권을 주로 채권담보의 목적을 위하여 사용하는 입법례에서는 순위의 문제는 동일물 위의 각 담보물권의 상대적 우열의 문제에 지나지 않으며, 선순위의 담보물권이 소멸하면 후순위의 담보물권의 순위는 승진하게 된다(순위승진의 원칙).

### (3) 물적 담보의 유형

#### (가) 유치권

유치권은 타인의 물건 또는 유가증권을 점유한 자가 그 물건이나 유가증권에 관하여 생긴 채권을 가지는 경우에 그 채권의 변제를 받을 때까지 그 물건이나 유가증권을 유치할 수 있는 권리이다. 유치권은 목적물을 반환하지 않고 유치함으로써 채권자에게 심리적 압박을 가하여 변제를 하도록 하는 담보물권이다. 따라서 유치권은 약정담보물권이 아니라 법률의 규정에 의하여 성립되는 법정담보물권이다. 예컨대 자전거점에 자전거의 수리를 맡긴 사람이 수리비를 지급하지 않고는 자전거를 찾아 올 수 없게 된다. 그리하여 자전거의 반환을 받기 위하여는 수리비의 지급(채무의 이행)을 하여야 하고 이를 통하여 그 물건을 점유한 자(유치권자)의 채권은 담보되는 것이다.

(나) 질 권

질권은 채권자가 그 채권의 담보로 채무자 또는 제3자가 제공한 동산 또는 재산권을 점유하고 그 동산 또는 재산권에 대하여 다른 채권자보다 자기 채권의 우선변제를 받을 권리가 있는 담보물권이다. 예컨대 甲이 술을 마시고 계산하려 할 때 자신이 지갑을 집에 두고 온 것을 알았다고 하자. 이 때 술집주인이 甲에게 고가의 물건을 맡기기를 요구하여 甲이 자신의 시계나 반지를 맡겼다면 술집 주인은 그 물건에 대하여 질권을 가지는 것이다. 술집 주인은 이를 보관하고 있다가 술값을 갚을 때까지 그 반환을 거부하고 그래도 갚지 않으면 그 시계나 반지에 대한 담보권의 실행(경매나 간이변제충당)을 통하여 자신의 채권을 만족시킬 수 있다. 질권은 부동산이 아닌 동산이나 권리에 설정되며 유치적 효력과 우선변제적 효력을 가진다.

(다) 저당권

저당권은 채무자 또는 제3자가 점유를 이전하지 아니하고 채무의 담보로 제공한 부동산에 대하여 다른 채권보다 우선변제를 받을 수 있는 권리를 말한다. 채권자에게 점유를 이전하여 주는 것이 아니라, 소유자가 담보물을 계속해서 보유하므로 공적 장부에 의한 공시방법이 저당권설정에 있어서 반드시 요구되는 요건으로 된다. 따라서 등기 등의 공적 장부에 의하여 권리관계를 공시할 수 있는 목적물만이 저당권의 객체로 된다. 따라서 저당권은 저당권설정계약과 저당권설정등기를 경료하여야 성립한다. 이때 저당권은 유치적 효력은 없고 오로지 목적물의 교환가치만을 파악하는 채권변제의 우선적 효력이 그 주된 권리내용으로 된다. 다시 말해서 저당권은 목적물의 교환가치에 대한 배타적 지배를 내용으로 하는 전형적인 가치권인 것이다.

제 5 장

# 각종 사고와 손해배상

## 제 1 절 불법행위

### 1. 불법행위의 의의

우리들의 생활은 각종 사고로 인한 위험에 노출되어 있다. 현대 산업사회의 진전에 따라 자동차 운행으로 야기되는 자동차사고, 각종 산업현장에서 발생하는 산업재해사고, 의료시혜의 과정에서 생기는 의료사고, 제품의 생산 유통과정에서 생기는 제조물 피해, 공장가동이나 산업폐기물로 인한 환경오염사고 등과 같은 각종의 사고가 자주 발생하게 되고 이러한 사고는 우리들의 생활을 불안하게 만들고 있다. 이러한 사고로 발생한 손해를 합리적으로 분배하고 피해자에게 그 손해를 전보시켜주는 기능을 하는 것이 바로 불법행위법이다.

불법행위라 함은 법률의 근본목적에 어긋나고 법률질서를 깨뜨리는 행위로서 법률이 그 본질상 이를 허용할 수 없는 것으로 평가하는 행위를 말한다. 즉 불법행위는 고의 또는 과실로 타인에게 손해를 주는 위법한 행위이며, 행위자는 피해자에게 그 행위로 인하여 발생한 손해를 배상하여야 한다. 예컨대 일정한 자가 타인의 물건을 훼손하여 그 타인에게 손해를 발생시키거나 또는 타인을 구타하여 치료비 등과 같은 손해를 발생시키는 경우와 같은 것이다. 이 때 피해자는 가해자에 대하여 자기에게 발생한 손해를 배상해 줄 것을 청구할 수 있다.

## 2. 불법행위의 성립요건

불법행위는 가해자가 고의 · 과실에 의한 위법행위로 피해자에게 손해를 발생시키는 행위이므로, 불법행위가 성립되기 위해서는 첫째 가해자에게 고의 · 과실이 있을 것, 둘째 가해행위에 위법성이 있을 것, 셋째 피해자에게 손해가 발생하였을 것, 넷째 가해행위와 손해 사이에 인과관계가 있을 것, 다섯째 가해자에게 책임능력이 있을 것 등의 요건을 갖추어야 한다.

## 3. 불법행위의 효과

### (1) 금전배상의 원칙

우리 민법은 불법행위로 인한 손해에 관하여 금전배상을 원칙으로 한다. 재산적 손해뿐만 아니라 정신적 손해배상(위자료)도 금전으로 평가하게 된다. 우리 민법은 일시금 배상을 원칙으로 하고 예외적으로 타인의 신체 · 자유 · 명예의 침해에 대한 위자료지급에 정기금배상을 인정하고 있다. 명예훼손의 경우에는 금전배상의 예외로서 적당한 명예회복처분이 인정되고 있다(제764조). 당사자 사이에 특약이 있는 경우에는 원상회복이 인정된다.

### (2) 손해배상의 범위

우리 민법은 채무불이행시 손해배상의 범위에 관한 규정을 두고 있으며(제393조), 이를 불법행위에 준용하고 있다. 손해배상의 범위는 그 불법행위와 상당인과관계에 있는 전 손해이며, 재산적 손해와 정신적 손해를 포함한다.

통상적으로 발생하는 손해는 그 발생원인이 된 사실과 결과 사이에 사회통념상 객관적으로 인과관계가 예견되는 경우로서 피해자는 구체적 사실을 입증할 필요없이 현실로 발생한 손해의 배상을 청구할 수 있다. 그리고 불법행위에 있어서 특별한 사정으로 인한 손해는 가해자가 그 사정을 알았거나 알 수 있었을 때에 한하여 배상할 책임이 있다.

### (3) 손해배상의 산정

손해배상액의 산정은 원칙적으로 불법행위 당시를 기준으로 하여 그 때의 교환가격에 의하여 손해액을 산정하여야 한다. 재산적 손해의 산정에 관하여는 소유물이 멸실·훼손된 경우에는 원칙적으로 그 당시의 교환가격·수수료가 배상하여야 할 손해이다. 그리고 생명침해의 경우에는 유족의 손해배상청구권이 문제되며, 유족이 입은 손해와 더불어 사망자에 관하여 생긴 손해가 산정된다. 사망자에 관하여 생긴 손해는 그가 생존추정기간 중에 얻을 수 있었던 소득에서 추정 생활비를 공제한 순수익에서 다시 호프만식 계산으로 중간이자를 공제한 것이 재산적 손해이고 그와 더불어 정신적 손해도 포함된다. 신체 상태의 경우에는 입원비·약대·진단요금 등 치료비, 치료기간 중의 소득의 감소, 불구가 된 때에는 그로 인하여 생긴 사망시까지 얻을 소득의 감소 및 정신적 손해가 배상되어야 한다.

정신적 손해는 당사자의 지위·직업·자산·가해의 동기, 태양 등 제반 사정을 고려하여 공평의 관념에 따라 산정한다. 그리고 불법행위가 피해자에게 손해를 줌과 동시에 이익도 준 경우에는 그 이익이 불법행위와 상당인과관계에 있는 한 손익상계에 의하여 손해로부터 이익이 공제된다. 또한 피해자에게도 과실이 있는 경우에는 법원은 손해배상책임의 유무 및 그 금액을 산정하는 데 이를 참작하여야 한다. 이를 과실상계라고 한다. 손해액과 지연이자의 산정시기는 원칙적으로 불법행위시를 기준으로 한다.

### (4) 손해배상청구권

#### (가) 손해배상청구권자

불법행위의 피해자는 재산적·정신적 손해의 배상을 모두 청구할 수 있다. 법인과 태아도 손해배상의 청구권자로 될 수 있다. 생명침해 또는 신체상해의 경우에는 피해자 본인은 물론이거니와 피해자의 부모·배우자·자녀 등의 근친자도 손해배상의 청구권자로 될 수 있으며, 배상의 범위에는 재산적·정신적 손해가 모두 포함된다. 생명침해의 경우에는 사망자의 손해배상청구권을 그 근친자가 상속한다. 따라서 이 경우에는 사망자와 유족고유의 청구권을 이중으로 취득할 수 있다.

(나) 소멸시효

불법행위로 인한 손해배상청구권은 피해자나 그 법정대리인이 그 손해 및 가해자를 안 날로부터 3년 동안 행사하지 않으면 시효로 소멸하고, 또한 불법행위를 한 날로부터 10년이 지나면 소멸한다.

## 제 2 절 제조물책임

사회적으로 생산되어 판매되고 있는 물건들 중에서 많은 수의 것이 결함을 가지고 있고 그 결함으로 인해 소비자가 다방면에서 피해를 입는 것을 우리는 종종 보고 있다. 이처럼 생산되어 판매된 물건에 하자가 존재하고 그 하자에 의해 피해자가 손해를 입은 경우에 피해자가 생산자나 판매자를 상대로 손해배상청구를 하고 생산자나 판매자가 이에 대해 책임을 부담하는 것을 제조물책임이라고 한다. 이 제조물책임과 관련하여 피해자가 손해배상청구를 하는 데 있어서의 가장 큰 곤란 중의 하나는 생산자나 판매자의 고의·과실을 입증하는 데 있다.

사 례 4-19 **제조물책임**

甲의 아이(6세 8개월)가 문방구에서 산 장난감 주사기를 가지고 놀다가, 주사기의 바늘구멍이 막히자 주사기를 왼쪽 눈앞에 들이대고 보면서 주사기를 압축하는 순간 그 주사기의 결함으로 주사바늘이 튀어나와 눈에 상처를 입고 지금 실명위기에 빠져 있다. 이 주사기를 생산한 제조업자인 乙에게 손해배상청구를 하려고 하는데 제조과정을 잘 알지도 못하고 당해 주사기가 생산될 때의 상황을 알지도 못하여 제조업자 乙의 과실을 입증하기가 상당히 곤란하다. 이 경우 손해배상을 받아 낼 수 있는 방법이 없는가?

**해설** 불법행위가 성립하려면 가해자에게 고의 또는 과실이 있어야 한다. 그리고 이 고의·과실의 입증책임은 피해자에게 있기 때문에 일반적인 불법행위에 있어서는 피해자가 가해자의 고의·과실을 입증하지 않는 한 손해배상청구에 성공할 수 없다. 이러한 피해자의 어려움을 구제하기 위해 제정된 '제조물책임법'에 따르면 제조업자는 제조물의 결함으로 인하여 생명·신체 또는 재산에 손해를 입은 자에게 그 손해를 배상하여야 한다고 규정하고 있다. 이 경우에 제조물에 하자가 있는 것으로 객관적으로 평가되면 충분하고 그 하자에 제조업자의 과실이 있는지 여부를 묻지 않는 무과실책임으로 구성되어 있다. 따라서 甲은 乙을 상대로 손해배상청구를 하면 특별한 어려움 없이 구제를 받을 수 있을 것이다.

## 제 3 절 의료과오책임

의사의 과오라 함은 의료사고 중에서 의사의 진단과 치료상의 과실로 인하여 발생하는 진료과오와 진료계약상 의사에게 주어지는 부수적 의무로서의 설명의무를 위반하여 발생하는 설명과오를 말한다.

종래에는 의사책임영역에 의사의 진료과오만이 존재하는 것으로 되어 있었으나 최근에는 환자의 자기결정권의 행사에 관계되는 의사의 설명과오가 중요한 문제로 등장하게 되었다.

의사가 진료상 평균적인 의사에게 요구되는 주의의무를 게을리 하여 환자에게 손해를 가한 경우에는 채무불이행 내지 불법행위에 기한 배상책임을 지게 된다. 따라서 의사는 환자의 치료비, 일실이익 등을 포함한 재산적, 정신적 손해를 배상하여야 한다. 의사가 병원에 고용된 경우에는 사용자인 병원은 피용자인 의사에 대하여 선임·감독 의무가 있으며 이를 게을리 한 때에는 사용자책임이 성립한다.

의사의 설명의무는 진료계약에 병존하는 독립적인 부수의무로서 의사는 진료에 임하여 환자가 진료에 동의할 것인가의 여부를 결정할 수 있도록 질병 및 진료의 종류와 중대성, 진료결과 환자가 입게 되는 부담과 위험 등을 환자에게 충분히 설명하여야 할 의무이다. 의사가 이러한 설명의무를 위반하여 진료를 한 결과 환자에게 손해를 입힌 경우에는 진료과오와 마찬가지의 손해배상책임을 지게 된다. 의사책임소송에서 진료과오시 입증책임은 환자에게 있는 반면에, 설명과오시에는 입증책임이 의사에게 전환된다. 따라서 설명과오를 원인으로 소송을 제기하는 것이 환자에게 훨씬 유리하다.

**사례 4-20** **의료과오책임**

甲은 종양제거를 위해 의사 乙이 운영하는 병원에 입원하여 乙로부터 수술을 받았다. 그런데 수술 3일 후에 甲이 그만 사망하고 말았다. 甲에게는 다른 아무런 질병이 존재하지 않았었고 수술동의서를 甲의 보호자가 써 주었지만, 수술동의서를 써 줄 때 의사는 수술에 의한 사망가능성에 대해서는 아무런 설명이 없었고 후유증이 거의 없는 간단한 수술이라고 하였다. 그래서 甲의 가족은 의사의 진료상의 과실에 의해 사망사고가 발생한 것으로 믿고 손해배상을 청구하였으나 의사 乙은 자기에게는 진료상의 과실이 전혀 없었고, 사망의 원인은 甲의 특이체질 때문인 것 같다고 주장하고 있다. 甲의 가족은 손해배상을 받을 수 없는 것인가?

**해설** 먼저 의사의 과실의 입증에 관해서 본다면 예컨대 수술 후 수술용 가위를 배속에 넣고 상처를 꿰맨 경우와 같이 의사의 과실이 명백한 경우에는 문제가 없으나 그러한 증거를 찾기가 어려운 경우에는 설명의무라고 하는 개념으로 과실의 입증문제를 해결하는 것이 판례의 입장이다. 즉 의사가 수술이나 기타 진료행위를 할 경우에는 질병의 종류·수술의 종류와 과정·수술의 위험성·후유증의 종류와 정도 등에 관해 환자 측에게 설명한 후에 수술 기타 진료의 동의를 얻어야 하는데 이를 의사의 설명의무라고 한다. 만약 이러한 설명의무의 이행이 없었거나 있었다고 하더라도 설명에서 언급되지 않은 결과가 발생한 경우에는 의사에게 과실이 있는 것으로 추정하는 것이다.

따라서 위의 사례에서는 의사 乙로부터 사망의 가능성에 대한 설명이 없었고 후유증이 전혀 없는 간단한 수술이라는 설명만으로 수술에 착수한 것이므로 설명의무위반에 의한 과실의 입증이 성공한 것으로 볼 수 있고, 환자에게 사망의 원인이 될 만한 합병증이나 기왕증이 전혀 없었고 건강하였으며 특별히 다른 사망원인도 존재하지 않았다는 것을 입증하면 甲의 가족에게 손해배상청구를 인정할 수 있을 것이다.

제 6 장
# 신용카드 및 보험

## 제 1 절 신용카드

### 1. 신용카드의 개념

신용카드는 신용을 획득하기 위하여 수시로 이용되는 카드・표찰・증서 기타 신용장치를 말한다. 이 신용카드를 소지하고 있으면 일반인은 거래를 행하는 데 있어서 현금을 수수하지 않고서도 신용카드만 제출함으로써 자기가 필요한 물건이나 서비스의 제공을 안전하게 받을 수 있다. 그러므로 신용카드는 제3의 통화 또는 현금없는 지급수단으로서 현금없이 거래하는 신용사회를 정착시키는 데 필요불가결한 제도가 되고 있다.

### 2. 거래과정

신용카드로 거래가 행하여지는 과정을 살펴보면 신용카드발행회사로부터 신용카드를 발행받은 회원인 카드소지인은 가맹점에서 원하는 물건을 구입하거나 서비스를 제공받기 전 또는 후에 신용카드를 제시하고 가맹점이 작성한 매출전표에 서명한다. 그 다음 가맹점은 카드보유자의 서명을 받은 매출전표를 카드발행회사에 송부하고 매출전표의 액면금액으로부터 미리 약정한 일정한 비율의 수수료를 공제한 금액을 카드발행회사로부터 지급받는다. 이 경우 대개는 카드발행회사가 가맹점의 예금계좌에 입금하는 방법으로 지급받는다.

그 후 가맹점에 카드이용대금을 지급한 카드발행회사는 매월 일정한 날까지의 카드보유자별 신용카드이용대금을 합산하여 각 카드보유자에게 위 금액에 해당하는 청구서를 보낸다. 그러면 카드보유자는 청구금액을 일정한 날짜에 카드발행회사에 납부한다. 대금지급방법은 카드보유자가 대개 은행 지로를 이용하거나 또는 카드보유자의 예금계좌로부터 자동이체의 방법으로 카드발행회사에 지급되는 것이 보통이다.

## 3. 당사자간의 법률관계

카드발행회사와 카드보유자 사이의 법률관계는 회원규약에 의하여 규율된다. 그리고 카드발행회사와 카드보유자 사이의 계약관계는 하나의 계속적 채권관계이며, 그 성질은 일종의 도급계약 내지는 위임계약으로 본다.

첫째, 신용카드를 분실하거나 도난당하여 제3자가 신용카드를 부정사용한 경우에는 회원규약 또는 가맹점규약에 의하여 신용카드의 보유자 또는 가맹점의 일방 또는 쌍방에게 부담시키고 카드발행회사는 전혀 책임을 지지 않는 것으로 하는 수가 있으나 가맹점 또는 카드발행회사는 적어도 카드이용자와 카드보유자의 인적 동일성, 카드상의 서명과 매출전표상의 서명의 동일성, 카드의 분실신고의 유무 등을 상거래상 요구되는 주의의무로써 확인할 의무가 있고 이러한 주의의무를 다하지 못한 경우에는 신용판매한 가맹점 또는 카드발행회사가 그 손실을 부담하여야 한다.

둘째, 카드보유자가 신용카드를 이용하여 상품을 구입하였는데 그것이 약정한 품질을 갖추지 못하였거나 거기에 하자가 있는 경우에는 카드보유자는 이러한 사유를 들어 카드발행회사의 대금청구에 항변권을 행사할 수 있다.

셋째, 카드보유자의 보증인은 카드유효기간 내에 그리고 카드보유자의 월간 사용한도액의 범위 내에서 보증책임을 부담한다.

**사례 4-21** **신용카드번호유출로 인한 부정사용**

버스정류장에서 甲은 비자카드를 사용한 뒤 매출전표를 버렸다. 지나가던 행인인 乙은 이 매출전표를 주워 이에 나타난 카드번호를 이용하여 丙항공사 홈페이지를 통하여 비행기표 10매를 예매하였다. 카드회사는 다음달 甲에게 항공요금 235만원을 청구하였다. 甲은 항공요금을 지급하여야 하는가?

**해설** 신용카드를 분실한 것도 아니고 오로지 신용카드소지인이 부주의하게 매출전표를 버림으로 말미암아 제3자가 신용카드번호와 비밀번호를 알아 항공사의 비행기표를 예매하였으므로 이 경우는 신용카드소지인인 甲이 항공요금을 지급하여야 한다.

**〈약관의 보기〉: 비씨카드 약관 제19조**(카드의 분실, 도난신고와 보상)

① 회원은 카드를 분실하거나 도난당한 경우 즉시 비씨카드(주) 또는 은행에 신고하여야 합니다. 이 경우 비씨카드(주) 또는 은행은 즉시 신고접수자, 접수번호, 신고시점 등 접수사실을 확인할 수 있는 사항을 회원에게 알려드리며 회원은 이러한 사항을 확인하여야 합니다.

② 제1항의 절차를 이행한 경우 회원은 분실·도난신고 접수일로부터 60일 전 이후(현금 인출, 현금서비스 및 제6조 제2항에서 정한 거래의 경우는 신고시점 이후)에 발생한 제3자의 카드 부정사용금액에 대하여는 다음 각호에서 정한 회원의 과실사유를 제외하고 은행으로부터 보상을 받을 수 있습니다. 단, 회원은 은행 및 비씨카드(주)가 정한 양식에 의해 보상신청을 접수하여야 하고 카드 1매당 최고 2만원의 부정사용조사수수료를 부담하여야 합니다.

1. 회원의 고의에 의한 부정사용의 경우
2. 카드의 미서명, 관리소홀, 대여, 양도, 보관, 이용위임, 담보제공, 불법대출 등으로 인한 부정사용의 경우
3. 회원의 가족, 동거인(사실상의 동거인 포함)에 의한 부정사용의 경우
4. 회원이 분실·도난사실을 인지하고 정당한 사유없이 신고를 지연한 경우
5. 회원이 부정사용조사를 위한 비씨카드(주) 또는 은행의 요청에 협조하지 아니한 경우
6. 카드비밀번호 유출로 인한 부정사용의 경우

③ 제2항에도 불구하고 분실·도난신고 접수일로부터 60일 전 이전에 발생한 제3자의 카드 부정사용금액에 대하여 회원이 제2항 각호의 과실사유가 없었음을 입증하여 보상신청을 하는 경우 은행으로부터 보상을 받을 수 있습니다.

**사례 4-22** **훔친 주민등록증을 이용한 카드 부정발급**

甲은 길에서 주운 乙의 주민등록증을 이용하여 S카드를 발급받았다. 그 후 甲은 부담 없이 S카드를 사용하여 물품을 구매하고 또 현금서비스도 충분히 받았다. 그 결과 다음달 200만원의 카드이용대금청구서가 乙에게 청구되었다. 그러나 乙은 공교롭게도 주민등록증을 잃어버린 후 다른 동네로 이사를 갔기 때문에 자기 앞으로 카드이용대금청구서가 날아온 것을 모르고 지냈다. 수차례 카드대금을 독촉하여도 아무런 연락이 없는 乙에 대하여 S카드사는 결국 물품구매와 현금서비스 사용대금 200여만원과 연체료 450여만원 등 650여만원을 지불하지 않았다며 소송을 제기하였다. 이 경

우 乙은 카드대금지급의무가 있는가?

**해설** 신용카드회원을 모집할 때 회원의 동일성여부에 대한 확인의무는 신용카드회사에 있다. 그러므로 신용카드회원을 모집할 때 甲이 乙이 분실한 주민등록증을 이용하여 카드를 발급받을 때 乙의 신원을 정확히 확인하지 않고 乙명의의 카드를 甲에게 발급하여 준 카드회사에게 잘못이 있기 때문에 甲의 신용카드사용대금에 대하여 乙은 지급책임이 없다.

이 사건과 동일한 사안에서 서울지방법원 민사항소 1부는 "피고가 원고회사에 회원으로 가입하지 않았다고 주장하는 상황에서 '입회신청서'만으로 피고가 카드사의 회원이었다고 단정짓기 어렵다"고 밝히면서 카드 가입자에 대한 확인은 카드사의 책임이라면서 "피고는 카드대금을 지급할 필요가 없다"고 판결하였다.

**사 례 4-23** **신용카드의 분실**

甲은 2005년 12월 15일 의류상가 주변의 현금인출기에서 현금을 인출하는 乙의 뒤에서 비밀번호를 알아낸 뒤 뒤따라가 카드를 소매치기하였다. 甲은 훔친 카드를 이용해 현금을 빼내는 방법으로 수차례에 걸쳐 4,800만원을 인출했다. 신용카드를 소매치기 당한 乙은 즉시 신용카드분실신고를 하였다. 이 경우 乙은 甲이 사용한 신용카드대금 4,800만원에 대하여 지급할 책임이 있는가?

**해설** 종전까지는 소비자가 신용카드를 분실·도난당한 후 카드사에 신고를 하더라도 카드사는 신고일로부터 15일 전까지 다른 사람이 부정하게 사용한 금액에 대해서는 책임을 지나 그 이전에 사용한 금액에 대하여서는 책임을 지지 않았다. 이처럼 짧은 면책기간 때문에 카드분실 사실을 뒤늦게 알고 신고를 한 소비자들은 선의의 피해를 보는 경우가 종종 발생했다. 정부는 이에 따라 각 카드사의 약관을 개정하여, 소비자가 신용카드의 분실·도난 사실을 알고 바로 신고를 했을 경우 신고 60일 전까지 다른 사람이 사용한 금액에 대해서는 카드사가 책임을 지도록 했다. 따라서 위 사례의 경우에는 甲이 부정사용한 카드대금 4,800만원을 지급할 책임이 없다.

## 제 2 절 보 험

### 1. 보험의 개념

우리들이 생활을 영위해나가는 데 있어서는 항상 예기치 않은 사고로 경제적인 생활이 불안정하게 될 가능성이 존재하고 있다. 예기치 않은 사고의 발생은 태풍이나 홍수 그리고 지진과 같은 자연적 재해일 수도 있고 또 화재·도난·교통사고와 같은 인위적 사고일 수도 있다. 이런 사고가 발생하면 우리들은 종전과 같은 안정적인 경제생활을 영위할 수 없고 경제적·정신적인 고통과 함께 불안정한 생활을 영위하여야 한다. 이런 위험에 직면한 인간은 저축이나 투자를 하기도 하고 또 국가가 사회보장차원에서 지원을 하기도 한다. 그러나 개인과 국가가 장래에 발생하는 모든 불안정한 사건에 대비하는 데는 한계가 있다.

이런 문제점에 직면하여 동일한 위험이 놓여 있는 수많은 인간이 힘을 합쳐서 장래에 발생하는 우연한 사고에 대비하여 경제적으로 안정적인 생활을 영위하기 위하여 고안해 낸 제도가 보험제도인 것이다. 불안정한 생활을 영위하여야 하는 인간에게 안정적인 생활을 영위할 수 있도록 해주는 보험제도도 인간의 이성이 발견해 낸 가장 훌륭한 제도라고 말할 수 있다.

보험은 동일한 사고발생의 위험 아래에 놓여 있는 다수인이 그 사고로 인한 손해를 보상받거나 또는 기타의 급여를 지급받기 위하여, 통계적 기초에서 산출된 금액을 미리 납부하여 공동의 자금을 만들어 두고, 일정한 사고가 생겼을 때 이 공동의 자금으로부터 일정한 금액을 지급하여 경제생활의 불안에 대비하는 제도이다.

## 2. 보험의 종류

첫째, 보험사업의 주체가 누구냐에 따라서 공영보험과 사영보험으로 나눌 수 있다. 공영보험은 국가 기타 공법인이 경영하는 보험을 말한다. 여기에는 산업재해보상보험·선원보험·의료보험·군인보험·수출보험 등이 있다. 사영보험은 개인 또는 사법인이 경영하는 보험을 말한다. 사영보험은 다시 영리성이 있느냐 없느냐에 따라 영리보험과 상호보험으로 나누어진다. 영리보험은 보험자가 영리목적으로 제3자와 보험계약을 체결하는 것이며, 상호보험은 가입자 상호간의 이익을 목적으로 하는 보험을 말한다.

둘째, 보험사고가 발생하는 객체에 따라서 보험사고가 사람에 관하여 발생하는 보험은 인보험이라 하고, 물건에 관하여 발생하는 보험을 물건보험이라 한다. 인보험에는 생명보험 · 상해보험 · 질병보험 · 교육보험 등이 있고 물건보험에는 화재보험 · 선박보험 · 자동차보험 · 운송보험 · 도난보험 등이 있다.

셋째, 보험금을 지급하는 방법에 따라서 우연한 사고로 인하여 발생한 손해를 보상하는 보험을 손해보험이라고 하고, 손해의 유무 · 다소를 불문하고 사람의 생존이나 사망에 관하여 일정한 금액을 지급하는 보험을 생명보험이라고 한다.

넷째, 보험사고가 발생하는 장소에 따라서 육상보험 · 해상보험 · 항공보험 등으로 나누어 볼 수 있다.

## 3. 보험계약의 체결

보험자와 보험계약자 사이에 보험계약을 체결하려는 의사의 합치만 있으면 성립하는데 상법은 보험계약 체결시에 보험계약자에 고지의무를 부담시키고 있다.

고지의무는 보험계약자 또는 피보험자가 보험계약의 체결당시에 보험자에 대하여 중요한 사항을 고지하거나 또는 부실고지를 하지 아니할 의무를 말한다. 보험계약이란 일정한 위험을 전제로 이루어지는 사행계약이므로 보험계약이 도박이나 투기 등의 목적으로 악용되지 않도록 하기 위하여 보험계약자에게 이 의무를 부담시키는 것이다. 보험계약자 또는 피보험자가 고지의무를 위반한 때에는 보험자는 그 사실을 안 날로부터 1월 내에, 계약을 체결한 날로부터 3년 내에 한하여 계약을 해지할 수 있다.

**사 례 4-24** **고지의무**

대구 수성구에 사는 甲은 약 2년 전 아는 사람으로부터 보험에 가입하라는 권유를 받았다. 甲은 자기보다 남편이 보험에 가입하는 것이 더 좋을 것 같아서 보험회사 직원 乙에게 남편을 위해서 보험을 들겠다고 하였다. 그러자 보험회사 직원 乙은 甲의 남편이 과거에 어디 아픈 적은 없었는지 물어봤고, 甲은 솔직하게 남편이 지난 1994년도에 담석제거 수술을 받은 사실이 있다고 얘기했다. 그러자 乙은 그 정도는 괜

찮다고 하면서 보험에 가입할 것을 권유하였다. 이에 甲은 보험계약을 체결하였다. 甲의 남편은 지난해 9월에 정기진단을 받는 과정에서 암진단을 받았다. 甲은 남편이 사망한 뒤에 보험회사에 보험금을 청구하였다. 그러자 보험회사에서는 甲이 보험계약상의 고지의무를 위반했다고 하면서 보험계약을 일방적으로 해지해 버렸다. 이 경우 甲은 보험금을 받지 못하는가?

**해설** 최근에 보험회사간의 경쟁이 치열해지면서 보험가입이 안 되는 사람까지 억지로 보험가입을 권유한 뒤에 나중에 보험금을 지급하게 되는 사고가 발생하면 느닷없이 고지의무 위반을 이유로 보험계약을 해지하는 등 횡포를 부리는 사례가 빈발하고 있다. 보험회사에서 계약을 일방적으로 해지하면서 들고 있는 주된 이유는 고지의무 위반이다.

보험계약에서 말하는 고지의무란 보험계약을 체결하면서 보험에 드는 사람이 그 보험계약과 관련하여 중요한 사실을 있는 그대로 보험회사에 알리는 것을 말한다. 만일 보험에 가입하는 사람이 고지의무를 위반해서 모든 사실을 정확하게 보험회사에 알리지 않는다면(예를 들면 자기에게 있었던 병을 숨기는 경우) 고지의무를 위반한 것이 되기 때문에 보험회사에서 보험계약을 해지할 수 있게 된다.

위 사례에서 甲은 보험에 가입할 때, 보험회사 직원 乙에게 남편이 이미 담석제거증 수술을 받았다는 사실을 이야기했고 보험회사 직원 乙로부터 별 상관없다는 말까지 들었기 때문에 甲이 고지의무를 위반한 사실이 전혀 없다. 그러므로 보험회사는 고지의무 위반을 이유로 보험계약을 해지할 수 있는 권리가 없다. 그런데도 보험회사가 고지의무위반을 이유로 보험계약을 해지하는 경우이니까 甲은 일단 금융감독원에 이 문제의 해결을 요청해보고 만일 금융감독원에서 분쟁이 조정되지 않으면 법원에 소송을 제기하여 자신의 권리를 주장하면 된다.

## 4. 보험계약의 효과

보험자는 보험계약이 체결되고 보험료의 지급을 받게 되면 첫째, 보험증권 교부의무를 부담한다. 둘째, 보험기간 중에 보험사고가 발생하면 일정한 요건하에 보험금액 기타의 급여을 하여야 한다. 셋째, 손해보험에서 보험계약의 전부 또는 일부가 무효인 경우에 보험계약자와 피보험자 또는 보험수익자가 선의이며 중대한 과실이 없는 때에는 보험자는 보험료의 전부 또는 일부를 반환하여야 한다. 넷째, 보험사고가 발생하기 전에는 보험계약자는 언제든지 계약의 전부 또는 일부를 해지할 수 있고 이 경우 다른 약정이 없으면 미경과보험료를 반환하여야 한다.

보험계약자와 피보험자는 첫째, 기본적인 의무로서 보험료지급의무를 부담하고, 둘째, 보험기간 중 사고발생의 위험이 현저하게 변경 또는 증가한 경우에는 보험자에 대하여 위험변경·증가에 관하여 통지의무를 부담한다. 셋째, 보험사고가 발생한 때에는 이런 사실을 지체없이 보험자에게 통지하여야 한다.

**사 례 4－25** **보험계약의 효력**

甲은 최근에 자동차를 한 대 구입하고 자동차보험에 가입했다. 甲은 자동차보험회사 사람과 보험계약을 체결하면서 보험계약을 체결한 다음날부터 보험의 효력이 발생되는 것으로 약정을 하였다. 보험회사 직원 乙은 甲에게 보험료를 지급하여 줄 것을 요구했는데, 甲은 지금 당장은 돈이 없으니까 보험료를 그날 오후에 온라인으로 송금해 주겠다고 하고는 乙을 일단 돌려보냈다. 그 날 여러 업무를 처리해야 했던 甲은 보험료를 송금하는 것을 잊었고, 그래서 내일 출근하면 송금해야지 하고는 일단 집으로 퇴근을 했다. 다음날 기분 좋게 새 차를 가지고 출근하던 甲은 앞의 차와 접촉사고를 냈는데, 새 차인 甲의 차에는 별다른 피해가 없었지만 앞의 차는 의외로 많이 망가졌다. 사고의 원인이 甲에게 있는지라 甲은 앞차의 수리비를 물어줘야 하는데, 수리비 견적이 너무 많이 나와서 할 수 없이 甲은 보험으로 이 문제를 처리하려고 보험회사 직원 乙에게 연락을 취했다. 그런데 乙은 어처구니 없게도 甲이 보험료를 내지 않았기 때문에 보험계약의 효력은 발생하지 않았고, 그래서 이번 사고는 보험으로 처리할 수 없다고 말한다. 이 경우 甲은 보험의 혜택을 보지 못하는가?

**해설** 보험료를 내지 않은 경우에 보험계약의 효력이 어떻게 되는가. 우리 상법 제638조의2에 의하면 보험료 중 일부라도 내지 않으면 보험계약이 효력을 발생하지 않는 것으로 규정하고 있다. 그 결과 보험계약을 체결하면서 보험료 중 일부라도 먼저 내어야만 보험계약의 효력이 발생되어 사고가 나더라도 보험으로 보호를 받을 수 있다. 그런데 甲의 경우에는 보험료를 내지 않았기 때문에 보험계약은 체결되었지만 보험계약의 효력이 발생하지 않아서 아무런 보호를 받을 수 없는 것이다.

위 사례와 같은 경우 우리 상법에 의하면 아무런 보호를 받을 수 없기 때문에 甲은 결국 이번에 낸 사고는 보험에 의해서 처리할 수는 없고, 자신의 부담으로 처리하여야 한다.

# 제 7 장
# 소비자보호

## 제 1 절 할부거래

### 1. 할부거래의 의의

할부매매는 매수인이 매매의 목적물을 인도받은 후에 그 대금을 일정한 기간 동안 분할해서 지급하는 특수한 형태의 매매로서 다음과 같은 특징을 가지고 있다.

첫째, 대금의 전부 또는 일부의 지급을 장래로 연기한다. 간혹 매매계약을 체결할 당시에는 대금을 한 푼도 지급하지 않고 그 전부를 장래로 연기하는 경우도 있긴 하지만, 통상의 경우에는 계약을 체결할 때에 계약금의 형태로 대금의 일부를 지급함과 동시에 매매의 목적물을 인도받은 뒤에 그 잔액의 지급을 장래로 연기하게 된다.

둘째, 장래로 연기된 대금은 분할해서 지급한다. 이 점에서 장래로 연기된 대금의 전액을 일시에 지급하는 외상매매와는 구별된다. 그리고 할부매매는 연기된 대금을 분할해서 지급하는 기간의 단위에 따라 일부, 주부, 월부 또는 연부로 구별되는데 우리나라에서는 근로자의 임금이 주로 월급의 형태로 지급되기 때문에 할부매매는 대체로 월부의 모습을 띠고 있다. 따라서 우리나라에서는 할부매매를 통상 월부매매라고 부르고 있다.

셋째, 매매의 목적물은 원칙적으로 매매계약의 성립과 동시에 매수인에게 인도된다. 다라서 예컨대 토지나 건물의 매매에 있어서는 매수인이 그 대금을 계약금, 중도금, 잔금 등으로 분할하여 지급하지만, 매도인은 대금의 잔액이 지급될 때까지는 그 목적물을 매수인에게 인도해 주지 않기 때문에 이를 할부매매라고 하지 않는다.

넷째, 매도인은 매매의 목적물에 대한 소유권을 대금이 전부 지불할 때까지 자기에게 유보해 두는 경우가 많이 있다. 매도인이 매매계약의 성립과 동시에 그 목적물을 매수인에게 인도해 주고 나면, 매수인이 그 대금지급의 무를 성실하게 이행하지 아니할 때에 이를 강제할 방법이 없게 된다. 따라서 매도인은 대금채권을 확보하기 위하여 그 목적물에 대한 소유권을 대금을 완불할 때까지 자기에게 유보해 두는 경우가 많다. 이러한 경우에는 그 목적물에 대한 소유권이 민법 제188조 제1항에 따라 목적물의 인도시에 매수인에게 이전되는 것이 아니라 매매대금의 완불시에 비로소 매수인에게 이전된다.

이러한 할부매매에 있어서는 특별히 소비자를 보호할 필요가 있으므로 「할부거래에 관한 법률」이 제정되어 있다.

## 2. 할부거래에 관한 법률의 주요 내용

### (1) 적 용

동산의 매수인 또는 용역을 제공받는 자가 동산의 매도인 또는 용역을 제공하는 자에게 동산의 대금 또는 용역의 대가를 2월 이상의 기간에 걸쳐 3회 이상 분할하여 지급하고, 목적물의 대금의 완납 전에 동산의 인도 또는 용역의 제공을 받기로 하는 계약과 매수인이 신용제공자에게 목적물의 대금을 2월 이상의 기간에 걸쳐 3회 이상 분할지급하고, 그 대금의 완납 전에 매도인으로부터 목적물의 인도 등을 받기로 하는 계약에 적용된다.

### (2) 할부거래의 표시

매도인은 할부계약을 체결하기 전에 매수인이 할부계약의 내용을 이해할 수 있도록 ① 목적물의 종류 및 내용, ② 현금가격, ③ 할부가격(할부금의 총합계액), ④ 할부금액, 지급횟수 및 시기, ⑤ 계약금(할부계약 체결시 매수인이 매도인에게 지급하는 금액) 그리고 ⑥ 할부수수료의 실제 연간요율 등을 표시하고 이를 매수인에게 고지하여야 한다.

### (3) 매수인의 철회권

매수인은 계약서를 교부받은 날 또는 계약서를 교부받지 아니한 경우에는 목적물의 인도 등을 받은 날로부터 7일 이내에 할부계약에 관한 청약을 철회할 수 있다. 매수인이 계약에 관한 청약을 철회하고자 하는 때에는 기간 내에 매도인에게 철회의 의사표시가 기재된 서면을 발송하여야 한다. 청약의 철회는 서면을 발송한 날에 그 효력이 발생한 것으로 본다. 매수인에게 책임 있는 사유로 목적물이 멸실 또는 훼손된 경우에는 매수인은 계약에 관한 청약을 철회하지 못한다.

계약서의 교부사실 및 그 시기, 목적물의 인도 등의 사실 및 그 시기에 관하여 다툼이 있는 경우에는 매도인이 이를 입증하여야 한다. 이 때에는 매수인은 이미 인도받은 동산 또는 제공받은 용역을 반환하여야 하며, 매도인은 이미 지급받은 할부금을 동시에 반환하여야 한다. 그러나 이미 용역에 제공된 경우에는 이미 제공된 용역과 동일한 용역의 반환이나 그 용역의 대가 또는 그 용역에 의하여 얻어진 이익에 상당하는 금액의 지급을 청구할 수 없다. 이러한 경우에 목적물의 반환에 필요한 비용은 매도인이 이를 부담하며, 매도인은 매수인에게 위약금 또는 손해배상을 청구할 수 없다.

### (4) 매도인의 할부계약 해제

매도인은 매수인이 할부금 지급의무를 이행하지 아니한 경우에는 할부계약을 해제할 수 있다. 이 경우 매도인은 그 계약을 해제하기 전에 14일 이상의 기간을 정하여 매수인에게 그 이행을 서면으로 최고하여야 하며, 계약이 해제된 경우에는 각 당사자는 그 상대방에 대하여 원상회복의 의무를 진다. 이 경우 상대방이 그 이행의 제공을 할 때까지 자기의 의무 이행을 거절할 수 있다. 목적물의 소유권이 매도인에게 유보된 경우에 매도인은 그 계약을 해제하지 아니하고는 그 반환을 청구할 수 없다.

### (5) 매수인의 기한이익 상실

할부금을 다음 지급기일까지 연속하여 2회 이상 지급하지 아니하고 그 지급하지 아니한 금액이 할부가격의 10분의 1을 초과하거나, 생업에 종사하기 위하여 외국에 이주하는 경우와 외국인과의 결혼 및 연관관계로 인하여 이주하는 경우에는 기한이익을 상실한다.

그러나 매수인이 기한이 도래하기 전에 나머지 할부금을 일시에 지급할 때에는 나머지 할부금에서 나머지 기간에 대한 할부수수료를 공제한 금액으로 한다.

**사 례 4－26** **매수인의 철회권**

甲은 가전제품 대리점 乙로부터 김치냉장고를 120만원에 6개월 할부로 구입하였다. 甲이 냉장고를 인도받아 사용하고 있으나 별로 마음에 들지 않는다. 甲은 할부매매계약을 철회할 수 있는가?

**해설** 할부거래에 관한 법률에 의하면 할부매매의 경우 충동구매나 비합리적인 구매로부터 매수인을 보호하기 위하여 매수인은 계약서를 교부받은 날 또는 목적물을 인도받은 날로부터 7일 이내에 서면으로 할부계약에 관한 청약을 철회할 수 있다. 이 경우 청약의 철회는 매도인에게 철회의 의사표시가 기재된 서면을 발송하여야 하며, 청약의 철회는 서면을 발송한 날에 그 효력이 발생한 것으로 본다.

그러나 사용에 의하여 그 가치가 현저히 감소될 우려가 있는 것(선박, 항공기, 건설기계, 자동차, 냉장고, 세탁기, 낱개로 밀봉된 음반, 비디오물, 소프트웨어), 설치에 전문인력 및 부속자재 등이 요구되는 것, 할부가격이 10만원 이하인 할부계약(다만 여신전문금융업법에 의한 신용카드를 사용하여 할부거래를 하는 경우에는 할부가격이 20만원 이하인 할부계약)인 경우에는 철회권을 행사할 수 없다.

위 사례는 사용에 의하여 그 가치가 현저히 감소될 우려가 있는 것에 해당되어 甲은 철회권을 행사할 수 없다.

## 제 2 절 방문판매 등

### 1. 방문판매를 비롯한 특수판매의 의의

소득수준의 향상으로 인하여 소비자의 수요가 다양화, 고도화되어 가고, 다른 한편에서는 교통·통신수단이 발달하여 감에 따라 사업자들은 점차 치열해지고 있는 판매경쟁에서 살아남기 위하여 새로운 판매방식을 개발하게 되었다. 점포를 차려놓고 손님이 찾아오기를 기다리던 전통적인 판매방식에서 벗어나 적극적으로 가정이나 직장으로 소비자를 찾아가는 방문판매를 비롯하여, 편지나 전화·컴퓨터 통신을 이용한 통신판매, 그리고 여러 단계의 판매조직을 통하여 판매활동을 전개하는 다단계판매 등이 그 대표적인 예이다.

그런데 이러한 판매방식은 모두 최근에 개발된 방식으로서 소비자들에게 생소한 경우가 많다. 따라서 소비자들은 여기에 적절히 대응하지 못하는 반면에, 사업자들은 이러한 소비자들의 미숙함을 이용하여 이윤을 획득하려는 경향이 있다. 한편 우리나라의 거래문화도 이러한 현상을 부추기는 데 기여하고 있다. 판매업자들은 그 규모가 영세할 뿐만 아니라 기업윤리도 제대로 확립되어 있지 않으며, 소비자들은 아직도 거래와 인정을 엄격하게 구별하지 못하고 있다. 그 결과, 이러한 판매형식으로 인하여 피해를 보는 소비자의 수는 점차 늘어나고 있다. 따라서 이러한 새로운 판매형식을 이용한 상품의 판매 및 용역의 제공에 관한 거래를 공정하게 규율하여 소비자의 이익을 보호하고 상품의 유통 및 용역의 제공을 원활히 함으로써 국민경제의 건전한 발전에 이바지하기 위하여 「방문판매 등에 관한 법률」이 제정되어 있다.

## 2. 방문판매·전화권유판매

### (1) 의 의

방문판매라 함은 재화 등의 판매를 업으로 하는 자인 사업자가 방문의 방법으로 그의 영업소·대리점·지점·출장소 등 명칭여하를 불문하고 소유 또는 임차하거나 점용허가를 받은 장소에서 일정한 시설을 갖추고 3월 이상 계속적으로 영업하는 장소 외에서 소비자에게 권유하여 계약의 청약을 받거나 계약을 체결하여 재화 등을 판매하는 것을 말한다. 또한 사업장 이외의 장소에서 권유 또는 소비자와 대면하여 재화 등에 관한 정보를 제공하고 소비자의 구매를 유도하는 방법으로 소비자를 유인하여 사업장에서 계약의 청약을 받거나 계약을 체결하는 경우도 방문판매에 속한다.

전화권유판매라 함은 전화를 이용하여 소비자에게 권유하여 계약의 청약을 받거나 계약을 체결 또는 전화를 사용하여 소비자의 응답을 유도하여 대화를 함으로써 청약을 받거나 계약을 체결하는 방법으로 재화 등을 판매하는 방식을 말한다. 이러한 전화권유판매는 전기통신을 이용한다는 점에서 통신판매의 일종으로 볼 수 있으나, 방문의 방법이 전화로써 이루어진다는 점에서 방문판매 등에 관한 법률에서 규율하고 있다.

### (3) 계약체결 전 방문판매업자 등의 의무

#### (가) 방문 또는 전화의 목적고지의무

소비자의 집이나 직장 등의 장소를 방문판매자 등이 재화 등의 판매를 위하여 방문한 경우에 대부분 불시의 방문을 하게 된다. 이러한 불시의 방문은 소비자에게 사생활침해의 문제와 더불어 정신적인 피해를 유발할 수 있다. 또한 전화권유판매는 비대면거래라는 특성과 시간과 장소에 대한 제한을 받지 않는다는 점에서 때와 장소를 가리지 않고 재화 등의 판매를 위한 전화권유가 행하여지고 있으며, 이로 인한 소비자의 정신적인 피해는 급증하고 있다. 특히, 휴대폰의 국민적 보급은 전화권유를 통한 판매량이 증대될 수 있는 기초가 되었지만, 반면에 소비자는 시기와 상황을 가리지 않는 판매권유전화로 인하여 많은 정신적 피해를 입게 되었다. 따라서 불필요한 재화 등의 판매를 위한 방문 또는 전화로부터 소비자가 정신적 피해 등을 입지 않기 위한 방안의 강구가 요구되었다. 이에 방문판매법에서는 소비자 피해를 예방하기 위하여 방문판매자 등이 재화 등을 판매하기 위하여 소비자에게 방문 또는 전화를 한 경우에 당해 방문 또는 전화가 판매를 위한 것과 자신의 신원 및 재화 등의 명칭, 내용 등을 사전에 밝히도록 하고 있다. 즉, 방문 또는 전화의 목적이 재화 등의 판매를 위한 것임을 사전에 고지함으로써 소비자가 방문 또는 전화를 거부할 수 있도록 하여 불필요한 방문 또는 전화로부터 발생할 수 있는 피해를 최소화하고자 한 것이다.

#### (나) 정보제공의무

방문판매자 등이 방문 또는 전화의 목적 등을 소비자에게 고지하였지만, 이를 거부하지 않은 경우에 방문판매자 등은 소비자가 합리적인 구매의사를 결정할 수 있도록 관련정보를 제공하여야 한다. 방문판매자 등이 제공하여야 할 정보에는 방문판매자 등의 신원에 관한 정보와 재화 등에 관한 정보 및 거래조건 등에 관한 정보로 구분되며, 소비자에게 제공하여야 할 시기는 계약체결 이전이다. 이러한 정보제공의무를 허위로 하거나 이행하지 않은 경우에 방문판매법에서는 시정권고 또는 시정명령 등을 방문판매자 등에게 부과하고 있지만 과태료 등을 부과하고 있지 않다. 한편 방문판매자 등으로부터 정보를 제공받은 소비자는 비밀유지의무를 부담하며, 특히 신원에 관한 정보를 당해 계약 이외에 사용하거나 제3자에게 무단으로 제공하는 것은 금지된다.

### (4) 청약철회권

#### (가) 행사의 요건

방문판매법에서는 청약철회권의 행사요건에 대하여 특별한 제한을 두고 있지 않지만, 그 행사요건을 세분하여 구매의사변경 등에 의한 청약철회권과 방문판매자 등의 채무불이행에 의한 청약철회권으로 규정하고 있다.

방문판매 등으로 재화 등을 구입한 소비자는 방문판매자 등이 정보를 제공하지 않은 경우뿐만 아니라 단순한 구매의사의 변경을 이유로 청약철회권을 행사할 수 있다. 다만 소비자에게 책임 있는 사유로 재화 등이 멸실 또는 훼손된 경우, 소비자의 재화 등의 사용 또는 일부 소비에 의하여 그 가치가 현저히 감소한 경우, 시간의 경과에 의하여 재판매가 곤란할 정도로 재화 등의 가치가 현저히 감소한 경우, 복제가 가능한 재화 등의 포장을 훼손한 경우, 소비자의 주문에 의하여 개별적으로 생산되는 재화 등 청약철회 등을 인정하는 경우에 방문판매자 등에게 회복할 수 없는 중대한 피해가 예상되는 경우로서 사전에 당해 거래에 대하여 별도로 그 사실을 고지하고 소비자의 서면(전자문서를 포함한다)에 의한 동의를 얻은 경우에는 철회권을 행사할 수 없다.

한편 위와 달리 방문판매자 등의 일정한 채무불이행이 존재하면 소비자는 청약철회권을 행사할 수 있다. 즉, 소비자에게 인도된 재화 등의 내용이 표시·광고의 내용과 다르거나 계약내용과 다르게 이행된 경우이다. 이러한 청약철회권은 구매의사변경 등에 따른 청약철회권의 행사가 인정되지 않은 경우라 할지라도 행사할 수 있다.

### (2) 행사기간과 방법

청약철회권의 행사기간은 행사요건마다 상이하다. 즉, 개인적 구매의사변경 등에 따른 청약철회권은 계약서를 교부받은 날부터 14일 내에 행사하여야 한다. 다만, 그 계약서를 교부받은 때보다 재화 등의 공급이 늦게 이루어진 경우에는 재화 등을 공급받거나 공급이 개시된 날부터 14일 내에 청약철회권을 행사할 수 있다. 하지만 계약서를 교부받지 아니한 경우, 방문판매자 등의 주소 등이 기재되지 아니한 계약서를 교부받은 경우 또는 방문판매자 등의 주소 변경 등의 사유로 상기의 기간 이내에 청약철회를 할 수 없는 경우에는 그 주소를 안 날 또는 알 수 있었던 날부터 14일 내에 행사할 수 있다.

반면에 방문판매자 등의 채무불이행에 의한 청약철회권은 당해 재화 등을 공급받은 날부터 3월 이내, 그 사실을 안 날 또는 알 수 있었던 날부터 30일 이내에 행사할 수 있다.

### (3) 행사의 효과

소비자가 청약철회권을 행사한 경우에 방문판매자 등으로부터 인도받은 재화 등은 반환하여야 한다. 재화 등의 반환에 따른 비용은 방문판매자 등이 부담하며, 소비자에게 청약철회권의 행사를 이유로 손해배상금 등을 청구할 수 없다. 다만 인도받은 재화 등을 소비자가 사용하거나 일부 소비한 후에 청약철회권을 행사하여 반환한 경우에, 방문판매자 등은 재화 등의 사용 또는 일부 소비에 의하여 소비자가 얻은 이익 또는 그 재화 등의 공급에 소요된 비용에 상당하는 금액의 지급을 청구할 수 있다. 이 때 소비자가 지급하여야 할 범위는 재화 등의 사용으로 인하여 소모성 부품의 재판매가 곤란하거나 재판매가격이 현저히 하락하는 경우에는 당해 소모성 부품의 공급에 소요된 비용 또는 다수의 동일한 가분물로 구성된 재화 등의 경우에는 소비자의 일부소비로 인하여 소비된 부분의 공급에 소요된 비용이다.

한편 청약철회권이 행사되면 인하여 방문판매자 등은 3영업일 이내에 소비자로부터 받은 대금을 반환하여야 한다. 또한 방문판매자 등을 비롯하여 소비자와 계약을 체결하거나 대금을 수령한 자가 각기 상이한 경우에 각자는 대금반환의무에 대하여 연대하여 책임을 부담한다. 만일 대금환급을 지연한 경우에 그 지연기간에 따라 공정거래위원회가 고시하는 지연이자율을 곱하여 산정한 지연이자를 함께 지급하여야 한다.

한편 소비자가 재화 등의 대금을 신용카드 등으로 지급하고 청약철회권을 행사한 경우에 대금의 반환방식은 결제업자로부터 대금을 수령하기 전과 후로 구분된다. 방문판매자 등이 아직 결제업자로부터 대금을 수령하기 전인 경우에 방문판매자 등은 결제업자의 소비자에 대한 대금청구를 정지 또는 취소하도록 요청하여야 하며, 이미 대금을 수령한 경우에 지체없이 이를 결제업자에게 환급하고 그 사실을 소비자에게 통지하여야 한다. 소비자가 결제업자에게 대금을 지급한 후에 방문판매자 등으로부터 재화 등의 대금을 환급받은 결제업자는 지체없이 소비자에게 이를 환급하거나 환급에 필요한 조치를 취하여야 한다. 또한 대금환불의 지연으로 인하여 소비자가 결제업자에게 대금을 지급한 경우에 방문판매자 등은 지연기간에 대한 지연배상금을 소비자에게 지급하여야 한다.

**사례 4-27** **전화권유로 체결한 할인회원권 계약의 철회가능 여부**

甲은 이벤트 행사에 당첨되어 제주도 무료 여행권과 카메라 등을 무료로 제공하며 콘도 이용시나 여행시 각종 할인혜택을 받을 수 있는 회원권에도 가입을 시켜준다고 하면서 인적 사항을 묻는 전화를 받았다. 주소를 알아야 경품을 보내준다고 하여 주소와 주민등록번호를 알려 주었더니 그 다음에는 신용카드번호를 불러달라고 했다. 돈을 내야 하냐고 물어보니 가입비, 연회비 모두 무료지만 신용조회를 통해 신용이 나쁘면 회원가입이 안 된다고 하여 신용카드번호를 알려주었다. 그 후 우편으로 제주도 여행권과 할인카드, 책자, 할인쿠폰 등이 배송되었는데 다음달 신용카드 사용내역을 보니 495,000원이 12개월 할부로 청구되어 있었다. 사업자에게 전화를 하여 철회를 요구하였으나 행사기간에 계약한 사람은 철회가 안 된다고 한다. 거듭 철회를 요구하니 위약금을 내라고 하는데, 위약금 없이 철회는 안 되는 것인가?

**해설** 할부거래에 관한 법률에서는 신용카드 결제의 경우 승인된 금액이 200,000원을 초과하고 할부횟수가 3회 이상일 경우 계약일로부터 7일 이내에는 청약철회가 가능하다고 되어 있으며, 방문판매 등에 관한 법률에서는 계약서를 받은 날로부터 또는 목적물을 인도받은 날로부터 14일 이내에는 청약철회가 가능하다고 되어 있다. 두 가지 법률에 모두 해당될 경우 소비자에게 유리한 법률을 적용할 수 있다.

이 사례의 경우 甲은 우편물이 배송된 날로부터 14일 이내라면 내용증명 우편을 통해 서면상으로 청약철회를 요구할 수 있고, 청약철회기간이 경과되었을 경우에는 소비자피해보상규정에 의거하여 가입일로부터 철회일까지의 이용일수에 해당하는 금액과 총 이용금액의 10%에 해당하는 금액을 공제하고 해지를 할 수 있다.

## 3. 다단계판매

### (1) 다단계판매의 정의

다단계판매라 함은 판매업자가 특정인에게 당해 판매업자가 공급하는 재화 등을 소비자에게 판매하고 그 재화 등을 구입한 소비자의 전부 또는 일부를 당해 특정인의 하위판매원으로 가입하도록 하여, 그 하위판매원이 당해 특정인의 활동과 같은 활동을 하면 일정한 이익을 얻을 수 있다고 권유하여 판매원의 가입이 3단계 이상의 단계적으로 이루어지는 다단계판매조직을 통하여 재화 등을 판매하는 것을 말한다. 따라서 다단계판매는 재화 등의 판매가 단계적으로 이루어지는 것을 말하기 때문에 재화 등의 판매 없이 금전거래만을 하거나 이를 가장하여 사실상 금전거래만을 하는 행위는 다단계판매가 아니며, 이러한 행위는 금지된다. 이러한 다단계판매는 다단계판매를 업으로 하기 위하여 다단계판매조직을 개설 또는 관리·운영하는 자인 다단계판매업자와 다단계판매조직에 판매원으로 가입한 자인 다단계판매원에 의하여 이루어지며, 양자를 다단계판매자라 한다. 이러한 다단계판매는 소비자가 판매원의 지위를 가질 수 있다는 점에서 다른 거래유형과 차이점이 있다.

### (2) 계약체결 전 정보제공의무와 계약서 교부의무

다단계판매자는 소비자가 합리적인 구매의사를 결정할 수 있도록 계약을 체결하기 전에 관련정보를 제공하여야 한다. 제공하여야 할 것은 다단계판매업자 등의 신원에 관한 정보와 재화 등에 관한 정보 및 거래조건 등에 관한 정보 등이며, 소비자에게 제공하여야 할 시기는 계약체결 이전이다.

다단계판매자가 소비자와 재화 등에 관한 계약을 체결할 경우에 즉시 계약서를 소비자에게 교부하여야 한다. 이러한 계약서의 교부는 소비자가 계약내용을 재차 확인하여 자신이 원래 의도하였던 내용과 일치여부를 검토할 수 있도록 함과 더불어 추후 계약에 관한 분쟁이 발생하였을 경우에 분쟁해결을 위한 자료로서 활용할 수 있기 위함이다. 이러한 계약서에는 계약체결을 위하여 다단계판매자가 소비자에게 제공하여야 할 정보가 기재되어 있어야 하며, 계약체결 후 즉시 소비자에게 교부하여야 한다.

### (3) 청약철회권

다단계판매는 다른 거래방식과 달리 소비자가 판매자가 될 수 있다는 특징을 갖고 있다. 이러한 점에서 청약철회권은 소비자의 청약철회권과 다단계판매원의 청약철회권으로 구분되며, 소비자의 청약철회권 역시 다단계판매업자에 대한 청약철회권과 다단계판매원에 대한 청약철회권으로 구분된다.

소비자가 청약철회권을 행사할 경우에 상대방은 원칙적으로 계약을 체결한 상대방이 된다. 따라서 소비자가 재화 등의 매매계약을 다단계판매업자와 체결한 경우에 다단계판매업자가 청약철회권의 상대방이 되며, 다단계판매원과 계약을 체결한 경우에 다단계판매원이 청약철회권의 상대방이 된다. 후자의 경우에 다단계판매원의 소재불명 또는 재산이 없는 경우에 소비자가 청약철회권을 행사하더라도 대금을 반환받기는 매우 곤란하다. 이러한 경우에 청약철회권 행사에 따라 대금을 반환받을 수 있도록 하기 위하여 다단계판매업자에 대하여도 청약철회권을 행사할 수 있도록 인정하고 있다. 다만, 다단계판매원과 계약을 체결한 소비자가 다단계판매업자에게 청약철회권을 행사하기 위해서는 다단계판매원의 주소・전화번호 또는 전자우편주소 등 연락처의 변경이나 불명 등의 사유로 청약철회권을 행사할 수 없는 경우 또는 당해 다단계판매원에게 청약철회권을 행사하더라도 대금환급 등의 효과를 기대하기 어려운 경우만으로 한정된다.

다단계판매에 대한 철회권의 행사는 방문판매의 경우와 같다.

**사 례 4-28** **방문판매를 통하여 구입한 물건의 해약**

甲은 모회사 판매원으로부터 노트북컴퓨터를 12개월 할부로 구입하는 계약을 하였는데 다음날 충동구매라고 판단되어 전화로 청약철회를 요구하였다. 그러나 판매처에서는 대금환불을 거부하여 그 다음날 해약통지를 내용증명우편으로 발송하였다. 그러나 판매처에서는 상품대금 중 30%의 위약금을 요구하는데 甲은 이를 지급해야 하는가?

**해설** 방문판매 등에 관한 법률에 의하면 방문판매원으로부터 재화를 구입한 경우 계약의 철회는 원칙적으로 계약서를 교부받은 날 또는 계약서를 받지 아니한 경우에는 재화를 인도받은 날로부터 14일 이내에 서면에 의하여 당해 계약에 관한 청약을 철회할 수 있다고 규정하고, 또한 이러한 경우 구매자는 이미 인도받은 재화를 반환하고, 방문판매자는 이미 지급한 상품의 대금을 동시에 반환하여야 하며, 이에 필요한 비용은 방문판매자가 이를 부담하고 방문판매자는 구매자에게 위약금 또는 손해배상청구를 할 수 없도록 규정하고 있다. 따라서 위 사례의 경우 계약은 적법하게 철회되었고 상대방이 요구하는 위약금은 이를 지급할 필요가 없다.

## 제3절 전자상거래

### 1. 전자상거래의 의의

전자상거래는 과학기술의 발전과 더불어 이용범위와 양이 급속하게 증가하고 있지만, 이에 대한 통일된 정의는 이루어지지 않고 있다. 법령에서 나타난 전자상거래의 정의를 살펴보면, 먼저 「전자거래기본법」에서 '재화나 용역을 거래함에 있어서 그 전부 또는 일부가 전자문서에 의하여 처리되는 거래'로 정의하고 있으며, 「전자상거래 등에서의 소비자보호에 관한 법률」에서 '재화나 용역을 거래함에 있어서 그 전부 또는 일부가 전자문서에 의하여 처리되는 방법으로 상행위를 하는 것'으로 정의하고 있다. 또한 대외무역법에서는 '전자무역이라 함은 무역의 전부 또는 일부가 컴퓨터 등 정보처리능력을 가진 장치와 정보통신망을 이용하여 이루어지는 거래'라고 규정하고 있다.

전자상거래에 대한 위의 정의들은 대동소이하며, 이들의 공통점은 계약

체결의 전 단계에서 체결과정, 이행과정에서 컴퓨터 등에 의하여 작성된 전자문서를 인터넷 등을 통하여 상대방에게 전달한다는 점이다. 따라서 전자상거래는 재화나 용역의 거래에 관하여 계약체결 또는 이행에 있어서 그 전부 또는 일부를 컴퓨터 등을 이용하여 작성한 전자문서의 전달을 인터넷 등으로 송·수신하여 이루어지는 거래라고 정의할 수 있다.

## 2. 전자거래기본법

### (1) 목적 및 적용범위

전자거래기본법은 정보화시대의 도래에 따라 전자문서에 대하여 서면문서와 동일한 수준의 법률적 효력을 부여하고 전자거래의 신뢰성 확보, 소비자의 보호, 전자거래의 촉진을 위한 시책의 추진 등 전자거래에 관한 기본적인 사항을 정함으로써 일반인이 안전하게 전자거래를 할 수 있도록 기본적인 사항을 정함과 동시에 전자거래를 촉진하기 위하여 제정하였다.

전자거래기본법은 재화나 용역을 거래함에 있어서 그 전부 또는 일부가 전자문서에 의하여 처리되는 거래, 즉 전자거래에 적용된다. 구체적으로 그 범위를 살펴보면, 전자문서의 교환으로 체결되는 전자상거래를 비롯하여 전자상거래의 목적물이 디지털 제품으로 온라인으로 이행이 되는 전자상거래 또는 체결에서 이행까지 온라인으로 이루어지는 전자상거래 모두 포함되며, 기업간, 기업과 소비자간, 기업과 정부간 및 정부와 소비자간의 모든 전자상거래에 적용된다.

### (2) 거래의 안정성확보

가상공간은 현실공간과 달리 개인정보의 수집이 용이할 뿐만 아니라 정보주체의 동의 없이 목적이외의 사용, 무단 유출, 해킹 등에 의하여 침해가 발생하기 쉽다. 또한 전자상거래 이용자의 영업비밀 역시 디지털화되어 있기 때문에 물리적인 침해 없이도 접근이 가능하며, 이의 누설 또는 무단 유출이 용이하다. 따라서 전자상거래를 이용하는 이용자는 자신의 정보가 안전하게 보호된다는 인식을 가질 수 있어야 하며, 자신의 영업비밀이 안전하게 보호되어야 한다. 이를 위하여 먼저 정부는 이용자의 개인정보를 보호하기 위한 시책 및 영업비밀을 보호하기 위한 시책을 수립하여 시행하여야 한다. 또한 사업자 역시 이용자의 개인정보를 수집·이용·제공 및 관리함에 있어서 「정보통신망이용촉진 및 정보보호에 관한 법률」 등에서 규정하고 있는 준수사항을 이행하여야 하며, 영업비밀을 보호하기 위한 조치를 취하여야 한다.

사업자는 전자상거래의 안전성 및 신뢰성을 확보하기 위하여 암호제품을 사용할 수 있다. 하지만 국가안전보장을 위하여 필요한 경우에 정부는 암호제품의 사용을 제한하고 암호화된 정보의 원문 또는 암호기술에의 접근에 필요한 조치를 취할 수 있다.

## 제4절 소비자보호법

### 1. 소비자보호와 소비자보호법

현대사회에서는 복지수준의 증대로 인하여 상품과 용역에 대한 수요가 대폭 늘어나고 신용능력이 증가함에 따라 소비가 훨씬 더 중요한 의미를 가지게 되었다. 이에 따라 사람들은 현대사회를 소비사회라고 부르고 있다. 그런데 소비자의 지위는 개선되지 않고 더 악화되었다고 할 수 있다. 시장 경제에 있어서 소비자가 주권자로서의 기능을 다하기 위해서는 상품이나 서비스를 제조 또는 판매하는 공급자와 대등한 지위를 가지고 있어야 하는데 실제로는 공급자보다 훨씬 낮은 지위에 놓여 있기 때문이다.

우리나라에서도 5차례에 걸친 경제개발 5개년 계획을 통하여 국민경제가 대량생산, 대량판매, 대량소비의 단계로 접어들게 됨에 따라 소비자 문제가 사회문제의 하나로 등장하게 되었다. 우리나라에서 소비자문제가 일찍이 사회적인 관심을 끌게 된 데에는 여성단체들이 전개한 소비자보호운동의 공이 컸다고 할 수 있다. 우리나라에서는 소비자보호운동이 1960년대 후반에 주로 여성단체들에 의하여서 시작되었으며, 1980년대에 접어들면서 본격적인 궤도에 오르게 되었다. 한편 정부에서는 1970년대 후반 오일쇼크로 인한 심각한 물가상승에 대처하기 위한 수단으로 소비자보호정책을 적극적으로 추진하게 되었다. 그 결과, 1979년 12월에는 소비자보호법을 제정하였고 이후 수차례 개정을 거쳐 오늘에 이르고 있다.

## 2. 소비자보호법의 주요 내용

### (1) 목 적

소비자보호법은 소비자의 기본권익을 보호하고 소비생활의 향상과 합리화를 실현하기 위하여 국가 · 지방자치단체 및 사업자의 의무를 규정하는 동시에 소비자 및 소비자 단체의 역할과 소비자보호시책에 관한 기본적인 사항을 규정해 놓고 있다.

### (2) 소비자의 기본적 권리

소비자는 스스로의 안전과 권익을 위하여 다음의 권리를 향유한다. 첫째, 모든 물품 및 용역으로 인한 생명 · 신체 및 재산상의 위해로부터 보호받을 권리, 둘째, 물품 및 용역을 선택함에 있어서 필요한 지식 및 정보를 제공받을 권리, 셋째, 물품 및 용역을 사용 또는 이용함에 있어서 거래의 상대방 · 구입 장소 · 가격 · 거래조건 등을 자유로이 선택할 권리, 넷째, 소비생활에 영향을 주는 국가 및 지방자치단체의 정책과 사업자의 사업 활동 등에 대하여 의견을 반영시킬 권리, 다섯째, 물품 및 용역의 사용 또는 이용으로 인하여 입은 피해에 대하여 신속 · 공정한 절차에 의하여 적절한 보상을 받을 권리, 여섯째, 합리적인 소비생활을 영위하기 위하여 필요한 교육을 받을 권리, 일곱째, 소비자 스스로의 권익을 옹호하기 위하여 단체를 조직하고 이를 통하여 활동할 수 있는 권리, 그리고 여덟째, 안전하고 쾌적한 소비생활 환경에서 소비할 권리

### (3) 국가 및 지방자치단체의 의무

국가 및 지방자치단체는 소비자의 기본적 권리가 실현되도록 하기 위하

여 다음과 같은 의무를 진다. 첫째, 관계법령 및 조례의 제정 및 개폐, 둘째, 필요한 행정조직의 정비 및 운영개선, 셋째, 필요한 시책의 수립 및 실시, 넷째, 소비자의 건전하고 자주적인 조직 활동의 지원・육성

### (4) 소비자단체와 한국소비자보호원

#### (가) 소비자단체

소비자는 스스로의 권익을 옹호하기 위하여 단체를 조직하고 이를 통하여 조직적인 활동을 전개할 수 있다. 소비자단체는 다음과 같은 업무를 행한다. 첫째, 국가 및 지방자치단체에 대한 소비자보호시책에 관한 건의, 둘째, 물품 또는 용역의 규격・품질・안전성에 대한 시험・검사 및 거래 조건이나 거래방법에 대한 조사, 셋째, 소비자 문제에 관한 조사・연구, 넷째, 소비자의 교육, 다섯째, 소비자 피해 및 불만처리를 위한 상담・정보제공 및 당사자간 합의의 권고

소비자 단체는 소비자불만 및 피해를 처리함에 있어서 소비자와 사업자간에 합의가 이루어지지 아니할 때에는 상대방소비자를 대리하여 소비자분쟁조정위원회에 분쟁조정을 신청할 수 있다.

#### (나) 한국소비자보호원

한국소비자보호원은 소비자보호시책을 효과적으로 추진하기 위하여 정부의 출연으로 설립된 특수공익법인으로서 다음과 같은 업무를 담당하고 있다. 첫째, 소비자의 불만처리 및 피해구제, 둘째, 소비자 보호를 위하여 필요한 경우 물품 및 용역의 규격・품질・안전성 등에 관한 시험・검사 및 가격 등을 포함한 거래조건이나 거래 방법에 대한 조사・분석, 셋째, 소비자보호와 관련된 제도와 정책의 연구 및 건의, 넷째, 소비생활의 합리화를 위한 각종 정보의 수집과 제공, 다섯째, 소비자보호와 관련된 교육 및 홍보, 여섯째, 국민생활의 향상을 위한 종합적인 조사・연구 및 기타 소비자보호 관련업무

### (5) 피해구제

소비자는 물품의 사용 및 용역의 이용으로 인한 피해의 구제를 한국소비자보호원에 청구할 수 있다. 그리고 국가 · 지방자치단체 · 소비자단체 또는 사업자가 소비자로부터 피해구제청구를 받은 때에는 한국소비자보호원에 그 처리를 의뢰할 수 있다.

한국소비자보호원장은 피해구제청구의 당사자에 대하여 피해보상에 대한 합의를 권고할 수 있으며, 피해구제의 청구를 받은 날로부터 30일 이내에 합의가 이루어지지 않으면 지체없이 조정위원회에 조정을 요청하고 그 결정에 따라 처리하게 된다.

**사 례 4-29** **소비자피해구제**

甲은 乙전자회사 대리점에서 VTR 1대를 구입하였으나 테이프 되감기 작동이 잘 되지 않아 보증기간 내에 수리를 의뢰하였다. 1개월이 지나도록 이를 인도받지 못하여 다른 제품을 교환해 주든지, 아니면 대금을 환불해줄 것을 요구하였으나, 대리점 측에서는 기다리라고만 하고 있다. 甲은 곧 바로 제품의 교환 또는 대금환불을 받고 싶은데 가능한가?

**해설** 소비자보호법 제12조 제2항은 "국가는 소비자와 사업자간의 분쟁의 원활한 해결을 위하여 대통령이 정하는 일반적 소비자피해보상기준에 따라 품목별로 소비자피해보상기준을 제정할 수 있다"라고 규정하고 있으며, 이에 따라 제정된 소비자보호법시행령에 의하면 사업자는 물품 또는 용역의 하자 · 채무불이행 등으로 인한 소비자의 피해에 대하여 다음 기준에 따라 수리 · 교환 · 환급 또는 배상을 하거나, 계약의 해제 · 해지 및 이행 등을 하여야 한다. 첫째, 품질보증기간 동안의 수리 · 교환 · 환급에 소요되는 비용은 사업자가 부담한다. 다만, 소비자의 취급 잘못이나 천재지변으로 인하여 고장 또는 손상이 발생한 경우와 제조자 및 제조자가 지정한 수리점이 아닌 자가 수리하여 제품이 변경 또는 손상된 경우에는 그러하지 아니하다. 둘째, 수리는 지체 없이 하되 불가피하게 지체사유가 있을 때는 이를 소비자에게 통보하여야 한다. 소비자가 수리를 의뢰한 날부터 1월이 경과한 후에도 사업자가 수리된 물품을 소비자에게 인도하지 못할 경우 품질보증기간 이내일 때는 동종물품으로 교환하되 동종물품으로 교환이 불가능한 때에는 환급하고, 품질보증기간이 경과한 때에는 구입가를 기준으로 정액 감가상각한 금액에 100분의 10을 가산하여 환급한다.

따라서 甲의 경우 품질보증기간 내이고 수리를 맡긴 후 1개월이 지난 상태이므로 동종물품으로 교환받을 수 있고, 동종물품으로 교환이 불가능한 때에는 환급받을 수도 있다.

# 제 5 편

# 여성의 근로

제 1 장
# 여성 근로의 현황

## 제 1 절 여성의 근로

모든 사람은 일을 하지 않고서는 이 세상에서 살아갈 수 없다. 갓 태어난 어린아이나 노약자, 또는 병이나 육체적 장애로 노동능력이 없는 사람을 제외하고 모든 사람은 일을 하여야만 하는 것이다. 따라서 여성들도 일을 하지 않을 수 없고, 이 점에 있어서는 남성들과 마찬가지라고 할 수 있다. 즉 지금까지 남성들만이 산업현장에서 직접 일을 한 것은 아니었다는 것이다. 특히 여성 근로자들은 해방 후 열악한 환경하에서도 산업발전에 적극적으로 참가하여 저임금과 조악한 작업환경, 사회적 차별 등에도 불구하고 많은 기여를 해왔다. 이들은 대부분 낮은 교육수준, 사회적 인식의 부족, 가부장제 사고 등에 의하여 많은 차별을 받아 왔으며, 현재에도 보험, 외판, 가정방문학습 등 비정규 직종에 종사하고 있는 사람이 많다.

대체로 볼 때 경제활동인구, 여성의 경제활동참가율, 성별 참가율은 증가추세이다. 이에 비하여 남자의 경제활동참가율은 지난 10년간 계속 증가하다가 1996년에 처음으로 감소하였다. 여성의 경제활동비율은 1996년에 이르러 이제까지의 최고치인 48.7%를 나타냈고, 이후에도 꾸준히 증가하여 2005년의 경우는 50.7%를 나타내고 있다. 따라서 남성의 경제활동참가율을 100으로 볼 때 여성의 참가율을 나타내는 성별 참가율비는 1996년에 64.0%로 그 이전에 비하여 증가추세를 보인 이래 2005년에도 68.1%로 그 추세를 유지하고 있다.

5년 이상의 장기근속자수가 1980년 이래 계속 증가해오다 1996년에 처음으로 감소하였는데, 감소 폭이 여성취업자의 경우가 더 커서 1995년 대비 9.2%나 되어, 여성노동력이 경기 변동에 보다 민감하게 영향받고 있음을 반영하고 있다. 남녀간 임금격차는 감소하는 추세이지만 1996년에는 남성임금의 61.5% 수준이었고, 2000년의 경우에는 62.5%, 2004년은 65.7%로 보고되어 있다. 참고로 보면 2004년의 남성 평균 임금은 1,957,976원, 여성 평균 임금은 1,286,258원이다.

## 제2절 통계로 본 여성근로

### 1. 여성의 경제활동 참가인구 및 참가율

2005년 10월의 우리나라 15세 이상 인구는 남자 1,870만7천명, 여자는 1,976만1천명. 계 3,846만8천명이나, 이 중 경제활동인구는 모두 2,405만6천명인데, 남자 1,395만명이고, 여자는 1,010만6천명이다. 그런데 2000년 10월의 통계에 의하면 당시 경제활동 인구는 총 2,233만2천명으로 집계되어 있다. 이 중 남자는 1,307만5천명, 여자는 925만7천명이다. 아래 표는 2000년과 2005년의 경제활동인구를 대비한 것이다.

경제활동참가인구현황

(단위 : 천명, %)

| | 2000. 10 | 2005. 10 | 대비 | |
|---|---|---|---|---|
| | | | 증 감 | 증감율 |
| 경제활동인구 | 22,332 | 24,056 | 1,724 | 7.7 |
| 남 자 | 13,075 | 13,950 | 875 | 6.7 |
| 여 자 | 9,257 | 10,106 | 849 | 9.2 |
| 비경제활동인구 | 13,929 | 14,412 | 483 | 3.5 |
| 남 자 | 4,504 | 4,757 | 253 | 5.6 |
| 여 자 | 9,425 | 9,655 | 230 | 2.4 |
| 경제활동참가율 | 61.6 | 62.5 | 0.9 | |
| 남 자 | 74.4 | 74.6 | 0.2 | |
| 여 자 | 49.5 | 51.1 | 1.6 | |

※ 자료: 통계청.

또한 전체 경제활동참가율은 62.5%로 5년 전에 비하여 0.9% 증가하였는데, 이를 성별로 보면 남자는 0.2% 증가하였으나, 여자는 1.6% 증가하여 여성의 경제활동이 두드러지고 있음을 알 수 있다.

## 2. 여성취업자 증가

2005년 10월 현재 취업자 현황을 살펴보면 남성은 2000년 10월 대비 86만 5천명이 증가하고 여성은 74만8천명이 증가하였다. 그 사이의 취업증가율은 남성은 6.9%, 여성은 8.3%로서 여성의 취업증가율이 더 크게 나타나고 있다.

취업자 현황

(단위: 천명, %)

| 구 분 | 2000. 10 | 2005. 10 | 대 비 | |
|---|---|---|---|---|
| | | | 증 감 | 증감률 |
| 전 체 | 21,573 | 23,186 | 1,613 | 7.5 |
| 남 자 | 12,554 | 13,419 | 865 | 6.9 |
| 여 자 | 9,019 | 9,767 | 748 | 8.3 |

※자료: 통계청.

## 3. 여성고용불안 심화

종래 취업자의 증가 속에서도 여성 상용직 근로자의 수는 감소하는 경향이 있었으나, 많은 노력의 결과 상용직의 증가는 두드러지고 있다. 반면 임시직 중 여성비율이 높아져 여성의 고용불안이 심화되고 있어서 문제점으로 지적되고 있다.

상용직, 임시직, 일용직 중 여성근로자 비율

(단위: %)

| | 2000. 10 | 2005. 10 | 증 감 |
|---|---|---|---|
| 상용직 | 27.0 | 31.5 | 4.5 |
| 임시직 | 54.5 | 57.2 | 2.7 |
| 일용직 | 50.9 | 48.2 | -2.7 |

※ 자료: 통계청.

제 2 장
# 현행법상의 여성 근로

## 제 1 절　법적 보호의 필요

우리 헌법은 "모든 국민은 법 앞에 평등하며 정치적, 경제적, 사회적, 문화적 생활의 모든 영역에 있어서 성별에 따라 차별받지 아니한다(제11조 1항)"는 일반적 평등 규정 이외에도 여성의 보호를 위해 여러 개의 규정을 가지고 있으나, 그 중에서도 여성의 근로를 특히 보호하겠다는 규정으로는 "여자의 근로는 특별한 보호를 받으며, 고용, 임금 및 근로조건에 있어서 부당한 차별을 받지 아니한다(제32조 4항)"는 규정이 있고, 이 규정과 보완적인 역할을 하는 모성보호에 관한 규정으로서 "국가는 모성의 보호를 위하여 노력하여야 한다(제36조 2항)"는 것이 있다.

이러한 헌법 규정을 토대로 하여 근로기준법, 남녀고용평등법을 비롯한 여러 가지 법령이 제정되어 이에 의해 여성의 근로는 특별히 보호되고 있다. 연혁적으로 보면, 이러한 여성근로자의 보호에 관한 규정은, 인도적·도덕적인 견지에서 약자를 보호하여야 한다는 은혜적 보호정책에서 출발하였다고 한다. 그러나 오늘날에 있어서 이 문제는 여성의 신체적·생리적인 특성을 감안하여 이에 알맞은 특별보호를 하여야 한다는 측면에서 다루어지고 있다.

즉 여성은 임신·출산·보육이라고 하는 특수한 모성기능을 가지고 있고, 이에 수반한 생리적 특성을 가지고 있기 때문에, 이들을 보호하여 모성기능의 저하 내지 파괴를 방지하는 것은 단순히 여성 근로자 자신만을 위한 것이라기보다는 국가적·민족적 차원에서 보호하여야 한다는 것이다.

특히 여성 근로자를 보호하는 규정을 가지고 있는 법을 모성보호 관련법이라고 한다. 여기에 속하는 법으로는 근로기준법과 남녀고용평등법 및 고용보험법이 있다. 이들에 대해 필요한 범위 내에서 살펴보기로 한다.

## 제2절 근로기준법

본래 근로기준법은 근로자를 보호하기 위하여 근로조건의 최소한도를 정하고, 근로계약의 내용을 법정된 최소한도로 한정하는 법이다. 이 법은 특히 사용자에 대해 국가기관이 규정된 내용을 준수하도록 지도·감독하는 동시에 법위반에 대해서는 처벌을 통하여 강제로 준수케 하고 있다.

여성 근로자에 대한 법적 보호도 여성이 특히 남자에 비하여 생리적 내지 신체적으로 약자인 지위에 있으므로 이를 특별히 보호하는 규정을 가지고 있다. 근로기준법에 규정되어 있는 여성 근로자에 대한 보호규정을 살펴보면 다음과 같다.

### 1. 출산휴가

사용자는 임신 중의 여성에 대하여는 출산전후를 통하여 90일의 보호휴가를 주어야 한다. 이 경우, 휴가기간의 배치는 산후에 45일 이상이 되어야 한다(제72조 1항). 이 중 최초 60일은 유급으로 한다(동조 3항). 이는 여성 근로자가 출산전후에 특히 신체적으로 이상이 발생할 가능성이 클 뿐 아니라, 태아의 순조로운 발육에 나쁜 영향을 줄 수 있기 때문에 특히 조심을 하여야 할 것이므로 이 시기의 임산부인 근로자와 태아를 보호하기 위한 규정이다. 따라서 법은 특히 이 시기에 여성 근로자가 직장으로부터 해방되어야 할 필요가 있는 것으로 보고 휴가를 주게 한 것이다. 이 때 출산이라 함은 임신 4개월(85일) 이상 된 근로자가 분만을 하는 경우를 말하며, 사산(死産)이나 유산, 조산의 경우에도 출산으로 취급되어 휴가를 받게 된다. 이 때 60일을 초과하는 휴가를 주는 경우에는 고용보험에서 임금을 지급한다.

이뿐만 아니라, 임신 중의 여성 근로자의 청구가 있는 경우에는 경이(輕

易)한 근로에 전환시켜야 하며, 시간외 근로를 시키지 못한다(동조 4항). 여기서 경이한 근로라 함은 육체적 내지 정신적으로 부담이 적은 근로를 말한다고 할 것이나, 어떠한 것이 경이한가에 대해서는 단적으로 말할 수 없고, 작업장의 구체적인 상황을 고려하여 결정하게 된다.

**사 례 5-1** **출산휴가**

甲은 지방에 있는 모 사립대학교 여성 교직원이다. 작년에 결혼을 이유로 사표를 강요당했으나 지금까지 잘 버티고 있다. 그런데 이번엔 출산을 이유로 퇴사강요는 아니지만 눈치를 주고 있다. 출산을 이유로 4월말에 사표를 쓴 여직원이 있다. 출산을 이유로 사표를 강요하는 것은 남녀고용평등법에 어긋나지 않는가? 또 학교 정관에 보면 출산휴가기간에는 무급휴가라고 되어 있는데 이것은 정당한 것인가?

**해설** 근로기준법에 의거 출산을 이유로 해고할 경우 부당해고로 노동위원회에 구제신청를 하여 권리구제를 받을 수 있으며, 출산휴가는 90일은 유급으로 주어야 하는 것이 근로기준법 제72조에 있으므로 학교정관은 이 점에 있어 법 위반이므로 무효라 볼 수 있다. 따라서 甲이 자진해서 사표를 쓰지 않는다면 나중에 법적으로 이의를 제기할 수 있다.

## 2. 생리휴가

사용자는 여성인 근로자가 청구하는 때에는 월 1일의 유급생리휴가를 주어야 한다(제71조). 이 휴가는 다른 나라에서는 그 유례가 없는 것으로서 우리나라에서 특별히 보호하는 것이다. 이는 여성의 생리적 측면을 보호하기 위한 것으로서, 당해 근로자의 청구가 있는 경우에 주어야 하며, 해당 월의 개근 여부와도 상관없다. 또 여성 근로자이면 모두 이에 해당되므로 일용근로자나 임시근로자에게도 당연히 적용되고, 격일제 근로나 주5일제 근로를 하더라도 이 휴가를 주지 않을 수 없다. 이 휴가는 특별수당으로 대체할 수 없으며, 이 날에 근로자가 자발적으로 근무를 하더라도 가산임금을 받을 수 없는 것이다. 그리고 생리와 무관하게 월 1일의 특정일을 지정하여 쉬게 하는 것도 위법하다.

**사 례 5-2** **생리휴가**

여성근로자가 매월 생리휴가 일자를 불규칙적으로 신청할 경우(예컨대 전달은 30일, 다음달은 5일, 그 다음달은 25일)에도 사용자는 아무런 검토도 못하고 무조건적으로 허가를 해 줘야 하는가? 생리휴가의 악용을 방지하기 위해 해당 여성근로자의 생리주기를 확인할 수 있는 증빙서류의 제출을 해당 여성근로자에게 요구할 수 있는가?

**해설** 생리휴가제도의 취지는 생리시의 정신적, 육체적 영향을 고려하여 여성근로자를 특별히 보호하는데 목적이 있는 것으로 생리현상이 있는 여성근로자에게 부여하는 것이 타당하다. 다만 생리사실 유무의 증명책임은 사용자에게 있다고 보는 것이 노동부의 일관된 견해이다(1989. 11. 7, 근기01254-15552).

## 3. 근로시간 보호

사용자는 18세 이상의 여성을 오후 10시부터 오전 6시까지의 사이 및 휴일에 근로시키고자 하는 경우에는 당해 근로자의 동의를 얻어야 하며(제68조 1항), 임산부와 18세 미만자를 오후 10시부터 오전 6시까지의 사이 및 휴일에 근로시키지 못한다(동조 2항 본문). 밤 10시부터 아침 6시까지의 시간은 신체적으로 휴식을 하여야 하는 시간이고, 또 이 시간에 이루어지는 작업은 풍기상 유해한 작업이 많이 있으므로 이를 제한하고자 하는 것이다. 또 휴일에 근무를 하게 되면 피로가 누적되어 신체와 정신건강에 유해하므로 반드시 휴일에는 휴식을 취함으로써 건강한 가운데 근로를 할 수 있게 한 것이다. 다만 임산부와 18세 미만자에 대한 이러한 제한은 노동부장관의 인가를 얻은 경우에는 적용되지 않는다. 노동부장관의 인가를 얻을 수 있는 경우로는 18세 미만자의 동의가 있는 경우, 산후 1년이 경과되지 아니한 여성의 동의가 있는 경우 및 임신 중의 여성이 명시적으로 청구하는 경우이다(동조 2항 단서).

사용자는 산후 1년이 경과되지 아니한 여성에 대하여는 단체협약이 있는 경우라도 1일에 2시간, 1주일에 6시간, 1년에 150시간을 초과하는 시간 외의 근로를 시키지 못한다(제69조). 통상 근로자는 1주일에 44시간, 1일 8시간을 근무하는 것으로 되어 있고(제49조), 근로시간을 연장하여 근무하는 경우에도 1주간에 12시간을 연장하는 것이 표준으로 되어 있는데(제52조), 여성의 경우에는 이를 더 줄임으로써 보호하고자 하는 것이다. 15세 이상 18세 미만의 여성근로자는 1일에 7시간, 1주일에 40시간을 초과하여 근로하지 못하며, 또 합의로 연장근로를 하는 경우에도 1일 1시간, 1주일에 6시간을 초과하지 못하므로(제67조), 더 두터운 보호를 받고 있다.

## 4. 유해·위험 업무에의 사용금지

사용자는 임신 중이거나 산후 1년이 경과되지 아니한 여성(임산부)과 18세 미만자를 도덕상 또는 보건상 유해·위험한 사업에 사용하지 못하며(제63조 1항), 임산부가 아닌 18세 이상의 여성을 보건상 유해·위험한 사업 중 임신 또는 출산에 관한 기능에 유해·위험한 사업에 사용하지 못한다. 이는 신체적 정신적으로 보호할 필요가 있는 여성이나 소년 근로자를 유해하거나 위험한 작업을 하지 못하게 함으로써 보호하고자 하는 것이다.

사용자는 여성과 18세 미만자를 갱내에서 근로시키지 못한다(제70조). 여기서 갱(坑)이라 하면 광산과 같이 지하에 있는 광물을 시굴 내지 채굴하는 장소 및 지표에 나오지 않고 그 장소에 도달하기 위하여 만들어진 통로를 말한다. 따라서 지하상가와 같은 것은 갱에 해당하지 않으나, 터널과 같은 경우에는 갱에 해당할 경우가 있다. 여성 근로자는 이러한 곳에서 직간접의 작업이나 사무를 보는 것도 할 수 없다.

## 5. 육아시간

생후 1년 미만의 유아를 가진 여성근로자의 청구가 있는 경우에는 1일 2회 각각 30분 이상의 유급수유시간을 주어야 한다(제73조). 이 시간은 통상 여성 근로자가 갓난아이를 스스로 키우는 경우에는 육아시간이 필요하므로 이를 보장하고자 하는 것이다. 법문상 수유시간이라 하고 있지만, 수유뿐만 아니라, 실질적으로 아이를 돌보는 시간이 필요하기 때문이다. 이 때 이 아이는 그 근로자가 스스로 낳은 아이인가의 여부를 불문하며, 기혼인가의 여부도 상관없다. 역시 이 시간은 휴게시간과는 별도로 주어야 한다.

### 6. 해고 등의 제한

산전·후 유급휴가 기간 중의 여성근로자에 대하여는 해고가 제한된다(제30조 2항). 천재·사변 기타 부득이한 사유로 인하여 사업계속이 불가능한 경우로서 노동부장관의 인정을 받은 경우를 제외하고는 산전·산후의 휴직기간과 그 후의 30일 동안에는 여성근로자를 해고할 수 없다. 이와 같이 출산휴가 기간과 그 후 일정기간의 해고를 절대적으로 금지하여 노동력의 상실 및 그 회복기간 동안 여성근로자가 실직의 위협으로부터 벗어나 손상된 모체를 회복하고 업무에 복귀할 수 있도록 하는 취지이다.

## 제 3 절 남녀고용평등법

앞에서 본 근로기준법상의 여성근로자 보호규정은 글자 그대로 여성근로자를 보호하기 위하여 특별히 근로조건을 정하고 있다고 할 수 있다. 이렇게 볼 때 근로기준법은 직장에서 여성근로자가 차별을 받는 데 대해 대책을 가지고 있는 법은 아니다. 물론 근로기준법도 성차별을 금지한 헌법규정을 계승하여 남녀의 차별적 대우를 금지하고 있는 것은 사실이다(제5조). 그러나 이 규정은 구체성을 결여하고 있고, 또 모집·채용에 대해서는 규정을 하고 있지 않아서 그 효과가 크다고 할 수 없었으므로, 이와 별도로 남녀고용평등법을 제정하여 구체적이고도 직접적으로, 그리고 모집단계에서부터 승진 및 정년에 이르기까지 노동의 전 과정에 있어서 여성근로자를 보호하고자 하는 것이다.

남녀고용평등법은 헌법의 평등이념에 따라 고용에 있어서 남녀의 평등한 기회 및 대우를 보장하는 한편 모성을 보호하고 직장과 가정생활의 양립과 여성의 직업능력개발 및 고용촉진을 지원함으로써 남녀고용평등실현을 목적으로 하고 있다(제1조). 이 법은 특히 남녀간의 차별을 금지하고 있는데, 이 법에서 "차별"이라 함은 사업주가 근로자에게 성별, 혼인 또는 가족상의 지위, 임신 등의 사유로 합리적인 이유 없이 채용 또는 근로의 조건을 달리하거나 기타 불이익한 조치를 취하는 경우를 말한다. 사업주가 채용 또는 근로의 조건은 동일하게 적용하더라도 그 조건을 충족시킬 수 있는 남성 또는 여성이 다른 한 성에 비하여 현저히 적고 그로 인하여 특정 성에게 불리한 결과를 초래하며 그 기준이 정당한 것임을 입증할 수 없는 경우에도 이를 차별로 본다(제2조 1항). 그러나 직무의 성질상 특정 성이 불가피하게 요구되는 경우, 근로여성의 임신, 출산, 수유 등 모성보호를 위한 조치를 취하는 경우, 현존하는 차별을 해소하기 위하여 국가, 지방자치단체 또는 사업주가 잠정적으로 특정 성을 우대하는 조치를 취하는 것은 이 법에서 말하는 차별로 보지 아니한다(동조 1항 단서).

## 1. 고용에 있어서의 평등한 기회 부여

사업주는 근로자의 모집 및 채용에 있어서 여성에게 남성과 평등한 기회를 주어야 한다. 사업주는 여성근로자를 모집·채용함에 있어서 모집·채용하고자 하는 직무의 수행에 필요로 하지 아니하는 용모·키·체중 등의 신체적 조건, 미혼조건 기타 노동부령이 정하는 조건을 제시하거나 요구하여서는 아니 된다(제7조). 여기서 모집 내지 채용이라 함은 신문이나 방송 등을 통한 광고모집이나 직접모집뿐만 아니라 직업안정기관을 통한 구인신청, 위탁모집, 연고채용 등 명칭이나 방법에 관계없이 사업주가 불특정인에게 근로조건을 제시하고 근로를 권유한 후(募集), 이들을 대상으로 시험 등을 거쳐 특정인을 선정하여 근로계약을 체결하는 것(採用)을 말한다.

이러한 단계에서 차별로 인정되는 유형을 대략적으로 살펴보면, 첫째, 여성에게는 전적으로 모집·채용의 기회를 주지 않는 경우, 둘째, 직종별로 남녀를 분리 모집하거나 성별로 채용인원을 배정함으로써 특정 직종에 여성의 채용기회를 제한하는 경우, 셋째, 배우자나 보호자의 취업동의서 또는 보증 등을 요구하는 것과 같이 여성에게만 제한적 조건을 부과하는 경우, 넷째,

남성만을 지칭하는 모집직종을 제시하여 모집하는 경우, 다섯째, 학력이나 경력 등이 같음에도 불구하고 여성을 남성보다 낮은 직급이나 직위에 모집하는 경우 등이 있다.

그러나 직무의 성질상 남자가 아니면 업무의 정상적 수행이 곤란한 경우이거나, 근로기준법 등에 의해 여성의 채용이 금지된 직종에 모집을 하는 경우에는 남성만을 모집하더라도 성차별로 보지는 않는다.

**사 례 5-3** **채용에 있어서의 남녀차별**

甲은 乙회사의 사원 모집광고를 보고 서류를 준비하여 원서를 접수하러 본사로 방문을 하였더니 과장이라는 사람이 甲이 원한 직종에는 남자만 뽑는다며 서류를 보지도 않고 돌아가라고 한다. 甲은 왜 남자만 모집한다는 문구를 안 넣었느냐고 물었더니 모른다고 한다. 이런 경우 대처할 방법이 없을까?

**해설** 乙회사에서 남자만을 채용하는 것은 명백히 남녀차별금지에 위배되는 행위이다. 노동부에서는 채용상의 남녀차별행위를 여성에게 기회를 주지 않는 것, 예를 들어 ① 남자사원모집. 사무직 남자 00명 모집. 병역필한 남자에 한함. ② 관리, 사무직 남자 0명, 판매직 여자 0명 또는 판매직 남자 00명, 여자 0명. ③ 남녀사원모집. 남자는 25-35세, 여자는 25세 이하(단, 여자는 미혼에 한함) 등과 같이 모집하는 것을 차별로 분류해 놓고 있다.

甲은 위의 사실이 남녀고용평등법에 위배된다는 것을 주장하여 시정을 요구해 보고 안 되면 이 법 위반으로 노동부에 고소할 수 있다.

## 2. 직장에서의 평등 대우

사업주는 동일한 사업 내의 동일가치의 노동에 대하여는 동일한 임금을 지급하여야 한다(제8조 1항). 여기서 동일가치노동이라 함은 남녀간의 노동이 동일하거나 거의 성질이 같은 경우, 또는 두 업무가 다소 다르더라도 직무평가 등의 방법에 의해 본질적으로 동일한 가치가 있다고 인정되는 노동을 말한다. 이러한 판단을 하기 위해서는 노동을 하기에 필요한 기술, 노력, 책임 및 작업조건 등이 기준으로 된다. 따라서 동일한 가치의 노동임에도 불구하고 남성보다 임금을 적게 주거나, 임금에 속하는 수당 내지 보조금품을 줄 때 차별하는 경우, 호봉산정·승급 등에 있어 차별을 하거나, 모성보호

규정에 따른 지출이 많음을 이유로 임금을 적게 주는 경우, 심지어 군복무자에 대해 호봉을 가산하는 경우에도 그 가산의 정도가 복무기간을 상회하거나 면제자 내지 미필자에게도 호봉을 가산하는 경우 등은 차별로 간주된다.

또 사업주는 임금 외에 근로자의 생활을 보조하기 위한 금품의 지급 또는 자금의 융자 등 복리후생에 있어서 남녀를 차별하여서는 아니 된다(제9조). 이는 생활자금이나 교육자금 등 근로자의 복지증진을 위한 자금의 융자, 근로자의 복지증진을 위하여 지급하는 금품, 근로자의 재산형성을 위한 금전지급 등 임금으로 볼 수는 없으나 제공조건이 명확하고 경제적인 가치를 갖는 경우에도 차별을 하지 못하도록 한 것이다.

사업주는 근로자의 교육·배치 및 승진에 있어서 남녀를 차별하여서는 아니 된다(제10조). 교육이나 배치, 승진은 기업 내의 인력을 효율적으로 활용하고 책임자 육성을 위해 불가결한 인사관리 수단이므로 이 부분에 차별이 있으면 궁극적으로 직장생활 전반에 걸쳐 차별이 생기게 되는 것이다. 결국 이러한 방면에 차별을 금지함으로써, 여성들도 결혼하면 퇴직하는 것이 아니라, 회사에 애착을 가지고 자기개발을 함으로써 장기근속과 생산성 향상이라고 하는 결과를 이루어낼 수 있을 것이다. 여기서는 특히 여성이라는 이유에 의한 차별뿐만 아니라, 혼인, 임신, 출산이라고 하는 이유로 차별을 할 수 없도록 한 것이 주목된다.

사업주는 근로자의 정년·퇴직 및 해고에 있어서 남녀를 차별하여서는 아니 된다. 사업주는 근로여성의 혼인, 임신 또는 출산을 퇴직사유로 예정하는 근로계약을 체결하여서는 아니 된다(제11조). 이로써 여성의 정년을 남성보다 낮게 하거나, 혼인·임신·출산 등을 이유로 해고하는 경우, 합리적 이유 없이 여성을 우선적으로 정리해고하는 경우가 법위반으로 다루어지게 되며, 또 혼인·임신·출산 등을 이유로 퇴직하게 하는 근로계약을 체결하지 못하는 것이다.

**사 례 5-4** **임금과 진급에 있어서의 차별**

회사에서 임금과 진급에서 차별을 받고 있는 여성이다. 호봉의 체계와 초봉이 다음과 같다면 구제를 받을 방법이 있는가?

① 호봉 체계: 남녀 단일 호봉이 아니라 남자는 6급부터 시작해서 계속 올라간다. 그런데 여자는 6급뿐이다(취업규칙에는 6급사원으로 되어 있다). 위법인 것을 알고 있으나 이의를 제기한다면 법적으로 보호를 받을 수 있는가?

② 남녀의 초임: 동일 학력의 남녀의 임금이 다르다. 같은 직급의 남자 직원이 지금은 2명밖에 없다. 여자 사원들은 승진이 되지 않으므로 업무 보조의 역할이 대부분이다. 그렇다고 6급 남자 사원들도 특별히 다를 것도 없다.

**해설** 동일노동, 동일가치는 단순히 여성이라는 이유만으로 차별하는 것을 금지하고 있으므로 학력, 업무의 난이도, 능력에 따른 차별은 가능하다. 따라서 업종에 따른 차별이나 학력을 근거로 한 차별이 아닌 단순히 여성을 이유로 한 승진제한을 두고 있다면 남녀고용평등법에 위배된다고 할 수 있다.

## 3. 모성보호 및 복지시설

남녀고용평등법은 모성보호를 위하여 산전후 휴가 급여, 육아휴직, 보육시설, 복지시설 등에 관한 규정을 두고 있다.

국가는 근로기준법에 의한 산전후휴가 또는 유산·사산 휴가를 사용한 근로자 중 일정한 요건에 해당하는 자에게 당해 휴가기간에 대하여 통상임금에 상당하는 금액을 지급할 수 있다(제18조 1항). 이를 산전후휴가급여라 하는데, 사업주는 여성근로자가 이러한 급여 등을 받고자 하는 경우에 관계서류의 작성·확인 등 제반 절차에 적극 협력하여야 한다(동조 3항).

사업주는 생후 1년 미만의 영아를 가진 근로자가 그 영아의 양육을 위하여 휴직을 신청하는 경우에 이를 허용하여야 한다(제19조 1항). 이 때 그 영아를 근로자가 직접 낳지 않아도 무방하며, 법률상 혼인 중이 아닌 때에도 같다. 다만 이 휴직은 육아를 위한 것이므로 휴직의 목적이 따로 있을 때에는 휴가를 주지 않을 수도 있다. 육아휴직은 산전후의 휴가와 무관하나, 그 전에 당해 영아를 위하여 육아휴직을 한 적이 없어야 한다. 휴직기간은 1년으로 하되, 당해 영아가 생후 1년이 되는 날을 경과할 수 없다(동조 2항). 사업주는 육아휴직을 이유로 해고, 기타 불리한 처우를 하여서는 아니 되며,

육아 휴직 기간 동안은 당해 근로자를 해고하지 못한다(동조 3항). 사업주는 육아휴직 종료 후에는 휴직 전과 동일한 업무 또는 동등한 수준의 임금을 지급하는 직무에 복귀시켜야 한다. 또한 육아휴직기간은 근속기간에 포함한다(동조 4항).

사업주는 근로자의 취업을 지원하기 위하여 수유·탁아 등 육아에 필요한 보육시설을 설치하여야 한다(제21조 1항). 이러한 직장보육시설은 여성근로자가 원활하게 아이를 보육하면서 직장생활을 하게 한다는 측면에서 설치하여야 하는 것이다. 이러한 시설은 상시 여성근로자 300인 이상 또는 근로자 500인 이상을 고용하고 있는 사업장에 설치하게 되어 있다(영유아보육법 시행령 제20조 1항).

국가와 지방자치단체는 근로여성을 위한 교육·육아·주택 등 공공복지시설을 설치할 수 있다(제22조 1항).

## 제4절 고용보험법

고용보험법에서는 육아휴직급여 및 산전후 휴가급여를 고용보험에서 지급하여 모성보호비용의 사회분담화 계기를 마련하였다. 종전의 근로기준법은 산전후 휴가기간을 60일로 하고 그 사이의 임금을 기업이 전액 부담하도록 하고 있었으나, 현행법은 산전후 휴가를 90일로 확대하면서 늘어나는 30일분에 대해서는 고용보험에서 휴가급여를 지급하도록 하였다(제55조의8).

또한 육아휴직을 30일 이상 부여받은 근로자는 고용보험에서 육아휴직급여를 지급받음으로써 근로자가 고용 중단 없이 자녀 양육을 할 수 있는 직장과 가정을 양립할 수 있는 기반을 마련하였다(제55조의2).

제 3 장

# 여성 근로의 현실과 대책

## 제 1 절 여성 근로의 현실

### 1. 여성 근로자에 대한 사회적 인식

최근 여성 근로자의 수가 급증하고 있는 것은 여러 가지 측면에서 고무적인 현상이라 할 수 있다. 국민의 절반 이상을 점하는 여성 노동력이 가사에 얽매이거나 특별히 생산성이 없는 노동에 투입되어 국가나 사회발전에 이바지하지 못하는 것은 인력낭비의 측면이 클 뿐 아니라, 여성 개인 스스로도 발전하지 못함으로써 얻을 수 있었던 기회를 상실하는 것이기 때문이다. 이렇게 볼 때, 앞으로도 여성근로는 증가되어야 할 것이고, 또 법제도 이러한 방향으로 발전할 것으로 생각된다.

그러나 아직까지 여성 근로자에 대한 인식은 그에 따라가지 못하고 있는 실정이다. 소극적으로 여성들이 할 일은 가사뿐이라고 하는 사고에서부터 극단적으로는 여성 근로자가 남성의 일을 빼앗아갔다는 적대적 사고까지 여성근로자의 근로에 대해 못마땅하게 생각하거나 적어도 바람직하지 않다는 생각이 적지 않게 이 사회에 돌아다니고 있는 실정이다.

이러한 사고의 근저에는 여성이 남성에 비하여 능력이 뒤떨어진다는 생각이나, 여성의 사회진출을 꺼리는 전근대적 사고가 있는 것은 물론이나, 한편 여성들도 스스로 자신의 일을 사랑하고 적극적으로 일함으로써 그 일에서 성취감을 맛본다는 태도를 취하지 않아 왔다는 데에도 이유가 있다고 한다. 일을 하지 않아도 시집만 잘 가면 된다거나, 어차피 여성들은 차별받으므로 굳이 일을 열심히 배워서 할 필요가 없다는 것, 또는 여성들은 보호받아야 하므로 힘든 일은 남성들에게 맡기고 스스로 하기 쉬운 일만 하겠다고 하는 것은 어떻게 보더라도 바람직한 태도라고 할 수 없다.

따라서 여성 근로에 대한 인식은 일부 여성 운동가들의 역할에 의해서가 아니라, 여성 전체가 스스로 자신의 몫을 스스로 확보하고 또 일을 통하여 기여한다고 하는 인식을 할 때 비로소 변화될 수 있을 것이다.

## 2. 여성 근로자의 실상

1997년 우리나라는 외환위기를 겪음으로써 혹독한 경제적 어려움을 맛보아야 했다. 이 시기에는 어느 누구도 경제적으로 자유로운 사람은 없었다고 할 수 있다. 언제까지나 발전할 것으로 생각했던 국가경제가 휘청거렸으며, 대기업, 중소기업을 막론하고 수많은 회사들이 문을 닫았으며, 그 와중에서 엄청난 수의 근로자들이 직장을 잃고 거리로 내몰렸다. 회사가 부도로 무너진 경우뿐만 아니라, 그렇지 않은 회사들도 구조조정이라는 이름 하에 몸집 줄이기에 나섰고, 근로자들은 아무 말도 못하고 자신이 몸바쳐서 일하던 회사에서 아무 대책 없이 쫓겨났다.

당시의 여성 근로자들은 더욱 사회로부터 비참한 대접을 받았는데, 그 예를 몇 가지 들어보면, 구조조정이라는 명목 하에 이유 없이 해고하거나, 정규직에서 계약직 내지 임시직으로 전환하는 경우, 여성 근로자를 남성 근로자보다 우선적으로 해고하고, 임금이 많은 장기 근속자를 우선적으로 해고하였으며, 부부 근로자를 우선 해고하는 것 등이 있었다. 물론 당시 경제사정이 극단적으로 곤란하였기 때문에 구조조정은 불가피하였다고 할 수 있으나, 또한 많은 회사들이 해고 회피 노력 없이 해고를 하였으며, 더 나쁜 것은 이를 틈타 여성 근로자들을 이유 없이 우선적으로 해고함으로써 성차별적 경향을 나타냈다.

이러한 현상은 경제상황이 호전되고 있는 오늘날에 있어서도 크게 달라졌다고 하기 어렵다. 종전에 비해 여성 근로자의 수는 증가하였으나, 많은 수의 여성들은 비정규직으로 일하고 있고, 임금이나 승진 등에서 차별을 받고 있다.

노동부 자료에 따르면 2005년 현재 남성 비정규직이 274만명(비정규직 전체의 49.9%), 여성비정규직이 275만명(50.1%)로 서로 비슷하지만, 각 성별 전체임금근로자 대비 비정규직 비중은 여성(43.7%)이 남성(31.5%)보다 높고, 특히 시간제(73만6천명), 특수형태근로(39만4천명)의 경우 여성이 남성보다 많아서 문제가 심각하다.

**사 례 5-5** **정당한 사유 없는 해고**

다음과 같은 이유로 해고하였다면 정당한 것이라고 할 수 있는가?

① 회사의 분위기 전환을 위해 여직원들을 바꿔야겠다며 20개월 이상을 근무한 사무직 여직원에 대해 사직서를 강요한 경우.

② 철강무역업에 종사하고 있는 여직원이 업무평가에서도 월등히 좋은 성적을 받았는데 회사 간부가 사직을 강요한 경우. 이유는 '여성이므로 철강무역업에 어울리지 않는다는 것'이다.

③ 기숙사에서 담배를 피웠다는 이유로 해고한 경우.

**해설** 위에서 본 사례들은 모두 근로기준법상의 "정당한 이유 없이 해고 … 하지 못한다"(제30조)는 규정을 위반한 것으로서 위법하다. 뿐만 아니라, 성차별에 의한 해고의 성격이 강하므로 노동청의 중재를 신청하고, 소송으로 해고무효를 청구할 수 있다.

## 제 2 절 가사노동

### 1. 가사노동의 의의

대체로 지금까지는 여성들이 가사를 전담해왔다고 할 수 있는데, 전반적으로 가정을 꾸리는 이와 같은 일들을 가사노동이라 할 수 있다. 주부들이 하는 가사노동을 보면 밥짓기, 빨래하기, 청소하기 등을 비롯하여, 육아 내지 가정경제를 꾸리는 데 이르기까지 이르고 있다. 이러한 가사노동은 지금까지 여성이 전담하는 것으로서, 그다지 가치를 가지지 않는 것으로 인정되어 왔다. 그러나 가사노동도 엄연한 노동이고 그 가치를 가지고 있음은 두말할 필요도 없을 것이다.

2002년의 통계청의 통계에 의하면 47.7%의 한국 여성들은 여성취업의 가장 큰 장애요인은 가사 및 육아부담이라고 말하고 있다. 이를 보면 가사노동이 얼마나 여성들에게 짐이 되어 왔는지를 알 수 있는데, 2004년의 경우, 한국 여성의 가사노동시간은 하루 평균 4시간 9분이다. 이에 비해 남자는 46분을 가사노동에 보내고 있다. 취업여성의 가사노동 시간은 가정관리에 2시간 28분, 가족 보살피기에 1시간 10분 도합 3시간 38분이고, 미취업인 전업주부의 경우 하루 가사노동 시간은 가정관리에 3시간 51분, 가족 보살피기에 2시간 24분 도합 6시간 15분으로 조사되었다.

한국인의 가사노동시간(2004년)

(단위: 시간:분)

| 구 분 | | 남 성 | 여 성 | 전 체 |
|---|---|---|---|---|
| 가사노동 | 가정관리 | 0:24 | 2:50 | 1:39 |
| | 쇼핑및서비스 | 0:08 | 0:23 | 0:16 |
| | 가족보살피기 | 0:14 | 0:56 | 0:36 |
| | 소 계 | 0:46 | 4:09 | 2:31 |

※ 자료: 통계청.

## 2. 가사노동의 평가

### (1) 가사노동의 평가액

여성부, 한국여성개발원, 유엔개발계획UNDP은 2001년 4월 통계청이 발표한 「국민생활시간조사보고서」 가운데 여성의 가사노동시간 통계를 토대로 전업주부의 가사노동 평가액을 산출, 제시했는데, 이 「여성의 무급노동평가와 정책화 방안」 연구보고서는 "전업주부 가사노동 평가액은 평가방식에 따라 차이가 있으나 연간 60조-70조원"이라고 하고, 이는 "전체 국내총생산GDP의 13-15% 수준이며 우리나라 임금총액의 30-35%에 해당한다"고 하고 있다. 이 보고서에 의하면 전업주부 한 명의 가사노동 월평균 가치를 최저 85만6천원에서 최고 102만6천원으로 산출하고 있다. 한편 「2004 생활시간조사 종합분석결과 학술세미나」에서 발표된 「여성 무급가사노동의 가치평가와 가계생산의 국민소득계정 통합 연구」에 따르면 2004년 전체 여성의 무급 가사노동의 가치는 월 1인당 약 69만원 정도, 전업주부의 무급 가사노동의 가치는 월 1인당 약 111만원 정도로 평가된다고 한다.

### (2) 가사노동의 평가에 관한 논란

주부의 가사노동 가치는 오랫동안 지속돼온 논란거리다. 끝없이 이어지는 집안일의 경우 들이는 노력과 시간에 비해 과소평가되어 왔기 때문이다. 특히 외환위기 이후 전업주부의 가사노동 가치는 더욱 평가절하된 감이 짙다.

구체적인 경제활동으로 인한 적극적 수입만 중시한 결과 미혼남성을 대상으로 한 「이상적인 아내상」 앙케트에서 위기의 남자를 이해할 수 있는 인간성과 경제력을 함께 갖춘 여성이 꼽히고 직업 없이 살림만 하는 여성은 최악의 배우자로 지적됐을 정도이다.

가사노동이 실생활에서 어떻게 평가되고 있는가에 대해서는 판결과 보험을 통한 평가액이 참고자료가 될 수 있다. 가사노동의 평가는 주로 사고에 의해서 가사노동을 수행하지 못하게 될 때 손해배상 및 손실보상의 문제와 관련되어, 판결의 근거로 이용되며 또한 보험회사의 보험금의 산정 및 지급기준으로도 이용된다.

### (3) 가사노동 평가의 과제

가사노동 가치평가와 관련하여 다음과 같은 문제를 해결하여야 할 것이다.

첫째, 경제활동의 평가를 화폐단위에서 벗어나 생활의 질이나 복지증진에 두는 개념이 필요하다. 현재 우리나라의 국민계정체계System of National Accounts는 가사노동을 경제활동으로 가시화시키지 않고 있다. 이와 같이 가사노동을 경시하는 지표는 수정되어야 한다.

둘째, 가사노동의 가치를 적절히 평가할 수 있는 측정단위를 세분화해야 한다. 가사노동에 소비한 시간 조사를 통해 가치를 추정하는 작업을 할 때 가사노동의 개념이나 내용을 확정해야 한다.

셋째, 주부를 하나의 직업으로 인정하지 않는 직업분류체계의 모순을 시정해야 한다. 가사노동의 내용이나 시간이 정확히 조사되었다 하더라도 가사작업에 대응되는 시장노동자의 직업을 선정하는 문제가 생긴다. 가사노동의 가치추정을 위하여 주부직을 대체할 수 있는 직종을 선정하거나 가사노동의 하위영역을 각각 대체할 수 있는 직업군을 선정해야 한다.

## 3. 가사분담의 문제

가사노동이 주부들의 전업이 된 것은 여성들이 가사에 더 적합하다는 논리에 근거를 둔 것이나, 이 때문에 여성들의 사회진출은 거의 막혀있다고 해도 과언이 아니다. 여성들은 당연히 가사를 담당하여야 하는 것으로 되어 있기 때문이다. 전업주부는 물론, 심지어 남편과 마찬가지로 직업을 가지고 있는 여성들의 경우에도 퇴근해서 오면 그 때부터 가사를 전담하여야 하는 문제가 있다.

이 문제를 해결하기 위해서는 남성들도 가사를 분담해야 할 것이지만, 남성들이 가사를 분담하기 위해서는 가사가 여성들만의 일이 아니라는 것이 인식되어야 할 것이고, 여성들의 사회진출이 궁극적으로 여성 자신뿐 아니라, 가정경제에 도움이 된다는 인식의 전환이 필요할 것이다.

**사 례 5-6** **빚 안갚으려 부인 명의로 재산 넘겼더라도 절반은 아내 몫**

H증권 지점장이던 甲은 모 협동조합 간부가 공금으로 주식투자를 하는 사실을 알고도 모른 척하다가 소송에 휘말렸고, H증권은 협동조합 측에 2억원의 손해를 배상했다. H증권은 甲이 자신에게 구상권을 청구할 것을 예상해 아파트를 그의 아내 乙명의로 변경하자 甲乙 부부를 상대로 사해행위 취소 및 구상금 청구 소송을 냈다. 이 소송에서 乙은 자신의 몫을 주장할 수 없는가?

**해설** 여기서 사해행위란 채무자가 고의로 재산을 줄여 채권자가 충분한 변상을 받을 수 없도록 만드는 행위를 뜻한다. 이러한 사해행위를 하게 되면, 소송에 의해 취소되고, 받은 재산은 반환하지 않으면 안 된다. 따라서 원칙적으로 乙은 甲에게 아파트를 돌려주어야 한다. 그런데 위와 같은 사례에서 서울남부지법은 H증권이 회사에 손실을 끼친 전 직원 甲과 아내 乙을 상대로 낸 사해(詐害)행위 취소 및 구상금 청구 소송에서 “피고 乙은 남편에게 아파트 지분의 절반을 넘겨주고 甲은 2억1,000여만 원을 원고에게 지급하라"고 판결했다. 재판부는 "피고 乙은 가사노동을 하며 10여 년 만에 아파트를 마련한 만큼 아파트 지분의 절반에 해당하는 권리가 인정된다"며 "甲의 불법행위 이전에 이 권리가 성립됐기 때문에 남편 몫인 절반만 사해행위에 해당된다"고 밝혔다. 이는 이혼으로 인한 재산분할시 인정받아 온 여성의 가사노동 가치를 혼인 중에도 인정한 판결로서 주목된다.

따라서 甲이 빚을 갚지 않기 위해 아내 乙 명의로 재산을 넘겼더라도 乙은 자신의 가사노동가치에 해당하는 절반은 채권자에게 돌려줄 필요가 없다.

## 제3절 여성 취업의 증가 촉진 대책

앞에서 본 바와 같이 여성의 경제활동 인구는 계속 증가하고 있다. 한편 외국의 여성 경제활동 참여율은 2003년을 기준으로 일본 59.9%, 독일 64.5%, 미국 69.7%로 한국의 52.8%를 앞서고 있으나, 우리나라도 앞으로 더욱 증가할 것으로 보인다. 한편 통계청의 '경제활동인구연보'에 따르면, 2003년을 기준으로 여성의 취업 직종 분포는 전문기술행정직 17.0%, 사무종사자 16.4%, 서비스·판매직 37.2%, 농업·임업 및 어업숙련종사자 9.1%, 기능원·기계조작원 및 조립원 8.1%, 단순노무자 12.3% 등으로 다양하다. 이를 볼 때 여성취업의 증가 및 구조개선을 위해서 노력을 할 필요가 있다고 생각된다.

다만 여기서 여성 취업의 증가 촉진 대책은 강제적인 것이어서는 곤란하다는 점을 지적해 두고자 한다. 어차피 여성들도 많은 수는 기업체 등에 고용될 수밖에 없다면, 기업주들에 대해 여성인력을 고용하는 것이 스스로에게 이익이 되도록 하여야 하는 것이지, 강제적으로 여성을 취업시키라고 강요하는 것은 곤란하다는 것이다. 법적 강요는 한시적으로는 효과가 있을지 모르나 궁극적인 대책은 될 수 없다. 여성 근로자를 고용하는 것이 비용이 많이 들고, 근로조건이 까다롭다고 생각하는 한 많은 기업주들은 법에 정해진 수의 여성근로자를 채용하기보다는 부과금을 내는 쪽을 선택하게 되는 것이다. 이 점은 우리에게 많은 시사를 해주고 있다.

### (1) 정부에 의한 법적 대책 수립

정부는 근로기준법이나 남녀평등고용법을 통하여 성희롱 등 성차별을 금지하고, 이유 없는 임금 차별을 금지하고 있으며, 탁아 시설, 육아 휴직 제도 등 여성인력의 산업 노동력화를 위한 적극적 정책을 지원하고 있다. 또 고용 보험 제도의 시행과 더불어 취업 알선 기관에 여성 취업 전담 창구를 개설하게 된다. 또한 재택 근무, 탄력적 근로시간, 시간 근로제의 정착, 기혼 여성의 재고용 등 부족한 산업 인력확보를 위한 다양한 제도를 계획 또는 추진 중에 있다.

### (2) 취업정보의 확산

충분한 취업 정보의 유통은 특히 시간제, 재택근무 등에 충분한 일거리를 제공하는데, 즉 구직자의 다양한 기술과 능력을 발휘할 기회를 쉽게 찾고, 고용주는 정기 또는 비정기적 다양한 종류의 인력을 공급받을 수 있게 한다.

대량의 컴퓨터 데이터베이스가 구축될 경우에는 전화를 컴퓨터와 연결하여 가정에 앉아서도 충분히 취업정보를 등록하거나, 취업센터로부터 정확하고 신속한 정보를 예약제도로 제공받을 수도 있게 된다. 즉 가정에서 사용하기 편리한 전화로 시간제나 재택근무가 가능한 일거리를 항상 쉽게 찾을 수 있는 데이터베이스와 취업센터가 충분히 마련되면, 이는 여성 유휴인력을 산업인력화하는 매우 경제적이고 효율적 방법이 될 것이다.

### (3) 새로운 대응능력 확보

여성들도 이러한 변화의 적극적 수용을 통하여 새로운 대응능력을 길러 기회를 포착하는 것이 필요하다. 따라서 새로운 정보기기나 뉴미디어의 이용방법을 익히고, 창의적 · 능동적 노력을 하여야만 이 사회에서 여성의 지위를 향상시키고 그에 수반하여 스스로도 발전하게 되는 것이다.

제 6 편

# 민사분쟁의 해결

법률가가 아닌 보통 사람이 법에 대해 심각히 생각하는 것은 법적인 “문제”가 발생한 때일 것이다. 즉 타인과의 사이에서 법적 분쟁이 발생하고, 이를 해결하기 위하여 법을 접하는 것이 보통이라는 것이다. 물론 좀 더 준비성이 있는 사람이라면 법적 분쟁이 생기기 전에 이를 예방하기 위하여 법을 접하기도 한다. 이렇게 본다면 결국 법은 일반인에게 있어서는 그 자체 분쟁의 해결을 위하여 존재한다고 보아도 좋을 것이다. 다시 말하면 법의 가장 핵심적인 기능 중의 하나는 분쟁을 해결하는 데 있다.

여성이 이 세상에서 접할 수 있는 법적인 분쟁은 남성과 다를 바 없다. 여성이 사회생활을 하거나 사업을 한다면 그에 관련하는 어떠한 법률문제도 발생할 수 있는 것이고, 이 때에는 특히 여성과 관련된 법률문제에 한정할 필요가 없다. 그러나 여기서는 여성이기 때문에 많이 접하게 되는 분야를 중심으로, 가사소송절차와 민사소송절차를 살펴보기로 한다. 이 중 가사소송절차는 주로 친족법과 같은 가족법에 관한 문제가 발생하였을 때 해결하는 절차라고 할 수 있겠고, 민사소송절차는 일반적인 민사사건 특히 재산관련 분쟁을 해결하는 절차라고 할 수 있겠다. 따라서 민사소송절차를 살펴보면서 소송을 통하지 않고 분쟁을 해결하는 조정이나, 재판상의 화해, 독촉절차 등에 대해서도 고찰하기로 하겠다.

제 **1** 장
# 가사소송

## 제 1 절 가사소송 일반

### 1. 가사소송의 의의

가사소송은 가정의 구성원인 가족 내지는 친족 사이에 발생하는 각종의 사법적 사건에 관한 소송을 말한다. 이렇게 볼 때 그 주요한 영역은 소위 가족법, 다시 말하면 민법 친족편과 상속편에 관한 분쟁들이 될 것이다. 즉 혼인, 친자, 후견, 친족회, 부양, 호주의 승계 등 친족편에 관한 사건과, 상속, 유언 등 상속편에 관한 사건에 대한 소송과 심판절차가 가사소송의 중심을 이루게 된다.

한편 가사소송법에 가사소송사건으로 규정된 사건들을 가사소송이라고 할 수도 있는데, 이렇게 볼 때에는 앞에서 본 것들 외에, 능력, 부재 내지 실종 등의 사건과 가사소송법이 필요에 의하여 가사소송사건으로 규정하고 있는 몇 가지 사건들도 가사소송사건이라고 하게 된다.

### 2. 가사소송의 목적

가사사건을 국가가 소송에 의하여 해결하는 것은 자칫하면 국민의 인격을 침해하기 쉽다. 소송으로 가장 인간의 내밀한 부분인 가정이나 혈연 등에 관련한 문제를 다루어야 하기 때문이다. 따라서 가사소송은 국민의 인격을 존중하는 것이어야 하며, 남녀의 차별을 하는 것이어서는 안 된다. 한편 가사소송은 사회의 단위인 가정을 파괴하는 것이 아니라, 그 평화를 유지하고 보존하는 것이 목적이 되어야 한다. 따라서 가사소송법은 "인격의 존엄과 남여의 평등을 기본으로 하고 가정평화와 친족상조의 미풍양속을 유지 향상"하는 것을 독적으로 한다고 규정하고 있다(가사소송법 제1조 참조).

## 3. 가사사건의 종류

가사사건은 그 실체법적 기반에 따라, 혼인관계사건, 친자관계사건, 후견관계사건, 그리고 친족회관계사건 등의 친족법관계사건과 상속관계사건, 유언관계사건 등의 상속법관계사건, 그리고 능력, 부재, 실종 등의 민법총칙관련사건 등으로 나누어볼 수 있으나, 여기서는 형식적 분류라고 하여 가사소송법상의 분류방법에 따라 살펴본다.

이에 의하면 가사사건은 가사소송과 가사비송사건으로 나눌 수 있다.

### (1) 가사소송사건

가사소송사건은 소송절차에 의하여 심리하여, 판결로 재판하는 사건이다. 소위 <가>·<나>·<다>류 사건이 이에 속한다.

#### (가) 〈가〉류 가사소송사건

이들 중 <가>류 사건은 가장 공익적 성격이 강하고 국가의 후견적 배려의 필요가 있는 것들로서 직권주의에 의하여 심리하는 것이 타당한 사건으로 당사자의 임의처분이 불가능한 사건들이다. <가>류 사건에 속하는 것들은 다음과 같다. 혼인의 무효, 이혼의 무효, 인지의 무효, 친생자관계존부확인, 입양의 무효, 파양의 무효, 후견인의 순위확인

**사 례 6-1** **자신도 모르게 된 혼인신고의 효력**

저도 모르게 혼인신고를 당하였습니다. 남자친구와 좋아서 살기로 했지만, 이럴 때 사실혼 관계가 성립됩니까. 저는 혼인신고에 동의하지도 않았는데, 입학원서에 보호자가 필요하다면서 도장을 가져가서 혼인 신고를 해버렸습니다.

어떻게 처리해야 합니까. 혼인무효신고를 해도 흔적이 남으니 형사 처리를 해야 한다고 들었습니다. 저는 헤어지기를 원하지만 집에서 나가 주지도 않습니다.

**해설** 이 때에는 혼인무효소송을 제기하여야 한다. 다만 혼인신고된 사람과 함께 동거생활을 하고 있다면 사실혼부부로 인정되며, 혼인신고한 뒤에도 장기간 동안(수개월) 함께 생활을 한다면 그 혼인신고를 받아들인 것으로 보여져 효력이 발생할 수도 있으니 적절할 시기에 혼인무효소송을 제기하여 관계를 정리하여야 한다.

(나) 〈나〉류 가사소송사건

<나>류 사건은 역시 공익성이나 국가의 후견적 배려의 필요가 강한 사건들이나, 당사자의 임의처분이 가능한 것들이다. <나>류 가사소송사건은 다음과 같다. 사실상 혼인관계존부확인, 혼인의 취소, 이혼의 취소, 재판상 이혼, 부의 결정, 친생부인, 인지의 취소, 인지에 대한 이의, 인지청구, 입양의 취소, 파양의 취소, 재판상 파양

**사 례 6-2** **재판상 이혼의 방법**

오랜 도박으로 인해 생계가 위협받는 상황까지 가서 협의이혼해 주기로 구두약속하고 헤어졌으나, 계속 합의해 주질 않아 1년 이상 별거를 하였는데, 최근에 그가 돈 문제로 교도소에 수감되어 있다는 사실을 알았습니다. 절대로 재혼하지 않고자 마음먹었기에 그가 합의를 응해줄 때까지 기다리고자 했지만 관계를 깨끗이 정리하기 위해 재판이라도 해서 서류를 마무리짓고 싶습니다. 당시 도박에 대한 증거 따위는 따로 수집하지 않았으며, 현재도 그는 쉽게 이혼에 합의해주지 않고 있습니다. 시댁어른도 저의 처분만 기다린다며 남편의 잘못을 인정하는데 정작 본인만이 거부하고 있습니다. 끝내 합의를 해주지 않는다면 현재 수감된 사실로 재판이혼이 가능한지요.

**해설** 이혼을 원할 경우 도박으로 구속되어 있는 사정은 이혼사유에 충분히 해당되며 이혼을 하는 데는 아무런 문제가 없다. 시댁식구들과 통화하면서 남편이 도박에 빠져있고 1년 가까이 연락도 되지 않다가 현재 구금되어 있는 사실 등을 녹음해 두면 재판에서 유리할 것이다.

(다) 〈다〉류 가사소송사건

이에 대하여 <다>류 사건은 본래는 민사소송사건이나, 필요에 의하여 가정법원에서 가사사건과 함께 병합 심리되던 손해배상 내지는 원상회복청구사건들이다. 이에 속하는 것은 약혼해제 또는 사실혼관계 부당파기, 혼인의 무효·취소, 이혼의 무효·취소 또는 이혼, 입양의 무효·취소, 파양의 무효·취소 또는 파양을 원인으로 인한 손해배상청구(제3자에 대한 청구를 포함한다) 및 원상회복의 청구 사건이다.

### (2) 가사비송사건

한편 가사비송사건은 비송사건절차로 심리하여 심판으로 재판하는 사건으로서, <라>·<마>류 사건이 이에 속한다.

이들 중 <라>류 사건은 심판을 청구하는 자의 상대방이 존재하지 않는 비대심적(非對審的)인 원칙적 비송사건이다. 이들은 주로 법원의 후견적 허가나 감독처분을 요구하는 사건들이다. 한편 <마>류 사건은 본래는 사건의 상대방이 존재하여 대심적 심리가 필요한 분쟁의 성질을 가진 사건들이지만, 비송적인 처리가 필요하다고 인정되는 사건들이다. 말하자면 엄격한 법적용보다 법원의 후견적 재량의 필요가 더 필요한 사건들이 여기에 속한다.

#### (가) 〈라〉류 가사비송사건

이에 속하는 사건의 종류만 보면 다음과 같다.

한정치산·금치산의 선고와 그 취소, 부재자 재산의 관리에 관한 처분, 실종의 선고와 그 취소, 성과 본의 창설의 허가, 자의 종전의 성과 본의 계속사용허가, 자의 성과 본의 변경허가, 부부재산약정의 변경에 대한 허가, 후견인의 입양승낙에 대한 허가, 후견인의 입양동의 또는 파양동의에 대한 허가, 후견인이 피후견인을 양자로 함에 대한 허가, 후견인 또는 생가의 다른 직계존속의 파양협의에 대한 허가, 친권 행사방법의 결정, 감화(感化) 또는 교정기관(矯正機關)에 위탁함에 대한 허가, 재산관리인의 선임 또는 개임(改任)과 재산관리에 관한 처분, 특별대리인의 선임, 친권자의 법률행위 대리권 및 재산관리권의 사퇴 또는 회복에 대한 허가, 후견인의 선임 또는 해임, 후견인의 사퇴에 대한 허가, 후견인의 재산목록작성을 위한 기간의 연장허가, 금치산자의 감금 등에 대한 허가, 후견사무에 관한 처분, 후견인에 대한 보수의 수여, 후견 종료시의 관리계산기간의 연장 허가, 친족회원의 선임·보충·개임 또는 해임, 친족회의 소집, 친족회의 서면 결의의 취소, 친족회의 결의에 갈음할 재판, 친족회원의 사퇴에 대한 허가, 상속의 승인 또는 포기를 위한 기간의 연장 허가, 상속재산 보존을 위한 처분, 한정승인 또는 포기 신고의 수리와 그 취소 신고의 수리, 감정인의 선임, 공동상속재산을 위한 관리인의 선임, 상속재산의 분리, 상속재산 분리 후의 상속재산의 관리에 관한 처분, 관리인의 선임 및 그 공고와 재산관리에 관한 처분, 상속인 수색의 공고, 상속재산의 분여(分與), 유언의 검인, 유언의 증서 또는 녹음의 검인, 유언증서의 개봉, 유언집행자의 선임 및 그 임무에 관한 처분, 유언집행자의 승낙 또는 사퇴를 위한 통지의 수리, 유언집행자에 대한 보수의 규정, 유언집행자의 사퇴에 대한 허가, 유언집행자의 해임, 부담 있는 유언의 취소

(나) 〈마〉류 가사비송사건

이에 속하는 사건들은 다음과 같다.

부부의 동거·부양·협조 또는 생활비용의 부담에 관한 처분, 재산관리자의 변경 또는 공유물의 분할을 위한 처분, 자의 양육에 관한 처분과 그 변경, 면접교섭권의 제한 또는 배제, 재산분할에 관한 처분, 친권을 행사할 자의 지정과 변경, 친권·법률행위 대리권·재산관리권의 상실 선고 및 실권(失權) 회복의 선고, 친족회의 결의에 대한 이의, 부양에 관한 처분, 기여분의 결정, 상속재산의 분할에 관한 처분

**사례 6-3** **양육자의 지정**

1년 전 언니는 성격상의 문제와 형부의 불성실한 생활태도로 인하여 이혼을 하였습니다. 이혼을 하기 위해 법원에 가서 자신이 아이를 양육하기로 합의하고서는, 아이를 데리고 가지도 않고, 연락을 해도 못키우겠다고 하면서 완강히 거부하였습니다. 그런데 이혼 후 1년 만에 갑자기 아이를 키우겠다고 주장하고 나섰습니다. 그것도 아이가 둘이 있는 이혼녀와 재혼을 하면서 말입니다. 그 동안 언니는 아이를 혼자 키우면서 양육비도 한 번 받은 적이 없습니다. 지금 조카는 외할아버지, 할머니, 이모, 삼촌 등과 함께 너무나 행복하게 생활하고 있습니다. 아이를 넘겨주어야 할까요?

**해설** 이혼을 할 당시에 친권자 및 양육권자로 형부가 지정되었지만, 실제로 양육은 언니가 해 왔는데, 뒤늦게 형부가 조카의 양육권을 주장하며 데리고 가려고 한다면 지금이라도 언니가 형부를 상대로 친권자 및 양육자변경청구신청을 하면 된다. 이혼 후 1년간 언니가 조카를 양육해왔고 아버지인 형부는 거의 아이를 찾거나 관심을 나타낸 적도 없고, 더구나 재혼까지 하려는 형편임에 반해, 조카는 어머니 및 외가식구들과 정서적으로 안정된 상태에서 잘 지내어 왔다는 주장만으로도 언니에게 친권자 및 양육자지정이 될 가능성이 높다. 오히려 이 기회에 형부를 상대로 양육비청구

까지 하여, 지난 1년간 지급하지 않은 과거의 양육비와 앞으로 조카가 20세가 될 때까지의 미래의 양육비까지 청구할 수 있을 것이다.

# 제 2 절 가사소송절차

## 1. 소의 제기

### (1) 소장의 제출

가사소송을 제기하기 위해서는 소장을 법원에 제출하여야 한다. 소장에는 당사자의 표시, 재판을 받을 내용인 청구취지, 재판을 받고자 하는 이유를 표시하는 청구이유 등을 표시하고, 인지를 붙여야 한다.

### (2) 당 사 자

가사소송으로 재판을 청구할 수 있는 자, 즉 원고(原告)가 될 자는 권리의 침해를 받은 자이고, 그 상대방, 즉 피고(被告)가 될 자는 권리를 침해한 자이다. 소를 제기할 수 있는 자와 그 상대방이 될 자는 가사소송법을 비롯하여 민법 등에 규정되어 있는 경우가 많다.

당사자는 원칙적으로 본인이 출석하여 재판을 받아야 하지만, 특별한 사정이 있을 때에는 법원의 허가를 받아 대리인을 출석케 할 수 있다. 대리인은 변호사가 되는 것이 원칙이나, 법원의 허가를 얻은 때에는 변호사 아닌 자도 대리인이 될 수 있다.

### (3) 관할법원

가사사건은 가정법원이 관할한다. 가정법원이 없는 지역에서는 지방법원이 재판권을 가진다. 또 특정사건마다 어느 법원이 관할권을 가지는지 가사소송법에 규정이 있는 경우가 많다. 가사소송법에 규정이 없는 사건의 관할은 피고의 보통재판적(普通裁判籍) 소재지의 가정법원이 담당한다. 가사사건의 관할은 원칙적으로 전속관할이다.

**법원의 관할**

법원은 여러 곳에 여러 등급, 여러 종류가 설치되어 있다. 이 때 어느 법원이 어떤 사건을 재판할 수 있는가, 거꾸로 말하면 당사자가 어떤 사건을 어느 법원에 청구하여야 하는가의 문제를 관할이라고 한다. 이는 여러 가지 법규정에 의해 원칙이 정해져 있으나, 이 중 대원칙이라 할 수 있는 것은 청구의 상대방이 될 자, 즉 피고가 사는 곳의 주소지 등의 법원에 제기하는 것이다. 이를 보통재판적이라 한다.

관할을 위반하여 소를 제기하면 그 소송은 부적법하게 되어 각하되므로 재판을 받지 못하거나, 관할법원으로 이송된다.

### (4) 사건의 병합

본래 가사소송사건과 가사비송사건은 동일한 절차에 의해 심리하는 것이 아니지만, 사실관계가 같거나 상호간에 전제관계가 있을 때에는 병합하여 재판할 수 있도록 되어 있다. 또 <다>류 사건은 성질상 가사문제로 인한 손해배상 또는 원상회복 사건이므로 재산적 내용을 가진 민사소송사건이나, 관계있는 가사소송사건과 병합되어 한꺼번에 재판을 받을 수 있다.

## 2. 심리절차

### (1) 조정전치주의

#### (가) 의 의

가사소송사건 중에는 친척이나 가족간의 사건이 많으므로 분쟁을 재판에 의해 해결하는 것보다 당사자들이 자율적으로 해결하는 것이 더 나은 사건들이 많이 있다. 이러한 이유로 가사소송법은 <나>류 및 <다>류 가사소송사건과 <마>류 가사비송사건은 미리 조정을 거치지 않으면 재판이나 심판을 하지 못하도록 하였다. 이들 사건에 관하여 당사자가 미리 조정신청을 하지 않으면 법원이 직권으로 조정에 회부한다.

**사 례 6-4** **조정신청시 구비서류**

제가 이혼을 청구하려고 하는데 남편과 합의가 이루어지지 않아서 법원에 조정신청을 하여야 한다고 합니다. 그런데 조정신청서 3통이라는 것은 무엇입니까? 법원에 구비되어 있는지요? 또 상대방용은 무슨 뜻인지요? 제가 혼자 서류를 내는 것이 아니라 남편도 진술서를 써서 같이 내야 한다는 말인가요? 그리고 만약 조정위원회에서 이혼사유는 인정되는데 남편이 거부하면 어떻게 되는가요?

**해설** 이혼조정을 신청하려면 조정신청서(소장과 같은 것)를 작성해야 하며, 법원에 비치된 간단한 조정신청서 양식을 쓸 수도 있다. 그러나 신청자가 직접 작성하거나 법무사나 변호사를 통해 조정신청서를 작성하는 것이 본인의 의도를 잘 나타낼 수 있어 좋다. 조정신청서는 1통만 작성해서 될 것이 아니라 본인이 보관하고 있을 것 1통, 법원에 제출할 것 2통(법원 판사용 1통, 남편에게 보낼 것 1통) 등 모두 3통을 작성해서(복사해서) 법원에 가지고 가면 된다. 이 때 남편의 진술서 등은 전혀 필요하지 않고, 최소한 호적등본, 주민등록등본이 있어야 하고, 그 외 상해진단서나 사진 기타 이혼에 필요한 증거들이 있으면 조정신청서에 첨부하면 된다. 조정기일에 남편이 이혼을 하지 않으려 하면 조정이 성립되지 않고 이혼소송으로 넘어가게 된다.

(나) 조정절차

조정절차는 조정위원회 또는 조정담당판사에 의해 진행된다. 이 절차는 재판이 아니므로 당사자는 자유롭게 의견을 진술할 수 있고, 조정위원회나 조정담당판사에 의해 제시된 조정안을 토대로 합의가 이루어지면 이 내용을 조서에 기재한다. 이 조정조서는 확정판결과 동일한 효력이 있다. 당사자들이 합의에 이르지 못하였더라도 조정담당판사가 조정에 갈음하는 결정을 하여 이 결정에 당사자가 이의하지 않으면 조정이 성립한다.

(다) 조정의 원칙

조정위원회가 조정을 함에 있어서는 당사자의 이익 외에 조정으로 인하여 영향받게 되는 모든 이해관계인의 이익을 고려하고 분쟁의 평화적 · 종국적 해결을 이룩할 수 있는 방안을 마련하여 당사자를 설득하여야 한다(제58조 1항). 또 자의 친권을 행사할 자의 지정과 변경, 양육방법의 결정 등 미성년자인 자의 이해와 직접 관련되는 사항을 조정함에 있어서는 자의 복지가 우선적으로 고려되어야 한다(동조 2항).

**사 례 6－5**

**이혼조정**

저는 결혼하여 6개월 살았는데, 혼인신고를 남편이 계획적으로 기피하여 혼인신고도 못한 상태에 있다가 결국 파국을 맞게 되었습니다. 남편은 결혼식을 치른 5일째 되는 날부터 사귀는 여자와 계속 연락을 하였고 급기야 한 달 만에 가출까지 하였습니다. 집에 돌아온 후에도 계속해서 저에게 모욕을 주고, 그 여자를 향한 일기까지 쓰면서 저와 헤어지길 강요하였습니다. 저와의 잠자리도 거부하여 서로 다른 방에서 거처를 하였습니다. 그러던 중 시어머니로부터 심한 구타를 당하여 2주 진단서를 발급받았습니다. 그래서 결국 헤어지게 되었습니다. 남편은 공무원으로서 7년간 근무중이며, 재산으로는 18평 아파트가 한 채 있습니다. 저는 결혼을 하면서 직장을 그만두게 되어 무직에다 무자력입니다. 결혼비용은 2천5백만원 정도가 들었습니다. 위자료는 얼마나 받을 수 있을까요? 또 조정기일에는 어떻게 하여야 하나요?

**해설** 위자료의 경우, 구체적인 담당 판사의 사건을 보는 관점에 따라 달라질 수 있어 보이는데, 남편에게 고정적인 월급이나 아파트 등이 있다면, 재판부에서는 이를 고려하여 위자료를 제시할 것이다. 혼수비용으로 지출한 것은 혼수 그 자체로 되가지고 오되, 그 부분을 위자료로 참작받게 될 것이다. 조정기일은 판사나 조정위원이 질문하거나 권하는 것을 듣고 자신의 의견을 말하면 되며, 특별히 어려운 질문을 하거나 준비해야 할 것이 있는 것은 아니고, 그저 살지 말지, 어느 정도의 금액에 응할지 말지 등 대답하기 쉬운 질문에 답변하면 된다.

### (2) 사실조사

가사소송사건은 당사자가 제시하는 사실관계를 토대로 여기에 법을 적용하는 것만으로 해결되는 것이 아니다. 따라서 법관이 재판을 함에 있어서는 사건 당사자들의 상황을 전반적으로 파악하고 있지 않으면 안 된다. 이에 가사소송법은 가사조사관으로 하여금 당사자의 상황을 조사하여 보고하게 하고 있다(제6조).

또 재판장 등은 경찰 등의 행정기관이나 단체, 개인에 대해 사실의 조사를 촉탁하고 필요한 사실의 보고를 하게 할 수 있다(제8조).

### (3) 혈액형의 수검명령

친생자관계가 있는지 여부를 판단하거나, 부모가 누군지 찾아내기 위해서는 생물학 내지 의학적 검사가 필요할 때가 있다. 예컨대 혈액형의 검사, DNA 등을 이용한 검사 등을 이용하면 친자관계를 명확히 밝힐 수 있는데, 이러한 검사가 필요할 때에는 법원은 당사자 또는 관계인에 대해 혈액 채취

# 부산지방법원
# 판　　　결

사　　건　99드9998 이혼

원　　고　김 정 은
　　　　　생년월일　1977. 5. 12. 생
　　　　　본적　부산시 동구 수정동 산 20
　　　　　주소　부산시 부산진구 주례동 36번지
　　　　　소송대리인 변호사　박 상 수

피　　고　박 상 훈
　　　　　생년월일　1975. 3. 7. 생
　　　　　본적　원고와 같다.
　　　　　주소　부산시 금정구 장전동 123번지
　　　　　소송대리인 변호사　이 인 천

변론종결　2000. 6. 20
주　　문　1. 원고와 피고는 이혼한다.
　　　　　2. 소송비용은 피고의 부담으로 한다.

청구취지　주문과 같다.

이　　유　갑 제1,3호증, 갑 제2호증의 1,2의 각 기재와 증인 박무성의 증언에 변론의 전취지를 종합하면, 원고와 피고는 1996. 1. 31 혼인신고를 마친 부부인 사실, 그런데 피고는 결혼 첫날부터 술에 만취하여 정신이상자처럼 행동하더니, 평소 술을 마시지 않을 때에는 우울증 환자처럼 말도 없이 조용히 있다가, 술을 마시면 이성을 잃고 원고에게 욕설과 구타를 하며 방이건 마루이건 가래침을 뱉고 소변을 보고, 게다가 그런 다음날은 출근하지 못하는 경우가 많아 직장을 한 곳에 오래 다니지 못하였으며, 1998. 3. 4. 원고에게 다시는 그와 같은 행동으 하지 않겠다는 취지의 각서를 작성, 교부하기도 하였으나, 바로 다시 종전과 같이 행동하면서 술에 취하면 원고를 죽이겠다고 설쳐댄 사실, 그리하여 이를 견디지 못한 원고가 같은 해 5. 9. 집을 나오고, 같은 해 8. 25. 원·피고는 각자의 어머니와 형제자매가 입회한 자리에서 이혼하기로 합의하고, 그때부터 지금까지 별거하고 있는 사실을 각 인정할 수 있다.

그렇다면 위 인정사실은 민법 제840조 제3호, 제6호에 정하여진 재판상 이혼사유에 해당하므로 이를 이유로 한 원고의 이 사건 청구는 이유 있어 주문과 같이 판결한다.

2000. 7. 15.

재판장 판 사 한　장　수(서명날인)

또는 상당한 방법의 검사를 받게 할 수 있다(제29조). 검사를 효율적으로 실시하기 위하여 수검명령을 거부하는 자에 대해서는 과태료 또는 감치에 처할 수 있도록 하고 있다(제67조).

### (4) 심 리

<다>류 가사사건은 변론주의에 의하여 심리하므로 당사자가 제출한 자료만을 가지고 재판하지만, <가>·<나>류 사건은 법원이 직권으로 사실조사 및 필요한 증거조사를 하게 되어 있고, 언제든지 당사자 또는 법정대리인을 신문할 수 있도록 되어 있다(제17조). 이들 사건은 공익적 영향이 크기 때문에 당사자에 의하여 사실관계가 왜곡되는 것을 방지하고자 하는 규정이다. 때문에 법원은 당사자의 주장과 입증에 무관하게 사실을 조사하고 인정할 수 있다.

## 3. 재판의 효과

### (1) 재판의 일반적 효과

가사소송사건의 재판도 민사소송의 재판과 다를 것이 없다. 즉 재판에 의하여 법률관계가 확정되고, 또 변동되는 것이다. 재판에 불복이 있으면 상소할 수 있음은 물론이다. 금전 등의 재산의 지급을 명한 재판이 있으면 강제집행을 할 수 있고, 호적관계의 변동이 있는 경우에는 호적의 기재를 변경하게 된다.

**사 례 6-6** **외국에서 받은 이혼판결**

부부가 둘 다 한국국적으로 미국에서 별거하고 있는 중입니다. 남편이 어차피 가능성이 없는 사이인 것은 인정하나 그래도 이혼은 못 해주겠다고 고집하고 있습니다. 제가 한국에 재판이혼을 하러 갈 처지가 아니라서 현지법원에 이혼소송을 내고자 합니다. 남편은 미국 내에 약 1시간 거리에 살고 있으며 미국법원의 우편송달과 법원공무원이 직접 소장을 전해 주는 등의 자신을 변호할 기회를 가질 수 있습니다. 하지만 미국법원에서의 이혼판결을 한국에서 인정받을 수 있을까요? 이렇게 두 사람 다 외국에 살고 있어도 재판이혼을 해야 할 경우 꼭 한국법정에 가야 합니까?

**해설** 예전에는 외국에서 판결을 받더라도 우리나라 법원에서 이 판결이 효력이 있다는 판결을 다시 받아야 했지만, 요즘은 다시 판결을 받지 않더라도 외국판결만으로 이혼신고를 할 수 있다.

### (2) 기판력을 받는 자

재판의 기판력은 원칙적으로 소송을 수행한 원고와 피고 사이에만 미치는 것이다. 그러나 가사소송사건은 제3자인 친족 등에게도 영향이 있는 경우가 많으므로, 가사소송법은 <가>류 사건과 <나>류 사건의 청구가 인용된 때, 즉 원고가 승소판결을 받은 때에는 그 판결의 효력이 제3자에게도 미치는 것으로 규정하였다(제21조 1항). 다시 말하면 부부가 이혼판결을 받은 때에는 그 친척 간에 인척관계도 없어진다는 것이다.

또 청구가 배척된 때, 즉 원고가 패소판결을 받은 때에는 다른 제소권자는 사실심의 변론종결 전에 참가할 수 없었음에 대해 정당한 사유가 있지 않은 한 다시 소를 제기할 수 없다(동조 2항).

**사 례 6-7** **시댁에서 양육비를 받을 수 있을까**

저는 며칠 전에 법원에서 이혼재판을 통해 이혼을 한 아기 엄마입니다. 아기는 15개월 됐습니다. 아기 아빠는 경제적인 능력도 없고, 사고로 언제 교도소에 잡혀갈지 모르는 상태입니다. 이혼하면서 아이는 제가 키우기로 했지만, 저도 직장이 없는 처지라 남편으로부터 매달 30만원의 양육비를 받기로 되어 있습니다. 그런데 남편에게 사고가 나서 남편이 양육비는커녕 위자료도 줄 수 없는 상태로 되어버렸습니다. 다행이라면 시댁이 재산이 상당히 많으므로 시부모나 시누이들에게 받고 싶습니다. 이들이 자발적으로 주지 않는다면 이들에 대해 강제집행이라도 하고 싶은데 가능할지요?

**해설** 시댁이 아무리 부자라 하더라도 남편에게 돈이 없다면 위자료나 양육비를 받을 수는 없다. 이혼 재판은 시댁과의 인척관계를 종결시키는 효력이 있으므로 시댁의 가족들이 영향을 받지만 위자료나 양육비에 대한 법원의 재판은 이혼한 부부 사이에만 효력이 있다. 물론 시부모나 시누이와 합의가 되어 그들이 자발적으로 내준다면 문제는 없다. 남편이 아무런 능력이 없다면 남편을 상대로 위자료나 양육비를 당장 받는다는 것은 불가능해 보이고, 남편이 취직을 하거나 능력이 될 때를 기다려서 그 때 그 동안 밀린 양육비를 청구할 수밖에 없다.

### (3) 이행의 확보

#### (가) 사전처분

가사사건의 소의 제기, 심판청구 또는 조정의 신청이 있는 경우에 가정법원이나 조정위원회는 사건의 해결을 위하여 특히 필요하다고 인정한 때에는 당사자 또는 관계인들이 현상을 변경하거나 물건을 처분하는 것을 금지할 수 있고, 물건의 보존 등을 위하여 적당한 처분을 할 수 있다(제62조). 이러한 것은 소송 도중에 물건을 처분해버리거나 하면 사실상 재판이 의미가 없어지기 때문에 사전에 그러한 것을 막기 위한 조치이다. 이를 사전처분이라 한다. 이에 위반한 때에는 과태료에 처해지게 된다(제67조 1항).

#### (나) 가압류 · 가처분

가정법원은 가사소송사건 또는 <마>류 가사비송사건에 대해 미리 채권을 보전하기 위하여 재산을 가압류 · 가처분할 수 있다(제63조). 절차는 민사소송법상의 보전처분과 같다.

**사 례 6-8** **가압류의 효력**

얼마 전 이혼을 하였으나 남편으로부터 이렇다할 위자료를 받지 못하였습니다. 그 남자의 명의로 된 것은 있으나 남편 쪽 식구들이 가압류를 한 상태라서 남편도 위자료를 주고 싶으나 줄 수 없다고 합니다. 그쪽 식구들의 가압류를 풀 수 있는 방법은 있는지요. 남편은 소송이라도 해서 준다고 하는데, 가족들간의 가압류는 어떤 효력이 있는지요.

**해설** 남편의 재산에 가압류가 되어 있더라도 아내가 다시 가압류를 한 뒤 위자료 및 재산분할청구를 하여 이를 강제집행할 수 있다. 가압류는 먼저 했다고 하여 우선순위가 되는 것이 아니므로 지금이라도 남편의 재산에 대하여 가압류를 한다면 남편의 식구들이 한 가압류와 그 효력이 같아진다.

#### (다) 이행명령

가정법원은 판결 등에 의하여 금전의 지급 등 재산상의 의무, 유아의 인도의무 또는 자(子)와의 면접교섭허용의무를 이행하여야 할 자가 정당한 이유 없이 그 의무를 이행하지 않는 때에는 그 의무를 이행할 것을 명할 수 있다(제64조). 그 의무위반에 대해서는 과태료 내지 감치의 제재가 가해진다(제67조).

**사 례 6-9** **양육비를 받지 못하고 있는 때의 조치**

이혼소송을 했으나 위자료와 양육비를 지급받지 못할 때는 어떻게 해야 합니까? 남편명의로 되어 있는 재산이 없는 상태이고 수입 또한 일정한 월급을 받는 것이 아니어서 불안정합니다. 이럴 때에는 어떻게 해야 합니까?

**해설** 남편의 재산에 강제집행을 하는 방법 외에는 없다. 당장 재산이 없다면 재산이 생길 때까지 기다리는 방법뿐이다. 물론 법이론적으로는 '이행명령'신청을 할 수 있다. 이행명령은 재판을 한 뒤에도 판결내용에 따른 이행을 하지 않으면 법원에서 두 사람을 불러 이행을 하지 않는 사람에게 이행을 권고하고, 이행하지 않을 경우에 100만원 이하의 과태료나 구금 등을 통지할 수 있는 것이기는 한데, 그저 형식적으로 운영되고 있어서 커다란 실익은 없다. 또한 남편에 대하여 파산신청을 하는 방법도 생각해 볼 수는 있다. 양육비나 위자료를 지급할 능력이 없을 정도로 아무런 능력이 없다는 취지로 남편의 주소지 관할 법원에 파산신청을 하면 아마도 남편이 돈을 지급할지도 모른다. 왜냐하면 파산선고를 받으면 남편의 모든 은행이나 금융거래는 중지되고 대출금도 모두 변제해야 하고, 해외도 나갈 수 없게 되는 등 불이익이 엄청나기 때문이다. 물론 파산이 되기까지는 절차나 입증방법 등이 어렵긴 하지만, 일단 신청하는 것만으로도 남편에게는 위협이 될 수 있다. 그 외에 법원에 남편의 재산명시신청제도를 이용하는 방법도 있다. 이는 남편의 재산이 얼마가 있는지를 법원에 신고하라는 신청인데, 남편이 신고한 것 이외의 재산이 발견된다면 남편은 상당한 처벌을 받게 되어 남편으로서는 부담을 느끼게 될 것이다. 위의 방법들은 모두 동시에 할 수도 있고 한 가지만 해도 되므로, 선택해서 할 수 있다.

#### (라) 금전의 임치(任置)

판결 등에 의하여 금전을 지급할 의무 있는 자는 권리자를 위하여 가정법원에 그 금전을 임치할 것을 신청할 수 있고, 가정법원이 이 신청을 적절한 것으로 인정하여 허가한 때에는 임치한 금액의 범위 내에서 의무자의 의무가 이행된 것으로 본다(제65조). 예컨대 양육비를 지급할 의무 있는 자가 미리 가정법원에 그 양육비 상당액을 임치하게 되면 권리자는 그 비용을 가정법원에서 받아 쓸 수 있고, 그 범위 내에서 의무자의 의무는 이행된 것으로 본다는 것이다.

## 4. 상 소

### (1) 항소와 상고

가정법원의 재판에 대해서도 불복이 있으면 상급법원에 항소(抗訴)할 수 있다. 물론 항소심판결에 불복이 있으면 대법원에 상고(上告)할 수 있다. 이 때 항소나 상고는 판결 정본이 송달된 날로부터 14일 이내에 제기하여야 하나, 판결 송달 전에도 할 수 있다.

**사 례 6－10** **항소의 효력**

저는 현재 이혼재판 중인 사람입니다. 만약에 제가 원고승소판결을 받았는데 피고(남편)가 항소할 수도 있겠지요? 항소하게 되면 제가 응하지 않을 때에는 어떤 불이익이 있는지 아니면 응하지 않아도 되는지요. 원고승소 판결시 피고가 위자료를 주지 않으면 과태료를 물어야 하는 걸로 알고 있는데 참고로 저는 피고의 월급 및 전세금에 가압류를 한 상태거든요. 그런데 전세금에는 집주인이 2006년까지 기간연장을 해주었더군요. 그래도 제3채무자인 피고의 회사로부터 위자료를 받을 수 있겠지요?

**해설** 항소심이란, 제1심 재판이 없는 것처럼 보고 다시 재판을 계속하는 것이라 생각하면 된다. 따라서, 남편의 항소에 응하지 않으면 물론 제1심 판결과 같은 결과가 나올 수도 있지만 경우에 따라서는 패소하는 등 치명적인 불이익을 당할 수도 있으므로 꾸준히 재판에 응해야 한다. 그리고 제1심 판결이 선고될 때 위자료는 '소장 부본 송달 익일부터 판결선고일까지는 연5푼, 그 다음날부터 완제일까지는 연 2할의 이자'를 지급할 책임이 생기며, 여기서 말하는 판결선고는 항소심의 경우 2심 판결이 선고된 날을 말한다. 따라서 항소심 계류 중인 이상 아직 위자료나 재산분할 등 재산에 대한 판결이 없는 것과 마찬가지이므로 과태료 부과는 없다. 다만, 제1심 판결에서 위자료나 재산분할, 특히 위자료에 대해서 '가집행 할 수 있다'는 가집행 선고가 될 경우에는 그 동안 적립된 남편의 회사의 월급에 대해서 적립된 만큼 우선 지급받을 수 있다. 또 전세보증금은 집주인과 재계약을 체결하는 한 아무런 대안이 없고 법적으로도 아무런 하자가 없으므로, 그 기간이 만료되어 이사를 할 때까지 기다리는 방법 외에는 없다.

### (2) 사정판결

항소법원은 항소가 이유 있는 때에는 원심판결을 취소하고 새로이 재판하여야 하지만, 그 때에도 제1심 판결을 취소하거나 변경함이 사회정의와 형평의 이념에 배치되거나 가정평화와 미풍양속의 유지에 적합하지 않다고 인정하는 경우에는 항소를 받아들이지 않을 수 있다(제19조). 이를 사정판결(事情判決)이라 한다.

## 제3절 가사비송사건절차

### 1. 절차의 개시

가사비송사건도 당사자의 신청에 의해 절차가 개시되는 것은 여느 소송사건과 다를 바 없다. 따라서 당사자는 서면 또는 구술로 심판을 청구하지 않으면 안 된다. 심판청구서를 작성하여 가정법원에 제출하는 경우에는 당사자의 본적·주소·성명·생년월일, 대리인이 청구할 때에는 대리인의 주소와 성명, 청구의 취지와 원인, 청구의 연월일을 기재하고 가정법원의 표시를 하여 기명날인하여야 한다. 구술로 심판청구를 하는 경우에는 가정법원의 법원사무관 등의 면전에서 내용을 구술하면 된다(제36조).

심판의 청구를 할 법원은 사건에 따라 다르므로 일률적으로 말할 수 없다. 대개 이에 관해서는 민법이나 가사소송법의 규정에 따른다.

심판을 청구할 수 있는 자와 상대방에 대해서도 법에 규정이 있고, 그에 따라야 한다. 이를 확인하기 위하여 심판청구를 할 때에는 호적등본이나 주민등록표 등본을 제출하여야 할 경우가 많다. <마>류 사건의 경우에는 쟁송의 성격이 강하므로 상대방이 있으나, <라>류 사건의 경우에는 상대방이 없는 경우도 많다. 경우에 따라서는 당사자가 아니더라도 심판청구에 이해관계가 있는 이해관계인은 재판장의 허가를 얻어 절차에 참가할 수 있다.

**❙서명, 기명, 날인❙**

서면에 의한 의사표시를 하여야 하는 경우에는 본인이 그 의사표시를 하였다는 것을 분명히 하기 위하여 이를 미리 표시하여야 할 필요가 있다. 우리나라에서도 전통적으로는 화압(花押) 또는 수결(手決)이라고 하여 본인만이 할 수 있는 특정한 표시로 서명하는 관습이 있었으나, 현대에는 대개 서명, 기명, 날인의 방법에 의한다.

이 중 서명은 본인이 스스로 자신의 이름 등을 기재하여 표시하고, 기명은 그냥 이름을 쓰는 것이다. 기명의 경우에는 고무인으로 찍거나 타인이 적어도 상관없으므로 대개 날인을 함께 한다.

## 2. 심문절차

소송절차에 비하여 비송사건절차에는 직권주의가 강하게 적용된다. 이것은 당사자가 제출하지 않은 사실도 심판의 기초로 될 수 있고, 당사자간에 다툼이 있는 사실도 법원이 이를 참작하지 않을 수 있게 되며, 직권으로 증거조사를 할 수 있다는 의미이다. 따라서 비송사건절차에 있어서는 당사자는 절차의 주체가 아니라 객체적 지위에서 재판을 받는다. 그리고 법원은 증거조사를 할 때 당사자나 법정대리인, 그리고 제3자를 심문할 수 있다. 이때 <라>류 사건의 경우에는 심문 없이 심판을 할 수 있으나, <마>류 사건의 경우에는 특별한 사정이 없는 한 관계인을 심문하여야 한다. 그리고 필요한 때에는 혈액형 등의 수검명령을 할 수 있고, 가사조사관에 의한 사실조사를 명할 수도 있다. <마>류 가사비송사건은 조정전치주의가 적용된다.

## 3. 심　판

가사비송사건에 대한 재판은 심판으로 하게 되어 있는데, 이는 결정에 의한 재판을 한다는 의미이다. 가사심판은 결정서를 작성하여 적당한 방법으로 당사자와 절차에 참가한 이해관계인에게 고지한다. 심판은 이를 받을 자가 고지받은 때에 효력을 발생한다. 만약 심판에 대해 즉시항고로 불복할 수 있는 경우에는 확정되어야 효력이 생긴다. 경우에 따라서는 대외적 영향이 커서 신문 등에 공고하여야 하는 심판도 있다.

심판에 대해서는 법률의 규정에 따라 즉시항고를 할 수 있다.

**사 례 6-11** **면접교섭권지정신청**

저는 지금 아이를 못 본 지 3개월이 되어갑니다. 처음에 이혼을 합의할 때는 보고 싶을 때는 언제든지 보게 해주기로 하고 남편이 아이의 양육권을 가져갔는데, 이제 와서는 보지도 못하게 하고 전화도 아무 연락도 끊어버립니다. 저는 2003년 1월에 결혼해서 주말부부로 지내다가 2005년 10월에 이혼을 했습니다. 혼자 지내면서 직장 다니던 저에게 자식이 전부였다고 해도 과언이 아니었습니다. 부부의 인연이 끊기면 자식과의 인연도 끊어야 하는 건가요?

**해설** 남편과 아이가 있는 관할 법원에 남편을 상대로 아이에 대한 면접교섭권청구를 하여야 한다. 이혼으로 아이를 부모 중 어느 한 쪽이 양육하게 될 경우 상대방에게 면접교섭권은 반드시 인정되며 그 횟수는 서울의 경우 한 달에 두 번 정도(예를 들면, 첫째 셋째, 혹은 둘째 넷째 주 토요일부터 일요일까지) 인정이 되고 있다. 심판청구를 하면 그 기간은 빠르면 2, 3개월 늦어도 5, 6개월이면 인정이 될 테지만, 문제는 남편이 판결대로 따를 것인가 하는 점이 문제로 될 수 있다. 남편이 자녀에 대한 면접교섭의 심판을 받고도 허용하지 않으면 법원에 이행명령을 신청할 수 있고, 그래도 이행하지 않으면 남편에 대해 100만원 이하의 과태료처분을 할 것을 신청할 수 있다. 그러나 과태료처분을 받고도 의무이행을 거부하면 이 때는 방법이 없다. 면접교섭신청을 할 때 한 가지 주의해야 할 것은 이것이 과연 아이를 위한 것인지 깊이 생각해 보아야 한다. 한 달에 한두 번 어머니를 만남으로써 그 아이가 정서적으로 평상시 어떻게 적응하며 살아갈지 등에 대해서 잘 생각해 보지 않으면 어린아이에게 갈등만 주고 환경에 적응하지 못하도록 하는 부작용이 생길 수도 있다.

제 2 장

# 민사소송

가사소송의 경우에는 주로 가족법에 관한 문제를 해결하는 절차이지만, 민사소송절차는 주로 재산관련 분쟁에 대한 해결절차라고 할 수 있다. 물론 민사소송절차라고 하여 재산과 관계 있는 절차만을 대상으로 하지는 않지만, 역시 비중을 생각하면 재산문제와 직·간접으로 연관성을 가지는 사건이 대종을 이룬다고 할 것이다. 따라서 민사소송절차의 대상으로 될 수 있는 것은 재산의 소유나 매매, 임대차, 채권채무, 상속사건 등의 전반에 걸쳐져 있다. 그 외에도 장사에 관련된 문제나 임금이나 해고에 관련된 노동관련사건도 민사소송 대상이다. 즉 다시 말하면 이러한 사건에 관하여 분쟁이 발생하게 되면 궁극적으로 민사소송에 의하여 해결하게 된다는 것이다.

그러나 법률문제가 발생하였다고 하여 무조건 소송만으로 문제를 해결할 것은 아니다. 소송은 비용이 많이 들 뿐 아니라, 시간이 오래 걸리고, 또 엄격한 법적 절차에 의하여 처리하므로 상대방과의 사이에 감정을 상하기 쉽고 또 일반인이 스스로 소송수행을 하기 곤란하다는 문제가 있다. 따라서 문제가 발생하면 합의에 의해 문제해결을 시도해보고, 그것이 여의치 않은 경우에도 가급적이면 소송이 아닌 방법으로 문제를 해결하는 것이 나은 경우가 많다. 이러한 것으로 들 수 있는 것이 민사조정, 재판상의 화해 등이다. 그 외에 절차의 엄격성을 완화할 수 있는 제도로 중재를 살펴보고, 간이하게 강제집행을 할 수 있는 수단의 하나로서 독촉절차를 살펴보고자 한다. 본격적으로 민사소송절차에 대해 보는 것은 그 이후에 하게 된다.

# 제1절 법률문제해결을 위한 각종의 수단

## 1. 민사조정

### (1) 조정절차의 의의

민사조정절차는 조정담당판사 또는 법원에 설치된 조정위원회가 분쟁당사자로부터 주장을 듣고 여러 사정을 참작하여 조정안을 제시하고 서로 양보와 타협을 통하여 합의에 이르게 함으로써 분쟁을 평화적이고, 간이·신속하게 해결하는 제도이다.

민사분쟁이 발생한 때에는 크게 소송절차와 조정절차를 이용하게 된다. 소송절차는 분쟁당사자 쌍방이 권리를 주장하고 다툼 있는 사실관계에 대한 증거를 제출하면 법원이 어느 당사자의 주장이 옳은지를 판단하여 판결로써 분쟁을 강제적으로 해결하는 제도이나, 민사조정절차는 분쟁당사자로부터 주장을 듣고 여러 사정을 참작하여 상호 타협과 양보에 의하여 평화적으로 해결되는 차이가 있다.

### (2) 민사조정절차의 장점

민사조정절차를 이용하게 되면, 소송과 같은 엄격한 절차를 거치지 아니하고 자유로운 분위기에서 자신의 의견을 충분히 말할 수 있으므로 편안하게 사건을 해결할 수 있고, 당사자 사이의 상호 타협과 양보에 의하여 분쟁을 해결하므로 감정대립이 남지 않는다. 법규정에 입각한 일도양단적 결론을 내는 것이 아니라, 합리적 측면에서 양보를 통하여 합의를 이끌어낼 수 있어서 원만한 해결을 할 수 있기 때문이다. 또 민사조정을 신청하면 빠른 시일 내에 조정기일이 정해지고, 대부분 한 번의 기일 출석으로 사건이 종료되므로 오래 기다리지 않아도 되어 소송에 비하여 신속한 해결이 가능하다. 민사조정을 이용하면 소송에 비하여 인지대가 1/5밖에 되지 않으므로 비용이 적게 든다. 그리고 일반적으로 민사조정절차는 조정담당판사 또는 조정위원회가 딱딱한 법정이 아닌 자유로운 분위기의 조정실에서 당사자의 말을 충분히 듣고 실정에 맞게 분쟁을 해결하고, 비공개로 진행되기 때문에 비밀이 철저히 보장된다.

**사 례 6-12** **친척에게 빌려준 돈**

저희 어머니께선 작년 봄에 돌아가셨는데, 18년 전쯤에 어머니의 언니 자식들에게 우리 어머니께서 그 때 돈 1,000만원을 빌려 주셨으나 아직 받지 못했습니다. 집에 있는 돈 몽땅 주고도 모자라서 남에게 빌려서까지 줬었다고 하는데, 날마다 갚는다갚는다 그러면서 지내온 것이 18년째입니다. 그런데 어머니가 돌아가실 때쯤 되어 말씀을 해주셔서 겨우 알게 되었습니다. 소송을 하려고 하니 이모 보기가 민망해서 조용하게 해결하고 싶은데, 소송을 하지 않고서도 돈을 받을 방법이 없을까요? 지금까지 해온 것으로 보아 좋은 말로는 돈을 주지 않을 것 같아 걱정입니다.

**해설** 빌려준 돈은 10년 이내에 돌려받지 못하면 법률상 시효로 소멸되고 말아서 받을 수가 없게 된다. 다만 이 경우, 그 동안 수차례에 걸쳐 갚으라는 요청을 해 왔다면 시효가 중단되는 효과는 있다. 그러나 과연 그러한 말들이 오고갔는지에 대해서 증거가 있어야 하므로 돈을 빌려간 이종사촌이나 그 부인에게 전화를 걸어서 '언제언제 돈을 갚아준다고 해 놓고서 왜 연락이 없느냐'는 식으로 대화를 하면서 이를 녹음해 두는 것이 좋다. 그리고 그것을 증거로 대여금청구소송을 할 수 있다. 만약 소송을 하고 싶지 않다면 조정으로 문제를 해결할 수 있다. 조정을 하게 되면 조정위원회가 원만하게 해결책을 제시해줄 것이므로 서로간에 감정을 해치지 않고 잘 해결할 수 있다.

### (3) 조정의 개시

조정절차가 개시되는 것은 대략 당사자가 조정신청을 하는 경우와 법원이 조정에 회부하는 경우의 두 가지로 나누어볼 수 있다. 이들 중 법원이 조정에 회부하는 것은 이미 소제기가 된 사건을 재판하는 것보다 조정이 더 적당한 것으로 인정하여 조정에 붙이는 것이다.

당사자가 조정을 신청하는 때에는 조정신청서를 법원에 제출하면 된다. 물론 이 때에는 인지를 붙여야 하며, 송달료를 납입하고, 증거방법을 첨부하여야 한다. 인지료는 소송의 1/5 정도이다.

### (4) 조정법원

조정신청을 하는 경우에는 피신청인의 주소지, 근무지, 사무소 또는 영업소의 소재지, 분쟁목적물의 소재지, 손해발생지를 관할하는 법원에 제출한다. 이 때 관할법원이 시·군법원이면 소가가 금 2,000만원을 초과하는 경우에도 그 시·군법원에서 관할한다.

소송을 담당하던 법원이 조정에 회부하는 경우에는 대개 스스로 조정을 하기도 하지만, 조정을 담당하는 기관으로 조정담당판사와 조정위원회가 있으므로 이들이 조정을 하는 것이 보통이다. 조정위원회는 학식이나 명망이 있는 인사로 구성되어, 합리적 의견을 이끌어낼 수 있다.

### (5) 조정기일

#### (가) 조정기일의 진행

조정신청서를 제출하면 얼마 후에 법원으로부터 신청인과 피신청인(상대방)에게 조정기일에 출석하라는 통지가 온다. 이 때에는 본인이 출석하는 것이 원칙이나, 조정담당판사의 허가가 있으면 친족이나 자기가 고용하고 있는 사람을 보조인이나 대리인으로 출석하게 할 수 있다.

조정기일에는 법관이나 조정위원에 대해 자신의 생각을 말하고, 증거를 자유롭게 제출한 후, 조정의견을 듣고 합의 여부를 진술하게 된다.

#### (나) 조정기일의 불출석

조정 기일에 신청인이 두 번 출석하지 않으면 조정 신청은 취하된 것으로 되며, 상대방(피신청인)이 출석하지 아니하면 조정담당판사가 직권으로 조정에 갈음하는 결정을 한다.

### (6) 조정의 성립

#### (가) 조정조서

조정의 성립되면 그 합의내용을 조서에 기재한다. 이 조서를 조정조서라고 한다. 이 조정조서의 내용은 재판상화해와 동일한 효력이 있는데, 이는 동일한 내용의 판결이 있는 경우와 같이 만일 상대방이 조정조항에서 정한 의무를 성실하게 이행하지 않는 경우에는 이 조서에 기하여 강제집행을 할 수 있는 것이다.

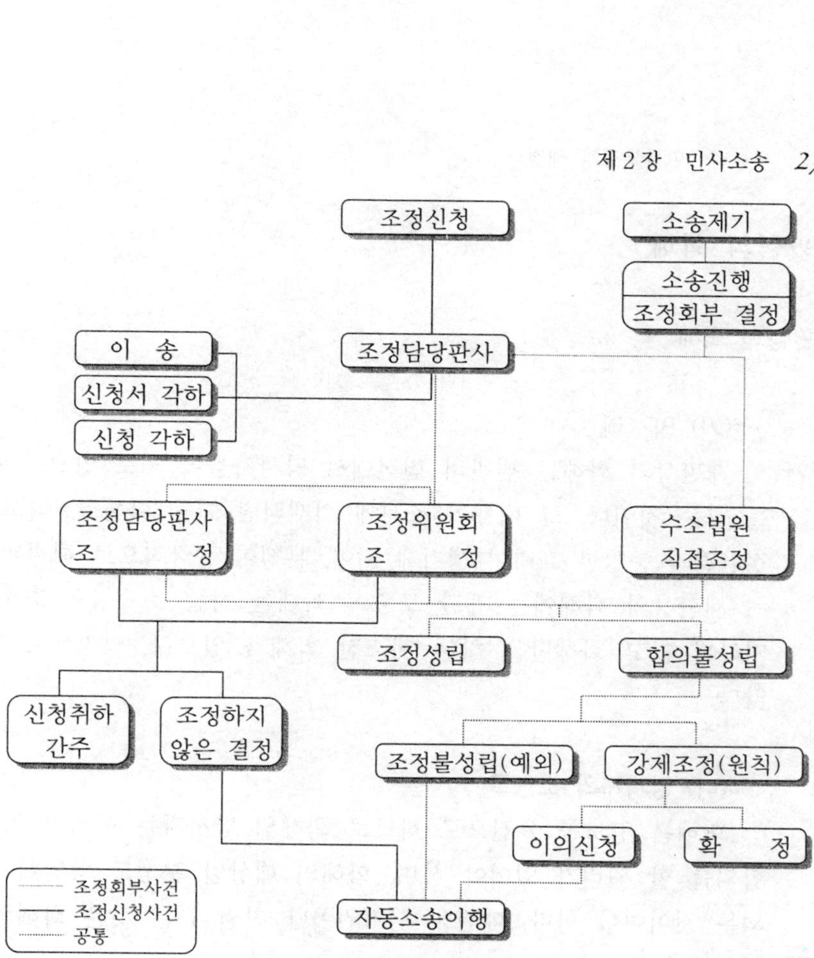


[조정사건의 흐름]

(나) 조정에 갈음하는 결정

조정기일에 출석하여 서로 의견을 나누었음에도 불구하고 합의가 성립하지 아니하는 경우, 법원은 상당한 이유가 없는 한 직권으로 조정에 갈음하는 결정을 하게 된다.

이 조정에 갈음하는 결정에 대하여 당사자들이 그 결정문을 받아보고 2주일 이내에 이의신청을 하지 않으면 그 결정에 동의하는 것으로 보게 되어 그 결정 내용대로 조정이 성립된 것과 같은 효력이 생긴다. 당사자가 만약 이의신청을 하면 소송절차로 사건이 이행된다.

사건이 조정절차에서 소송절차에 이행되면 조정신청시에 소가 제기된 것으로 처리되고, 소장에 첨부하여야 할 인지액에서 조정신청할 때 납부한 수수료를 공제한 차액에 대한 인지만을 추가로 첨부하면 된다.

## 2. 재판상의 화해

### (1) 재판상의 화해

#### (가) 의 의

재판상의 화해는 법관의 면전에서 당사자들이 서로 양보를 통하여 합의를 하는 것이다. 그 내용이 조서에 기재되면 이를 화해조서라고 하는데, 확정판결과 동일한 효력이 생기게 되어, 분쟁이 종국적으로 해결된다.

재판상의 화해에는 재판 도중에 화해를 하는 소송상의 화해와 소를 제기하지 않고 화해만을 하는 제소전 화해가 있으나, 양자의 효력은 다르지 않다.

#### (나) 당사자와 소송물

화해는 양보를 요건으로 하므로 화해의 당사자는 이러한 양보를 통하여 합의를 할 권리가 있어야 하며, 화해의 대상인 분쟁도 당연히 양보가 인정되는 것이어야 한다. 예컨대 선거권이나 친권 같은 것은 화해의 대상이 아니다.

#### (다) 화해의 장점

재판상의 화해도 재판이 아니라, 당사자의 양보와 합의에 의하여 분쟁을 해결하는 것이므로, 신속하게 결론을 얻을 수 있고 비용이 적게 든다. 또 당사자가 서로 양보한 결과 합의를 이끌어낸 것이므로 상호간에 감정의 앙금이 남지 않는 원만한 해결방법에 속한다. 또 화해를 할 때에는 법률적 당사자가 아닌 제3자를 포함시킬 수도 있고, 법률관계가 아닌 것도 포함시켜 합의할 수 있으그로 문제를 포괄적으로 해결할 수도 있다.

#### (라) 화해조서의 효과

화해한 내용이 화해조서에 기재되면, 이는 확정판결과 동일한 효력이 생기므로, 당사자들은 더 이상 법적으로 다툴 수 없게 된다. 따라서 상소 같은 것은 물론 불가능하며, 이를 토대로 강제집행을 할 수도 있다.

### (2) 소송상의 화해

소송상의 화해는 변론기일에 당사자가 양보를 통하여 합의한 것을 화해조서에 기재한 것이다. 대개 재판을 하기 전이나 재판을 하는 도중에, 당사자가 합의하거나 법원의 권유에 의하여 하는 화해이다.

### (3) 제소전 화해

#### (가) 의 의

소 제기 전에 지방법원 단독판사의 앞에서 하는 화해를 제소전 화해라 한다. 이는 미리 분쟁을 화해에 의해 해결함으로써 소송을 예방하는 기능을 가지고 있다. 이는 이미 해결된 사건에 기판력을 주는 데에도 많이 이용된다.

#### (나) 제소전 화해의 신청

제소전 화해의 신청은 당사자가 서면 또는 구술로 하게 된다. 재판을 구하는 것이 아니므로, 신청서에는 당사자와 분쟁의 실정을 기재하면 충분하다. 신청서에는 소송을 제기하는 때의 1/5에 상당하는 인지를 붙여야 한다.

제소전 화해는 상대방의 보통재판적 소재지의 지방법원이 관할한다. 따라서 보통은 채무자의 주소지 법원이 되며, 사건은 전부 지방법원 단독판사가 관장하게 된다.

#### (다) 화해 절차

화해의 신청을 하게 되면 법원이 기일을 정해 양 당사자를 소환한다. 이 기일에 당사자 쌍방이 출석하여 화해를 하면 그 내용을 화해조서에 기재하고 기일이 종료된다.

그러나 당사자가 기일에 결석하면 화해 불성립으로 간주되고, 이 때에는 제소신청을 통하여 사건을 소송으로 옮겨가게 할 수 있다.

화해가 성립한 때에는 그 비용은 각자 부담하게 되어 있으나, 화해가 성립하지 않은 때에는 신청인의 부담으로 되고, 후에 소송비용의 일부로 된다.

## 3. 중 재

### (1) 중재의 의의

중재란 법원이 아니라, 분쟁의 당사자가 합의에 의하여 선임한 중재인에 의하여 분쟁을 해결하는 사적 재판이다. 따라서 중재를 받기 위해서는 미리 중재합의가 있어야 한다.

중재는 당사자들의 합의에 의하여 자유롭게 할 수 있기 때문에, 사건의 전문가를 중재인으로 선임하는 등 분쟁의 성격에 적절한 해결방법을 취할 수 있으며, 단심제로 운용되므로 비용이 저렴하고 신속하게 처리된다는 장점이 있다. 또 재판과정을 공개할 필요가 없어서 비밀유지에도 적합하다.

### (2) 중재절차

당사자가 합의에 의하여 중재인을 선임하고 중재를 개시하면 된다. 중재합의는 사법계약시에 하는 것이 보통인데, 이 합의가 있으면 법원에 소송을 제기할 수 없다.

중재절차는 통상 미리 합의된 절차에 의하여 진행된다.

### (3) 중재판단

심리를 거쳐 중재판정을 얻으면 이는 확정판결과 동일한 효력이 있고, 법원의 집행판결을 얻어 강제집행을 할 수도 있다. 다만 중재판정이 위법한 때에는 법원에 대해 중재판정취소의 소를 제기하여야 한다.

## 4. 독촉절차

### (1) 독촉절차의 의의

독촉 절차란 재판을 거치지 않고 간이한 방법에 의해 강제집행을 할 수 있는 길을 여는 절차이다. 이 절차를 이용하게 되면 지급명령을 쉽게 받을 수 있고, 채무자가 이의를 하지 않으면 이를 토대로 강제집행을 할 수 있게 된다. 다만 채무자가 이의를 하게 되면 소송절차로 옮겨가므로 결국은 소송에서 다툴 수 있게 된다.

### (2) 독촉절차의 장 · 단점

#### (가) 간이한 절차

독촉절차에서는 법원이 분쟁당사자를 심문하지 않고, 지급명령을 신청한 채권자가 제출한 서류만을 심사하여 지급명령을 발령하게 된다. 따라서 채권자는 통상의 소송절차처럼 법정에 출석할 필요가 없으므로 법정에 출석하는 데에 따른 시간과 노력을 절약할 수 있다.

#### (나) 신속한 분쟁해결

독촉 절차는 채무자가 대여금, 물품대금, 임대료 등 금전 지급 채무를 이행하지 않는 경우에 채권자의 지급 명령 신청만에 의하여 이루어지는 약식의 분쟁 해결 절차이다. 따라서 채무자가 이의신청을 하면 통상의 소송절차로 옮겨가게 되지만, 만일 이의신청을 하지 아니하여 지급명령이 확정되면 채권자는 확정된 지급명령에 기하여 강제집행을 신청하여 신속하게 자신의 채권을 만족받을 수 있으므로 신속한 분쟁 해결이 가능하다.

#### (다) 저렴한 절차비용

채권자는 지급명령을 신청할 때에 소송의 반액에 해당하는 수수료와 당사자 1인당 4회분의 송달료만 납부하면 되므로, 소송절차에 비하여 소요되는 각종 비용이 저렴하다.

### (3) 지급명령의 신청

#### (가) 당사자

지급명령을 신청할 수 있는 당사자는 물론 채권자로서 채무를 이행받지 못하여 강제집행을 하려고 하는 자이다. 상대방으로 되는 자는 채무를 이행하지 않고 있는 채무자가 된다. 이 때 상대방이 지급명령에 대하여 이의신청을 하면 결국은 통상의 소송절차로 옮겨지게 되므로, 예컨대 채무자가 돈을 빌린 사실은 인정하면서도 여러 가지 핑계를 대면서 차일피일 빌린 돈을 갚지 않으려고 하는 경우에 독촉절차를 이용하면 신속하고 경제적인 분쟁해결을 기대할 수 있다. 그러나 상대방이 돈을 빌린 기억이 없다든지 이미 갚았다고 말하고 있어 지급명령신청을 하더라도 이의신청을 하여 소송절차로 옮겨갈 가능성이 높은 경우에는 독촉절차를 이용하기보다는 직접 조정신청 또는 소송을 제기하는 편이 더 바람직하다.

(나) 법 원

지급명령은 채무자의 주소지 등 보통재판적을 가지는 법원에 신청하는 것이 원칙이나, 근무지의 법원 또는 사무소, 영업소의 지방법원, 지방법원 지원, 시·군법원에 신청할 수 있다. 이는 신청할 채권의 액수와는 무관하다.

(다) 채 권

독촉절차는 원칙적으로 모든 소송의 종류의 청구에 대하여 이용할 수 있다. 독촉절차의 대상이 될 수 있는 청구는 일정한 액의 금전, 일정한 양의 대체물(예: 일반미 중등품 가마당 80㎏들이 200가마) 또는 일정한 양의 유가증권(예: 2000. 5. 2. 발행 국채 일천만원권 50장)의 지급을 목적으로 하는 청구에만 한정되고, 건물명도·토지인도, 소유권이전등기 청구 등에서는 이용할 수 없게 되어 있다. 또 현재 변제기가 도래하여 즉시 그 지급을 청구할 수 있는 것이어야 한다.

(라) 신청서

채권자는 법원에 송달료를 납부하고 다음의 신청서를 작성, 인지를 붙여 법원에 제출하면 된다. 이 때에는 법원이 채권자가 지급명령을 신청한 채권의 존재를 인정할 만한 자료를 첨부하여야 한다. 이런 자료는 차용증이나 매매 계약서 등을 들 수 있다.

### (4) 지급명령의 발령

#### (가) 지급명령의 송달

법원이 지급명령신청을 심사하여 문제가 없으면 일단 지급명령을 발령한다. 지급명령은 특별한 심리절차 없이 법원이 채권자가 제출한 차용증서 등의 서류를 토대로 심사하게 된다. 지급명령이 발령되면 먼저 채무자에게 지급명령 정본을 송달한다. 그런데 채권자가 지급명령신청서에 기재한 주소에 채무자가 실제로 거주하지 않는 등의 이유로 지급명령 정본이 송달되지 않고, 달리 바른 주소를 알 수 없으면 신청이 각하되는 경우도 있다.

#### (나) 지급명령의 효력

채무자가 지급명령 정본을 송달받고 이의신청을 하지 아니한 채 2주일이 경과하면 지급명령이 확정된다. 이 경우 지급명령은 확정판결과 동일하게 집행력이 있기 때문에 채무자가 채무를 성실하게 이행하지 아니하면 확정된 지급명령을 채무명의로 하여 강제집행을 신청할 수 있다. 그러나 확정된 지급명령에는 확정판결·조정과는 달리 기판력이 없기 때문에 지급명령 확정 전에 생긴 사유를 원인으로 하여 청구이의의 소를 제기할 수 있다.

### (5) 지급명령에 대한 이의

#### (가) 이의의 필요

지급명령이 확정되면 채권자는 채무를 이행하지 않는 채무자의 재산에 대하여 확정된 지급명령에 기한 강제집행을 신청할 수 있으며, 이러한 경우 채무자로서 강제집행을 정지시키기 위하여는 청구이의의 소를 제기함과 동시에 강제집행정지신청을 제기하는 절차적 부담을 안게 된다. 따라서 채무자는 지급명령 정본을 송달받으면 신속하게 그 내용을 충분히 검토한 후 불복 여부에 관한 의사를 결정하여 불복이 있으면 2주일이 경과하기 전에 지체없이 이의신청을 하여야 한다. 채무자의 이의신청은 이의신청서에 지급명령에 응할 수 없다는 취지만 명백히 하면 충분하고, 불복하는 이유를 특별히 기재할 필요가 없다.

(나) 이의의 효과

채무자가 이의신청을 하면 지급명령은 그 효력을 상실하고 통상의 소송절차로 재판을 받게 된다. 이 때 일반 소송절차에서처럼 채권자는 원고, 채무자는 피고의 지위에서 자신의 주장을 법원에 충분히 진술할 수 있는 기회를 보장받게 된다. 그리고 일단 소송절차로 이행된 이상 채무자는 법원이 쌍방 당사자 주장의 당부를 판단하여 판결을 통한 승패를 결정하기 전까지는 채권자의 강제집행을 걱정할 필요가 없다.

## 제2절 소송에 의한 법률문제의 해결

### 1. 민사소송의 의의

민사소송이란 민사절차에 관한 기본법을 말한다. 사람이 법률생활을 할 때 법의 해석이나 적용을 둘러싸고 문제가 생기게 되면 이를 해결하기 위한 절차가 필요하게 된다. 당사자들이 스스로 분쟁을 해결하는 것은 가능하지 않으므로, 국가권력에 의하여 강행적으로 분쟁을 해결하고, 당사자가 그에 대해 이의하지 못하는 형태로 분쟁을 해결하는 것이 필요하기 때문이다. 물론 그 극단적인 실례는 소송이나, 넓은 의미에서 본다면 재판 외에도 조정이나 화해 등 앞에서 본 여러 가지 분쟁해결절차가 이에 속하게 되는 것이다. 이를 통하여 사적인 분쟁을 합법적·합리적으로 해결하게 된다. 이러한 절차를 통하여 분쟁을 해결하지 않으면 궁극적으로 분쟁이 종결되지 않으며, 또 종결되더라도 불합리·불법적인 방법으로 되어 승복하기 어려운 결과로 된다. 이러한 이유에서 민사소송절차는 엄격하게 당사자들 사이의 형평을 유지하면서, 공정한 결론을 얻는 것을 목표로 하고 있다. 한편 최근에는 소송의 비용이나 소송에 걸리는 시간에 대해 비판이 행해지고, 이에 따라 경제적인 재판이나 신속한 재판도 하나의 중요한 문제로 대두되어 있다.

민사소송을 좁게 볼 때는 재판절차를 얘기하게 되는데, 여기서 그 대상으로 되는 것은 주로 재산관계에 관한 소송이 된다. 따라서 재산의 소유관

**내용증명우편**

내용증명우편이란 발송인이 수취인에게 어떤 내용의 문서를 언제 발송했다는 사실을 우체국에서 공적으로 증명하는 등기취급우편제도이다. 내용증명우편은 채권·채무관계에서 채무자에게 일정한 내용의 최고를 하는 경우에 최고장으로서 역할을 하는 한편 양 당사자의 권리의무관계를 더욱 명확하게 할 필요가 있는 경우에 주로 이용된다.

내용증명우편은 특별한 형식을 요하지 않는다. 따라서 상대방에게 청구하고자 하는 내용의 요점만을 작성하면 된다. 다만 소송에 있어서 결정적인 증거가 되는 경우가 있으므로 내용증명의 기재내용을 신중하게 해야 한다.

내용 문서의 작성이 완료되면 원본과 복사한 등본2부를 포함하여 우체국에 제출하면(원본을 보관할 필요가 있는 경우에는 복사한 등본3부를 제출해도 됨), 1통은 우체국에서 보관하고, 1통은 상대방에게 발송하며, 나머지 1통은 발신인에게 준다. 내용증명을 발송할 때에는 반드시 등기우편으로 해야 한다. 등기우편으로 해야 객관적으로 최고했다는 것을 알 수 있고, 상대방에게 도착했음을 입증할 수 있기 때문이다.

---

<내용증명우편의 예>

**최 고 장**

수신: 홍 상수
부산시 남구 남천동 876

본인은 귀하에게 2004년 2월 5일 금1천만원을 사업자금으로 변제기를 2005년 2월 5일로 하여 빌려주었으나, 귀하는 사업부진 등을 이유로 위 돈을 지금까지 변제하지 않고 있습니다. 귀하는 위 차용금을 2005년 3월 5일까지 변제하여 주시기 바랍니다. 만약 위 기일을 경과하면 부득이 법적인 조치를 취하지 않을 수 없으니 이 점 양지하시기 바랍니다.

2005. 2. 15.
손 정 희 (인)
부산시 해운대구 좌동 2200

이 우편물은 2005. 2. 15. 등기 제2224호에 의하여 내용증명우편물로 발송되었음을 증명함.

부산해운대 우체국장 (직인)

계나 매매, 임대차 등과 회사관계 소송, 심지어는 근로관계에 관한 소송도 민사소송에 속한다.

## 2. 민사소송의 구조

### (1) 재판절차와 강제집행, 가압류 · 가처분

민사소송을 재판절차라 할 때에도 여기에는 순수히 재판을 수행하는 절차뿐만 아니라, 강제집행이나 가압류 · 가처분 등의 보전절차를 포함하는 의미로 보게 된다.

대저 재판이라는 것이 당사자들의 주장을 듣고 이를 증거로서 판단하여 법원으로 대표되는 국가가 공권력으로서 분쟁을 종결하는 절차라고 본다면 재판에 의해 한 쪽 당사자가 의무를 지는 것으로 확정되는 경우도 있을 것이다. 이런 때에 만약 채무자가 자발적으로 의무를 이행하지 않는다면 강제적으로라도 의무를 이행시킬 필요가 있을 것이다. 강제집행이란 바로 이런 때에 재판에 의해 확정된 권리를 위하여 국가권력으로 의무를 이행시키는 절차이다. 대개 강제집행은 재산적 의무를 이행시키는 것이므로 많은 경우, 채무자에게 재산이 있어야만 강제집행이 가능하게 된다. 그런데 채무자가 자신의 재산을 숨기거나 타인에게 빼돌리게 되면 강제집행이 불가능한 것은 물론, 재판 자체가 무의미하게 되는 경우도 있을 것이다. 이런 경우에 대비하여 채무자의 재산을 잠정적으로 묶어놓는 절차가 가압류 · 가처분 절차이다.

### (2) 재판절차

통상적인 민사재판절차는 재판장이 절차를 지휘하지만 절차의 주도권은 당사자가 가지고 있다. 따라서 당사자가 소를 제기하지 않으면 재판을 하지 못하며, 소가 제기된 경우에도 항상 재판의 범위는 당사자가 소를 제기하면서 정한 범위 내로 한정된다(處分權主義). 뿐만 아니라, 재판을 함에 있어서도 항상 당사자가 주장한 것과 입증한 것에 대해서만 판단할 수 있다(辯論主義).

대체로 재판절차가 진행되는 것을 보면, 당사자가 상대방과의 사이에 분쟁이 있으나, 상대방이 의무를 이행하지 않을 때에는 필요에 따라 가압류·가처분을 신청하면서, 소를 제기하게 된다. 그러면 법원에서는 기일을 정해 당사자를 소환하여 소송이 진행된다. 당사자의 주장과 입증이 충분하여 법원이 재판을 할 수 있게 되면, 변론을 종결하고 판결을 선고한다. 이후 이 판결에 대해 당사자가 상소를 제기하면 상소심에서 재판을 받으나, 상소를 제기하지 않으면 판결이 확정된다. 이후 필요에 따라 강제집행을 하면 된다.

## 3. 소의 제기

### (1) 제소 방법

당사자가 소를 제기하지 않으면 소송절차가 개시될 수 없다. 따라서 민사소송에서도 가사소송이나 다른 절차와 마찬가지로 원고가 소장을 법원에 제출하면 소가 제기된다. 다만 소액사건의 경우에는 법원에서 구술로 제소할 수 있는 특례가 마련되어 있다.

소장에는 당사자의 표시, 원고가 재판받고자 하는 내용을 표시하는 청구취지(請求趣旨), 원고의 청구에 대한 원인과 근거를 밝혀 적는 청구이유(請求理由) 등과 인지를 붙이는 것을 잊으면 안 된다. 이들 사항이 빠지면 법원이 소장을 받아주지 않는다. 소장에 붙일 인지액은 대략 소가(訴價)의 35/10,000 내지 50/10,000 범위 내에서 결정된다.

소를 제기하기 위해서는 원고에게 소로써 구하는 내용이 법적인 권리로 인정되어야 한다. 따라서 아직 기한이 남았는데, 미리 돈을 달라고 청구한다거나, 자기의 성씨와 본관이 무엇인지 가려달라거나, 자신이 가지고 있는 물건이 얼마짜리인지 확정해달라는 것 등은 재판으로 청구할 수 없다.

### (2) 법 원

법원은 재판을 하는 기관으로서 법관으로 구성되는데, 법관은 헌법과 법률에 따라 법관의 자격이 있는 자 중에서 임명된다. 법관은 법률과 양심에 따라서 재판을 하는 것이므로 누구라도 법관의 재판에 대해서는 간섭할 수 없다.

# 소 장

원　　고 박 장 미
부산시 영도구 청학동 800
전화(휴대폰)번호 (051)530-1221, (010)2217-1122
팩스번호 (051)3480-1111, 이메일 주소: rose11@mymail.net
우편번호 603-750

피　　고 황 상 군
서울 서초구 서초동 1700-1
우편번호 137-735

대여금청구의 소

## 청 구 취 지

1. 피고는 원고에게 금10,000,000원 및 이에 대한 2005. 5. 2.부터 이 사건 소장부본 송달일까지는 월 2%, 그 다음날부터 다 갚는 날까지는 연 2할의 각 비율에 의한 금원을 지급하라.
2. 소송비용은 피고의 부담으로 한다.
3. 제1항은 가집행할 수 있다.

라는 판결을 구합니다.

## 청 구 원 인

1. 원고는 피고에게 2003. 5. 1. 금10,000,000원을, 변제일은 2005. 5. 1. 이자는 월 1%로 하고 빌려주었습니다. 그러나 피고는 이자뿐만 아니라 아직까지 위 돈을 갚지 않고 있습니다.
2. 따라서 원고는 피고에 대하여 위 원금10,000,000원과 이를 갚기로 한 날의 다음 날인 2005. 5. 2.부터 이 사건 소장부본 송달일까지는 월 1%, 그 다음 날부터 다 갚는 날까지는 연2할의 각 비율에 의한 지연손해금의 지급을 구하기 위하여 이 사건 청구에 이른 것입니다.

## 입 증 방 법

갑제1호증 차용증서 사본 1통
기타 입증방법은 추후 제출하겠습니다.

## 첨 부 서 류

1. 소장 부본 1통
1. 차용증 사본 1통
1. 납부서 1통

2005. 11. 10.

위 원고 박 장 미 (인)

서울지방법원 귀중

당사자가 소를 제기할 때에는 재판을 할 법원을 가려서 제소하여야 한다. 즉 법원이 재판할 수 있는 사건은 제한이 되어 있고, 아무 사건이나 재판하지 못하는 것이다. 이를 관할이라 한다. 대체로 보면 관할법원은 보통재판적이라 하여 피고의 주소지를 관할하는 법원이 되며, 또 사건의 액수에 따라 합의부, 또는 단독판사가 재판한다.

**법원의 종류**

우리나라에는 여러 종류의 법원이 있다. 이 중 대법원은 대법관으로 구성되는 우리나라의 최고법원으로서 모든 재판사건의 최종심, 즉 상고심으로서 재판한다. 그 아래에는 고등법원이 설치되어 있어서 각 지방에서 항소사건, 즉 2심사건의 재판을 담당한다. 지방법원은 전국 각지에서 주로 1심사건과 항소사건을 담당하는 법원인데, 대개 도청소재지에 설치되어 있다. 지방법원에는 지원이라고 해서 그 지방의 사건을 나누어 재판하는 법원이 있다. 또 간이법원의 일종으로서 시·군법원이 설치되어 있는데, 이는 간이한 절차에 의하여 비교적 경미한 사건을 담당하는 법원이다.

시·군법원은 단독판사가 재판하며, 지방법원은 소가(訴價) 1억원 이하 사건은 단독판사가, 그 초과 사건은 판사 3인으로 구성되는 합의부가 재판한다. 또 지방법원의 본원 합의부는 소가 5천만원 이하의 항소사건을 담당한다. 고등법원의 담당사건은 소가 5천만원 초과의 항소사건이며, 대법원과 마찬가지로 합의부가 재판한다.

### (3) 당 사 자

민사소송에서 재판을 받는 자를 당사자라 한다. 이 때 재판을 청구한 당사자를 원고라 하고, 그 상대방을 피고라 한다. 원고와 피고는 각각 소송에서 차별 없이 주장과 입증을 할 수 있고, 이를 토대로 법원이 재판하게 된다. 법원이 한 재판의 효력은 원칙적으로 원고와 피고에게만 미치는 것이다.

소송상 아무나 소를 제기하기만 하면 원고가 되는 것은 아니다. 피고의 경우에도 마찬가지이다. 소를 제기하는 것은 재판에 의해서 자신의 권리를 지킬 법적인 이익이 있는 자이어야 하며, 피고가 되는 것은 원고와의 사이에 적극적으로 분쟁이 존재하여 그 사이에서 해결하지 않으면 안 되는 자이다. 따라서 이들 원고와 피고의 분쟁을 국가가 정확히 판단하여 해결함으로써 법적인 안정을 도모하고자 하는 것이다.

당사자가 아니면 원칙적으로 소송에 관여할 수 없으나, 당사자는 변호사를 통하여 소송의 도움을 얻을 수 있다.

또 혼자서만 당사자가 될 수 있는 것은 아니고, 권리가 여러 사람에게 공통되는 경우 등에는 여러 사람이 한꺼번에 원고나 피고가 될 수 있다.

## 4. 심리절차

### (1) 심리절차의 개요

민사소송의 재판절차는 대체로 변론절차에서 이루어진다. 판결로 재판할 사건에 대해 변론 없이 재판을 하면 위법하게 된다. 변론절차는 법정에서 주로 행해지며, 정해진 기일에 행해진다. 변론이 행해지는 기일을 변론기일이라 한다. 변론은 재판장이 지휘하지만 당사자가 주도권을 가지고 진행하게 된다. 변론절차에서는 주로 당사자의 주장과 입증이 행해지게 되는데, 여기서 주장이라 함은 당사자들이 어떠한 일이 있었다, 그렇지 않다고 하는 사실을 진술하는 것이고, 입증이라 함은 자신들이 주장한 것을 증거로서 뒷받침하는 것을 말한다.

대체로 볼 때 주장과 입증은 명확히 구별되는 것은 아니고, 변론의 내용 중에 혼재되어 있다. 그러나 논리적으로 본다면 당사자 일방이 자신의 주장을 하면(원고가 피고에게 돈 1천만원을 빌려주었다고 진술), 이에 대해 그 상대방이 답변을 하는 순서로 이어진다(자신은 돈을 빌린 적이 없다). 이 때 답변자가 상대방의 진술을 받아들이면 당사자 쌍방의 진술이 일치하므로 증거가 필요 없으나, 만약 위의 예에서와 같이 부인하면 쌍방의 주장이 서로 다르므로 증거가 필요하게 된다.

변론은 본래는 구술에 의해서 이루어지게 되어 있으나, 사건의 폭주 내지 법관의 부족 등 여러 가지 이유로 많은 부분이 서면화되어 있다. 때문에 실질적으로 당사자들이 법정에서 시원하게 자신의 주장을 말로 할 수 있는 경우는 많지 않다. 다만 법원이 최근에 시도하고 있는 변론절차의 새로운 모형에 의하면 다소간 좋아진 듯도 하지만 아직도 확실하게 말할 수 있는 단계는 아니다.

(2) 변론의 준비

통상 변론의 준비라고 하면 당사자가 무엇을 이야기할 것인가를 미리 조사하고 준비하는 것을 생각할지 모르지만, 소송에서 변론의 준비라고 할 때에는 준비서면과 준비기일을 말하는 것이다. 이는 다 변론절차의 낭비적 요소를 제거하여 소송을 신속하고도 경제적으로, 그리고 알차게 진행하고자 하는 목적에서 마련되었다고 할 수 있다.

(가) 준비서면

준비서면은 당사자들이 재판에서 충분히 말로 자신의 주장을 진술하기는 어려우므로 미리 변론할 사항을 적어 상대방에게 보내주고 그러한 내용을 변론절차에서 진술하도록 하는 것이다. 준비서면을 이용하게 되면 서로간에 주장할 내용을 충분히 알고 대처할 수 있으므로 예상치 못한 주장에 대비하지 못하여 변론기일을 헛되이 보내는 것을 막을 수 있고, 미리 상호간에 그 내용을 알고 있으므로 실제 변론절차에서는 모든 사항을 다 얘기할 필요가 없이 간략하게 진술하여도 좋게 되므로 시간을 절약할 수 있다. 또 당사자가 부득이한 사유로 기일에 결석하게 될 때 준비서면으로 대체할 수 있다는 장점도 있다.

(나) 변론준비절차

변론준비절차는 법원이 따로 특정한 법관의 지휘하에 당사자가 주장하는 바를 정리하여 재판하기 쉽도록 사건을 간명화하는 절차이다. 보통 당사자들은 법을 잘 모르기 때문에 무엇을 어떻게 주장하여야 할지 몰라, 많은 내용을 두서없이 진술하려고 한다. 그러나 이러한 것이 모두 재판에서 필요하지도 않을뿐더러, 재판을 쓸데없이 지연시키기만 하는 것이므로 꼭 필요한 내용만 정리하여 재판에 도움이 되도록 할 필요가 있는 것이다. 변론준비절차에서는 법관의 지휘하에 원고의 청구와 피고의 답변을 종합하여 법적 판단을 하여야 할 내용을 간추리고, 당사자들 사이의 의견이 다른 부분과 같은 부분을 정리하게 된다.

변론준비절차는 준비서면의 제출을 통하여 소송관계를 명확히 하는 서면에 의한 변론준비절차와 변론준비기일로 구성되는데, 앞의 것은 4개월 이내의 기간 동안 원고와 피고 사이에서 할 주장의 내용을 준비서면을 통하여 법원에 제출하도록 한 것이다. 이에 의하여 당사자들의 주장내용이 파악되며, 여기에서는 증인과 당사자신문을 제외한 증거조사도 할 수 있다. 그리고 변론준비기일은 양쪽 당사자 본인을 출석하게 하여 최종적인 쟁점의 정리를 하는 것이다. 이 기일에는 당사자는 이미 제출한 소장·답변서·준비서면의 내용을 진술할 수 있는데, 여기서 진술하지 않은 내용은 후에 변론절차에서 진술하지 못하는 제재를 받으므로 주의할 필요가 있다.

### (3) 당사자의 결석

당사자가 변론기일이나 변론준비기일에 결석하면 변론이 진행될 수 없으므로 소송이 지연되게 된다. 이 때문에 결석한 당사자에게는 소송상 일정한 불이익을 주고 있다.

**가) 당사자 일방의 결석** 변론기일에 당사자가 결석한 때에는 상대방이 제출한 준비서면에 기재된 사항은 자백한 것으로 간주한다. 이 의미는 상대방이 주장하는 것을 법원이 증거 없이 그대로 재판의 자료로 삼는다는 것이므로 결석한 당사자는 이 때문에 패소할 수도 있게 된다. 그러나 당사자가 준비서면을 제출하고 결석하면 준비서면의 내용을 진술한 것으로 의제해 주므로 별로 불이익하지 않게 된다.

**나) 당사자 쌍방의 결석** 당사자 쌍방이 결석한 때에는 기일을 진행할 수 없으므로 이 때에는 다시 기일을 정하고, 그 이후 기일에 또 쌍방이 결석하면 재판을 계속하지 않는다. 이후 1개월 내에 당사자가 재판을 계속해 달라고 신청하면 재판이 계속되나, 1개월이 지나도록 신청이 없으면 소가 취하된 것으로 간주되어 소송이 종료된다. 또 이후 당사자 쌍방이 결석해도 소가 취하된 것으로 본다.

### (4) 변론의 내용

변론기일에 당사자가 주장할 내용은 자신이 소송에서 승소를 하기 위해 도움이 되는 사실이다. 원고라면 자신이 한 청구를 뒷받침하는 사실을 주장하여야 할 것이고, 피고는 원고의 주장을 뒤집는 사실을 주장하여야 할 것이다. 예컨대 돈을 빌려주었으니 갚아달라는 대여금 반환청구소송이라면 원고는 돈을 빌려주었다는 것, 기한을 넘겼다는 것, 이자는 얼마라는 것 등을 주장해야 할 것이나, 피고는 돈을 빌린 적이 없다거나, 원고가 주장하는 것과 다른 액수를 빌렸을 뿐이라는 것, 또는 기한이 남았다거나 면제되었다는 것, 돈을 이미 갚았다는 것 등을 주장하게 된다.

### (5) 입 증

#### (가) 증거의 의의

민사소송에서는 원고와 피고의 진술이 일치하면 이를 자백이라고 하여, 증거가 없어도 법원은 반드시 그 사실을 기초로 하여 재판을 해야 하는 구속을 받는다. 그러나 원고와 피고의 주장이 다를 때에는 증거에 기해 재판을 할 수밖에 없다. 이렇게 당사자의 주장을 뒷받침하기 위해 법원에 제출되는 자료를 증거라고 한다. 증거는 법원이 자유로이 판단하게 되어 있는데 이를 자유심증주의라 한다.

**사 례 6－13** **증인의 신빙성**

이혼 소송문제입니다. 남편에게 맞은 후, 검붉게 여기저기 피멍든 자국을 보았던 사람이 있는데, 그 사람의 증언은 어느 정도의 효력이 있을까요? 남편은 폭행까지 하고서도 위자료를 주지 않으려고 자기 나름대로의 엄청난 말들로 저를 모함하면서 자기는 하등의 잘못이 없다는 식으로 얘기하고 다닙니다. 그가 저를 때렸다는 사실을 그 주변 사람들은 믿지도 못합니다. 그의 이중성 때문이죠. 그런데 그에게 맞는 것을 본 사람도 있고, 상처를 본 사람도 있습니다.

**해설** 우리나라 법원, 특히 가사사건에서의 증인은 원고측 증인은 원고편, 피고측 증인의 피고편이라고 하는 것이 정확할 것이다. 이 말은 즉 증인이라고 하는 사람들이 객관적인 사실을 증언하는 것이 아니라 무조건 원고가 옳다, 피고가 옳다고 거짓말도 불사하기 때문에 별로 신빙성이 없다는 뜻이다. 하지만 직접 목격한 사람이 있다면 목격사실을 그대로 글로 써서 확인서를 작성한 뒤 이를 인증받아 법원에 제출하거나, 혹은 법원에 증인으로 나와서 증언을 하는 것도 하나의 방법이기는 하다. 그러나 그 증인이 당시 목격한 사실 한 가지만을 증언할 수 있다면 확인서를 인증받아 제출하고 혼인생활을 더 자세히 증언할 수 있는 친정식구 등 다른 사람을 증인으로 세우는 게 더 좋을 것이다.

(나) 입증책임

증거는 당사자 쌍방이 구별 없이 제출하는 것이다. 그러나 재판을 하여 보아도 법원이 어떤 사실이 있었는지 여부를 알 수 없는 경우가 있는데, 이 때에는 어느 당사자에게 증거를 제대로 제출하지 못한 책임을 지울 수밖에 없다. 보통 앞에서 본 주장을 한 자에게 그러한 책임을 지운다. 예컨대 대여금 반환청구소송에서 돈을 빌려주었는지 빌려주지 않았는지 알 수 없었다고 하자. 이 때 돈을 빌렸다고 주장한 것은 원고이고 원고가 돈을 빌려준 사실을 입증하지 못하였으므로, 법원은 돈을 빌려준 적이 없다고 판단하여 원고 패소의 재판을 하게 되는 것이다. 이를 입증책임이라 한다.

(다) 증거의 조사

증거의 조사는 보통 증거를 제출할 당사자가 증거신청을 하면 법원이 이를 조사할 것인가의 여부를 결정하고, 당사자가 제출한 증거를 조사하는 절차에 의한다.

**가) 증 언** 당사자나 법정대리인이 아닌 제3자가 사건에 관하여 경험한 것을 진술하는 사람을 증인이라 하는데, 이 증인의 진술을 증언이라 한다. 증언은 증인신문절차에서 조사하며, 보통 신청인의 주신문(主訊問), 상대방의 반대신문(反對訊問), 신청인의 재주신문 등의 순서로 행해진다. 증인이 법정에 출석하는 것을 거부하면 법원이 구인할 수 있다. 증인이 경험한 것과 다른 내용을 진술하면 위증죄로 처벌받는다.

**나) 감 정** 어떤 특정한 영역의 전문가에게 소송상 나타난 사실에 관하여 의견을 듣는 것이다. 상당한 학식이나 지식, 경험이 있는 자에게 전문적 의견을 듣는 것이므로 증인과 다르다.

**다) 검 증** 어떤 물건이 증거일 때 이를 조사하는 절차이다.

**라) 서 증** 문서의 내용이 증거로 되었을 때, 이를 제출하여 증거로 하는 것이다. 예컨대 차용증 같은 것은 서증에 속한다.

**마) 당사자신문** 당사자 본인에게 사실관계를 물어보는 증거방법이다.

**사 례 6－4** **각서의 효력**

저는 결혼한 지 10년된 주부입니다. 3년 전 어떤 여자가 쓴 편지를 우연히 발견하여 남편이 결혼 1년 반 만에 같은 직장 동료와 외도를 했다는 사실을 알게 되었습니다. 그 편지는 남편이 여자에게 헤어지자는 얘기직후 여자가 쓴 글로 보이더군요. 그때 오래 실랑이하기도 싫어 향후 제가 용납하지 못하는 행위를 할 경우 현재 재산 전체와 향후 매월 수입의 절반 정도를 저에게 주겠다는 각서를 작성하게 하여 가지고 있습니다. 남편은 지금 문제가 전혀 없고, 저도 이혼하고 싶은 생각도 전혀 없지만 세상에 믿을 사람 없다고 하니 궁금해서 여쭈어 봅니다. 각서는 어느 정도 법적 효력을 가지고 있나요? 각서가 효력을 가지게 하려면 공증이라는 걸 받아야 하나요?

**해설** 각서는 두 사람이 그 내용대로 그대로 따른다면 효력이 있지만, 누군가 한 사람이 그대로 따를 수 없다고 하는 이상 아무런 효력이 없으며, 이는 공증을 해 두더라도 마찬가지이다. 다만 재판을 할 경우 각서를 작성한 사실이 참고자료로 사용되기는 하지만, 여기서 말하는 참고자료란 '다시 한번 바람을 피울 때는…', '다시 한번 더 욕설하거나 때릴 때는…' 등의 내용이 적힌 각서를 보고 재판부에서 '아, 이 사람이 바람핀 적이 있구나', '아, 때리고 욕한 적이 있었구나'라는 사실을 알 수 있다는 정도, 혹은 '무슨무슨 재산을 주고'라고 적힌 각서를 보면 '무슨무슨 재산이 있구나', '얼마를 주겠다는 생각을 한 적이 있구나'라는 정도의 참고자료이지, 각서 내용대로 이행하라는 판결은 없다고 할 수 있다.

## 5. 판 결

### (1) 재 판

당사자의 주장과 입증이 충분하게 되어 재판을 할 수 있는 단계가 되면 법원은 변론을 종결하고 재판을 하게 된다. 재판은 말하자면 원고의 제소에 대해 응답을 하는 것이며, 그 자료는 당사자들이 주장하고 입증한 것이다. 소에 대한 응답으로서의 재판은 대개 판결로 하게 되어 있으나, 재판에는 이외에도 결정과 명령 등이 있다.

### (2) 판결, 결정, 명령

법원에서 재판을 하는 형식에 따라 나누어본 것이다. 대체로 법에 어떠한 형식으로 재판할 것인가가 규정되어 있으나, 그렇지 않은 경우도 많다.

판결은 대개 당사자나 관계인에게 미치는 영향이 큰 사건에 대해 재판할 때 쓰는 방식이라고 할 수 있고, 결정이나 명령은 차례대로 중요도가 떨어진다고 봐도 무방하다. 결정과 명령은 여러 가지 점에서 거의 유사하나 재판을 하는 주체가 법원과 법관이라는 점이 다르다. 판결은 법원이 한다. 이들은 많은 점에서 서로 구별된다. 판결을 할 때에는 반드시 변론을 거쳐야 하나, 결정 · 명령은 그렇지 않다. 판결은 판결서로 선고를 하여야 하지만, 결정이나 명령은 반드시 결정서 등을 작성하지 않아도 무방한 경우가 많으며, 적당한 방법으로 고지하면 된다. 또 판결에 대해서는 항소 · 상고의 방법으로 불복하나, 결정 · 명령은 항고 · 재항고의 방법으로 불복하게 되어 있다.

### (3) 판결의 선고와 송달

#### (가) 판결의 선고

판결의 선고도 변론기일과 마찬가지로 기일을 정하여 법정에서 한다. 판결을 선고할 때에는 재판장이 판결서를 통하여 주문을 낭독하고, 이유의 요지를 설명한다. 여기서 판결주문이라 함은 재판의 결론, 즉 원고의 청구에 대한 법원의 응답부분을 말한다. 통상 "피고는 원고에게 돈 1천만원을 지급하라"거나 "원고의 청구를 기각한다"는 등의 형식으로 표시된다. 그리고 판결의 이유는 판결주문에 나타난 결론에 대한 설명으로서, 주장과 입증에 대한 판단과 법적용을 통하여 결론을 낸 과정을 설명하는 것이다.

#### (나) 판결의 송달

판결선고기일에는 통상 당사자가 출석하지 않으므로, 판결은 당사자들에게 선고 후 송달된다. 당사자가 송달을 받고도 2주일 내에 상소를 제기하지 않으면 판결은 확정된다.

### (4) 판결의 효력

판결은 확정되면 법원과 원 · 피고에 대해 특정한 효력을 가지게 되는데, 그 중에서 제일 중요한 것이 기판력과 집행력이다. 기판력은 법원이나 당사자가 확정판결의 내용을 번복하지 못하게 되는 효력을 말하는 것이며, 집행력은 의무를 이행하도록 명받은 의무자가 의무를 이행하지 않은 때에 강제력을 동원하여 집행하는 힘을 말한다.

기판력은 통상 원고와 피고에 대해서 발생하며, 그 내용은 판결의 주문에 나타난 사항이다. 그리고 기판력은 변론종결시를 기준으로 발생한다.

## 6. 상소절차

### (1) 상소제도

법관이 재판을 한다고 하여 반드시 옳은 재판만을 한다고 할 수 없다. 때문에 일단 재판을 받았더라도 재판이 옳지 않다고 여겨지면 그 법원의 상급법원에 다시 재판하여 줄 것을 청구할 수 있다. 이를 상소라고 한다.

상소방법에는 여러 가지가 있는데, 판결에 대해서는 2심 법원에 항소를 할 수 있고, 이 재판에 대해 다시 대법원에 상고할 수 있다. 그리고 결정이나 명령에 대해서는 항고, 재항고를 할 수 있다. 본래 항소는 대개 2주간의 기간을 지켜 제기하여야 하나, 항고의 경우에는 원칙적으로 언제라도 이익이 있으면 제기할 수 있다. 그러나 결정에 대해서도 법이 특히 기간을 정해서 불복하도록 하는 경우가 있는데 이를 즉시항고라고 한다. 불복기간이 정해져 있는 경우에는 이 기간이 지나도록 상소하지 않으면 원재판이 확정된다.

### (2) 항 소

1심 법원의 판결에 대해 불복하는 것이 항소인데, 이 때 항소할 수 있는 이유는 특별히 제한이 없다. 따라서 1심 판결에 다소라도 자신이 패소한 부분이 있을 때 그 판결에 대해서는 항소할 수 있다.

항소의 제기는 항소심 법원이 아니라 원심법원에 항소장을 제출하는 방법으로 하며, 항소장에 하자가 없으면 모든 서류가 항소심법원으로 송부된다. 항소심법원은 1심 법원이 어디냐에 따라 자동적으로 정해진다. 다만 재산적 사건의 경우, 소가 5천만원 이하의 사건은 지방법원 본원 합의부가 관장하나, 그 외의 사건은 고등법원이 관장한다.

항소심에서도 1심과 마찬가지로 당사자가 주장과 입증을 할 수 있다. 법원은 항소심에서의 주장 · 입증과 1심에서의 그것을 종합하여 판단하게 된다.

항소심에서 재판할 때에는 1심의 판결과 항소심의 판단을 비교하여, 1심 판결에 잘못이 있으면 이를 취소하고 다시 판결하지만, 1심 판결에 잘못이 없으면 항소를 기각하는 판결을 한다.

### (3) 상 고

상고는 대법원에 대한 불복방법으로서 2심 법원의 판결에 대해서 한다. 대법원에 상고할 수 있는 사건은 제한되어 있어서 아무 사건이나 할 수 있는 것이 아니다. 대체로 2심 판결이 법률을 잘못 적용하였거나 잘못 법해석을 한 경우에 한하여 상고할 수 있고, 그 이외의 경우에는 대법원이 심리불속행결정을 통하여 심리를 거부할 수 있도록 되어 있다. 대법관의 수가 극히 제한되어 있기 때문이다.

대법원에서는 변론을 열지 않으며, 당사자가 제출한 상고장과 상고이유서만을 토대로 원심판결의 잘잘못을 판단한다.

대법원의 판결은 최종적인 것으로서 여기서 판결이 선고되면 즉시 확정되고, 다시 불복할 수 없다.

제 7 편

# 형사관계와 법률

제 **1** 장

# 형법 일반론

형법이라 함은 범죄와 범죄에 대한 법률효과인 형벌 또는 보안처분을 규정하는 법규범의 총체이다. 즉 어떤 행위가 범죄이고 그 범죄에 대한 법률효과로 어떤 형벌을 과할 것인가를 규정하는 법규범을 말한다.

사회공동생활을 유지하는 역할은 형법 이외에도 민법, 상법, 행정법 등의 법규범과 도덕, 종교, 관습 등의 사회규범에 의해 유지되고 있다. 따라서 법을 위반하는 것이 사회에 유해한 행위라 하여 전부 범죄행위로서 형법에 의해 처벌되는 것은 아니다. 다만 형법의 처벌대상은 이러한 유해한 행위가 다른 법규범이나 사회규범에 의해 해결될 수 없는 경우에 최후의 수단으로 적용될 것을 요구하고 있다.

## 제 1 절 범 죄 론

### 1. 서 론

#### (1) 범죄의 의의

범죄의 개념과 관련하여 실질적 의미의 범죄란 일반 사회의 안전과 이익을 해치는 모든 행위, 즉 반사회적 행위를 말하며, 형식적 의미의 범죄란 형법에 의해 규정되고 그에 대하여 형벌이 과해지는 행위를 말한다.

#### (2) 범죄의 성립요건

형식적 의미의 범죄가 성립하기 위해서는 구성요건에 해당하고, 위법하며, 책임 있는 행위를 의미한다. 따라서 범죄가 성립하기 위해서는 구성요건

해당성, 위법성, 책임성을 갖추어야 하는데, 이를 범죄의 성립요건이라 한다. 이 세 가지 범죄의 성립요건 중 어느 하나라도 갖추지 못하면 범죄로 되지 않는다.

**친고죄(親告罪)**

친고죄라 함은 공소제기를 위하여 피해자 기타 고소권자의 고소가 있을 것을 요구하는 범죄를 의미하며, 고소가 있어야 논한다는 의미에서 정지조건부범죄라고 한다. 이를 인정하는 이유는 강간죄나 간통죄 등 성범죄에 대한 공소제기를 허용하는 것이 오히려 피해자에게 불이익을 초래할 수 있는 경우가 있기 때문이다.

**반의사불벌죄(反意思不罰罪)**

반의사불벌죄라 함은 피해자의 명시한 의사에 반하여 논할 수 없는 범죄를 말한다. 피해자의 의사에 관계없이 공소를 제기할 수 있으나, 피해자가 처벌을 희망하지 않는다는 의사표시를 명백히 한 때에는 처벌할 수 없다는 점에서 해제조건부범죄라고도 한다. 폭행죄, 협박죄, 명예훼손죄 등이 여기에 속한다.

## 2. 범죄성립요건

### (1) 구성요건

범죄가 성립하기 위한 첫 번째 요건은 구성요건해당성 여부이다. 구성요건이라 함은 형사처벌이 되는 행위의 유형을 추상적으로 규정한 것을 말한다. 구성요건은 법률상의 정형적·추상적 개념인데 반해 구성요건해당성은 어떤 행위가 법적 구성요건의 범죄 정형적인 기술에 일치하는 것을 의미한다.

구성요건은 일정한 행위를 요구하는데, 여기서 행위란 사회적으로 의미 있는 인간의 지배가능한 거동을 말한다. 따라서 반사적인 동작, 수면 중의 동작, 절대적 폭력에 의해 강제된 행동 즉 지하철의 급정지로 어쩔 수 없이 앞사람을 밀어 넘어지게 하거나, 계단에서 떠밀려 앞사람을 넘어지게 한 행동 등은 행위가 아니므로 이로 인해 타인의 이익이 침해되더라도 범죄가 될 수 없다.

구성요건에 해당하는 행위로 인하여 그 결과가 발생하면 범죄가 성립하는데, 그렇다고 모든 결과에 대해 행위자에게 책임을 귀속시키는 것은 아니고, 발생한 결과를 행위자의 행위로 귀속시키기 위해서는 행위와 결과 사이에 어떠한 관련(인과관계)이 있어야 한다.

범죄는 주관적 구성요건요소에 따라 고의범과 과실범으로 구별되는 데, 형법은 고의범을 원칙적으로 처벌하고, 과실범은 법률에 특별한 처벌규정이 있는 경우에 한하여 처벌하고 있다. 형법이 과실범의 처벌을 규정하고 있는 경우는 실화죄(제170조), 과실일수죄(제181조), 과실교통방해죄(제189조 1항), 과실치사상죄(제266조, 제267조) 등이 있다.

### (2) 위 법 성

위법성은 법질서에 반하는 것으로서 어느 행위가 사회상규에 위반되어 허용될 수 없는 성질을 의미한다. 구성요건은 위법한 것으로 확정될 확률이 높은 행위를 유형화해 놓은 것으로서 구성요건에 해당하는 행위가 적법한가 위법한가에 대한 종국판단은 위법성단계에서 결정되게 된다. 그런데 우리 형법은 위법성을 정면에서 규정하지 않고 구성요건에 해당하면 일단 위법이라는 것을 전제로 하여 위법성조각사유를 규정하고 있는데, 이에는 정당행위, 정당방위, 긴급피난, 자구행위가 있다.

#### (가) 정당행위

형법에 의하면 "법령에 의한 행위 또는 업무로 인한 행위 기타 사회상규에 위배되지 아니하는 행위는 벌하지 아니한다"고 규정하고 있다(제20조). 정당행위는 법익을 침해하는 행위일지라도 사회통념에 반하지 않기 때문에 벌하지 않는다. 형법에서 구체적으로 열거된 위법성조각사유 이외에도 사회상규에 반하지 않는 행위는 정당행위로서 위법성이 조각되므로 정당행위는 위법성조각사유의 일반원칙을 표현한 것이다.

첫째, 법령에 의한 행위는 이로 인하여 타인의 법익을 침해하여 구성요건에 해당하는 때에도 위법성이 조각된다. 법령에 의한 행위로는 공무원의 직무집행행위, 징계행위, 현행범인의 체포, 노동쟁의행위 등을 들 수 있다.

둘째, 업무로 인한 행위가 법령에 규정되어 있으면 법령에 의한 행위로 인하여 위법성이 조각되지만 법령에 규정이 없는 경우에도 업무의 내용이 사회 윤리상 정당하다고 인정되면 위법성이 조각된다. 업무로 인한 행위에는 의사의 치료행위, 변호사의 변론이 포함된다.

셋째, 사회상규에 위배되지 않는 행위가 위법성조각사유의 일반적 기준이 된다. 행위가 구성요건에 해당하고 개별적인 위법성조각사유의 하나에 속하지 않는 경우에도 사회상규에 위배되지 아니한 경우에는 위법성이 조각된다. 사회상규라 함은 일반인의 건전한 도덕성 또는 공정하게 사유하는 일반인의 건전한 윤리감정을 의미한다.

**사례 7-1** **화재진압을 위하여 자동차를 파손한 경우**

소방관 甲은 화재신고를 받고 급히 현장으로 출동하였으나 화재현장의 입구에 누구의 소유인지 알 수 없는 자동차가 주차되어 있어 소방차의 진입이 불가능하자 이 자동차를 치우는 과정에서 자동차의 일부를 파손하였다. 이 경우 甲은 처벌을 받는가?

**해설** 위의 사례에서 소방관 甲이 자동차의 일부를 파손한 것은 형법상 손괴죄에 해당한다. 손괴죄는 타인의 재물이나 문서 또는 전자기록 등 특수매체기록을 손괴 또는 은닉 기타의 방법으로 효용을 해함으로써 성립하기 때문이다(제366조). 그러나 이 경우 甲의 행위는 화재를 진압하기 위한 정당한 공무집행행위로서 정당행위에 해당하여 위법성이 조각되고 범죄를 구성하지 아니한다. 그리고 이 경우 정당행위 이외에도 甲의 행위가 과실에 의하였을 경우에는 甲은 처벌받지 않는다. 왜냐하면 과실범은 원칙적으로 형법에 처벌규정이 있는 경우에 한하여 예외적으로 죄를 논할 수 있는데 우리 형법에는 과실손괴죄는 존재하지 않기 때문이다.

#### (나) 정당방위

정당방위라 함은 형법에 의하면 "자기 또는 타인의 법익에 대한 현재의 부당한 침해를 방위하기 위한 상당한 이유가 있는 행위"를 말하며(제21조 1항), 위법성조각사유이다. 정당방위는 현재의 부당한 침해를 방위하기 위한 행위이므로 부정(不正) 대 정(正)의 관계이다. 불법한 침해로부터 정당한 이익을 지키기 위한 것이라면 타인의 이익을 침해하는 것이라도 법은 이를 허용하고 있는데, 이는 "법은 불법에 양보할 필요가 없다"는 법언에 근거하고 있다.

정당방위가 성립하려면 첫째, 현재의 부당한 침해가 있을 것, 둘째, 자기 또는 타인의 법익을 방위하기 위한 행위일 것, 셋째, 상당한 이유가 있어야 한다. 이러한 요건을 갖추면 위법성이 조각된다.

**사례 7-2** **의붓아버지의 강간행위에 참다못해 살해한 경우**

甲은 12살 때부터 의붓아버지의 강간행위에 의해 정조를 유린당한 후 범행 무렵까지 성관계를 강요당해 왔다. 그녀가 대학을 들어가 남자친구인 乙에게 의붓아버지와의 관계를 고백하여 같이 번민하다가 피해자를 살해하고 강도로 위장하기로 공모한 후, 식칼과 공업용테이프를 구입하여, 범행장소인 충주에 내려가서 새벽 1시경 술에 취해 잠들어 있는 의붓아버지를 깨워 甲을 더 이상 괴롭히지 말라고 하면서 의붓아버지의 심장을 찔러 살해하고, 乙은 강도를 당한 것처럼 甲의 팔과 손을 끈으로 묶고 달아났고, 甲은 강도를 당했다고 허위신고한 사안에서 이들은 甲이 2살 때부터 강간행위에 의해 정조를 유린당한 후 범행시까지 계속 성관계를 강요받아 참다못해 살해했으므로 정당방위의 성립을 주장했다. 과연 이들은 정당방위가 성립하여 처벌받지 않을 수 있는가?

**해설** 위 사례에서 甲이 12살부터 범행당시까지 계속해서 성관계를 강요받아 왔고 그것이 계속될 염려가 있다면 그의 신체나 자유 등에 대한 현재의 부당한 침해상태가 있다고 볼 여지가 있다. 그리고 정당방위는 자기의 법익뿐 아니라 타인의 법익을 방위하기 위한 경우도 성립한다. 그런데 정당방위가 성립하려면 그 방위행위가 사회적 상당성을 가져야 하는데, 위 사례의 경우 사전에 범행을 공모하고 준비한 점, 술에 취해 잠들어 있는 의붓아버지를 양팔로 눌러 반항할 수 없는 상황에서 식칼로 피해자의 심장을 찔러 살해한 점 등은 범행의 동기나 목적을 참작한다고 하여도 당시의 상황에 비추어 사회통념상 상당성을 인정하기 어렵다. 법원은 이러한 이유로 정당방위가 성립하지 않는다(대판 1992. 12. 22, 92도2540)고 하여 원심(甲에게는 징역 3년에 집행유예 5년, 乙에게는 징역 5년)을 확정했다.

참고로 1990년 민법개정으로 의붓아버지는 인척에 불과하게 되었으므로 직계존속이 아니다. 따라서 甲은 존속살인이 아닌 단순살인죄의 책임을 지게 된다. 乙은 단순살인죄의 공동정범이다.

(다) 긴급피난

긴급피난이라 함은 "자기 또는 타인의 법익에 대한 현재의 위난을 피하기 위한 상당한 이유 있는 행위"를 말하며(제22조 1항), 어떠한 행위가 정당행위로 인정되면 벌하지 아니한다. 긴급피난은 적법·불법을 묻지 않고 할 수 있으며, 특히 가해자뿐만 아니라 위난과 관계없는 제3자에 대해서도 할 수 있다는 점에서 정 대 정(正 對 正)의 관계로 표현된다. 긴급피난이 성립하기 위해서는 첫째, 자기 또는 타인의 법익에 대한 현재의 위난이 있을 것, 둘째, 위난을 피하기 위한 행위일 것, 셋째, 상당한 이유가 있어야 한다. 이러한 요건을 갖추면 위법성이 조각된다.

**사례 7-3** **자동차를 피하기 위하여 타인의 재물을 파손한 경우**

甲은 길을 가다가 누군가가 비탈길에 세워둔 자동차가 브레이크가 풀리면서 자신을 향해 빠른 속도로 굴러 오는 것을 보고 생명의 위협을 느낀 나머지 급히 근처에 있는 乙의 가게로 몸을 피하면서 그곳에 진열되어 있던 乙 가게의 상품들을 파손하였다. 甲은 처벌되어야 하는가?

**해설** 甲이 자동차를 피하는 과정에서 이러한 위난에 대한 책임이 없는 제3자인 乙의 상품들을 파손한 행위는 손괴죄의 구성요건을 충족시킨다. 그러나 甲의 행위는 자기의 법익에 대한 현재의 위난을 피하기 위한 상당한 이유가 있는 긴급피난에 해당하는 행위로서 위법성이 조각되어 손괴죄를 구성하지 않는다.

(라) 자구행위

자구행위(自救行爲)라 함은 권리자가 그 권리를 침해당한 경우에는 공권력의 발동에 의하지 않고 자력에 의하여 그 권리를 구제하는 행위를 말한다. 형법은 "법정절차에 의하여 청구권을 보전하기 불가능한 경우에 그 청구권의 실행불능 또는 현저한 실행곤란을 피하기 위한 행위는 상당한 이유가 있는 때에는 벌하지 아니한다"(제23조)고 하여 긴급행위의 하나로서 이를 규정하고 있다.

자구행위가 성립하기 위해서는 첫째, 법정절차에 의하여 청구권을 보전하기 불가능한 경우일 것, 둘째, 청구권의 실행불능 또는 현저한 실행곤란을 피하기 위한 행위일 것, 셋째, 상당한 이유가 있어야 한다. 이러한 요건을 갖추면 위법성이 조각된다.

**사례 7-4** **채무자가 도주하는 것을 임의적으로 체포한 때**

甲은 乙에 대하여 1억원의 채권(청구권)을 가지고 있었는데 수차례 변제를 요구하였음에도 불구하고 乙은 계속하여 이를 거부하고 있었다. 그러던 어느 날 친구 A로부터 乙이 가족들을 데리고 외국으로 이민가기 위하여 공항으로 가는 것을 보았다는 말을 듣고 급히 공항으로 달려가서 막 비행기에 오르려는 乙을 체포하였다. 甲의 행위는 정당한가?

**해설** 일단 甲의 행위는 체포감금죄에 해당한다. 체포감금죄는 사람을 체포 또는 감금함으로써 성립하기 때문이다(제276조). 그러나 甲이 공항에서 乙을 체포하지 않았다면 乙은 외국으로 달아나 甲이 乙에 대하여 가지고 있는 채권(청구권)이 실행불능 또는 실행이 현저히 곤란하게 되었을 것이다. 따라서 甲의 행위는 자구행위로서 위법성이 조각되어 체포감금죄로 처벌받지 아니한다. 참고로 자구행위는 자신이 타인에 대하여 가지고 있는 청구권을 '보전'하는 경우에만 인정되는 것으로 자력으로 자신의 청구권을 '충족 내지 실현'시킨다면 이는 자구행위로 볼 수 없어 위법성이 조각되지 않는다. 그러므로 사례에서 甲이 乙로부터 강제로 1억이라는 금원을 빼앗는 경우에는 자구행위가 인정되지 않고, 이 과정에서 폭행이나 협박이 가하여졌다면 甲은 오히려 강도죄로 처벌받을 수도 있다.

#### (마) 피해자의 승낙

피해자의 승낙이라 함은 피해자가 가해자에 대하여 자기의 법익을 침해하는 것을 허락하는 것을 말한다. 형법은 “처분할 수 있는 자의 승낙에 의하여 법익을 훼손한 행위는 특별한 규정이 없는 한 벌하지 아니한다”라고 규정하고 있다(제24조).

첫째, 법익주체가 처분 가능한 법익에 승낙할 것, 둘째, 피해자가 승낙능력을 가지고 자유의사에 의한 승낙을 할 것, 셋째, 침해행위가 상당한 것이어야 한다. 이러한 요건을 갖추면 위법성이 조각된다.

**사 례 7-5** **부탁받은 살인**

甲은 친구 乙이 사업에 실패하여 막대한 부채로 괴로워하던 중 자신에게 세상에서 더 이상 살아갈 의욕이 없으므로 죽여 달라고 진지하게 부탁을 하여 여러 번 거절하였으나 계속하여 간곡히 청하므로 乙을 살해하였다. 이 경우 甲의 행위는 피해자의 승낙에 해당하는 행위로서 위법성이 조각되는가?

**해설** 사례에서 乙은 자신의 법익(생명)과 그 법익에 대한 침해의 결과(사망)를 인식하고 이성적으로 판단할 수 있는 판단능력이 있는 것으로 보인다. 그러나 자신의 법익이라 하여 무제한적으로 승낙·처분할 수 있는 것은 아니다. 특히 생명이라는 법익은 비록 개인적 법익이지만 본질적 가치와 비대체적인 절대성을 가진 법익으로서 승낙의 대상이 될 수 없다. 다만 이 경우 甲의 행위는 乙의 승낙이 있었으므로 보통살인죄(제250조-사형, 무기 또는 5년 이상의 징역)가 아닌 감경적 구성요건인 촉탁·승낙살인죄(제252조-1년 이상 10년 이하의 징역)로 처벌받게 된다.

### (3) 책 임 성

책임성이라 함은 위법한 행위에 대하여 행위자를 개인적으로 비난할 수 있느냐의 문제인 비난가능성이다. 즉 행위자가 적법한 행동을 할 수 있었음에도 불구하고 위법한 행위로 나아간 데 대한 사회로부터의 비난을 말한다. 구성요건에 해당하고 또한 위법한 행위라도 책임이 없으면 범죄가 되지 않는다.

형법은 책임능력을 적극적으로 규정하지 않고, 소극적으로 책임능력이 없거나(14세미만의 형사미성년자, 심신상실자) 책임능력이 감경된 경우(심신미약자, 농아자)만을 규정하고 있다.

한편 행위자가 위험의 발생을 예견하고 고의로 '스스로' 심신장애의 심신상실 또는 심신미약의 상태를 야기하여 범죄를 실행하는 경우가 있다. 이를 '원인에 있어 자유로운 행위'라 하는데 이 경우에는 비록 행위자가 책임능력이 없는 상태에서 범죄를 실행하였다 하더라도 책임이 감경 또는 조각되지 아니하고 완전한 책임능력자로 간주하여 처벌한다. 왜냐하면 실행행위는 책임능력 결함상태에서의 행위이지만 그 책임비난은 원인설정행위에 있으므로 원인설정행위와 실행행위 사이의 불가분적 연관으로 인하여 행위와 책임의 동시존재의 원칙에 대한 예외로서 가벌성이 인정되는 것이다.

그러므로 형법도 제10조 제3항에서 원인에 있어서 자유로운 행위에 대하여는 책임무능력 상태에서의 행위일지라도 처벌되고, 한정책임능력 상태에서의 행위라 하더라도 형이 감경되지 않는다고 규정하고 있다.

**사 례 7-6** **형사미성년자의 범죄**

11살인 甲은 얼마 전 TV에서 높은 곳에서 떨어뜨린 물풍선이 아래에 주차되어 있는 차를 크게 파손시키는 장면을 방송하는 것을 보고 자신도 한 번 해 보고 싶다고 생각하고 있었다. 어느 날 甲은 풍선에 물을 가득 채워 이를 아파트 옥상으로 가지고 올라가 밑으로 떨어뜨렸는데 마침 그곳을 지나가던 행인이 맞아 사망하고 말았다. 甲은 처벌받는가?

**해설** 甲의 행위는 살인죄의 구성요건에 해당하고 위법하다. 그러나 구성요건에 해당하고 위법하다고 하여 바로 범죄를 구성하는 것이 아니라 행위자가 책임능력을 갖추고 있어야 한다. 여기서 책임능력이란 행위자가 법규범의 의미를 이해하고 사물을 변별하거나 의사를 결정하는 능력을 말한다. 우리 형법은 14세가 되지 아니한 자의 행위는 벌하지 아니한다(제9조)고 규정하여 형사미성년자의 책임능력을 부인하고 있다. 따라서 甲은 11세의 형사미성년자로서 비록 범죄의 구성요건에 해당하고 위법하나 책임능력이 없으므로 처벌받지 아니한다.

**사 례 7-7** **만취상태에서 타인을 상해에 이르게 했다면 처벌받지 않는가**

甲은 평소 감정이 많았던 乙에게 따끔한 맛을 보여주기로 결심하고 대책을 궁리하던 때에 술을 마시고 만취상태 즉 책임능력 없는 상태에서 한 행위는 벌하지 않는다는 사실을 알게 되었다. 그래서 일부러 만취하여 乙의 집 앞에서 乙을 구타하여 상해를 입혔다. 이 경우 甲은 처벌받지 않는가?

**해설** 사례에서 甲은 만취상태를 스스로 초래해서 자의로 심신장애를 야기하였기 때문에 실행행위시 즉, 乙에게 상해를 입힐 당시에는 비록 책임능력이 결여되어 있었다 하더라도 甲은 책임능력 없는 상태를 스스로 야기한 것에 대한 책임을 져야 한다. 따라서 甲은 상해죄의 죄책을 면하기 어렵다.

# 제 2 절 형 벌 론

## 1. 형벌의 의의

범죄에 대한 법률효과 내지 제재에는 형벌과 보안처분이 있다. 형벌이란 범죄에 대한 법률상의 효과로서 국가가 그의 책임을 전제로 하여 과하는 법익의 박탈을 의미하는 반면에, 보안처분은 범죄를 행한 행위자가 미래에 다시 범죄를 실행할 가능성 내지 위험성에 기초하여 부과되는 것이라는 점에서 차이가 있으나, 국가가 범죄자에 대하여 일정한 불이익을 주는 것이라는 점에서는 동일하다.

## 2. 형벌의 종류

형의 종류는 사형, 징역, 금고, 자격상실, 자격정지, 벌금, 구류, 과료, 몰

수 등이 있다(제41조).

**사 례 7-8** **벌금형의 선고가 전과기록으로 남는가**

대학생인 甲은 폭행죄로 50만원의 벌금형을 선고받은 전과가 있다. 졸업 후 취업에 영향을 미칠 것으로 생각하니 걱정이다. 벌금도 전과기록에 남는가?

**해설** 전과기록이라 함은 검찰청에서 관리하는 수형인명부, 수형인의 본적지 시·구·읍·면사무소에서 관리하는 수형인명표, 경찰청에서 관리하는 수사자료표를 의미한다.

그런데 벌금형의 전과에 대하여 수형인명표에는 1980년 12월 18일부터, 수형인명부에는 1984년 9월 1일부터 각각 기재하지 않게 되었고, 자격정지 이상의 형을 받은 수형인만을 이들에 기재하고 있으므로, 신원조회시 벌금형을 받은 사실이 나타나지 않는다. 다만 수사기관이 피의자의 지문을 채취하고 필요한 사항을 기재한 경찰청에서 관리하는 수사자료표에는 벌금형을 받은 사실이 기재되어 있을 수가 있다. 그러나 수사자료표에 의한 범죄경력조회 및 그 회보는 범죄수사와 재판 및 대통령으로 제한된 경우에만 할 수 있으므로 위 사례의 경우 甲은 벌금형을 받은 사실에 대해 그리 걱정하지 않아도 될 것 같다.

## 3. 집행유예, 선고유예, 가석방

### (1) 집행유예

집행유예란 범죄자에게 형을 선고하지만 일정기간 동안 형의 집행만은 유예하고 그 유예기간을 무사히 경과한 때에는 형의 선고의 효력을 잃게 하는 제도를 말한다.

첫째, 3년 이하의 징역 또는 금고의 형을 선고할 경우일 것, 둘째, 제51조의 사항을 참작하여 그 정상에 참작할 만한 사유가 있을 것, 셋째, 금고 이상의 형의 선고를 받은 자는 그 집행을 종료한 후 또는 집행이 면제된 후로부터 5년을 경과할 것 등의 요건을 구비하면 1년 이상 5년 이하의 범위에서 법관은 형의 집행을 유예할 수 있다(제62조).

집행유예의 선고를 받은 후 그 선고의 실효 또는 취소됨이 없이 그 유예기간을 경과한 때에는 형의 선고는 효력을 잃는다(제65조). 따라서 형의 집행이 면제되고 처음부터 형의 선고가 없었던 상태로 돌아가게 된다. 다만 집행유예를 선고받은 자가 유예기간 동안 금고 이상의 형벌을 받게 되면 집행유예는 효력을 잃게 되고 유예된 형을 집행하게 된다.

### (2) 선고유예

선고유예란 경미한 범죄자에 대하여 일정한 기간 동안 형의 선고를 유예하고 그 유예기간을 경과한 때에는 면소(免訴)된 것으로 간주하는 제도를 말한다.

선고유예를 하기 위해서는 첫째, 1년 이하의 징역이나 금고, 자격정지 또는 벌금의 형을 선고하는 경우일 것, 둘째, 형법 제51조의 사항을 참작하여 개전(改悛)의 정상이 현저할 것, 즉 행위자에게 형을 선고하지 않아도 재범의 위험이 없다고 인정되어야 한다. 셋째, 자격정지 이상의 형을 받은 전과가 없을 것 등의 요건을 구비하여야 한다(제59조).

형의 선고유예를 받은 날로부터 2년이 경과된 때에는 면소된 것으로 간주한다(제60조). 다만 형의 선고유예를 받은 자가 유예기간 중 자격정지 이상의 형에 처한 판결이 확정되거나 자격정지 이상의 형에 처한 전과가 발견된 때에는 유예한 형을 선고한다(제61조).

### (3) 가 석 방

자유형을 집행받고 있는 수형자가 개전의 정이 현저하다고 인정될 때에 형기만료 전에 수형자를 조건부로 석방하는 제도를 가석방(假釋放)이라 한다.

가석방은 불필요한 형 집행기간을 단축함으로써 수형자의 사회복귀를 용이하게 하고, 형집행에 있어서 수형자의 사회복귀를 위한 자발적이고 적극적인 노력을 촉진한다는 특별예방주의를 실현하기 위한 제도의 하나이다.

첫째, 징역 또는 금고의 집행 중에 있는 자가 무기에 있어서는 10년, 유기에 있어서는 형기의 1/3을 경과한 후일 것, 둘째, 행상(行狀)이 양호하여 개전의 정이 현저할 것, 셋째, 벌금 또는 과료의 병과가 있는 때에는 그 금액을 완납할 것 등의 요건을 구비하고, 가석방심사위원회의 신청에 의하여 법무부장관이 행정처분으로 가석방을 할 수 있다(제72조).

가석방의 처분을 받은 후 그 처분이 실효 또는 취소되지 아니하고 가석방기간을 경과한 때에는 형의 집행을 종료한 것으로 본다(제76조). 다만 가석방 중 금고 이상의 형의 선고를 받아 그 판결이 확정된 때에는 가석방처분은 효력을 잃는다.

**사례 7-9** **형의 집행 후 전과기록은 어떻게 되는가**

甲은 운전중 부주의로 행인을 치어 사망하게 되었고, 1년 6월의 징역을 선고받아 복역하던 중 가석방되었다. 그 후에도 甲은 전과자로 낙인찍혀 취직하기 어렵게 되었는데, 甲의 전과기록은 말소할 수는 없는가?

**해설** 형법 제81조에는 "징역 또는 금고의 집행을 종료하거나 집행이 면제된 자가 피해자의 손해를 보상하고 자격정지 이상의 형을 받음이 없이 7년을 경과한 때에는 본인 또는 검사의 신청에 의하여 그 재판의 실효를 선고할 수 있다"고 규정하고 있다. 따라서 위 사례의 경우 甲은 석방된 때로부터 남은 형기를 경과한 시점 즉 형의 집행을 종료한 때를 기준으로 7년이 경과된 때에는 그 형사사건기록이 보관되어 있는 검찰청에 대응하는 법원에 그 형의 실효를 선고해 줄 것을 신청할 수 있다.

또한 형의 실효 등에 관한 법률에 의하면 이러한 신청이 없다고 하더라도 수형인이 자격정지 이상의 형을 받음이 없이 형의 집행을 종료하거나 그 집행이 면제된 날로부터 ① 3년을 초과하는 징역·금고는 10년, ② 3년 이하의 징역·금고는 5년, ③ 벌금은 2년, ④ 구류·과료는 형의 집행을 종료하거나 그 집행이 면제된 때에 그 형이 자동적으로 실효되며, 본적지 시·구·읍·면사무소에서 관리하는 수형인명표를 폐기하고, 검찰청 등에서 관리하는 수형인명부는 해당란을 삭제하게 된다. 다만 수사기관의 범죄경력 조회시 수사자료표에는 기재되어 있을 수 있다.

제 2 장
# 여성과 관련된 범죄

## 제 1 절 여성과 범죄

### 1. 여성의 범죄성

최근의 통계에 의하면 여성의 범죄가 종전에 비하여 급증하고 있는 것으로 보고되고 있다. 종래 여성은 그들의 인구비율에 비하여 전체 범죄의 극히 적은 비율만을 차지하고 있었고, 이들의 범죄들도 매춘의 경우와 같이 도덕성을 침해하는 경우를 제외하고는 일반적으로 사회에 대한 심각한 위협이 되지 못하였다. 여성범죄자들은 범죄를 저지르는 경우에도 영아살해나 낙태 등의 여성의 특수성이 반영된 범죄가 아니면, 다른 범죄자들의 배후에서 조종하거나 공범으로서 체포되는 경우가 보통이었다. 위법행위로 체포된 여성범죄자들도 대부분 초범이었다.

그러나 이렇게 광범한 믿음도 최근 수년간 형사사법제도 내의 여성들에 대해 관찰한 결과에 의하여 도전받고 있다. 공식적인 범죄자료인 미국 통일범죄보고서Uniform Crime Reports에 의하면 미국 내에 있어서 지난 15년간 여성범죄는 살인, 약물범죄와 매춘 등을 제외한 거의 대부분의 범죄유형에서 남성범죄의 증가율보다 급격한 증가율을 보이고 있다. 또한 같은 기간 동안 여성의 체포율은 약물범죄, 장물, 사기, 강도, 절도 및 위조 등의 범죄순으로 급격히 증가하고 있는 것으로 나타났다. 이러한 체포율의 급증의 원인에 대하여 논의가 활발히 진행되고 있다.

그러면 이와 같은 현상은 여성의 범죄가 증가하고 그 죄질도 폭력적으로 변화한다고 하는 것인가, 다시 말하면 여성의 범죄가 남성범죄와 유사하게 되어가고 있는 것인가가 문제이다.

이에 대해서 애들러Freda Adler와 같이 여성들의 범죄행위가 전통적인 여성범죄에 그치지 아니하고 비록 성공율은 낮지만 남성화하고 있다고 믿고 있는 학자도 있다. 그러나 이에 대해 다른 생각을 하는 학자도 있다. 예컨대, 사이몬Rita J. Simon과 같은 학자에 의하면 1967년 이래 여성이 범한 범죄의 유형에는 변화가 있었지만, 이는 여성이 경제적 범죄를 저지를 수 있는 기회의 증가에 따라 경제범죄는 증가하였지만, 여성의 해방에 따라 여성을 강력범죄로 몰아가던 장애의 해소로 인하여 강력범죄는 감소하였다고 한다. 즉 여성이 경제활동을 활발하게 함으로써 일부 경제관련 범죄는 증가하였지만, 여성에 대한 불합리한 차별이 감소함에 따라 오히려 사회나 제도에 대한 저항적 탈출구로 작용하던 범죄는 감소하였다는 것이다.

또 스티븐스마이어Darrell J. Steffensmeier는 여성범죄 중 남성적 범죄 내지 강력범죄에 참여하는 비율이 현저하게 증가하지 않았다고 주장하였는데, 그는 여성의 범죄율의 증가는 기본적으로 여성의 범죄수가 적은 데 반하여 경찰의 검거의지가 강한 것이 원인이라고 지적하면서, 결론적으로 과거 15년 동안 성인범죄에 있어서 성별의 변화는 극히 적다고 하고 있다.

웨이스Joseph Weis도 여성이 과거에 비하여 범죄행동에 있어서 과거보다 폭력적이라는 점에 대하여는 의문을 제기하였다. 그는 여성해방과 새로운 유형의 여성범죄의 출현과 상관관계가 있다는 주장은 현실이 아니라고 주장한다. 여성들은 십여년 전보다 폭력적이지 않으며, 재산범죄의 증가는 현재까지도 현실세계에서 만연되어 있는 성차별이 범죄세계에서도 존재하고 있다는 것을 시사한다고 한다.

위에서 본 여성의 범죄성을 설명하려는 이론들은 사회구조적 이론과 사회과정적 이론의 차이를 나타내기가 불가능하다. 여성해방이 행동의 설명에 핵심변수라는 입장은 기본적으로는 사회구조적 접근방법이다. 사이몬에 의하면 여성들은 자신들의 노동력의 참여로 인하여 과거보다 범죄를 범할 기회가 크게 증가된 그러한 유형의 범죄들을 범하고 있다는 입장을 취하고 있다. 범죄를 저지르는 데 있어서 남성과 여성의 경향은 기본적으로 다르지 않으며, 그 차이는 오로지 기회에 있다는 것이다. 그는 여성이 범죄를 범할 기회가 증가함에 따라 그들의 범죄행동도 증가한다고 주장하고, 그들이 저지르는 범죄의 유형도 남자에 의하여 저질러지는 범죄들과 지극히 유사하다고 한다.

반대로, 여성범죄성의 증가나 여성에 의한 범죄의 유형에 있어서의 변화가 경제활동에 대한 참여의 증가와 관련된다는 입장에서는 사람들은 긴밀한 관계를 가지게 됨에 따라 서로 모방한다는 타르드J. G. Tarde의 모방이론theory of imitation이나 베커Becker 등의 낙인이론Labeling Perspective에 관련을 가지게 된다. 오늘날 경찰은 과거보다 여성범죄자들을 많이 검거하고, 검찰은 보다 많이 기소하고 배심원은 보다 많이 유죄인정을 하는 등으로 낙인을 가할 가능성이 많다.

여성해방이라는 설명은 스티븐스마이어에 의하여 도전을 받아왔는데, 그는 여성의 성별적 기능과 지위는 최근에 근본적 변화를 겪은 바 없다고 주장하였다. 그는 여성들은 아직까지도 기본적으로 부인과 어머니나 성의 객체로서 간주되고, 전통적인 성적 역할의 기대와 성적 역할과 관련된 기회는 매우 안정적인 상태를 견지하고 있으며, 여성해방이 효과적으로 이루어진 곳에서도 여성범죄와 관련한 변화가 생기지는 않았다고 주장한다.

끝으로 다른 연구에 의하면, 예컨대 소녀가 갱단에 참여하는 곳에서도 그들은 전통적인 여성의 역할을 통하여, 즉 그들 스스로의 성취를 통하여서가 아니라 남성들과 어울리면서 지위를 추구하는 방식으로 이에 참여하고 있다. 다른 학자들은 여성들이 일반적으로 남성적으로 간주되는 범죄들에 종사하는 경우에도 전통적인 여성의 성적 역할에 종사하고 있다는 주장을 지지하고 있다. 예컨대 보우커Lee H. Bowker는 여성의 범죄성에 관한 저서를 통하여 이 문제를 제기했다. 그는 한 연구에서 여성 강도와 침입절도에 의하여 행해진 범죄적 역할은 남성 강도 및 침입절도행동에서보다 일반적인 여성의 성적 역할에 맞는 행동과 일치한다는 것이 확인되었다는 점을 지적한다. 대부분의 사례에서 여성들은 독자적인 행위주체로서가 아니라 파트너였고, 이차적 역할을 행하는 종범에 불과하거나 범죄행위에 있어서 전혀 참여하지 않는 공범에 불과한 사례도 다수 있었다. 여성들은 소수의 범죄만 독자적으로 범하였다.

여성의 범죄성의 원인과 범위 및 본질에 관한 의견차이는 지속된다. 그러나 어떤 학자는 여성범죄성의 이해에 있어서 현저한 진전은 이미 연구된 것에 더하여 학자들이 성차별주의적 가설sexist assumptions을 체계적으로 분석함으로써만 가능하다고 지적하였다. 이러한 사고들을 비판적으로 검증하고 정밀한 실증적 분석을 행함으로써만 여성의 범죄성을 이해하고 그 증가추세에 관한 주장에 진전이 있을 것이다.

## 2. 여성에 대한 범죄의 특성

여성학자들은 아내구타는 여성을 통제하려는 남성의 욕망으로 가부장적 가족구조에서 기인하는 것으로 간주하고 있다. 아내구타는 직접적인 폭력에서부터 경제적 종속, 위협, 협박, 고립, 과소평가에 이르기까지 다양한 형태로 나타난다. 남성의 강요와 위협을 이용한 폭력으로 인해 여성의 쉼터 이용자들의 실태조사 자료를 통한 가부장적 테러리즘의 징후들을 분석해 보면, 여성들은 '남성특권을 이용한 폭력'과 '정서적인 학대를 이용한 폭력', '과소 평가 · 불인정 · 비난을 이용한 폭력' 등에 의해 가장 많이 통제당하고 있는 것으로 나타났다. 또한 '자녀를 이용한 폭력'과 '고립을 이용한 폭력'도 한몫 하는 것으로 밝혀졌다. 이들은 하나의 특정한 형태로 행사되기보다 서로 복합적으로 연계되어 있었으며 아내를 동등한 인격체가 아닌 지배의 대상으로 인식한 남성의 가부장적 문화와 사회구조가 여성에게 더욱 큰 짐이 됨을 알 수 있었다. 앞으로 정교한 이론구성과 상담사례 분석을 통해 보다 예방적이고 치료적인 접근으로 이 문제를 해결해 나가야 할 것으로 본다.

**「여성 수형자 최근 10여년 새 2배 늘었다」**

현재 여성수형자 중 20~30대가 64.5%, 40~50대가 32.9%를 차지하는 등 젊은 여성의 비율이 매우 높고, 여성의 경제활동 참여증가에 따라 여성범죄도 급증해 여성수형자의 비율이 최근 10년간 2배 이상 증가하는 등 급증추세에 있는 것으로 나타났다.

이같은 사실은 여성부가 법무부의 도움을 받아 발간한 '수형자 직업훈련정책의 성별영향분석평가'연구보고서에서 밝혀졌다. 이 보고서에 따르면 징역형이 확정된 여성수형자는 지난 90년 6백91명으로 전체수용자 2만8천3백22명(미결수 제외)의 2.4%에 불과했으나 2003년에는 1천7백2명으로 전체 3만4천6백30명의 4.7%로 최근 10여년 사이 2배 가까이 급증했다.

남성수형자들의 경우 사기 · 횡령 등 재산범이 66.4%, 성폭행 등 풍속범 11.5%, 강력범 9.8%, 위조범 3.1% 등의 순인 데 비해 여성수형자들은 절도(17.1%), 강도(15.2%),

사기 · 횡령(10.9%), 폭력(10.9%), 살인(9.8%) 등으로 강력사범의 비율이 남성보다 더 높은 것으로 나타났다.

여성수형자의 형기는 지난 93년 1년형 미만 징역형이 46명(7.9%), 3~1년형이 1백47명(36.6%), 3년형 이상이 2백8명(8.4%)이었으나 2002년에는 1년형 미만이 44명(7.6%), 3~1년형이 1백32명(29.4%), 3년형 이상이 2백73명(11%)으로 3~1년형이 줄어든 대신 3년형 이상 중형비율이 크게 늘었다.

여성수형자의 학력을 보면 94년도에는 대학중퇴 및 졸업자 3.3%, 고교중퇴 및 졸업자 37.3% 등으로 고교중퇴 이상이 40.6%를 차지했고 초등학교 중퇴 및 졸업 19.1%, 중학중퇴 및 졸업이 38.3% 등으로 나타났다.

그러나 2002년에는 초등학교와 중학교 중퇴 및 졸업자가 11%와 21.8%인 반면 고교중퇴 및 졸업자가 49.6%, 대학중퇴 및 졸업자가 6.7% 등으로 고학력 비율이 크게 늘고 있는 추세다.

연구서는 여성수형자의 특성으로 △남성에 비해 비폭력적이고 △초범비율이 높으며 △미성년 자녀의 양육책임과 기족에 대한 애착이 높은 것으로 나타났다고 밝혔다. 또 △수형생활 중 규칙위반 및 도주위험성이 적고 △신체적 · 성적학대를 당한 경험이 상당부분 많은 것으로 분석했다. <법률신문 2005. 3. 3, 5면>

## 제 2 절 형법상의 범죄

### 1. 영아살해죄

형법 제250조는 “사람을 살해한 자는 사형 · 무기 또는 5년 이상의 징역에 처한다”고 하여 살인죄를 규정하고 있다. 한편 헌법 제10조에서도 인간의 존엄과 가치를 최고의 근본규범으로서 보호하고 있다. 따라서 사람의 생명은 그 누구도 침해할 수 없는 절대적인 권리이다. 살인죄에는 가중적 구성요건인 존속살해죄와 감경적 구성요건인 영아살해죄가 있다.

영아(嬰兒)살해죄란 직계존속이 치욕을 은폐하기 위하거나 양육할 수 없음을 예상하거나 특히 참작할 만한 동기로 인하여 분만 중 또는 분만직후의 영아를 살해한 때에 성립하는 범죄를 말한다(제251조). 특히 참작할 만한 동기로 인하여 살해한 때란 조산으로 인하여 생육가능성이 없거나 불구 또는 기형아를 낳은 경우 등이 여기에 해당된다. 영아살해죄를 보통살인죄보다

가볍게 처벌하고 있는 이유는 영아의 생명가치가 일반인의 생명가치보다 낮기 때문이 아니라, 직계존속의 명예구제와 분만으로 인한 산모의 비정상적인 정신상태를 고려하기 때문이다.

영아살해죄의 주체는 직계존속인데, 법률상 직계존속뿐만 아니라 사실상 직계존속도 포함된다. 영아살해죄의 객체는 분만 중 또는 분만 직후의 영아이다. 분만중이란 분만을 개시한 때로부터 분만을 완료한 때까지를 의미하므로 태아는 해당되지 않는다. 한편, 영아살해죄가 성립하기 위해서는 치욕을 은폐하기 위하거나 양육할 수 없음을 예상하거나 특히 참작할 만한 동기에서 영아를 살해하여야 한다. 만약 이러한 동기 없이 영아를 살해하였다면 영아살해죄가 성립하는 것이 아니라 보통살인죄가 성립할 뿐이다.

**사례 7-10** **미혼모가 아기를 살해한 경우**

甲은 회사 동료 A와 깊은 관계를 유지하며 사귀던 중 뜻하지 않게 임신을 하게 되었다. 甲이 이 사실을 A에게 이야기하고 결혼을 요구하였으나 A는 이를 거절하였다. 얼마 후 甲은 분만을 하게 되었고 분만 직후 찾아온 친구 乙에게 처녀의 몸으로 아이를 양육할 수 없음을 호소하자 이러한 사실을 들은 乙은 차라리 영아를 살해하자고 제의를 하여 마침내 영아를 살해하였다. 甲과 乙의 죄책은?

**해설** 사례에서 甲은 영아살해죄의 주체인 직계존속이다. 이 때의 직계존속이라 함은 법률상의 직계존속뿐만 아니라 사실상의 직계존속을 포함한다고 보아야 하므로 甲은 영아살해죄의 죄책을 지게 된다. 그러나 乙은 영아살해죄의 주체가 될 수 없으므로 보통살인죄의 죄책을 지게 된다.

## 2. 자살교사·방조죄

### (1) 의 의

자살교사죄란 자살할 의사가 없는 타인으로 하여금 자살을 결의하게 하여 자살하도록 함으로써 성립하는 범죄이고, 자살방조죄란 이미 자살의 의사를 가진 자를 자살을 용이하게 함으로써 성립하는 범죄이다.

본죄의 실행행위는 자살을 교사·방조하는 것이다. 자살의 교사란 자살할 의사가 없는 사람으로 하여금 자살의 의사를 생기게 하여 자살로 나아가게 하는 것을 말하며, 자살의 방조란 이미 자살의 의사를 가진 자를 도와서 자살을 용이하게 하는 것을 말한다. 이러한 교사와 방조의 방법은 명시적 방법이든 묵시적 방법이든 묻지 않는다.

### (2) 동반자살의 문제(合意同死)

동반자살을 시도하여 일부는 사망하고 일부는 생존한 경우에 생존자를 처벌할 수 있을 것인가가 문제되는데, 이 경우 생존자의 행위가 자살의 교사나 방조로 인정되면 자살교사·방조죄가 성립한다는 것이 일반적인 견해이다. 그러나 자신은 자살할 의사가 없이 타인을 기망하여 자살로 나아가게 하여 사망케 한 경우에는 자살교사·방조죄가 성립하지 않고 위계·위력에 의한 살인죄가 성립한다.

**사 례 7-11** **합의에 의한 동반자살**

아내와 자식을 둔 甲은 사업의 실패로 동반자살할 생각으로 저 세상에서나 같이 행복하게 살자면서 가족과 함께 수면제를 다량 복용하였다. 그런데 甲만이 살아나게 되었다. 이 경우 甲은 처벌받는가?

**해설** 우리 형법은 자살을 처벌하지는 않는다. 그런데 서로간의 합의에 의한 동반자살의 경우 어느 한 사람이 살아남은 경우 생존자의 처벌과 관련하여 제252조로 처벌받게 된다. 즉 서로의 자살에 대해 방조한 사실이 인정되므로 자살방조죄(1년 이상 10년 이하의 징역)로 처벌된다. 사례에서 甲의 아내에 대한 자살교사·방조죄가 성립하는 것은 살펴 본 바와 같으나 만일 자식이 자살의 의미와 내용을 이해할 수 없는 정신병자나 유아였다면 자식에 대하여는 자살교사·방조죄가 아닌 보통살인죄가 성립한다.

**사 례 7-12** **사람을 속여 자살하게 한 경우**

甲과 乙은 서로 사랑하는 사이로 수년간 교제하고 있었다. 그러다가 甲에게 乙보다 재산이나 미모가 출중한 A가 나타나자 甲은 마음이 변하여 乙에게 헤어지자고 요구하였다. 그러나 乙이 이에 응하지 아니하자 甲은 乙에게 차라리 같이 죽자고 제의하고 乙은 이에 동의하여 서로 극약을 마셨다. 그러나 甲은 자살할 의사가 없었고 자신은 극약이 아닌 수면제를 먹은 결과 乙은 사망하고 甲은 얼마 후 깨어났다. 甲의 죄책은?

**해설** 甲은 자살의 의사가 없는 乙로 하여금 자살의 의사를 가지게 하여 자살하게 하였으므로 일응 자살교사죄가 성립하는 것으로 보인다. 그러나 이 경우에는 자신이 자살할 의사가 없음을 숨기고 상대방을 기망하여 자살하게 하였으므로 위계 등에 의한 촉탁살인죄가 성립한다. 위계 등에 의한 촉탁살인죄는 형법 제250조(보통살인죄)의 예에 의하므로 甲은 살인죄의 죄책을 진다.

## 3. 간 통 죄

### (1) 의 의

간통죄는 배우자가 있는 자가 간통하거나 그와 상간함으로써 성립하는 범죄이다. 배우자가 있는 자만이 주체가 될 수 있다는 점에서 본죄는 진정신분범이라 할 수 있다. 간통죄는 가정의 기초인 건전한 혼인제도의 유지와 사회의 건전한 성도덕의 유지를 그 보호법익으로 하고 있다.

간통죄의 주체는 배우자 있는 자 및 그와 상간한 자이다. 상간한 자는 혼인 여부 즉 배우자가 있을 필요가 없다. 여기서 배우자라 함은 법률상의 배우자를 말한다. 따라서 사실상의 혼인관계에 있는 자는 여기에 포함되지 않으며, 법률혼 관계인 이상 별거하고 있더라도 본죄의 성립에는 영향이 없다.

간통이라 함은 배우자 이외의 자와 성교행위를 하는 것을 말하며, 성교행위마다 1개의 범죄가 성립한다. 따라서 동일인과 성교가 반복된 경우 성교시마다 간통죄가 성립하여 수개의 간통죄의 경합범이 된다. 따라서 장기의 1/2까지 가중하여 처벌한다(제38조 1항). 한편, 간통죄의 주관적 구성요건으로서 상간자는 상대방이 배우자가 있는 자라는 것을 인식하여야 한다. 만약 이러한 인식이 없는 즉, 상간자가 상대방이 배우자가 있음을 알지 못하였다면 상간자에게는 간통죄가 성립하지 않는다.

**신분범**

신분범이란 구성요건을 일정한 신분이 있는 자만이 충족할 수 있는 범죄를 말한다. 신분범은 다시 이러한 신분이 없으면 구성요건을 실현할 수 없는 진정신분범(수뢰죄는 공무원 또는 중재인이 그 직무에 관하여 뇌물을 수수, 요구 또는 약속함으로써 성립하는 범죄이므로 공무원이나 중재인이 아닌 자는 수뢰죄의 주체가 될 수 없다)과 신분이 있음으로 인하여 형이 가중되거나 감경되는 부진정신분범(존속살해죄는 직계비속이라는 신분으로 인하여 형이 보통살인죄보다 가중되는 범죄이고, 영아살해죄는 직계존속이라는 신분으로 인하여 형이 보통살인죄보다 감경되는 범죄이다)으로 나누어진다.

### (2) 친 고 죄

간통죄는 배우자의 고소가 있어야 논하는데, 이를 친고죄라 한다. 다만 배우자가 간통을 종용 또는 유서(宥恕)한 경우에는 고소할 수 없다.

간통죄는 혼인이 해소되거나 이혼소송을 제기한 후가 아니면 고소할 수 없고, 다시 혼인을 하거나 이혼소송을 취하하면 고소는 취소된 것으로 간주한다(형사소송법 제229조).

그리고 간통죄는 범인을 알게 된 날로부터 6월을 경과하면 고소하지 못한다(동법 제230조).

### (3) 입 법 례

간통죄의 처벌과 관련한 각국의 입법례는 다음과 같이 4가지로 나뉜다. ① 불평등주의는 처의 간통만을 처벌하는 주의로서 우리 구형법 제183조가 여기에 해당된다. ② 차별주의는 부부 쌍방의 간통을 모두 처벌하지만 간통죄의 성립과 처벌에는 차이를 두어 부(夫)의 경우에는 축첩만을 처벌하는 주의로서 이탈리아와 중남미 상당수의 국가가 여기에 속한다. ③ 쌍벌주의는 부부의 간통을 평등하게 처벌하는 주의로서 우리 현행형법, 스위스형법, 오스트리아형법 등이 여기에 속한다. ④ 불벌주의는 간통을 범죄로 인정하지 않는 주의로서 영국, 독일, 일본, 프랑스, 노르웨이, 네덜란드, 스웨덴, 미국의 일부 주 등이 여기에 해당된다.

### (4) 간통죄의 존폐론

#### (가) 간통죄의 존치론

간통죄를 형법(제241조)에 그대로 두자는 주장의 논거는 첫째, 간통죄를 폐지하면 사회적으로 성도덕이 문란해진다는 점, 둘째, 일부다처제를 기반으로 하는 가정제도가 붕괴된다는 점, 셋째, 사회 · 경제적으로 약한 지위에 있는 여성들을 보호하는 기능을 수행하고 있다는 점, 넷째, 가정과 혼인의 순결이 무너진다는 점, 다섯째, 간통죄의 존치를 원하는 다수 국민의 법감정을 고려해야 한다는 점 등을 들고 있다.

(나) 간통죄의 폐지론

간통죄를 폐지해야 한다는 주장의 논거는, 첫째, 합의에 의한 성행위는 개인의 양심이나 도덕에 맡겨야 할 문제이지 국가가 형벌로서 개입해서는 안 된다는 점, 둘째, 이미 타인이 된 전 배우자를 고소하는 것은 야비한 복수심의 발로에 지나지 않으므로 간통죄의 보호법익과는 무관하게 인간의 복수심을 만족시키기 위한 도구로 악용될 우려가 있다는 점, 셋째, 아무런 잘못이 없는 자녀들에게 치명적인 상처를 주어 장래를 망치게 한다는 점, 넷째, 부부재결합의 여지를 없애버린다는 점 등이다.

(다) 헌법재판소의 태도

헌법재판소의 결정에 의하면 "① 선량한 성도덕과 일부일처주의 혼인제도의 유지 및 가족생활의 보장을 위해서나 부부간의 성적 성실의무의 수호를 위하여, 그리고 간통으로 인하여 야기되는 사회적 해악의 사전예방을 위하여 간통행위를 규제하고 처벌하는 것은 성적 자기결정권의 본질적 내용을 침해하여 인간으로서의 존엄과 가치를 부당하게 침해하는 것은 아니다. ② 또한 배우자 모두에게 고소권이 인정된 이상 평등권의 본질적 내용을 침해하는 것이 아니다. 따라서 간통죄의 규정은 개인의 존엄과 양성의 평등을 기초로 하는 혼인과 가족생활의 유지 · 보장의무의 이행에 부합하는 것이다"(헌재결 1990. 9. 10, 89헌마82)라고 하였다. 그 이후에도 거의 동일한 사안에 대해 헌법재판소는 위의 결정을 확인하면서, "다만 간통죄가 피해자의 인내심이나 복수심의 다과 및 행위자의 경제적 능력에 따라 법률적용의 결과가 달라지는 측면이 있는 점은 인정된다. 그러나 이는 개인의 명예와 사생활보호를 위하여 간통죄를 친고죄로 하는 데서 오는 부득이한 현상으로서 형법상 다른 친고죄에도 나타날 수 있는 문제이지 특별히 간통죄에만 해당되는 것은 아니다. 따라서 배우자 있는 자의 간통행위 규제가 불가피하고 배우자 모두에게 고소권이 인정되어 있는 이상 간통죄의 규정은 헌법 제11조 제1항의 평등원칙에도 반하지 아니한다. 그리고 간통죄의 규정은 선량한 성도덕과 일부일처주의 혼인제도의 유지, 가족생활의 보장 및 부부쌍방의 성적 성실의무의 확보를 위하여, 그리고 간통으로 인하여 생길 수 있는 사회적 해악의 사전예방을 위하여 필요한 법률이어서 헌법 제36조 제1항의 규정에 반하는 법률이 아니다"라고 하고, "다만 입법자로서는, 첫째, 기본적으로 개인간의 윤리적 문제에 속하는 간통죄는 세계적으로 폐지추세에 있으며, 둘째, 개인의 사생활 영역에 속하는 내밀한 성적 문제에 법이 개입함은 부적절하고, 셋째, 협박이나 위자료를 받기 위한 수단으로 악용되는 경우가 많으며, 넷째, 수사나 재판과정에서 대부분 고소가 취소되어 국가 형벌로서의 처단기능이 약화되었을 뿐만 아니라, 다섯째, 형사정책적으로 보더라도 형벌의 억지효나 재사회화의 효과는 거의 없고, 여섯째, 가정이나 여성보호를 위한 실효성도 의문이라는 점 등과 관련, 우리의 법의식의 흐름과의 면밀한 검토를 통하여 앞으로 간통죄의 폐지여부에 대한 진지한 접근이 요구된다"고 하였다(헌재결 2001. 10. 25, 2000헌바60).

**사 례 7-13** **간통죄의 성립**

대학교수인 甲은 부인과 이혼합의 상태에 있으면서, 자신의 대학원 제자인 乙녀와 같은 아파트에서 생활하던 중, 사위의 행동을 의심스러워하던 장모에게 발각되고 말았다. 甲은 이혼에 합의하였고 단지 이혼신고만 하지 않은 상태이므로 사생활의 자유에 해당된다고 하는데, 장모가 사위를 고소할 수는 없는가? 그리고 자녀들을 생각해서 상대 여자인 乙만 간통죄로 처벌할 수는 없는가?

**해설** 민법은 법률혼주의를 취하고 있기 때문에 이혼신고를 하지 않는 한 여전히 법률상 부부이다. 따라서 甲과 乙의 행위는 형법 제241조의 간통죄에 해당되고 동조에 의해 처벌받게 된다. 다만 간통죄는 친고죄인데 여기서 고소권자는 배우자이다. 따라서 장모는 고소할 수 없다. 한편 현행법은 쌍벌주의를 취하고 있기 때문에 乙만 처벌할 수는 없다.

## 4. 낙 태 죄

### (1) 의 의

낙태죄란 태아를 자연분만기 이전에 인위적으로 모체 밖으로 배출하거나 모체 내에서 태아를 살해하는 것을 내용으로 한다는 것이 일반적인 견해이다. 낙태죄의 보호법익은 태아의 생명과 신체의 안전이 주된 보호법익이지만 부차적으로는 모체의 생명이나 안전도 보호법익이 된다.

자기낙태죄의 주체는 부녀이다. 부녀가 스스로 낙태를 함으로써 성립하는 자기낙태죄는 1년 이하의 징역에 처해지나, 부녀 이외의 자가 낙태를 하는 업무상 낙태죄의 경우에는 2년 이하의 징역, 부녀의 동의 없이 한 부동의 낙태의 경우에는 3년 이하의 징역으로 그 형이 가중되는 점에서 낙태죄는 부진정 신분범이라 할 수 있다.

낙태죄는 자연적인 분만기 이전에 태아를 모체 밖으로 배출하거나 모체 내에서 살해하는 것이다. 따라서 의사가 제왕절개수술에 의하여 태아를 모체 밖으로 배출시키는 행위도 낙태죄가 된다. 다만 이러한 경우에는 정당행위 중 업무로 인한 행위에 해당하여 위법성이 조각된다 할 것이다.

### (2) 입 법 례

독일의 경우 1995년 9월 1일부터 시행된 낙태에 관한 형법규정에 의하면 임신 12주 이내에 임부가 낙태를 요구하고 적어도 낙태시술 3일 전에 상담을 한 후 상담증명서를 받고, 의사가 낙태시술을 한 때에는 낙태가 허용된다.

미국의 경우 연방대법원은 여자의 프라이버시Privacy에 대한 권리를 낙태의 가부를 결정할 수 있는 권리에까지 확대하여 임신 3개월까지 임부가 의사와 상의하여 낙태를 결정하는 것은 주법이 금지할 수 없다(Roe v. Wade, 410 U.S. 113. 1973)고 한 이래, 임신 12주 이내의 낙태에 배우자의 동의를 요하는 것은 위헌이라고 판시하였다. 그리고 1979년에는 미성년자도 단독으로 낙태를 결정할 수 있는 헌법상의 권리를 가진다고 하여 낙태를 결정하는 것은 프라이버시권이라는 태도를 가지고 있었으나, 1989년 7월 3일 미국연

방대법원은 이른바 웹스터 사건판결(Webster v. Reproductive Health Services, 492 U.S. 490. 1989)에서, 1986년 미주리州가 새로운 낙태법을 제정하면서 "태아의 생명은 임신초기부터 시작된다"는 내용을 법문에 삽입하고 주정부로부터 재정지원을 받는 의사나 병원은 낙태수술을 할 수 없다고 규정한 것이 합헌이라고 함으로써, 낙태에 대한 헌법상의 권리를 인정했던 1973년 판결을 뒤집었다. 이후 미국 전역에서 입법과정을 밟고 있는 낙태규제관련법안은 100여 개나 된다고 한다.

우리나라의 경우에는 임부의 생명과 신체라는 부차적인 보호법익 및 낙태죄의 현실적 실효성을 고려하여 원칙적으로 낙태를 금지하는 입장을 견지하고 있으나, 사실상 낙태가 공공연히 행해지고 있는데, 임신 12주까지는 임부의 의사에 따라 의사가 행하는 낙태는 허용하는 방향으로의 개정을 고려해 볼 필요가 있다.

### (3) 낙태죄의 처벌과 모자보건법

우리 형법은 기본적 구성요건인 자기낙태죄를 비롯하여, 동의낙태죄 및 가중적 구성요건인 업무상 낙태죄 등 제27장에서 예외 없이 낙태죄를 처벌하고 있다. 다만, 특별법인 모자보건법에서 일정한 사유가 있는 경우에 제한적으로 낙태를 허용하고 있을 뿐이다.

모자보건법이 규정하고 있는 위법성조각사유는 ① 본인 또는 배우자가 대통령령이 정하는 우생학적 또는 유전학적 정신장애나 신체질환이 있는 경우, ② 본인 또는 배우자가 대통령령이 정하는 전염성 질환이 있는 경우, ③ 강간 또는 준강간에 의하여 임신된 경우, ④ 법률상 혼인할 수 없는 혈족 또는 인척간에 임신된 경우, ⑤ 임신의 지속이 보건 의학적 이유로 모체의 건강을 심히 해하고 있거나 해할 우려가 있는 경우 등이다. 이와 같은 사유가 있는 경우에 한하여 의사는 본인과 배우자의 동의를 얻어 인공임신중절수술을 할 수 있다고 규정하고 있다. 여기서 인공임신중절수술은 의사가 수술을 해야 하고, 본인과 배우자의 동의를 얻어야 하며, 임신한 날로부터 28주를 경과해서는 안 된다.

모자보건법이 이처럼 그 적용요건을 엄격히 제한하고 있음에도 불구하고 미혼녀는 물론이고 기혼녀인 경우에도 상당수가 임신중절수술을 경험하고,

병원에서 공공연히 낙태수술이 행해지고 있지만, 낙태죄로 처벌받는 경우는 극소수에 지나지 않는다. 전 세계적으로도 낙태는 많이 행하지만 실제로 처벌받는 경우는 희박하여 1960년 이래 낙태의 자유화 문제가 논의되어 오고 있는 실정이다.

**사 례 7－14** **임신한 고교생의 사정을 들어 낙태수술한 의사는 처벌받는가**

10대 소녀들의 성 윤리가 무너지고 있다는 기사를 자주 접하게 된다. 산부인과 의사인 甲은 최근 유흥비마련을 위해 '원조교제'를 하고 임신한 고교생이 甲을 찾아와 배속의 아이를 없애 달라고 하고 있다. 많이 뉘우치고 있으며, 아직 학업도 남았고 아이를 출산한다고 하더라도 아버지 없는 자식으로서 키울 자신도 없다는 것이다. 이 고교생의 동의를 얻어 낙태수술한 甲은 처벌을 받는가?

**해설** 위 사례의 경우, 모자보건법상의 위법성조각사유에 해당하지 않으므로 산부인과 의사인 甲은 업무상 동의낙태죄(제270조 1항)에 해당되어 2년 이하의 징역에 처해지게 되고, 고교생본인은 자기낙태죄(제269조)에 해당되어 1년 이하의 징역 또는 200만원 이하의 벌금에 처해진다. 여기서 자기낙태죄의 경우 약물을 사용하여 스스로 하건 타인에 의뢰하여 수술을 하건 묻지 않는다.

## 5. 강 간 죄

### (1) 의 의

강간죄는 폭행 또는 협박으로 부녀를 강간함으로써 성립하는 범죄이다. 강간죄의 보호법익은 부녀의 성적 자기결정의 자유이다. 강간죄는 3년 이상의 유기징역에 처한다.

강간죄의 주체에는 제한이 없으며, 부녀도 본죄의 주체가 될 수 있다. 따라서 부녀가 남자의 강간행위에 가담하여 일정한 실행행위를 분담하였다면 강간죄의 공동정범이 될 수 있는 것이다. 그러나 강간죄의 객체는 오직 부녀만이 될 수 있다. 그러므로 부녀가 아닌 자를 폭행 또는 협박으로 간음한 경우에는 본죄가 성립될 수 없고 강제추행죄가 문제될 따름이다.

본죄의 실행행위는 폭행 또는 협박으로 강간하는 것이다. 이 때의 폭행 또는 협박은 상대방의 항거를 현저히 곤란하게 하거나 불가능하게 할 정도의 것이어야 한다. 폭행의 대상은 반드시 부녀일 필요는 없다. 따라서 부녀를 강간하기 위하여 그 아들을 죽이겠다고 하는 경우도 역시 강간죄의 폭행·협박에 해당하는 것이다.

강간죄는 이러한 폭행이나 협박이 있으면 실행에 착수한 것이 되고 성기의 삽입으로 기수가 되며 반드시 사정을 할 필요는 없다.

### (2) 친 고 죄

본죄는 친고죄로서 고소가 있어야 공소를 제기할 수 있다. 본죄를 친고죄로 한 이유는 그 사실이 공개되는 때에는 피해자의 명예가 손상되어 오히려 피해자에게 불이익을 초래할 우려가 있기 때문이다.

### (3) 부부강간의 문제

부부간에 동의 없이 강제적으로 이루어지는 성관계를 이른바 '부부강간'이라 하여 이를 처벌할 것인지에 관하여 논란이 되고 있다. 현재 우리나라 형법에는 부부간의 강간에 대해서는 아무런 규정이 없다. 최근 여성계를 중심으로 부부강간죄를 신설하자는 주장이 있어 2005년 6월 국회에 부부강간의 처벌을 내용으로 하는 「성폭력 범죄의 처벌 및 피해자 보호 등에 관한 법률」 개정안이 제안되어 있다. 부부강간을 '무기 또는 징역 7년 이상의 징역형'으로 하자는 것이 그 주된 내용이다. 비록 부부라 할지라도 상대방의 동의 없이 강제로 이루어지는 성관계는 부녀의 성적 자기결정권을 심각하게 침해하게 되며 인간의 존엄성을 해한다는 것이 그 주된 논거이다.

이에 대하여 현재의 형법으로도 부부강간에 대하여 처벌할 수 있는 근거가 있으며, 부부강간죄의 형량이 필요 이상으로 높다는 비판이 있다. 살인은 형법에 따라 사형, 무기 또는 징역 5년 이상에 처하도록 하고 있는데 현재 추진 중인 부부강간죄는 무기, 7년 이상의 징역이며, 기존 형법에 의거한 일반 강간죄는 징역 3년에 처하도록 되어 있어 집행유예가 가능하지만 부부강간죄는 형량이 너무 높아 집행유예가 원천적으로 불가능하고 이에 따라 판사들은 심적 부담 때문에 아예 부부강간을 인정하지 않는 쪽으로 판결을 내릴 가능성이 크므로 그 실효성이 의심된다는 것이다.

**사 례 7－15** **여성으로 성 전환한 남성을 성폭행한 경우 강간죄의 성립여부**

원래 남자였던 甲은 성전환수술을 받아 여성으로 생활하고 있으면서 법원에 호적정정신청을 하여 절차가 진행중이다. 이 때 남성인 乙이 甲을 성폭행한 경우 乙을 강간죄로 처벌할 수 있는가?

**해설** 위 사례의 경우 강제추행죄는 성립할 수 있으나, 강간죄는 성립되지 않는다. 왜냐하면 형법 제297조에 의하면 "폭행 또는 협박으로 부녀를 강간한 자는 3년 이상의 유기징역에 처한다"고 규정하고 있어 남자를 강간할 수는 없기 때문이다. 이와 관련하여 판례는, "피해자가 어릴 때부터 정신적으로 여성에의 귀속감을 느껴왔고 성전환수술로 인하여 남성으로서의 내·외부 성기의 특징을 더 이상 보이지 않게 되었으며, 남성으로서의 성격도 대부분 상실하여 외견상 여성으로서의 체형을 갖추고 성격도 여성화되어 개인적으로 여성으로서의 생활을 영위해 가고 있다 할지라도 기본적 요소인 성염색체 구성이나 본래의 내·외부 성기의 구조, 정상적인 남자로서 생활기간, 성전환수술경위, 시기 및 수술 후에도 여성으로서의 생식능력은 없는 점, 그리고 이에 대한 사회일반인의 평가와 태도 등 여러 요소를 종합적으로 고려해 보면 사회통념상 여자로 볼 수 없다"고 판시하고 있다(대판 1996. 6. 11, 96도791). 그러나 이 사례에서 甲이 법원에서 호적정정허가를 받아 성별이 여성으로 바뀌었다면 강간죄가 성립한다.

## 6. 준강간죄 · 준강제추행죄

준강간죄·준강제추행죄는 사람의 심신상실 또는 항거불능의 상태를 이용하여 간음 또는 추행함으로써 성립하는 범죄이다. 본죄의 보호법익은 성적 자기결정의 자유로서 심신상실이나 항거불능 상태로 인하여 성적 자유를 가지지 못하는 자를 성욕의 객체나 도구로 전락하는 것으로부터 보호하기 위한 것이다.

본죄의 주체는 제한이 없고, 객체는 준강간죄의 경우는 부녀에 한정되며 준강제추행죄의 객체는 사람으로서 남자나 여자 모두가 객체가 된다.

본죄는 이미 심신상실 또는 항거불능 상태에 있는 부녀나 사람을 강간하거나 추행함으로써 성립하므로 폭행이나 협박이 요구되지 않는다. 여기서 심신상실이란 심신장애로 인하여 사물변별능력 또는 의사결정능력이 없는 것을 말하며, 항거불능의 상태란 육체적·심리적으로 간음이나 추행에 대한 반항이 불가능한 상태를 말한다. 이러한 자를 간음 또는 추행하면 본죄가 성립되며 본죄 역시 친고죄이므로 고소가 있어야 비로소 그 죄를 물을 수 있다.

**사 례 7-16** **술에 취해 쓰러진 여성을 간음한 경우**

甲은 늦은 밤 귀가 하는 도중 인적이 드문 어두운 골목길에 젊은 여자가 술에 만취하여 정신을 잃고 쓰러져 있는 것을 보고 간음을 하였다. 甲의 죄책은?

**해설** 甲은 부녀의 동의를 받지 않고 간음을 하였으므로 강간죄가 성립될 것으로 보인다. 그러나 甲은 부녀를 간음하는 수단으로 폭행이나 협박을 사용하지 않았으므로 강간죄는 성립될 수 없고, 이미 심신상실의 상태인 부녀를 간음한 것이므로 준강간죄가 성립되어 강간죄의 형으로 처벌받는다.

## 7. 혼인빙자간음죄

혼인을 할 의사가 없으면서 혼인을 빙자하거나 기타 위계로써 음행의 상습이 없는 부녀를 기망하여 간음함으로써 성립하는 범죄를 말한다(제304조). 속임수로 성적 자유를 침해하는 행위를 처벌하기 위한 범죄로서 친고죄이고, 본죄를 범한 자는 2년 이하의 징역 또는 500만원 이하의 벌금에 처한다.

본죄의 내용은 혼인을 빙자하거나 기타 위계로써 간음하는 것이다. 여기서 혼인이란 법률혼을 의미하며, 위계란 상대방을 기망하여 착오에 빠뜨리는 것이다. 예컨대 한밤중에 남편으로 가장하여 동침하는 경우가 여기에 해당된다. 따라서 장차 혼인할 의사로 간음하였으나 그 후에 혼인을 하지 못하였다는 이유만으로는 본죄가 성립하지 않는다.

**사 례 7-17** **부모의 반대로 결혼하지 못한 경우 혼인빙자간음죄의 성립여부**

甲은 乙남과 장차 혼인할 의사로 乙의 직장근처에서 동거하고 있었는데, 乙의 부모가 극구 반대했기 때문에 결국 甲과 乙은 혼인할 수 없게 되었다. 화가 난 甲은 乙을 혼인빙자간음죄로 고소하려고 하는데 가능한가?

**해설** 혼인빙자간음죄가 성립하기 위해서는 혼인을 빙자하거나 기타 위계 즉 상대방을 기망하여 착오에 빠뜨리는 것을 말한다. 따라서 장차 혼인할 의사로 간음하였으나 그 후에 혼인을 하지 못하였다는 이유만으로는 본죄가 성립하지 않는다. 위 사례의 경우 당사자간에 혼인할 의사가 있었으므로 혼인빙자간음죄가 성립한다고는 볼 수 없다.

## 8. 미성년자의제강간 · 강제추행죄

본죄는 13세 미만의 부녀를 간음하거나 13세 미만의 사람을 추행함으로써 성립하는 범죄로 13세 미만 미성년자의 건전한 성적 발육을 그 보호법익으로 한다.

본죄의 주체는 강간이나 강제추행죄와 동일하다. 그리고 객체는 간음의 경우에는 13세 디만의 부녀, 추행의 경우에는 13세 미만의 사람으로 간음이나 추행을 함으로써 성립하며 비록 13세 미만의 피해자가 승낙을 하였다 하더라도 이러한 자는 동의능력이 부정되어 위법성이 조각되지 않고 죄가 성립한다. 한편 본죄가 성립하기 위해서는 13세 미만인 사람이라는 것을 인식하여야 한다.

미성년자의제강간 · 강제추행죄는 판례에 의할 경우 비친고죄이다.

**사 례 7-18** **13세 미만 아동의 동의를 얻은 성관계**

甲은 초등학교 6학년인 딸의 친구 乙(12세)이 자주 집으로 놀러와 놀다가는 일이 많았는데 어느 날 나이에 비해 조숙한 乙의 동의를 받고 성관계를 가졌다. 나중에 이를 안 乙의 부모가 고소를 하였으나 甲은 乙의 동의가 있었음을 이유로 무죄를 항변하였다. 甲의 주장은 받아들여지겠는가?

**해설** 미성년자의제강간 · 강제추행죄는 13세 미만 미성년자의 건전한 성적 발육을 그 보호법익으로 하고 있으므로 판단능력이 미숙한 13세 미만자는 성적 자기결정에 있어서 동의능력이 없는 것으로 본다. 따라서 이러한 동의는 효력이 없으며 위법성을 조각하지 않고 甲의 주장은 받아들여지지 않는다.

## 9. 주거침입죄

주거침입죄는 사람의 주거 또는 관리하는 건조물이나 선박 또는 점유하는 방실의 평온과 안전을 침해하는 것을 내용으로 하는 범죄로서 3년 이하의 징역 또는 500만원 이하의 벌금에 처한다. 본죄의 보호법익에 대한 통설은 권리로서의 주거권이 아니라 주거를 지배하고 있는 사실관계 즉 주거에 대한 공동생활자 전원의 사실상의 평온이라고 해석하고 있으며, 대법원도 사실상의 평온이라고 판시하고 있다.

사람의 주거 또는 관리하는 건조물이나 선박 또는 점유하는 방실로서 사람의 주거라 함은 사람이 기거하고 침식에 사용되는 장소를 말하며, 점유하는 방실이란 가옥의 침실이나 거실, 여관의 객실, 점포 등과 같이 건조물 내에서 사실상 지배·관리되고 있는 일정한 구획을 말한다.

주거침입죄는 거주자의 의사에 반하여 행위자가 주거 등에 침입하는 것을 말한다. 침입이 되기 위해서는 사람의 신체가 들어가야 하며 오물을 주거에 던져 넣거나 막대기를 밀어 넣는 행위는 침입이라 할 수 없다. 다만 판례는 반드시 신체의 전부가 주거에 들어갈 필요는 없고 신체의 일부만이 주거에 들어가도 본죄는 성립한다고 한다. 그리고 이러한 침입은 주거권자의 의사에 반하여야 하는데 주거권자가 여러 명 있는 경우에는 한 사람의 승낙이 있었다 하더라도 다른 거주자의 의사에 반하거나 반할 것으로 추정되는 경우에는 주거침입죄가 성립한다는 것이 판례의 태도이다.

절도나 강도를 위하여 주거에 침입하였거나, 주거에 침입하여 강간이나 폭행을 한 경우 주거침입죄와 이들 죄는 상상적 경합이 된다. 상상적 경합이란 하나의 행위가 수개의 죄명에 해당하는 경우를 말하며, 이 경우 가장 중한 죄에 정한 형으로 처벌하게 된다.

**사 례 7-19** **아내가 남편부재중에 간통할 목적으로 다른 남자를 불러들인 경우 주거침입죄가 성립하는가**

아내인 甲은 남편인 乙이 장기간 외국 출장간 사이에 간통할 목적으로 丙男을 불러들여 불륜관계를 맺었다. 이 사실을 알게 된 乙은 자식들을 생각하여 甲을 간통으로 고소하지 않고 丙만 주거침입죄로 고소하려고 하는데 가능한가?

**해설** 위 사례는 아내의 동의를 얻어 주거에 들어간 경우 형법 제319조의 주거침입죄가 성립되느냐의 문제인데, 이에 대한 통설은 주거침입죄의 보호법익을 주거의 평온이라 하여 평온하게 주거에 들어 간 이상 주거침입죄가 성립하지 않는다고 한다. 그러나 주거침입죄의 성립에는 주거권자의 현존함을 요하지 않고, 주거에 수인이 거주하는 때에는 다른 사람의 주거권도 보호되어야 한다. 따라서 판례에 의하면 "남편의 일시부재중 간통의 목적하에 그 처의 승낙을 얻어 주거에 들어간 경우에도 남편의 위 주거에 대한 지배·관리관계는 여전히 존속한다고 볼 것이고, 사회통념상 간통의 목적으로 주거에 들어가는 것은 남편의 의사에 반한다고 보이므로 처의 승낙이 있었다고 하더라도 남편주거의 사실상 평온은 깨어졌다고 할 것이어서 이러한 경우에는 주거침입죄가 성립한다"고 판시하고 있다.

## 10. 명예훼손죄

명예훼손죄는 사실 또는 허위의 사실을 적시하여 사람의 명예를 훼손함으로써 성립하는 범죄이다. 허위의 사실을 적시하여 사람의 명예를 훼손하면 그 형이 가중된다.

명예훼손죄의 객체는 사람의 명예이며 이 때 사람의 명예란 사람의 인격적 가치에 대한 사회일반의 평가를 말한다. 그리고 본죄의 주체는 모든 자연인이며 유아나 정신병자 범죄자를 불문하나 태아는 제외된다.

범죄의 내용은 공연히 사실 또는 허위의 사실을 적시하여 명예를 훼손하는 것이다. 여기서 '공연히'라 함은 불특정 또는 다수인이 인식할 수 있는 상태를 의미하며, 예외적으로 사실을 적시한 상대방이 특정된 1인이라 할지라도 그 자가 불특정 또는 다수인에게 전파할 가능성이 있으면 판례는 공연성을 인정한다. 한편 사실의 적시에 있어서 '사실'이란 사람의 사회적 평가를 저하시킬 만한 것이면 그 내용을 불문하고 널리 알려진 사실도 포함한다. 그리고 '적시'란 사람의 사회적 가치 내지 평가를 저하시키는 데 충분한 사실을 가리키는 것을 말하며, 그 내용은 특정인의 명예가 침해될 정도로 구체적이어야 하므로 추상적 사실이나 가치판단의 표시는 본죄가 성립하는 것이 아니라 모욕죄에 해당한다.

이러한 사실의 적시에 의하여 명예를 훼손함으로써 본죄가 성립하는데 이 때 명예가 현실적으로 침해될 필요는 없으며 침해될 가능성만 있으면 충분하다.

명예훼손죄에 있어서 피해자의 승낙은 위법성을 조각하며 사실을 적시하여 사람의 명예를 훼손하였다 하더라도 그 행위가 진실한 사실로서 오로지 공공의 이익을 위한 것일 경우에는 벌하지 아니한다. 본죄는 반의사불벌죄로 피해자의 명시한 의사에 반하여 공소를 제기할 수 없다.

**사 례 7-20** **단순히 사기꾼이라고 말한 것이 명예훼손죄가 되는가**

가정주부인 甲은 방문판매원인 乙에게 가전제품에 대한 할부계약을 체결하였다. 그런데 이 제품에 조그만 흠이 있어 계약을 취소하려고 하는데 乙은 막무가내이다. 이 과정에서 화가 난 甲은 乙에게 "사기꾼 같은 놈"이라고 했더니 乙은 자신의 명예를 훼손했다면서 명예훼손으로 고소하겠다는데?

**해설** 형법 제307조에 의하면 "공연히 사실(또는 허위의 사실)을 적시하여 사람의 명예를 훼손한 자"라고 규정하고 있는데, 여기서의 "공연히"라는 의미는 불특정 또는 다수인이 인식할 수 있는 상태에 있음을 의미하고 반드시 인식할 것을 요하지는 않는다. 판례에 의하면 개별적으로 한 사람에게 사실을 유포하였다고 하더라도 불특정 또는 다수인에게 전파될 가능성이 있으면 공연성의 요건을 충족한다고 한다.

한편 "사실의 적시"란 사람의 사회적 가치 내지 평가를 저하시키는 데 충분한 사실을 지적하는 것을 말하고 반드시 악한 행위, 추행을 지적할 것을 요하지 않고 널리 사회적 가치를 해할 만한 사실이면 되지만 경제적 가치를 저하시키는 것은 신용훼손죄가 성립된다. 특정인의 가치가 침해될 주장이 될 수 있을 정도로 구체적일 것이 요구되고 또한 피해자가 특정될 것이 필요하다. 따라서 단순한 모욕적인 추상적인 가치판단은 모욕죄를 구성할 따름이다.

사실의 '적시'는 특정인의 명예가 침해될 정도로 구체적이어야 하므로 '사기꾼'이라는 말은 추상적 사실이나 가치판단의 표시로서 명예훼손죄는 될 수 없고 모욕죄에 해당한다고 볼 수 있다.

## 11. 사 기 죄

사기죄는 사람을 기망하여 재물의 교부를 받거나 재산상의 이익을 취득하거나 제3자로 하여금 재물의 교부를 받거나 재산상의 이익을 취득하게 함으로써 성립하는 범죄이다.

사기죄의 객체는 재물 또는 재산상의 이익이다. 여기서 재물이라 함은 타인 점유의 재물로서 관리할 수 있는 동력과 부동산을 포함한다. 그리고 재산상의 이익은 재물 이외의 경제적 가치가 있는 이익으로, 금전의 지급을 전제로 하는 성매매에 있어서 그 행위의 대가 역시 경제적 이익이므로 부녀를 기망하여 성행위의 대가의 지급을 면하는 행위는 사기죄를 구성한다는 것이 판례의 태도이다.

본죄의 행위는 기망행위로서, 피기망자에게 착오를 일으킬 것을 요한다. 기망행위는 명시적이든 묵시적이든 묻지 않는다. 호텔에 숙박하거나 음식점에서 음식을 주문한 자는 대금지불의 의사와 능력이 있음을 묵시적으로 표현했다고 해야 한다. 따라서 무전(無錢)취식이나 무전숙박은 묵시적 기망행위에 해당한다. 묵시적 기망행위와 구별할 개념으로 부작위에 의한 기망행위가 있다. 묵시적 기망행위는 앞의 호텔 숙박이나 무전취식의 경우처럼 행위자의 행위로 인하여 상대방이 착오에 빠진 것이지만 부작위에 의한 기망행위는 상대방이 행위자와 무관하게 착오에 빠져 있고 행위자가 상대방의 처분행위를 방지해야 할 작위의무가 있는 경우를 말한다. 따라서 이러한 고지의무가 인정되지 않으면 부작위에 의한 사기죄는 성립되지 않는다. 예를 들어 가게에서 물건을 사고 1,000원의 거스름돈을 받아야 하는데 상대방인 가게 주인이 착오를 일으켜 10,000원의 거스름돈을 주었다면 이를 고지할 의무가 있는 것이고 만약 고지하지 않고 이를 받았다면 부작위에 의한 기망행위로서 사기죄가 성립되는 것이다. 한편 사기죄가 성립하기 위해서 재산상의 손해의 발생이 필요한가에 대하여 판례는 이를 필요로 하지 않는다고 한다. 따라서 사람을 기망하여 정당한 대가를 지불하고 물건을 구입한 경우 비록 재산상의 손해가 발생하지는 않았지만 사기는 인정된다.

**사 례 7-21** **아들을 낳는다는 의사의 시술은 사기죄로 되는가**

5대 독자인 남편과 혼인한 甲女는 슬하에 2명의 딸을 두고 있는데, 대를 이어야 한다는 시부모님의 독려에 아들을 낳아야 한다는 강박감에 사로잡혀 있던 甲은 꼭 아들을 낳을 수 있게 해준다고 하는 의사 乙의 시술을 받았고 대가도 충분히 지불하였다. 그런데 또다시 딸을 출산하고 말았다. 화가 난 甲은 乙에게 어떤 형사적 책임을 지울 수 있을까?

**해설** 판례에 의하면 사기죄의 요건으로서의 기망은 널리 재산상 거래관계에 있는 서로 지켜야 할 신의와 성실의 의무를 저버리는 모든 적극적 또는 소극적 행위를 말하는 것이고, 이러한 소극적 행위로서의 부작위에 의한 기망은 법률상 고지의무 있는 자가 일정한 사실에 관하여 상대방이 착오에 빠져 있음을 알면서도 이를 고지하지 아니함을 말하는 것으로서 일반 거래의 경험칙상 상대방이 그 사실을 알았더라면 당해 법률행위를 하지 않았을 것이 명백한 경우에는 신의칙에 비추어 그 사실을 법률상 고지할 의무가 인정된다고 판시하고 있다. 이러한 취지에서 볼 때 乙이 직접 피해자들에게 그 시술 등의 전체가 아들을 낳기에 필요한 것처럼 거짓말을 한 경우에 이러한 乙의 행위가 피해자들로 하여금 그 시술 등의 효과와 원리에 관하여 착오에 빠뜨려 乙로부터 시술을 받도록 하는 것으로서 기망 행위에 해당됨은 물론이고, 피해자들이 이미 착오에 빠져 있음을 알면서도 이를 고지하지 않은 채 마치 위 시술이 아들을 낳을 수 있도록 하는 시술인 것처럼 가장하여 시술을 한 것은 고지할 사실을 묵비함으로써 피해자들을 기망한 행위에 해당한다고 판시하고 있다(대판 2000. 1. 28, 99도2884).

## 제 3 절 가정폭력범죄

### 1. 가정폭력범죄의 의의

#### (1) 가정폭력의 개념

다른 사람에게 잠재적 의도성을 가지고 힘을 사용하여 신체적 상해를 입히는 것을 의미하는 폭력이 1차 집단인 가정 내의 구성원 사이에서 발생할 때 이를 '가정폭력'라 한다. 이 중에서 부부폭력은 부부 사이에서 행해지는 폭력행위로서 남편이 아내에게 폭력을 가하거나 아내가 남편에게 폭력을 가하는 것을 의미하는 것으로 그 주체에 따라 아내구타, 남편구타로 구분된다.

일반적으로 볼 때 학대abuse는 개인에게 손상을 입히는 신체적·비신체적 행위를 포함하고, 구타battering는 실제적으로 신체적 폭행의 심한 공격행위를 나타내며, 폭력violence은 신체적 공격의 모든 행위를 일컫는 말로 쓰이고 있다. 「가정폭력범죄의 처벌 등에 관한 특례법」에서 가정폭력은 가족 구성원 사이에서 신체적·정신적 또는 재산상 피해를 수반하는 폭력행위를 이르고 있다. 따라서 동 특례법의 적용을 받은 대상과 범위는 매우 포괄적인 것으로 이해된다.

가정폭력은 부부의 이혼문제나 가출아동, 비행청소년, 유기되고 학대받는 노인들을 양산하는 등 가족해체의 직접적인 원인이 되고 있으며, 자녀들에게 폭력을 학습시킴으로써 또 다음 세대가 폭력을 하는 악순환을 형성시켜 건전한 사회의 발전을 저해하게 된다.

### (2) 가정폭력의 원인

가정폭력의 원인은 사회구조나 문화에서 다양하게 찾을 수 있는데, 가정폭력이 발생되는 사회구조적, 사회 문화적 요인은 ① 가부장적 사회구조와 성차별 의식, ② 여성의 소회와 폭력을 부추기는 문화와 대중매체, ③ 사라져야 할 비교육적 학교폭력, ④ 남편의 아내구타에 관대한 경찰 및 수사기관의 태도, ⑤ 폭력에 대한 이웃과 주변의 무관심과 몰이해 등이다.

### (3) 가정폭력의 실태

가정폭력 중에서도 아내에 대한 폭력은 전제 가정폭력 피해의 95%를 차지할 만큼 가장 많은 부분을 차지하고 있다. 아내구타에 대한 한 선행 연구조사는 우리나라 가정주부의 절반 이상이 결혼 후 남편에게 구타당한 경험이 있다고 밝혔다. 전국규모의 조사결과에 따르면, 남편 3명 중 1명이 한 해 동안 1회 이상의 폭력을 행사했으며, 이러한 아내구타 현상은 미국보다 약 3배가량 더 높은 것으로 나타나 우리 사회에 가정폭력이 만연해 있음을 단적으로 보여주고 있다.

1998년 7월 가정폭력범죄의 처벌 등에 관한 특례법이 시행된 이후에도 지속적인 증가 추세를 보이고 있는데, 이러한 증가추세는 IMF 경제위기에 따른 실직, 경제적 어려움 등으로 인한 가정의 해체 등에도 원인이 있겠으나, 그 동안 '수치심 때문에', '가정 내의 문제'라는 이유 등으로 은폐되거나 방치되어 왔던 가정폭력에 대한 피해자들의 인식이 바뀌어 관련기관에 적극적인 도움과 개입을 요청하게 된 결과라고도 볼 수 있다.

**사 례 7-22** **가정폭력 피해자에 대한 조치**

甲은 그 남편인 乙로부터 가정폭력을 견디다 못해 가출을 하였으나, 갈 데가 없다. 집으로 돌아가려고 해도 남편의 폭행이 무섭고, 친척들에게 가기도 마땅치 않다. 이럴 때 甲은 어떠한 구제를 받을 수 있는가?

**해설** 가정폭력은 가정의 구성원 사이에서 일어나는 폭력사건으로서 「가정폭력방지 및 피해자보호 등에 관한 법률」과 「가정폭력범죄의 처벌 등에 관한 특례법」에 의해 처리된다. 이 범죄는 특히 여성에 대해 남성이 저지르는 경우가 많으므로 여성의 보호를 위해 많은 특례가 마련되어 있다.

먼저 가정폭력은 범죄로서 엄중하게 처벌되며, 민사적으로 손해배상책임도 지게 된다. 또 피해가 오갈 데가 없으면 상담소를 통하여 보호시설에서 일시보호를 받을 수 있다. 또 가해자에 대해서는 피해자에 접근을 금지하는 등 각종 조치를 취하게 되며, 이를 위반하여도 형벌로 처벌된다.

## 2. 가정폭력범죄에 관한 법규제

가정폭력범죄는 가정 내에서 이루어지는 폭력범죄를 말하는 것으로서, 「가정폭력범죄의 처벌 등에 관한 특례법」과 「가정폭력방지 및 피해자 보호 등에 관한 법률」에 의하여 규제된다. 전자는 “가정폭력범죄의 형사처벌절차에 관한 특례를 정하고 가정폭력범죄를 범한 자에 대하여 환경의 조정과 성행의 교정을 위한 보호처분을 행함으로써 가정폭력범죄로 파괴된 가정의 평화와 안정을 회복하고 건강한 가정을 육성함을 목적”으로 하고 있다(특례법 제1조). 후자는 “가정폭력을 예방하고 가정폭력의 피해자를 보호함으로써 건전한 가정을 육성함을 목적으로 한다”(피해자보호법 제1조).

법률적으로 가정폭력범죄는 가정폭력으로서 상해, 폭행, 유기, 영아유기, 학대, 아동혹사, 체포, 감금, 협박, 명예훼손, 출판물 등에 의한 명예훼손, 모욕, 주거, 신체수색, 강요, 공갈, 재물손괴, 아동복지법상 아동에게 구걸을 시키거나 아동을 이용하여 구걸하는 행위 등을 말한다(특례법 제2조).

## 3. 가정폭력범죄에 대한 수사

### (1) 가정폭력범죄의 신고와 고소

누구든지 가정폭력 범죄를 알게 된 때에는 이를 수사기관에 신고할 수 있으며(특례법 제4조 1항), 직무 또는 상담을 통하여 가정폭력범죄를 알게 된 의료기관, 가정폭력상담소의 장에 대하여도 신고의무를 부과하고 있다(동법 제4조 2항, 3항). 폭력행위자가 자기 또는 배우자의 직계존속인 경우에도 고소를 할 수 있다(제6조 2항).

### (2) 사법경찰관리의 응급조치

신고를 받은 사법경찰은 즉시 출동하여 폭력행위를 제지하고 범죄를 수사하게 되며(특례법 제5조), 긴급치료가 필요한 때에는 의료기관에 인도하고, 피해자가 원하는 때에는 가정폭력상담소 또는 보호시설에 인도한다(제5조).

### (3) 임시조치의 신청

가정폭력범죄가 재발할 우려가 있다고 인정하는 때에 검사는 직권 또는 사법경찰관의 신청에 의해 법원에 다음 임시조치를 청구할 수 있다(제8조). 첫째, 피해자 또는 가정구성원의 주거 또는 점유하는 방실로부터 퇴거 등 격리를 시키거나, 둘째, 피해자의 주거, 직장 등에서 100미터 이내 접근금지 조치를 취하는 것 등이다.

### (4) 가정보호사건 처리

검사는 가정폭력행위자를 기소유예 등 불기소처분하거나 형사처벌을 위해 기소하는 외 피해자의 의사 등을 고려하여 가정보호사건으로 송치할 수 있다(제9조). 법원도 심리결과 가정보호사건으로 처리함이 상당하다고 인정하는 때에는 결정으로 사건을 가정보호사건 관할법원에 송치할 수 있다(제12조).

## 4. 가정보호사건의 조사·심리

### (1) 조사·심리

법원이 가정보호사건을 조사·심리함에 있어서는 의학·심리학·사회학·사회복지학 기타 전문적인 지식을 활용하여 행위자·피해자 기타 가정구성원의 성행·경력·가정상황과 가정폭력범죄의 동기·원인 및 실태 등을 밝혀서 법의 목적을 달성할 수 있는 적정한 처분이 이루어지도록 노력하여야 한다(제19조).

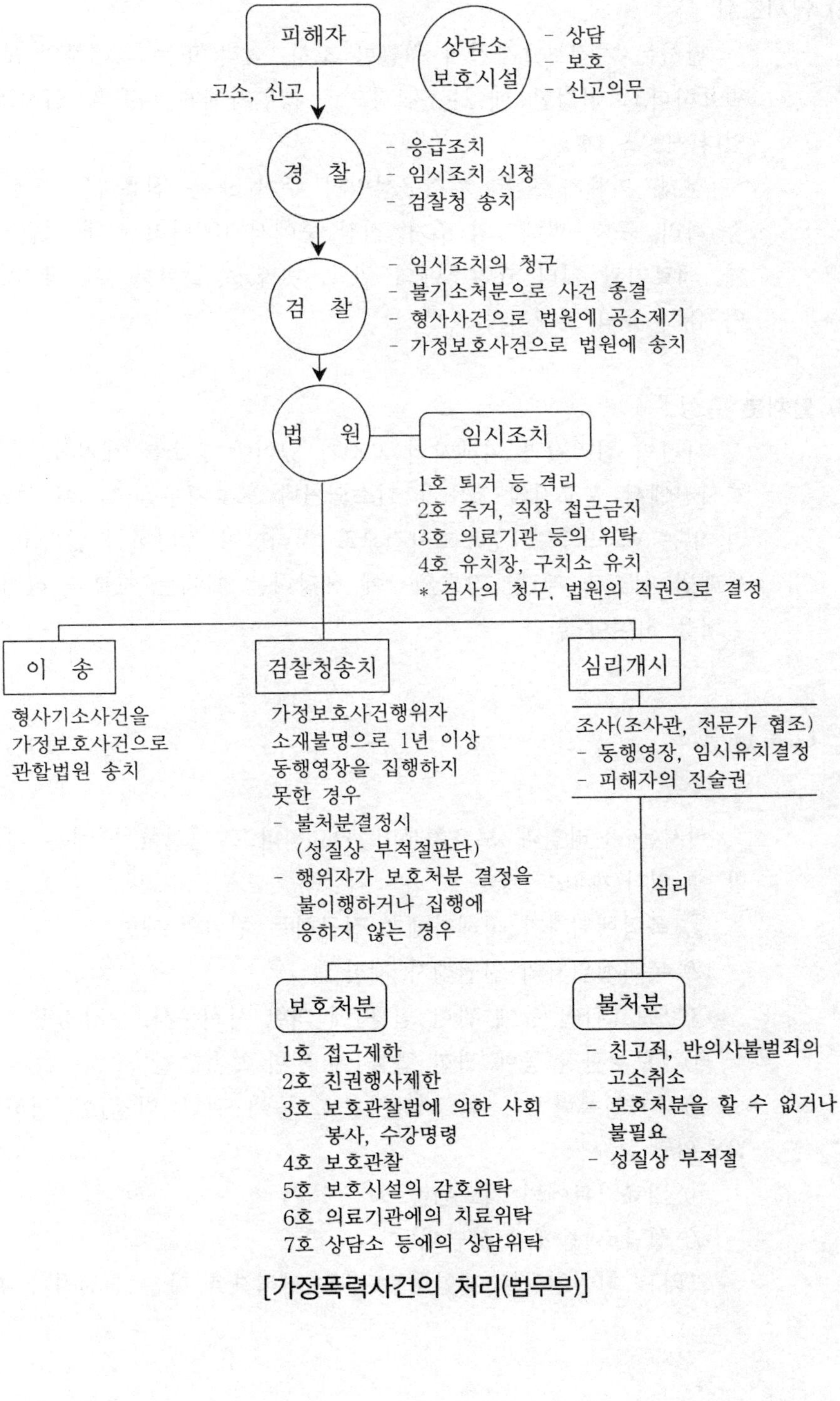


[가정폭력사건의 처리(법무부)]

### (2) 임시조치

판사는 가정보호사건의 원활한 조사, 심리 또는 피해자의 보호를 위하여 필요하다고 인정한 때에는 결정으로 행위자에게 다음의 임시조치를 할 수 있다(제29조 1항).

첫째, 피해자 또는 가정구성원의 주거 또는 점유하는 방실로부터 퇴거 등 격리, 둘째, 피해자의 주거, 직장 등에서 100미터 이내 접근금지 조치, 셋째, 의료기관 기타 요양소에의 위탁, 넷째, 경찰관서 유치장 또는 구치소에의 유치 등의 조치이다.

### (3) 불처분 결정

사건의 심리결과 피해자의 고소가 있어야 공소를 제기할 수 있는 가정보호사건에서 친고죄의 고소가 취소되거나 보호처분을 할 수 없거나 할 필요가 없는 때, 또는 가정보호사건으로 처리함이 적당하지 않다고 인정하는 등 특례법 제37조 제1항 각호의 1에 해당하는 때에는 처분을 하지 아니한다는 결정을 하여야 한다.

## 5. 보호처분

판사는 심리결과 보호처분이 필요하다고 인정한 때에는 다음의 처분을 할 수 있다(제40조 1항).

① 폭력행위자가 피해자에게 접근하는 행위의 제한

② 폭력행위자의 친권행사 제한

③ 「보호관찰 등에 관한 법률」에 의한 사회봉사, 수강명령

④ 「보호관찰 등에 관한 법률」에 의한 보호관찰

⑤ 「가정폭력방지 및 피해자보호 등에 관한 법률」이 정하는 보호시설 감호위탁

⑥ 의료기관에의 치료위탁

⑦ 상담소 등에의 상담위탁

그리고 친권행사를 제한하는 경우 피해자를 다른 친권자나 친족 또는 적

당한 시설로 인도할 수 있다(동조 3항). 위 접근제한, 친권제한, 보호관찰, 감호, 치료, 상담위탁은 6개월을 초과할 수 없으며, 사회봉사, 수강명령은 100시간을 초과할 수 없다(제41조).

## 6. 피해자의 보호

가정폭력 피해자를 보호하기 위하여 국가 또는 지방자치단체는 가정폭력 관련 상담소를 설치하여 가정폭력 피해자의 상담이나 일시보호를 하고 또 가정폭력 피해자 보호시설을 설치하여 피해자를 일시보호하거나 신체적·정신적 안정 및 가정복귀를 돕고 있다(피해자보호법 제5조 내지 제8조). 이외에 의료기관은 피해자 본인·가족·친지 또는 상담소나 보호시설의 장 등의 요청이 있을 경우에는 피해자에 대하여 의료에 관한 치료보호를 실시한다(동법 제18조).

**사 례 7-23** **간통죄는 행복추구권을 침해하는가**

딸 甲은 아버지 乙의 음주로 인한 상습적인 폭행으로 정신적·육체적 고통을 당하고 있는데, 이러한 乙의 행위가 점점 심해져서 더 이상 참을 수 없는 甲은 아버지를 고소를 하고 싶은 데 자식이 아버지를 고소할 수도 있을까?

**해설** 현행 형사소송법상으로 자기 또는 배우자의 직계존속은 고소나 고발을 할 수가 없게 되어 있다. 이와 같이 직계존속에 대한 고소는 형사소송법에서 금하고 있는 데 이는 전통적인 가정 내의 위계질서를 존중, 유지하기 위한 정책적 배려로 마련된 규정이다. 그런데 가정폭력은 피해자와 가해자의 관계특성상 은폐되기가 쉽고 국가로서도 처벌을 꺼려 왔으나 점차 그 사례가 증가하고 더 이상의 법적인 보호를 소홀히 할 수 없다는 사회적인 합의에 의해 가정폭력을 처벌하기 위한 특별법이 제정되었고, 여기서 직계존속에 대한 고소제한의 특례를 두어 고소를 가능하게 하고 있다. 즉 「가정폭력범죄의 처벌 등에 관한 특례법」 제6조 제1항에 의하면 피해자 또는 그 법정대리인은 행위자를 고소할 수 있고, 피해자의 법정대리인이 행위자인 경우 또는 행위자와 공동하여 가정폭력범죄를 범한 경우에는 피해자의 친족이 고소할 수 있다고 하면서, 동조 제2항에서 행위자가 자기 또는 배우자의 직계존속인 경우에도 고소할 수 있다고 규정하고 있다. 따라서 위 사례의 경우 甲은 乙을 고소하여 처벌받게 할 수 있다.

# 제4절 스토킹

## 1. 스토킹의 의의

스토킹이란 일방적으로 관심 있는 상대를 병적으로 쫓아 다니는 행위를 스토킹이라 하고, 그런 행위를 하는 사람을 스토커라 한다. 이는 '몰래 접근하다', '미행하다'라는 뜻의 영어 'stalk'에서 유래된 말이다. 스토킹은 개인적 고립감과 대인관계의 불안정이 심화되는 사회적 변화가 그 주요 원인으로 생각되고 있다.

스토킹의 특징은 처음에는 전화걸기, 전자메일e-mail 보내기, 선물 보내기 등 은근하고 간접적인 접근으로 시작되지만, 점차 따라다니기, 집이나 학교 또는 직장 근처에서 기다리기, 감시하기 등으로 발전하고, 나중에는 협박, 폭언, 폭행, 납치, 강간, 살해 등 범죄로까지 변모하는 모습을 보인다.

최근 보도를 보면 2005년 1년간 정보통신윤리위원회 사이버명예훼손·성폭력 상담센터에 접수된 사이버 폭력 피해 상담건수 중 스토킹에 관한 상담은 81건에서 193건으로 급증세를 보였다고 한다.

스토킹을 당한 피해자 중에서는 비슷한 사람을 보거나 전화벨소리에도 놀라고, 집에 혼자 있거나 혼자 외출할 때 두려움을 느끼게 되고, 불면증으로 고통을 받는 경우도 있으며, 심각한 경우에는 전문가의 치료를 받을 만큼 중대한 증세를 보이며, 자살을 시도하거나, 가정이 파탄된 사례도 있다.

## 2. 스토커의 정의

일반적으로 스토커는 다음과 같이 정의된다.

### (1) 의도적으로 반복하여 다음과 같은 행위를 한 자

① 다른 사람의 뒤를 따라다니는 것

② 다른 사람의 거주지나 자주 가는 장소를 배회하는 것

③ 어떤 형태이든 다른 사람의 소유물을 침해하는 것

④ 다른 사람에게 혐오스러운 물건을 주거나 또는 그 물건을 다른 사람이 발견할 만한 장소에 두거나 또는 다른 사람에게 그 물건의 존재가 알려질 만한 상황에 두는 것

⑤ 사람을 감시하는 것

⑥ 다른 사람에게 공포심을 일으킬 만한 그 밖의 모든 행위를 하는 것

(2) 의도적으로 한 번이라도 다음과 같은 행위를 한 자

① 다른 사람에게 심각한 정신적인 피해나 육체적인 피해를 주려고 하는 행위

② 다른 사람에게 심각한 불안감이나 공포심을 불러일으키려는 행위

## 3. 스토킹에 대한 대책

스토킹에 대하여 외국과는 달리 직접 스토킹을 규제하는 법은 아직 없다. 현행법하에서는 스토킹 행위에 대해서는 경범죄처벌법에 의하여 벌금 10만원 이하 또는 구류 및 과료에 처할 수 있고, 협박죄, 명예훼손죄, 강요죄, 재물손괴죄 등 형법상의 폭력과 관련된 범죄의 구성요건에 해당하는 경우, 보다 중한 형벌이 부과될 수 있다. 그 외 「성폭력 범죄의 피해자보호 등에 관한 법률」에 의하여 통신매체 이용 음란죄, 또는 카메라 등 이용 촬영 위반죄 등으로 처벌될 수 있으며, 「정보통신망 이용 촉진 및 정보보호 등에 관한 법률」로 처벌될 수 있다. 그러나 실제 대부분의 경우에 경범죄처벌법에 의하여 처리될 수밖에 없는데, 이 경우에도 실효성은 매우 낮다.

**사 례 7-24**

**헤어진 남자친구가 괴롭히는데**

1년 전 헤어진 남자친구로부터 갑자기 연락이 왔습니다. 헤어진 후 저는 완전히 정리하고 싶어서 이사도 가고 직장도 옮겼기 때문에 무척 놀랐는데, 알고 보니 이미 알고 있던 저의 주민등록번호를 이용해서 주소를 조회했던 것이었습니다. 그 사람은 공무원입니다. 그런데 그 때 이미 저는 새 남자친구가 있어서 다시 연락을 하지 말라

고 했더니, 하루가 멀다하고 문자메시지를 보내고, 전화를 걸어오는 등 사람을 괴롭히고 있습니다. 며칠 전에는 집 앞에서 기다리고 있다가 남자친구와 헤어지고 자기와 다시 사귀자는 것입니다. 저는 전혀 그와 다시 사귈 생각도 없고, 또 남자친구가 알까봐 전전긍긍하고 있습니다. 밖에 나가는 것도 무섭네요. 어떻게 해야 할까요?

**해설** 스토킹을 하는 사람이 아는 사람이라면 그의 성격을 파악하여 적절히 대처하는 것이 필요하다. 자존심이 강한 사람이라면 회유를 하는 것이 좋고, 그렇지 않은 사람에게는 단호한 태도를 보이는 것이 좋다고 한다. 가급적 주변 사람에게 도움을 청하는 것도 좋을 것이고, 심한 경우에는 상담소나 경찰에 보호를 요청하는 것도 한 방법이다.

만약 심각한 스토킹을 당하고 있다고 생각될 때에는 우선 증거를 수집해두는 것이 좋다. 증거를 수집하는 방법으로는 사진이 되었든 몰래카메라가 되었든 비디오가 되었든 녹음기가 되었든 사소한 것 하나라도 수집하면 된다. 스토킹과 관련이 있는 것이면 편지, 선물, 전화응답기 녹음, 병원진단서, 사진, 비디오, 경찰조서 어느 것 하나 빼먹지 말고 보관해 두었다가 필요할 때 증거로 제시하면 된다.

이 사례에서는 옛 남자친구가 법을 위반해서 주민등록번호를 조회하는 등 불법행위를 했기 때문에 피해가 심하다면 경찰에 고소하거나, 직장이나 그의 가족에게 알려서 다시는 그러지 못하도록 할 수 있을 것이다.

제 3 장
# 성희롱 및 성폭력

## 제 1 절 성 희 롱

### 1. 남녀고용평등법 · 국가인권위원회법상의 성희롱

#### (1) 개 념

남녀고용평등법상 직장 내 성희롱이란 사업주, 상급자 또는 근로자가 직장 내의 지위를 이용하거나 업무와 관련하여 다른 근로자에게 성적인 언어나 행동 등으로 또는 이를 조건으로 고용상의 불이익을 주거나 성적 굴욕감을 유발하게 하여 고용환경을 악화시키는 것을 말한다. 반면, 국가인권위원회법상 성희롱은 업무, 고용 기타 관계에서 공공기관의 종사자, 사용자 또는 근로자가 그 직위를 이용하거나 업무 등과 관련하여 성적 언동 등으로 성적 굴욕감 또는 혐오감을 느끼게 하거나 성적 언동 기타 요구 등에 대한 불응을 이유로 고용상의 불이익을 주는 것을 말한다.

#### (2) 성희롱의 성립요건

(가) 성희롱 당사자 요건

남녀고용평등법상 직장 내 성희롱의 가해자는 고용 및 근로조건에 관한 결정권한을 가지고 있는 사업주나 직장상사이다. 동료근로자나 부하직원은 포함되지만 거래처 직원, 상사, 고객이 성희롱의 당사자가 될 수 있느냐에 대해서는 논란이 있다. 직장 내 성희롱의 피해자는 사업주를 제외한 남녀근로자와 모집 · 채용과정에서의 구직자도 포함한다. 이에 비하여 국가인권위원회법에서 성희롱의 가해자는 남녀고용평등법상의 당사자 이외에 공공기관의 종사자에게까지 확대되어 성립요건의 범위와 적용영역에서 남녀고용평등법보다 규제 범위가 넓다고 할 수 있다.

(나) 지위를 이용하거나 업무와 관련성이 있을 것

"지위를 이용하거나 업무와 관련성이 있을 것"이란 요건은 폭넓게 해석한다. 즉, 이는 장소적인 개념이 아니라 출장, 회식, 퇴근 후 친목장소 등에서의 행위도 지위를 이용한 행위이거나 업무와 관련성이 있으면 족하다는 뜻으로 해석된다.

(다) 성적인 언어나 행동에 의하거나 또는 이를 조건으로 할 것

성적인 언어는 음란한 농담을 하거나 음탕하고 상스러운 이야기를 하는 행위(전화통화 포함), 외모에 대한 성적인 비유나 평가를 하는 행위, 성적인 사실관계를 묻거나 성적인 내용의 정보를 의도적으로 유포하는 행위, 성적인 관계를 강요하거나 회유하는 행위, 회식자리에서 무리하게 옆에 앉혀 술을 따르도록 하는 행위이다.

시각적 행위란 음란한 사진, 그림, 낙서, 출판물 등을 게시하거나 보여주는 행위(컴퓨터나 팩스 등을 이용하는 경우 포함), 성과 관련된 자신의 특정 신체부위를 고의적으로 노출하거나 강요하는 행위로 예시되어 있다.

기타 사회통념상 성적 굴욕감을 유발하는 것으로 인정되는 언어나 행동도 이에 포함된다.

(라) 고용상의 불이익을 초래하거나 성적 굴욕감을 유발하여 고용환경을 악화시킬 것

고용상의 불이익을 주는 예로서 채용탈락, 감봉, 승진탈락, 전직, 정직, 휴직, 해고 등과 같이 채용 또는 근로조건을 일방적으로 불리하게 하는 것과 고용환경의 악화로서 위협적 환경을 형성하거나 성적 굴욕감으로 업무능력을 저해하는 것을 들 수 있다.

그리고 성희롱 여부의 판단은 피해자의 주관적 사정을 고려하되 사회통념상 합리적인 사람이 피해자의 입장이라면 문제가 되는 행동에 대하여 어떻게 판단하고 대응하였을 것인가를 함께 고려해야 한다고 한다.

### (3) 성희롱의 형태 구분

성희롱은 고용상의 불이익을 주는 '고용조건형(보복형)'과 성적 굴욕감을 유발하여 고용환경을 악화시키는 '환경형'으로 구분할 수 있다.

#### (가) 고용조건형 성희롱

이러한 유형으로 채용탈락, 감봉, 승진탈락, 전직, 정직, 휴직, 해고 등과 같이 채용 또는 근로조건을 일방적으로 불리하게 하는 것을 말한다. 가해자는 이런 경우 피해자의 업무능력 문제 및 업무태만을 거론하는 경우가 많다. 그러나 피해자의 작업능률 저하도 성희롱이라는 불법행위의 결과인 경우가 대부분이므로 이를 이유로 피해자를 해고 또는 기타 근로조건에 불이익을 주는 행위는 정당화될 수 없다.

#### (나) 고용환경형 성희롱

가해자의 성적 언동으로 인하여 성적 굴욕감 또는 혐오감을 느끼고 피해자의 고용환경에 불쾌한 영향을 주는 것을 말한다. 환경형의 경우 고용조건형에 비해 개념의 주관성 때문에 직장 내 성희롱 성립여부를 판단하는 것은 매우 어렵다. 통상 위협적·적대적인 고용환경을 형성하거나 성적 굴욕감으로 업무능력을 저해하는 것으로 말하고 있는데 이외에 가해자의 성적 언동으로 인하여 피해자 이외 제3자의 고용환경에 불쾌한 영향을 주는 경우에 이를 어떻게 처리할 것인가 하는 문제가 발생할 수 있을 것이다. 또한 남녀차별금지법의 성희롱 규정에 의하면 환경형 성희롱의 경우에 "성적 굴욕감 또는 혐오감을 느끼게 하거나"라고만 되어 있어 피해당사자가 단지 혐오감을 느끼기만 하면 성희롱에 해당하는지 아니면 그로 인하여 고용환경의 악화까지 수반하여야 하는 것인가가 불분명하게 규정되어 있다.

### (4) 사업주의 예방의무

#### (가) 예방교육의 실시

사업주는 연 1회 이상 직원연수교육, 정례조회, 부서별 교육, 시청각교육 등 기업형편에 따라 직장 내 성희롱을 예방하기 위한 교육을 실시하여야 한다. 이 경우 반드시 외부강사를 활용하여야 하는 것은 아니며 사업주 또는 부서장에 의한 교육도 가능하다. 아울러 수시로 사보 또는 홍보물의 발간, 사내 게시판 활용, 컴퓨터 정보망 및 전자우편 등 다양한 방법으로 기업의 관리자나 근로자에게 직장 내 성희롱 예방 관련사항을 알려 건전한 직장문화 조성에 노력하여야 한다.

(나) 직장 내 성희롱 예방장치

사업주는 성희롱과 관련한 고충처리기구나 절차를 마련하여야 한다. 이때 별도의 기구를 설치하지 않고, 기존의 고충처리기관 · 노사협의회 · 고충처리위원제도 등을 활용할 수 있다.

사업주는 소속직원이나 외부 전문가를 성희롱 담당 상담요원으로 지정하고 신속한 상담이 이루어지도록 하여야 한다.

직장 내 성희롱 상담요원 등 담당자는 제시된 사안에 대하여 신속, 공정하게 조사 · 처리하고 조사과정 등에서 지득한 개인정보를 누출하여서는 안된다.

사업주는 조사 및 처리종료 후 관계당사자에게 그 결과를 적정 기일 내에 통보하여야 한다.

(다) 성희롱 행위자에 대한 징계 등 조치

사업주는 직장 내 성희롱 행위자에 대하여 성희롱의 정도, 지속성 등을 감안하여 부서 전환이나 경고, 견책, 정직, 휴직, 전직, 대기발령, 해고 등의 적절한 징계조치를 하여야 한다.

사업주는 직장 내 성희롱 당사자간 분쟁의 소지가 없도록 징계조치 및 절차를 사전에 취업규칙이나 기타 이에 준하는 사내규칙, 단체협약 등에 규정하는 것이 바람직하다.

(라) 성희롱 피해자에 대한 불이익 조치 금지

사업주는 피해자가 상담 · 고충의 제기 또는 관계기관에의 진정, 고소 등을 했다는 이유로 그 피해자에 대하여 고용상의 불이익 조치를 하여서는 안된다.

(마) 사업주가 성희롱 여부 판단 또는 관련 분쟁의 해결이 어려운 경우 조치사항

이 때는 관할 지방노동관서의 장에게 지원을 요청할 수 있다. 지원을 요청받은 지방노동관서의 장은 자체적으로 또는 고용평등위원회의 의견을 들어 성희롱 여부를 판단하거나 분쟁해결에 조력하여야 한다.

(바) 사용자 단체의 역할

사용자 단체는 영세중소기업의 직장 내 성희롱 예방을 위하여 사내지침, 고충해결 절차나 기구 운영 등에 관하여 필요한 자료의 제공, 조언 등 조치를 하여야 한다.

(사) 파견근로자에 대한 사업주의 의무

파견사업주와 사용사업주는 각각 파견근로자에 대하여 직장 내 성희롱 예방교육을 실시하여야 한다. 직장 내 성희롱 행위자가 소속된 파견사업주 또는 사용사업주는 파견근로자가 성희롱 피해를 입은 경우 직장 내 성희롱 행위자에 대하여 부서 전환, 징계 등의 조치를 하여야 한다.

(5) 성희롱에 대한 제재

남녀고용평등법에 의하면 사업주가 피해자에 대하여 불이익한 조치를 취하였을 경우에는 3년 이하의 징역 또는 2천만원 이하의 벌금에 처하며, 성희롱 행위자에 대하여 징계 기타 이에 상응하는 조치를 취하지 않은 때에는 500만원 이하의 벌금에 처하고, 사업주가 성희롱 예방교육을 실시하지 않거나 관계서류제출을 거부 내지 허위 보고하는 경우에는 300만원 이하의 과태료를 부과한다. 이에 비하여 국가인권위원회법에 의하면 인권위원회의 실지조사 방해시에는 1천만원 이하의 과태료에 처하며 조사 및 자료제출을 거부하거나 허위보고할 경우에도 1천만원 이하의 과태료를 부과한다.

(6) 남녀고용평등법과 남녀차별금지법의 차별적 특성

성희롱을 규제하는 두 법의 성희롱 정의에서 알 수 있듯이 남녀고용평등법과 국가인권위원회법은 성희롱의 개념, 가해자 및 의무적 조치내용, 사건

처리방식, 제재방법 등을 달리하고 있어 다소 혼란을 야기하고 있다.

물론 두 법이 모두 직장 내 성희롱을 규제함에 따라 사건처리기관이나 방법이 다양해져서 피해근로자의 입장에서는 문제해결의 선택 폭이 넓어졌지만 민간기업의 입장에서는 노동부와 국가인권위원회로부터 이중의 조사와 보고를 요구받을 수도 있다. 이는 동일 사안에 대하여 중복된 처리를 하게 되는 결과를 빚어 불필요한 인력과 재원의 낭비를 초래할 위험이 있다. 또한 양 기관이 동일한 사안에 대해 상이한 결론을 도출하여 각 기관에 대한 불신과 혼란을 가중시킬 수 있으므로 국가인권위원회와 지방노동관서의 연계를 강화하여 이러한 문제점을 해결하는 것이 바람직하다.

## 2. 성희롱의 유형

노동부의 직장 내 성희롱 방지지침에서 적시한 12가지 유형을 아래에서 본다.

### (1) 육체적 행위(신체적 접촉)

① 입맞춤이나 포옹, 뒤에서 껴안기 등의 신체적 접촉

② 가슴, 엉덩이 등의 특정 신체부위를 만지는 행위

③ 안마나 애무를 하는 행위 등

### (2) 언어적 행위(말로 하는 성희롱)

① 음란한 농담이나 음담패설

② 외모에 대한 성적인 비유나 평가

③ 성적 사실관계를 묻거나 성적인 내용의 정보를 의도적으로 유포하는 행위

④ 성적 관계를 강요하거나 회유하는 행위

⑤ 음란한 내용의 전화통화

⑥ 회식자리에서 무리하게 옆에 앉혀 술을 따르게 하는 행위

### (3) 시각적 행위(눈으로 하는 성희롱)

① 자신의 성기 등 특정 신체부위를 고의적으로 노출하거나 만지는 행위

② 외설적인 사진, 그림, 낙서, 음란출판물 등을 게시하거나 보여주는 행위

③ 직접 또는 팩스나 컴퓨터 등을 통해 음란한 편지, 사진, 그림을 보여주는 행위 등

### (4) 기타 사회통념상 성적 굴욕감을 유발하는 것으로 인정되는 행위

성적굴욕감은 피해자의 관점에서 판단된다. 다만 합리적인 사람reasonable person이 피해자의 입장이라면 문제가 되는 행동에 대하여 어떻게 판단하고 대응하였을 것인가를 고려하여 판단하게 된다. 따라서 성희롱은 위에서 예를 든 12가지 유형 이외에 여러 가지 유형이 있을 수 있다.

**사 례 7-25** **강요에 의한 청혼을 거부한 후 받은 인사보복**

저는 일본인 CEO의 한국 내 수행비서를 구한다는 무역회사의 광고를 보고 지원하여 어느 호텔의 스위트룸에서 이 회사의 일본인 바이어가 참여한 상태에서 면접을 보고 1년 계약으로 입사를 하였습니다. 그런데, 실제 한 일은 CEO의 비서가 아니라, 일본인 바이어의 접대를 하는 일이었는데, 이 바이어가 한국에 오면 사장의 지시를 받아 단둘이 식사를 하거나 영화를 보고 차량이동시에는 뒷자리에 함께 앉아가는 등의 일을 할 뿐 업무와 관련된 일은 거의 하지 않았습니다. 한 때는 사장의 지시로 바이어와 사적인 내용의 이메일을 주고받기도 하였으며, 바이어를 만나기 위한 일본출장을 지시받은 적도 있습니다. 그러던 중 난데없이 이 바이어가 저에게 청혼을 해서 거절을 했는데, 사장은 청혼을 받아들이라고 강요하였고, 이를 받아들이지 않자 저에게 화장실 청소 등 허드렛일을 시켰고, 책상 또한 현관문 앞 안내데스크에 배치하려고까지 하였습니다. 한편으로 사장은 조기퇴직을 요구하였으나, 저는 응하지 않고 계약한 1년을 채우고 퇴직하였습니다. 회사의 이러한 부당한 처우에 대해 구제를 받을 수 없을까요?

**해설** 이 사건에 대해 여성부 산하 남녀차별개선위원회는 "회사 사장의 행위는 성희롱"이라고 결정하고, 1천만원의 손해배상금을 피해자에게 지급하고 재발방지 대책을 수립할 것을 권고하였다. 이에 대해 사장이 "영화관람 등의 접대행위는 동의에 의해 이루어졌을 뿐만 아니라, 고용상의 불이익을 준 바도 없다"고 반발하며 행정소송을 제기하였는데, 법원은 "일본인 바이어의 사생활의 상대역할을 하도록 하다가 청혼을 거절하자 경리업무나 화장실 청소를 하게 한 것 등을 종합하면 사장의 행위는 대표이사의 지위를 이용하여 피해자에게 성적인 요구를 했다가 이에 불응하자 고용상 불이익을 준 것이라 볼 수 있다"며 원고패소판결을 하면서, "일반적으로 비서직의 역

할은 문서 취급, 일정 관리 등의 관리자의 업무를 보조하는 것이며, 비정상적인 접대지시를 수행함으로써 피해자가 받았을 정신적인 충격을 종합하면 위원회의 처분은 정당하다"고 밝혔다.

## 3. 성희롱 발생시 구제절차

근로자가 성희롱을 받은 경우 회사 내에서 자율적으로 문제가 해결되지 않거나 법적으로 권리를 구제받고자 한다면 신속하게 다음과 같은 법률절차를 밟아야 한다.

### (1) 행정기관에의 지원요청

성희롱 관련분쟁이 자율적으로 해결되지 않아 관할 지방노동관서에 지원을 요청하면 10일 이내에 그 관계당사자에게 필요한 조언, 지도, 권고를 하거나 고용평등위원회에 조정을 신청한다. 남녀고용평등법은 성희롱을 성차별의 한 형태로 규정하고 있으므로 이에 대한 고충처리나 조정도 1차적으로는 당해 절차에 따르면 될 것이다.

주로 가해자와 피해자간의 문제가 중심이 되는 대가·보복형 성희롱의 경우는 일반적 고충처리절차로 해결이 가능할 것이다.

지방노동관서에 대한 분쟁해결지원 요청은 근로자와 사업주뿐만 아니라, 근로자가 속한 노동조합도 할 수 있도록 규정하고 있다. 이는 성차별 문제가 발생한 경우 여성근로자가 개별적으로 문제해결을 하기가 쉽지 않은 현실을 고려한 것이다.

고용평등위원회는 조정이 접수되면 사건을 조사하여 30일 이내에 조정안을 작성하고 양 당사자에게 수락을 권고하며, 관계당사자가 조정을 수락했을 때는 그 조정서에 정한 기준에 미달하는 근로조건을 정한 근로계약은 그 부분에 한해 무효가 되고, 무효가 된 부분은 조정서에 정한 기준에 의한다. 그러나 조정안을 수락해야 할 법적인 의무는 없으므로 관계당사자 중 어느 일방이라도 조정안을 수락치 않으면 그 조정안은 위와 같은 효력을 발생하지 않는다.

### (2) 행정기관을 통한 시정요청 및 고소, 고발

#### (가) 지방노동관서

차별적 대우로서 성희롱을 받은 근로여성은 지방노동관서에 시정요청을 하거나 사업주(예방의무를 해태했거나 피해자에게 불이익을 부과한 경우 등)를 상대로 고소·고발 및 진정을 제기할 수 있다.

이 경우 지방노동관서(근로여성과, 근로감독과)에서는 사건을 조사하여 행정지도 또는 시정명령을 통해 차별을 시정하며 법 위반 정도에 따라 사법조치할 수도 있을 것이다.

사법조치를 취할 경우에 법 위반행위를 한 행위자를 처벌하는 외에 사업주(법인 또는 개인)도 처벌할 수 있다(양벌규정). 또한 사건조사 과정 중에 관계서류의 제출, 사업자 출입 등 사건조사에 필요한 보고 및 검사를 할 수 있고 이에 대해 거부하거나 허위보고 등을 할 경우에는 300만원 이하의 과태료를 부과한다.

#### (나) 국가인권위원회

성희롱으로 피해를 입은 자는 국가인권위원회에 서면 또는 구술로 시정을 신청할 수 있다. 국가인권위원회는 지체 없이 사실조사에 착수하여 합의권고, 조정, 시정조치의 권고 및 의견표명 등을 행하게 되는데 필요한 경우 그 내용을 공표하거나 고발 및 소송지원을 하기도 한다. 다만 이에 대한 시정신청은 남녀차별사항의 원인이 되는 사실이 발생한 날로부터 1년 이내에 하여야 한다.

### (3) 노동위원회에 대한 구제신청

성희롱으로 인한 차별적 조치로서 정년, 해고, 전직, 감봉 기타 징벌조치가 내려진 경우(대가형, 보복형 성희롱의 경우), 그 부당성을 주장하여 노동위원회에 구제신청을 할 수 있다. 노동위원회에의 구제신청은 차별적 조치가 있는 날로부터 90일 이내에 사업장 관할 노동위원회에 제기하여야 하며, 노동위원회는 사건을 심리하여 사업주의 조치가 정당하다는 것이 인정되지 않으면 원칙복귀 등 구제명령을 내리게 된다.

1심에서 기각판정이 나거나 취소판정을 받은 사업주가 불응하여 불복하는 경우에는 그 결정이 있음을 안 날로부터 10일 이내에 중앙노동위원회에 재심을 신청한다. 재심결정에 불복하는 경우 다시 행정소송을 제기하는 등의 절차를 거치게 된다. 노동위원회 결정에 따르거나 법원을 통해 처분이 확정되는 경우 사업주는 차별적 처우를 취소하고 근로자를 복직시키고 해고기간의 보수를 지급해야 한다.

### (4) 민사소송제기

피해자는 가해자를 상대로 불법행위로 인한 손해배상소송을 제기할 수도 있고 사용자를 상대로 사용자책임 또는 근로계약상 채무불이행으로 인한 손해배상 소송을 제기할 수도 있다.

사업주가 법에서 정한 예방의무 등을 게을리 함으로써 성희롱이 발생하였음을 피해자가 주장하는 경우, 사업주로서는 예방의무를 다하였음을 입증하지 못하는 한 책임을 회피하기 어려울 것이다.

일반적으로 가해근로자 개인보다는 회사의 지불능력이 월등할 것이므로 이들에 대한 손해배상청구가 증가할 것이다.

### (5) 형사고발

사업주 또는 근로자 등 가해자의 성희롱 행위가 성폭력특별법이나 형법 등에 위배되었을 경우 피해자는 이들을 고소, 고발할 수 있을 것이다.

**사 례 7-26** **공공기관의 교육을 담당한 강사에게 한 성희롱**

저는 모 서비스 아카데미의 강사로서 공공기관인 A공단으로부터 공단직원들에 대한 민원서비스기본과정의 교육을 위탁받아 2개월 동안 주당 4시간의 교육을 실시하였습니다. 그런데 공단의 간부로부터 성희롱을 당하게 되어 구제를 신청하였으나, 공단직원이 아니라는 이유로 구제를 받지 못하였습니다. 저와 같은 경우 구제를 받을 길은 없을까요?

**해설** 본래 성희롱은 직장 내에서 상사가 부하직원에 대해서 하는 것이 일반적이지만, 구 「남녀차별 금지 및 구제에 관한 법률」의 목적을 공공기관에서는 보다 광범위한 영역에서 실현하여야 할 사회적 당위성과 필요성 및 그 정당성에 비추어 볼 때,

이 법에서 말하는 '공공기관의 종사자'라 함은 공공기관의 임직원뿐만 아니라 상당기간 공공기관과 일정한 관련을 맺고 공공기관의 업무를 수행하고 있는 사람도 포함한다고 할 것이므로(대판 2005.7.8, 2005두487), 위와 같은 경우에는 성희롱으로 인한 피해를 구제받을 수 있다.

## 제2절 성 폭 력

### 1. 의 의

1980년대 들어 강간사건이 급증하였고, 1990년대 초에는 12년간 성폭행한 의붓아버지를 살해한 김보은 사건을 통해 사회적인 관심사로 떠올랐으며, 여성운동가·학자 등을 중심으로 여성운동의 주요한 이론적·실천적 해결과제가 되었다. 성폭력은 피해자가 밝히기를 꺼리는 경향이 있어 정확한 실태파악이 곤란하나 강간과 추행 또는 미수를 포함하는 '정조(貞操)에 관한 죄'로 신고되는 건수는 강력범죄 구성비의 50% 이상을 차지하고 있어 심각한 실정이다.

성폭력은 피해를 당한 여성 개인에게는 물론이거니와 사회 전체에도 심각한 결과를 가져온다. 성폭력을 당한 여성 개인에게는 공포·우울·불안·모욕감·복수심·남성혐오감·성관계의 어려움·불면·소화장애·두통 등을 가져오고, 인간관계의 손상이나 직장상실 등의 어려움을 겪기도 한다. 사회적으로는 직장 내에서 행해지는 추행의 경우 여성들의 근로의욕을 떨어뜨리고, 밤늦게 일해야 하는 직장에 대해서는 선택을 꺼리게 한다. 결과적으로 남녀간 또는 사회구성원 간의 불신감을 조장하는 주요한 원인으로 작용한다.

그러나 이러한 심각한 실태에도 불구하고 성폭력에 대한 오해와 그릇된 통념들이 해결을 어렵게 하고 있다. "강간은 정숙하지 못한 여성들의 옷차림이나 행동 때문에 일어난다", "남성은 순간적인 성충동을 억제할 수 없어 강간한다" 등의 얘기는 강간이 어린이나 노인까지를 대상으로 모르는 사람보다 아는 사람에 의해 더 많이 발생하고 있어 허구임이 명백해졌다. 따라서 성폭력을 예방하기 위해서는 여성을 남성과 함께 살아가는 동반자(同伴者)로 여기며, 성폭력은 여성에 대한 인권침해 행위임을 올바로 인식하고 성차별적 관행(慣行)과 제도를 변화시키는 노력이 필요하다.

## 2. 성폭력범죄의 처벌 및 피해자 보호 등에 관한 법률

### (1) 목 적

「성폭력범죄의 처벌 및 피해자 보호 등에 관한 법률」은 성폭력범죄를 예방하고 그 피해자를 보호하며, 성폭력범죄의 처벌 및 그 절차에 관한 특례를 규정함으로써 국민의 인권신장과 건강한 사회질서의 확립에 이바지함을 목적으로 한다(제1조).

### (2) 적용대상

이 법은 형법 제22장 풍속을 해하는 죄 중 음행매개, 음서 등의 반포·제조, 공연 음란, 형법 제31장 약취와 유인의 죄 중 영리 등을 위한 약취·유인·매매와 이의 수수(授受) 또는 은닉, 형법 제32장 정조에 관한 죄 중 강간·강제추행·준강간·준강제추행, 이의 미수범, 강간 등에 의한 치사상, 미성년자 등에 대한 간음, 업무상 위력(威力) 등에 의한 간음의 죄와 기타 강도·강간, 특수 강도·강간, 통신매체를 이용한 음란의 죄 등을 성폭력 범죄로 규정하고 있다(제2조).

### (3) 성폭력범죄의 처벌 및 절차에 관한 특례

#### (가) 처벌에 관한 특례

이 법은 특수강도강간, 특수강간, 친족관계에 의한 강간, 장애인에 대한 간음, 13세 미만의 미성년자에 대한 강간·강제추행, 강간상해, 강간치상, 강간살인, 강간치사, 업무상 위력 등에 의한 추행, 공중밀집장소에서의 추행,

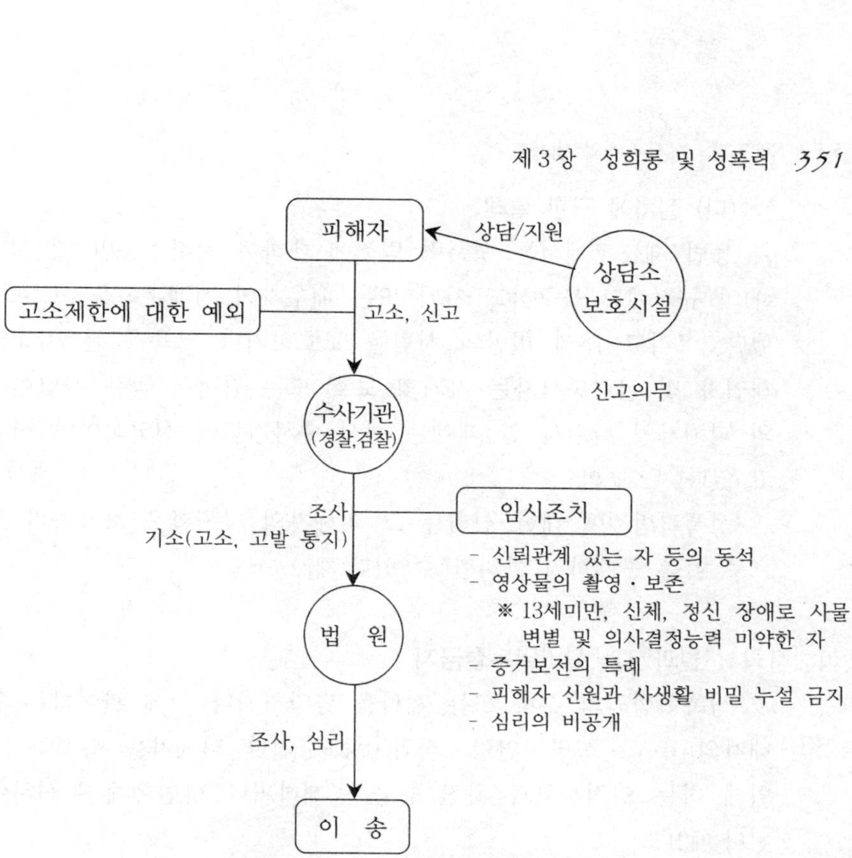


[성폭력사건처리의 흐름(법무부)]

통신매체를 이용한 음란 행위, 카메라 등을 이용한 타인의 신체촬영행위 등에 대한 처벌의 특례를 규정하고 있다.

(나) 보안처분

이 밖에 법원이 성폭력범죄를 범한 자에 대하여 형의 선고를 유예할 경우에는 1년 동안 보호관찰을 받을 것을 명할 수 있고, 성폭력범죄를 범한 자가 소년인 경우에는 반드시 보호관찰을 명하도록 하고 있다(제16조 1항). 또한 형의 집행을 유예할 경우에는 집행유예 기간 내에서 일정 기간 보호관찰을 받을 것을 명하거나 사회봉사 또는 수강을 명할 수 있고, 성폭력범죄를 범한 자가 소년인 경우에는 반드시 보호관찰 · 사회봉사 또는 수강을 명하도록 하고 있다(동조 2항). 그리고 성폭력범죄를 범한 자로서 형의 집행중에 가석방된 자는 가석방기간 동안 보호관찰을 받아야 한다(동조 3항).

(다) 절차에 관한 특례

동법 제18조에서는 성폭력 범죄에 대하여 형사소송법 제224조(고소의 제한)의 규정에도 불구하고 자기 또는 배우자의 직계존속을 고소할 수 있도록 했다. 그리고 18세 미만의 사람을 보호하거나 교육 또는 치료하는 시설의 책임자 및 관련종사자는 자기의 보호 또는 감독을 받는 사람이 성폭력범죄의 피해자인 사실을 안 때에는 즉시 수사기관에 신고하여야 한다고 규정하고 있다(제22조의5).

성폭력범죄에 대한 심리는 그 피해자의 사생활을 보호하기 위하여 결정으로 이를 공개하지 아니할 수 있다(제22조).

(4) 피해자의 신원과 사생활비밀누설금지

성폭력범죄의 수사 또는 재판을 담당하거나 이에 관여하는 공무원은 피해자의 주소·성명·연령·직업·용모 기타 피해자를 특정하여 파악할 수 있게 하는 인적사항과 사진 등을 공개하거나 타인에게 누설하여서는 아니된다(제21조).

## 3. 성폭력을 당한 경우의 대책

성폭력 피해를 입었다면 아무 것도 생각할 수 없을 정도로 혼란스럽고 힘든 상황이겠지만 가장 먼저 안전한 곳으로 피하여 마음을 진정시켜야 한다. 무엇보다 가해자로부터 폭력을 당한 것임을 인식하여야 한다. 그 후 가족이나 친구의 도움을 구하고, 전문 상담기관에 가서 심리적, 의료적, 법적 도움을 받는 것이 좋다. 그리고 될 수 있으면 빨리 의료적인 처치를 받도록 한다. 병원에 가는 시기는 피해 직후가 가장 바람직하고 빠를수록 좋다. 피해 직후에는 정신적인 충격 때문에 몸의 상처를 미처 느끼지 못하는 경우도 있지만 외상의 치료가 필요하고, 나아가 임신이나 성병을 미리 예방하는 조치를 취해야 한다.

지금 당장 고소할 의사가 없다고 하더라도 나중에 고소를 결심하게 되는 경우도 있으므로 되도록 증거를 수집해 두는 것이 좋다. 특히 정액 채취 등은 48시간 이내에 신속하게 해야 한다. 안타깝게도 성폭력 피해는 다른 피해와 달리 피해자 자신이 가장 많이 그 증거를 스스로 인멸해 버리는 경우가 많다. 가령 피해 후 샤워를 하거나, 입었던 속옷을 세탁하거나 버리는 것은 가해자를 식별하고 유죄를 증명할 수 있는 중요한 증거를 없애는 일이 된다. 전문가들은 심지어 손도 씻지 말고, 화장실도 가지 말고 바로 병원으로 가서 의료조치를 받으라고 권한다.

성폭력 범죄는 윤간, 강도강간 등과 같은 특별한 경우를 제외하고는 본인의 고소가 있어야 수사를 하는 친고죄이다. 고소 기간은 가해자를 안 날로부터 1년 이내이다. 우리나라에서는 피해 신고율은 실제 발생률의 2.2~6.1% 밖에 안 된다고 하며, 기소율도 1/2정도에 그치고 있다. 이러한 통계들은 실제로 수사재판 과정에서 어떠한 어려운 일이 있을지를 짐작하게 한다. 경찰서나 법정에서 피해 사실을 진술하고 증언하는 것이 힘에 겨울 수가 있고, 증거가 불충분하면 기소가 안 될 수도 있으며, 수사나 재판 과정에서 경제적으로나 정신적으로 지칠 수 있고, 가해자로부터 무고나 명예훼손으로 역고소를 당하는 등 2차 피해를 겪기도 한다. 그러나 고소를 하게 되면 가해자의 제2, 제3의 범죄를 미리 예방할 수 있을 뿐만 아니라 본인도 심리적으로 불필요한 죄책감이나 자기 불신, 자포자기 등에서 벗어날 수 있다. 그러므로 고소를 통해 어떤 의미와 효과를 얻을 수 있을지 그리고 어려움은 무엇인지를 살펴보고 준비한 후에 결정해야 한다.

**사례 7-27** **의붓아버지가 의붓딸을 강간한 경우 고소가 있어야 처벌되는가**

아버지와 사별한 甲은 어머니가 재혼함에 따라 의붓아버지인 乙과 함께 생활하고 있던 중 甲은 어느 날 乙에게 강간을 당했다. 형법상 강간죄는 친고죄로 되어 있는데 이 경우에도 고소를 해야만 처벌이 되는가?

**해설** 형법 제306조에 의하면 강간죄(3년 이상의 유기징역)는 고소가 있어야 논하는 친고죄에 해당된다. 따라서 형법상으로는 고소가 없으면 처벌할 수가 없다. 그러나 성폭력범죄의 처벌 및 피해자보호 등에 관한 법률 제7조 제1항에 의하면 "존속 등의 연장의 친족이 강간죄를 범한 때에는 5년 이상의 유기징역에 처한다"고 규정하고 있을 뿐 형법상의 친고죄 규정이 없다. 그리고 동조 제4항에서는 친족의 범위를 4촌 이내의 혈족과 2촌 이내의 인척으로 규정하고 있으므로 위 사례의 경우 의붓아버지 乙의 강간행위는 고소가 없어도 특별법인 동법에 의해 처벌할 수 있다.

# 제3절 성 매 매

## 1. 성매매의 의의

성매매라 함은 불특정인을 상대로 금품 그 밖의 재산상의 이익을 수수·약속하고 성교행위나 구강·항문 등 신체의 일부 또는 도구를 이용한 유사성교행위를 하거나 그 상대방이 되는 것을 말한다. 과거에는 법적으로 윤락행위라고 하기도 하였고, 또 성을 파는 여성의 문제를 부각하여 매춘(賣春)이라는 용어를 주로 사용하였으나, 최근에는 성을 파는 여성에게만 한정짓지 않고, 이를 구매하는 남성이 공존하고 있음을 나타낸다는 의미에서 성매매라는 용어를 사용하고 있다.

성매매는 몇 가지 유형으로 분류할 수 있는데, 통상 윤락가로 불리는 특정 지역을 중심으로 매매춘만을 하는 형태인 전통형 성매매와, 단란주점, 유흥주점, 이발소, 안마시술소 등과 같이 주업이 있는 업소에서 서비스를 매개로 이루어지는 산업형 성매매, 그리고 10대의 여학생들이 성인남성을 대상으로 성관계를 가진 후 용돈이나 선물 등의 명목으로 대가를 받는 형태인 청소년 성매매(원조교제) 등이 있다. 최근 청소년들이 인터넷 혹은 핸드폰 등을 통하여 개별적으로 직접 상대를 찾을 수 있기 때문에 청소년 성매매가 증가하고 있다.

## 2. 페미니즘 시각에서 본 성매매

페미니즘에서 보는 성매매여성은 가부장적 사회에서 남성의 탐욕을 만족시키기 위한 사회적 억압의 희생자로 인식하며, 성매매 역시 남성에 대한 여성의 종속으로 파악하고 있다. 그러므로 서구의 여성주의자들은 사회적 희생자인 매춘 여성들을 구제하거나 사회에 복귀시키기 위한 방법에 관심을 가져왔다. 페미니즘의 성매매에 관한 입장은 그 관점에 따라 차이를 보인다.

자유주의 페미니즘은 성매매를 또 하나의 직업으로 간주한다. 이들은 성매매를 규제하는 정책을 취함으로써 범죄화되는 것을 막아야 한다는 것이다. 마르크스주의 페미니즘 역시 성매매를 임금노동에 비유하지만 성매매를 정당화하는 것이 아니라, 자본주의 속성에 따른 임금노예의 비열하고 강제적인 속성을 강조함으로써 정당하지 않음을 주장한다. 급진주의 페미니즘은 그 일차적 관심이 사회적 성gender으로서의 여성과 현대 정치적 구조에서 여성이 예속화되어 있다는 점을 밝히는 데 있다. 이들은 여성들이 경제적 필요에 의해 비자발적으로 성매매로 유입된다고 보며, 매춘 여성들은 성적으로 혹은 신체적으로 학대받는다는 점을 지적한다. 마지막으로 서구의 포스트모던 페미니즘에서는 일부 매춘 여성이 직접 참여하여 그들의 권리를 옹호하는 주장이 생겨났다. 이들은 성매매를 합법적인 직업으로 옹호하고 매춘여성들의 행위주체성을 주장한다.

## 3. 성매매의 문제점과 대책

성매매가 발생하는 근본원인은 일반적으로 여성의 경제적·사회적 열등성과 가부장적 사회의 성별 노동 분업제도, 가부장적 결혼관행, 여성의 상대적 저임금, 온전히 평가되지 못하는 임금노동과 남성에 대한 경제적 의존 등이라고 한다. 또한 성매매의 문제점은 매춘여성에 대한 경제적 착취 및 성적 착취와 언어적·육체적 폭력, 그리고 매춘으로 인한 정신적·육체적 건강의 위협, 매춘여성에 대한 사회적 낙인 등이다.

성매매에 대한 정부의 시책은 매춘여성에 대한 선도보호를 주내용으로 하고 있다. 이를 위하여 제정된 「성매매방지 및 피해자보호 등에 관한 법률」은 요보호 여성에 대한 지원을 규정하고 있고, 「성매매알선 등 행위의 처벌에 관한 법률」은 성매매·성매매알선 등 행위 및 성매매 목적의 인신매매를 근절하고, 성매매피해자의 인권을 보호하기 위한 내용을 담고 있다. 심지어 「청소년의 성보호에 관한 법률」은 청소년 대상 성매매범죄행위 등의 처벌, 대상 청소년의 선도·보호 외에도 청소년 대상 성범죄자의 신상공개까지도 규정하고 있다.

성매매에 대한 문제는 사회의 여러 부분의 이해관계가 복잡하게 얽혀있기 때문에 여성문제 중에서도 가장 어려운 문제의 하나이다. 또한 "매춘은 인류 역사상 가장 오래된 직업이다"라는 말에서 나타난 것처럼, 성매매가 필요악이라든가 근절이 불가능하다는 생각도 있다. 그러나 성매매의 합법화는 우리 사회의 상식에 비추어볼 때 수용하기 어렵다고 생각된다.

어쨌든 성매매를 근절 내지는 감소시키기 위해서는 우리 사회에 뿌리내리고 있는 남녀의 성에 대한 차별과 그 동안의 잘못된 인식을 개선해 나가는 것이 최선의 방법일 것이다.

제 8 편

# 여성과 사회보장

제 **1** 장

# 사회보장의 의의

## 1. 사회보장의 배경

사람이 살아가는 데 필요한 갖가지의 자원은 스스로 마련하는 것이 원칙이다. 식량도 스스로 구해야 하고, 의복이나 주거도 스스로 장만하지 않으면 안 된다. 이에 따라 사람은 스스로의 능력에 따라 의식주 등을 비롯한 생활의 모양이나 수준을 달리할 수밖에 없게 된다. 돈을 많이 버는 사람은 고급의 생활을 하게 되나, 소득수준이 낮은 사람은 필연적으로 생활비를 줄여서 생활하게 되는 것이다.

그런데 만약 스스로 전혀 또는 거의 생활을 할 만한 소득을 가질 수 없는 사람은 어떻게 하여야 할 것인가. 모든 사람이 스스로 벌어서 생활해야 한다면 이런 사람은 모두 굶어죽거나 인간 이하의 생활을 하지 않으면 안 될 것이다.

그러나 사람이 사람답지 못하게 되는 것은 올바른 일이라고 할 수 없고, 또 그러한 사람들이 생겨 이들이 방치되는 것은 갖가지의 사회문제를 일으킬 수 있다. 예로부터 국가는 오갈 데 없는 불쌍한 사람들을 구휼해 왔으며, 또 많은 사람들이 스스로 순수한 사랑의 정신으로 이들에게 도움을 주어온 것은 함께 더불어 사회를 살아가야 한다는 숭고한 정신에 기인하는 것이다. 또 스스로 생활을 하지 못하는 이런 사람들은 영·유아, 노약자 또는 병자와 같이 본질적으로 도움을 받지 않으면 안 되는 사람도 있으나, 자본주의 특히 독점자본주의의 폐해와 같은 구조적 원인에 의하여 어쩔 수 없이 도움을 필요로 하게 된 경우도 있다.

물론 이 중에서 가장 본질적으로 사회보장의 직분을 다할 수 있는 것은 국가이다. 국가야말로 재원을 가장 풍부하게 가지고 있을 뿐 아니라, 공무원 조직을 가지고 있어서 효율적으로 요부조자들을 지원할 수 있기 때문이다.

또 국가는 국토와 국민을 전반적으로 통제하는 것을 그 본질로 하고 있으므로, 그 안에서 발생한 요부조자들에 대해 책임을 져야 한다는 것도 한 가지 이유가 될 수 있을 것이다.

이와 같은 이유에서 세계 각국은 나름대로 사회보장에 많은 관심을 가지고 있고, 우리나라도 예외는 아니다. 그러나 이들에 대해 국가가 모든 역할을 다한다는 것은 현실적으로 불가능하다. 국가가 아무리 거대한 조직이라고 해도, 국가에 아무리 돈이 많다고 해도 모든 국민에 대해 지원할 수는 없기 때문에, 스스로 자신을 돕지 못하는 사람에 대해서는 민법적으로 일차적으로는 가족이, 그도 아니면 친족이 도움을 주도록 하고 있고, 이러한 부양에 의한 도움을 받을 수 없는 경우에 비로소 국가가 공적으로 부조를 하게 되어 있는 것이다.

사회보장을 영어로 Social Security라고 하는데, 여기서 Security는 Se(=Without, 해방) + Cura(=Car, 근심 또는 괴로워하는 것)에서 비롯된 것으로 '걱정을 없게 한다'는 뜻이다. 결국 Social Security는 사회적 불안을 제거하여 평온한 삶을 사회가 보장한다는 뜻으로 이해되며, 질병이나 분만·실업·폐질·직업상의 상해·노령 및 사망으로 인한 소득의 상실이나 감소 등으로 인한 경제적 곤궁에서 유래하는 근심과 불안을 제거함으로써 사회평화를 도모하자는 것이다.

## 2. 사회보장의 개념

우리나라에서도 위와 같은 이유에서 사회보장에 관한 원칙을 정하고, 각종 법령에 의하여 사회보장을 실시하고 있다. 그 기본법이라 할 수 있는 사회보장기본법 제3조 제1호에 의하면, "사회보장이란 질병·장애·노령·실업·사망 등 각종 사회적 위험으로부터 모든 국민을 보호하고 빈곤을 해소하며 국민생활의 질을 향상시키기 위하여 제공되는 사회보험, 공공부조, 사회복지서비스 및 관련 복지제도를 말한다"라고 정의하고 있다.

통상 사회보장은 크게 사회복지에 포함되는 것으로 생각되고 있는데, 이러한 관점에서 구체적인 사회복지 프로그램 및 서비스에 포함될 수 있는 내용을 살펴본다면 크게 사회보장 영역과 사회복지사업 영역으로 나누어 볼 수 있고, 이 때 사회보장은 사회보험, 공적부조, 사회복지서비스 영역으로 구성된다고 하게 되며, 사회복지사업 분야는 그 구체적인 대상에 따라 아동복지, 청소년복지, 노인복지, 장애인복지, 여성복지, 가족복지, 산업복지, 의료사회사업, 학교사회사업, 교정복지, 자원봉사 등이 여기에 포함되는 것으로 보게 된다.

사회보장이란 용어가 처음으로 사용된 것은 1935년 미국에서 사회보장법Social Security Act이 제정된 때부터라고 하는데, 우리나라는 1960년 제4차 개정헌법에서 처음으로 "국가의 사회보장에 관한 노력"을 규정하였고, 1963년 11월 법률 제1437호로 전문 7개조의 「사회보장에 관한 법률」을 제정하였다. 그 후 1980년 10월 개정된 헌법은 제32조에서 "사회보장"이라는 독립된 조문을 두었고, 현행헌법도 이를 계승하고 있다(제34조).

사회보장이라는 의미는 역사적, 사회적 배경과 시대 및 학자나 국가에 따라 여러 가지로 표현되고 있다. 그 중 특히 "사회보장의 아버지"로 일컬어지는 비버리지W. Beveridge가 1942년 영국정부에 제출한 「사회보험과 관련서비스(*Social Insurance and Allied Service*)」라는 보고서에 의하면, 사회보장의 정의는 "실업·질병 혹은 재해에 의하여 수입이 중단된 경우의 대처, 노령에 의한 퇴직이나 본인이외의 사망에 의한 부양 상실의 대비, 그리고 출생·사망·결혼 등과 관련된 특별한 지출을 감당하기 위한 소득보장을 의미"하는 것이라 하고 있다. 그는 사회보장을 빈곤과 결부시켜 사회보장은 바로 '궁핍의 퇴치'라고 하였는데, 이는 국민소득의 재분배로 실현할 수 있으며, 이를 통한 일정 소득의 보장은 결국 국민생활의 최저보장을 의미하는 것이라고 하였다.

또 ILO가 1942년에 발표한 「사회보장에의 접근」보고서에 의하면 "사회보장은 사회 구성원이 처하게 되는 일정한 위험에 대해 사회가 적절한 조직을 통해 부여하는 보장"이라고 정의하고 있다. 이 보고서는 그 구성요소로서, ① 전체 국민을 대상으로 할 것, ② 최저 생활이 보장될 것, ③ 모든 위험과 사고에서 대하여 보호받을 것, ④ 공공의 기관을 통하여 보호나 보장이 이루어져야 할 것 등을 제시하였다. 이는 사회보장제도가 국민 생활상에 닥치는 불의의 위험이나 소득의 중단이 온다 하더라도 정상적인 생활을 유지할 수 있도록 그 생활을 보장하는 수단을 국가가 책임을 지고 수행하여야 한다는 의미로 이해되고 있다.

우리나라에서는 종래 '사회보장' 또는 '사회복지'라는 용어를 사용하여 왔으나, 1997년 IMF 구제금융시대에 들어간 이후 '사회 안전망'Social Safety Net이라는 말이 이들 용어를 대신하여 사용되고 있다. 여기서 사회 안전망이라 함은 넓은 의미로 질병·노령·실업·산업재해·빈곤 등 사회적 위험으로부터 모든 국민을 보호하기 위한 제도적 장치를 일컫는 것으로 4대 사회보험(국민연금, 건강보험, 고용보험, 산재보험)과 사회부조를 일컫는 것이다.

## 3. 사회보장의 종류

사회보장은 위와 같은 의미에서 볼 때 대략 사회보험, 공공부조, 사회복지서비스 등의 3종으로 구성된다고 할 수 있다.

### (1) 사회보험

사회보험은 사회정책을 위한 보험으로서 국가가 사회정책을 수행하기 위해서 보험의 원리와 방식을 도입하여 만든 사회경제제도이다. 사회보장기본법 제3조 제2호에 의하면, "사회보험이라 함은 국민에게 발생하는 사회적 위험을 보험방식에 의하여 대처함으로써 국민건강과 소득을 보장하는 제도를 의미한다"라고 정의하고 있다. 구체적으로 볼 때 사회보험은 국민을 대상으로 질병·사망·노령·실업 기타 신체장애 등으로 인하여 활동 능력의 상실과 소득의 감소가 발생하였을 때에 보험방식에 의하여 그것을 보장하는 제도라고 할 수 있다. 이와 같이 사회보험은 운영과 방법론에서 보험기술과 보험원리를 따르고 있다는 점에서 공공부조와 상이하다.

사회보험은 사회의 연대성과 강제성이 적용되며, 사보험과는 다른 주요한 특성을 살펴보면 다음과 같다. 즉 사회보험에서 다루는 보험사고로는 업무상의 재해, 질병, 분만, 폐질(장애), 사망, 유족, 노령 및 실업 등이 있으며, 이러한 보험사고는 몇 가지 부문으로 나뉘어 사회보험의 형태를 이루게 된다. 업무상의 재해에 대해서는 산업재해보상보험, 질병과 부상에 대해서는

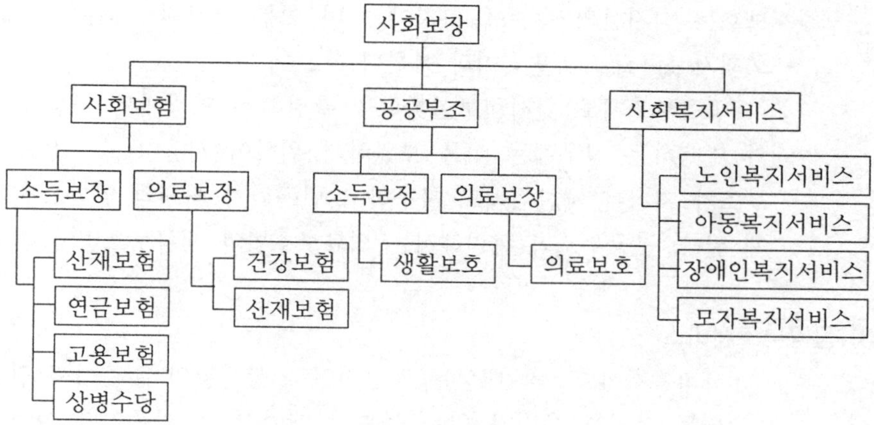


[사회보장의 구조]

건강보험 또는 질병보험, 폐질 · 사망 · 노령 등에 대해서는 연금보험, 그리고 실업에 대해서는 고용보험제도가 있으며 이를 4대 사회보험이라 한다.

### (2) 공공부조

공공부조는 나라마다 다르게 표현되고 있다. 우리나라와 일본, 미국에서는 법률상 공공부조 또는 공적부조Public Assistance로, 영국에서는 국가부조National Assistance로, 프랑스에서는 사회부조Social Assistance로 표현한다.

사회보장기본법 제3조 제3호에 의하면, "공공부조라 함은 국가 및 지방자치단체의 책임하에 생활유지 능력이 없거나 생활이 어려운 국민의 최저생활을 보장하고 자립을 지원하는 제도를 의미한다"라고 정의하고 있다. 우리나라에서는 종래 "공적부조"라는 용어를 사용하였으나, 1995년 12월 30일 제정된 사회보장기본법에서 "공공부조"라는 용어로 변경하였다.

공공부조에 대한 또 다른 좁은 의미의 개념은 자본주의 사회의 모순이 심화됨에 따라 그 구조적 산물로서 빈곤이 발생됐다는 역사적 인과관계를 인정하여, 국가의 책임하에 일정한 법령에 따라 공공비용으로 경제적 보호를 요구하는 자들에게 개인별 보호 필요에 따라 주게 되는 최저한도의 사회보장을 일컫는데, 이 역시 사회보장의 일환으로 이해되고 있다. 이와 같이 공공부조는 빈자의 생활보호 기능에서 그 의의를 찾아 볼 수 있는데, 생활보호는 최저한의 수준에 그쳐야 하며 이를 국가최저National Minimum 또는 사회최저Social Minimum원칙이라 부른다.

공공부조제도는 사회보험계획을 추진하는 과정에서 대상자 적용에 문제가 발생하는 경우에는 이를 보완하기 위하여 사용할 수 있다. 따라서 공공부조가 지니는 제한점에도 불구하고 빈곤퇴치 대책의 일환으로 이를 적용하게 된다. 공공부조와 관련해서는 의료보호법과 생활보호법이 적용되고 있다.

### (3) 공공부조서비스

사회복지서비스의 대상은 정상적인 일상생활의 수준에서 탈락, 낙오되거나 또는 그러한 우려가 있는 불특정 개인 또는 가족이다. 이들의 사회생활은 구체적으로 디바인E. F. Devine이 3D(빈곤Destitution, 질병Disease, 비행Delinquency)라고 설명한 빈곤, 질병, 범죄 또는 도덕적 타락으로 나타나게 된다. 즉 사회복지서비스의 목적은 정상적인 일반생활의 수준에 미치지 못한 상태의 사회복지서비스 대상자가 그 수준을 회복하고 이후에도 보전할 수 있도록 도와주는 것이다. 이를 위하여 그 대상자에 대한 개별적 내지 집단적 보호 또는 처치를 행하게 된다.

사회보장기본법 제3조 제4호는 "사회복지서비스라 함은 국가·지방자치단체 및 민간부문의 도움을 필요로 하는 모든 국민에게 상담, 재활, 직업소개 및 지도, 사회복지시설 이용 등을 제공하여 정상적인 생활이 가능하도록 지원하는 제도를 의미한다"라고 정의하고 있는데, 이러한 사회복지 서비스는 종래의 사회보장체계에서 사회복지라 불리던 것이다. 사회복지서비스와 관련하여 모·부자복지법, 장애인복지법, 아동복지법, 노인복지법, 청소년복지지원법, 모자보건법, 사회복지사업법 등이 제정되어 있다.

제 2 장
# 여성과 사회복지

## 제 1 절 여성복지의 필요

### 1. 인구학적 변화

우리나라의 여성인구는 2005년 현재 23,961,013명(총인구 48,294,143명)으로 총인구의 절반을 차지하고 있다. 이러한 여성인구의 지속적인 증가는 여성의식의 성장과 함께 여성의 다양한 복지욕구가 표출되었고 여성문제로 제기되었다.

우리나라의 고령화율을 2000년 약 7%에서 2005년 약 9.1%로 증가하였으며, 평균수명은 2001년 남자 72.84세, 여자 80.01세로 남녀간의 큰 수명격차를 나타내고 있으며, 성비에 있어 여성노인의 과다현상을 나타내고 있는 등 여성노인 인구는 연령이 증가할수록 많아지고 있다. 이러한 여성노인의 노령화현상은 여성노인문제의 근본원인이 되고 있다.

### 2. 여성의 지위

#### (1) 경제영역의 여성문제

우리나라 여성의 경제활동참가율은 계속 증가하고 있으나, 여성들은 여전히 저임금 · 단순반복직 · 하위직에 머물러 있고, 일용 · 시간제 · 임시직 등 전반적으로 열악한 근로조건 속에서 임금, 승진, 정년, 해고 등에 계속적인 차별 대우를 받고 있다. 따라서 고용의 전 단계에 걸친 성차별개선을 위하여 성차별 관련규정의 개정, 근로조건의 개선, 기혼여성의 모성보호 및 육아지원 등의 여성복지 관련법·제도의 정비 및 지원서비스의 제공이 필요해졌다.

### (2) 정치영역에서의 여성문제

우리나라 여성의 정치참여는 세계적으로도 아주 저조한 수준에 머물고 있다. 전 세계 평균 여성국회의원 비율이 11.3% 안팎인 데 비하여 우리는 고작 3% 수준에 머물고 있을 뿐이다.

우리 사회의 남녀 유별한 정치문화는 정치를 남성의 영역으로 규정하여 여성이 정책결정과정에서 배제됨으로써 가부장적 관점의 여성복지정책이 일관되어 온 주요원인이 되었다. 오늘날의 많은 여성들은 가족의 보호자로서의 역할 지원뿐만 아니라 여성개인을 대상으로 하는 평등한 복지정책을 요구하고 있다.

### (3) 교육영역에서의 여성문제

성역할의 사회화에 대한 관심이 고조되면서 기존의 교육제도가 교육기회에서부터 교과과정, 교과서 내용, 그리고 교사들의 성차별적 태도에 이르기까지 다양한 형태로 성차별의 사회화를 재생산하는 데 주요 역할을 담당하고 있음이 밝혀지고 있다.

여성들의 교육수준은 과거에 비해 많이 향상되어 고등학교·대학에서도 종전과 같은 학력차이는 없어졌으나, 대학 이상의 진학률에 있어서는 성차가 다소 남아있다. 이러한 것은 교육기회와 교육결과에 따른 여성의 삶의 질 향상에 있어 걸림돌로 작용하고 있다.

### (4) 가정영역의 여성문제

산업화, 도시화, 서구화로 우리나라의 가족은 소규모화되고 핵가족화되었으며, 가족형태가 다양화되고, 가족기능이 축소되었을 뿐만 아니라 가족주기와 가치관이 달라졌다.

가족형태의 변화로 자녀양육기간이 단축되고, 노인부부로 살아가는 시기가 길어지는 등 가족주기가 변하는 동시에 가족수의 소규모화로 인해 여성의 가사노동 부담이 줄어들고 가족기능이 축소되었다. 또 가족관도 자아실현을 중시하는 개인주의로 전환되고 가족관계도 예전에 비해 평등하고 민주적인 방향으로 바뀌고 있다.

그러나 가부장적 사회구조의 전형적인 가족역할 구조는 사회화를 통해 여전히 성차별주의를 재생산해내고 있고, 여성들은 자신에게 주어진 이중역할로 엄청남 고통을 겪고 있다. 그 결과 여성의 인권 내지 복지권에 대한 인식이 높아지게 되고, 인간다운 삶을 향한 욕구가 늘어남에 따라 여성의 능력개발과 사회참여를 위한 지원체계로서 여성복지의 필요성이 증대되었다.

#### (5) 사회영역의 여성문제

자본주의 사회의 성장에 따라 서비스업의 발달이 촉진되고 이로 인한 성개방 풍조가 파급되어 혼전 성관계 및 혼외정사가 점점 증가하는 추세를 보이고 있으며, 서구사회의 퇴폐 문화의 확산으로 남녀간의 성윤리가 더욱 문란해지고 있다. 이로 인한 성의 상품화현상은 인신매매, 매매춘, 성폭력 등 여러 가지 사회문제들을 초래하고 있다.

따라서 이와 같은 이중적인 성윤리와 성 개방풍조에 의한 이혼여성, 미혼모, 매춘 여성 등 요보호 여성이 급증함으로써 이들에 대한 보호와 대책이 필요하게 되었다.

## 3. 여성빈곤문제

#### (1) 여성빈곤의 개념

"빈곤의 여성화"feminization of poverty란 빈곤계층에서 여성이 차지하는 비율이 점차 증가하고 있는 현상으로 특히 여성가구주와 무배우자 여성노인이 대표적인 빈곤집단으로 나타난다. 피어스Diana Pearce의 연구에 의하면 성인빈민의 70% 이상이 여성이며 빈곤가구의 반 이상이 여성가구주라고 하며, 여성가구주나 무배우자 여성노인이 특히 빈곤에 취약한 집단이라고 하면서, 그 이유를 노동시장의 불합리한 차별에 있다고 하고 있다.

### (2) 여성빈곤의 실태

우리나라는 산업화, 도시화 과정에서 파행된 가족 결속력의 약화에 의한 가족해체, 사고 및 질병 등에 의한 남성의 사망률 증가, 대량실업, 노후빈곤 등 사회적 위험의 증가로 인해 가족 구조가 변화하고, 여성 가구주가 증가하였다. 이러한 증가현상은 여성의 수명이 평균 7~8년 긴 데서 오는 여성노인가구의 증가와도 관련된다.

여성가장은 가정의 생계를 책임지고 있을 뿐 아니라 실직할 경우 따로 생계대책이 없다는 점에서 실업의 충격이 가장 크다고 할 수 있다. 2001년 12월 현재 여성가장실업자는 5만6천명으로 1997년 평균실업자 4만명에 비해 1.4배 증가한 수준이다.

일반가구의 여성가구주 비율의 증가현상의 증가현상은 사망, 이혼, 질병 등에 의한 가족해체 경향에 따른 공통된 사회경제적 변화의 결과라 볼 수 있다.

**여성가장실업자 현황**

| | 1997 | 1999. 10 | 2000. 10 | 2001. 12 |
|---|---|---|---|---|
| 여성가장실업자(천명) | 40 | 73 | 47 | 56 |
| 실업률(%) | 1.9 | 3.4 | 2.1 | 2.5 |

※ 자료: 노동부 내부자료.

또한 국민기초생활보장 수급자 현황을 보면 여성이 차지하는 비율이 남성보다 훨씬 높음을 알 수 있다. 여성에 대한 취업기회 제한과 저임금, 열악한 고용조건 등 성차별적 노동구조 그리고 이를 반영하지 못한 사회복지제도에 그 원인이 있다.

**국민기초생활보장수급자 현황** (단위: 명)

| | 계 | 남 | 여 |
|---|---|---|---|
| 2001 | 1,345,526 | 567,025 | 778,501 |
| 2002 | 1,275,625 | 533,167 | 742,458 |
| 2003 | 1,292,690 | 541,233 | 751,457 |
| 2004 | 1,337,714 | 562,074 | 775,640 |

※ 자료: 보건복지부 자료.

### (3) 여성빈곤의 원인

#### (가) 성차별적 노동시장

노동시장의 성차별적 구조의 결과 대다수 여성의 취업은 저임금 및 하위직에 편중되어 있다. 또한 가정과 직장에서 여성이 갖는 이중역할은 취업을 중단하거나 저임금의 시간제 노동이나 비공식 부문으로 이전하는 비율을 높이고 있다.

남성중심, 임금노동중심의 사회보장급여는 여성을 배우자에게 더욱 의존적이게 하고, 사별이나 이혼의 경우 이전보다 낮은 소득수준으로 인한 경제적 어려움에 직면하게 한다.

#### (나) 가계소득의 불평등한 지배권

여성들의 가사활동과 양육은 무임금 가사노동으로 직접적인 소득원이 될 수 없어 여성은 가계소득에 대한 지배권이 약할 수밖에 없다.

#### (다) 여성 중심적 사회보장제도의 미비

노후의 소득보장을 위한 사회보장제도인 국민연금은 남성을 기준으로 구조화되어 있기 때문에 여성은 상대적으로 불리하다. 임신이나 자녀양육으로 임금노동을 중단하거나 연기해야 하는 경제활동의 특징으로 인해 여성은 연금혜택에서 불리하게 되어 노년기의 소득보장이 위협받게 된다.

또한 연금제도는 여성의 가사노동을 인정하지 않고 있어 많은 여성들은 연금 수급권을 행사할 기회자체를 박탈당하고 있다. 연금수혜자인 배우자가 사망하게 되어 받게 되는 유족연금은 액수 면에서 매우 낮은 수준이다. 이혼배우자의 분할연금제도와 여성의 보험료 추후납부제도 등이 마련되고 있으나, 양성 평등적 관점에서 사회보험제도, 공공부조제도의 전면적인 수정보완이 있지 않고서는 여성의 빈곤화현상에 대한 근본적인 대책이 될 수가 없을 것이다.

#### (라) 결혼지위

대부분의 여성은 경제적으로 남편에게 의존하여 생활해 왔으므로 독자적으로 노후의 경제적인 문제에 대한 대책을 마련하지 못하고 있는 상태에서 남편의 퇴직, 사별, 이혼 등의 변화가 생기면 남편을 통해 얻을 수 있었던 경제적 자원이 단절되거나 줄어들어 급격한 소득 수준의 경감을 경험하게 된다.

## 제2절 여성복지의 의의

### 1. 여성복지의 개념

여성복지란 여성이 국가나 사회로부터 인간의 존엄성과 인간다운 생활을 할 권리를 동등하게 보장받음으로써 삶의 조건들이 만족스런 상태를 의미함과 동시에 가부장적 가치관과 이를 기초로 한 기타 사회제도들을 개선하여 양성평등의 사회를 실현하려는 모든 실천적 노력을 포함한다.

이러한 여성복지는 자신의 욕구를 충족시킬 수 없거나 문제를 해결하기 어려운 여성들에게 사회제도가 개입하여 원조를 제공함으로써 여성의 삶의 질을 높이는 데 그 목적이 있다.

결론적으로 여성복지란 현존하는 여성억압 및 성차별문제를 해결하여 여성의 복리를 증진하고 나아가 양성 평등적 사회를 구현하려는 사회적 노력으로, 사회보장과 사회복지 서비스면에서 여성들이 필요로 하는 서비스를 제공하여 그들의 사회기능을 증진시키려는 사회복지의 한 전문분야이다.

### 2. 여성복지의 변천과정

우리나라에서 여성복지는 6·25전쟁으로 발생한 전쟁미망인·윤락여성 등을 위한 소극적인 보호위주의 부녀복지로 시작되었다고 볼 수 있다.

1960년대에 이들의 문제를 해결하기 위한 관련법들이 제정되었고, 부녀상담소의 설치 등 부랑여성과 근로여성의 문제에 관심이 집중되었다. 그 후

1970년대 여성복지의 주된 방향은 사전예방사업으로 전환되면서 모성보호문제가 관심을 끌게 되었고, 1980년대에 들어와서는 남녀고용평등법과 모자복지법의 제정 등 여성의 지위향상과 복지증진을 위한 제도적 기틀이 마련되었다. 1990년대는 여성복지의 개념이 보편적 서비스의 개념으로 전환되었으며, 1995년의 여성발전기본법의 제정을 계기로 남녀평등과 여성발전의 실현을 위한 여성복지의 양적, 질적 향상을 꾀하게 되었다.

주로 요보호여성에 국한되어 왔던 종래의 여성복지의 대상은 1980년대 이후 여성운동을 계기로 여성문제의 영역은 사회전반에 걸친 성차별적인 법이나 제도, 고용관행은 물론 여성에 대한 의식이나 태도, 가치관 등 문화적인 요인에까지 확대되었다.

그러나 산업화, 서구화, 도시화, 핵가족화 등 급속한 사회변동을 인한 전반적인 사회구조의 변화는 여성복지의 다양화와 증대를 초래하였으며 지방자치제의 실시와 함께 광의의 여성복지로 발전하게 되었다. 즉, 1980년을 전후로 하여 보편주의적, 제도주의적, 적극적 복지로 발전하게 되었다.

## 제 3 절 여성복지의 현황

### 1. 사회보장

#### (1) 사회보험

##### (가) 여성의 국민연금과 의료보험 현황

2005년 현재 국민연금에 가입하고 있는 전국여성은 5,978,993명으로 전체 가입자의 35.2%에 불과하다. 이를 통해 국민연금으로 인한 소득보장비율에 있어서 남성이 여성보다 높은 것을 알 수 있으며, 국민연금을 통한 여성의 소득보장이 제대로 이루어지지 않고 있음을 알 수 있다.

의료보험에서도 남성과 여성의 적용인구 현황을 보면, 직장의료보험에 의한 적용인구가 가장 많은데, 각 의료보험별로 여성인구가 약간씩 더 많지만, 많은 수의 여성이 피부양자의 위치에 있다. 또 의료보험 대상자의 의료기관별 이용률과 방문횟수를 보면 여성의 외래이용이 전반적으로 높게 나타나지만, 입원의 경우 남성이 더 많은 것으로 나타난다. 또한 건당 진료비 중 입원 및 외래 모두 남성의 건당 진료비가 여성에 비해 더 높은 것으로 나타나고 있어 건강관리측면에서 남성에 비해 여성에게 주어지는 의료혜택이 상대적으로 열악함을 알 수 있다.

### (나) 여성과 산재보험 및 고용보험

**가) 산재보험** 본래 사용자도 자신의 사업장에서 근로자가 재해를 입었다고 하더라도 사용자에게 잘못이 없다면 그에 대해 책임을 지지 않는 것이 원칙이다. 그러나 그렇게 되면 근로자는 사고로 인해 직장을 잃게 되고, 치료비 등을 감당할 수 없게 되어, 문제가 생긴다. 이에 산업재해보상보험 즉 산재보험의 제도가 마련되었다. 즉 이는 사용자에게 잘못이 없더라도 책임을 지워 근로자를 보호하고자 하는 경우에 산재사고에 대한 사용자의 손해배상책임을 사회보험화하여 사용자는 국가에 일정한 보험료를 내면 근로자의 산재사고에 대하여 국가가 사용자를 대신하여 근로자에게 보상을 해주는 제도이다. 이는 따라서 사용자와 근로자에게 모두 이익이 되는 제도이나, 보험료를 감당하지 않으려고 하는 사업주들에 의해 많이 회피되어 왔다. 그러나 최근 법의 강화와 더불어 보호의 대상도 증가하였다. 다만 아직도 가사노동은 그 보호대상에서 제외하고 있어서 많은 여성들이 보호대상에서 제외되어 있는 실정이다.

**나) 고용보험** 고용보험은 근로자가 실직한 경우에 대비하여 보험에 가입하여 두면, 사후에 실직하였을 때 실업급여 등을 받을 수 있는 사회보험의 일종이다. 고용보험이라고 할 때에는 일반적으로 실직근로자에게 실업급여를 지급하는 사후적·소극적인 전통적 의미의 실업보험사업 이외에 실직자에 대한 생계지원은 물론 재취업을 촉진하고 더 나아가 실업의 예방, 노동시장의 구조개편, 직업훈련 등의 강화를 위한 사전적, 적극적 차원의 종합적인 인력정책수단이라고 할 수 있으므로 실업보험보다 더 넓은 의미라고 할 수 있다. 우리나라 실업보험사업체계는 근로자의 실업을 예방하거나 줄

이기 위해서 사업주와 근로자를 지원하는 고용안정사업과 직업능력개발사업 및 실업자에게 실업수당을 지급하는 실업급여의 3가지 사업으로 구성되어 있다.

**사 례 8-1** **고용보험**

甲은 현재 파트타임으로 회사에 다니고 있으나, 구조조정 등의 여파로 자신이 일자리를 잃을지 몰라서 전전긍긍하고 있다. 특히 자신은 남편을 사별하고, 자식을 2명이나 키우는 처지라 하루라도 일을 못하게 된다면 정말 앞날이 막막하게 된다. 실업에 대비하여 어떠한 대책이 마련되어 있는가?

**해설** 현재 고용보험은 원칙적으로 전업 근로자를 대상으로 하지만 파트타임 근로자도 일주일 근무시간이 18시간 이상이 되면 가입할 수 있다. 이 때에는 근로자가 재취업훈련이나 실업급여 등 고용보험혜택을 받으려면 고용보험적용사업장에서 취업하여 피보험자자격을 취득하고(자격취득신고서는 사업주가 사업장관할 지방노동관서에 제출하는 것임) 고용보험료를 납부하여야 한다. 고용보험료는 실업급여, 고용안정사업, 직업능력개발사업의 고용보험3대사업별로 구분하여 정하는데, 이 중 근로자는 실업급여에 해당하는 보험료만 노사가 1/2씩 부담하고 나머지는 사업주가 전액 부담한다.

실업급여를 지급받기 위해서는 고용보험적용사업장에서 6개월 이상 근무하고 사용자에 의하여 강제퇴직 당하여야 한다. 본인이 직장을 스스로 그만 두었거나 형법, 직무관련법률 위반으로 금고 이상의 형을 받고 해고된 경우나 공금횡령, 회사기밀누설, 기물파괴, 허위서류작성 등으로 회사에 막대한 손실을 끼쳐 해고된 경우 등 중대한 자신의 귀책사유로 해고된 경우에는 실업급여를 받을 수 없다. 그러나 장기간 계속된 임금체불, 휴업이나 회사강요에 의한 희망퇴직, 명예퇴직, 회사가 곧 도산, 휴업, 대량으로 감원할 것이 확실하여 그만두는 경우, 신기술, 신기계가 도입되어 도저히 새 업무에 적응할 수 없어 그만 둔 경우, 체력부족, 심신장애, 질병 등으로 업무수행이 곤란하여 그만 둔 경우 등과 같은 정당한 사유가 있을 때에는 받을 수 있다.

### (2) 공공부조

#### (가) 여성에 대한 생활보호현황

1996년 생활보호대상가구주를 보면, 거택보호의 경우 여성가구주가 117,266명으로 남성의 약 2배에 이르고 있다. 1995년의 경우 거택보호 수혜가구의 65.2%가 여성이었다. 또 수혜자 노인 다섯 명중 네 명이 여성으로 나타났다. 전국의 경우 여성인구 대비 생활보호대상자 비율이 2.5%이고 여성노인의 경우에는 9.7%를 차지하여 여성노인이 타 연령집단의 여성에 비하여 경제적으로 보다 어려운 상황에 처해있음을 알 수 있다. 이로써 여성의 빈곤화현상이 심각함을 알 수 있다.

**사 례 8-2** **시집간 딸이 있는 경우의 기초생활보장**

70세가 넘은 甲은 乙이라고 하는 딸이 있으나, 이미 시집을 가서 살고 있다. 그런데 다른 가족이 없는 甲은 수입이 없으므로 생활비지원을 받기 위해서 지원신청을 하였으나, 생활능력이 있는 딸이 있어서 지원을 할 수 없다고 하는 말이 있다. 乙은 자신이 넉넉하게 생활비도 드리지 못하는데, 자신 때문에 노모가 일을 하여야 하는 사태로 될까봐 전전긍긍이다. 甲은 보호를 받을 수 있는가?

**해설** 출가한 딸도 민법상 직계혈족에 포함되므로 부양의무자임에는 틀림없다. 물론 우리나라 정서상 딸은 출가외인이지만, 부양 의무는 상속도 아들과 딸이 동등한 것처럼 남녀의 구분이 없다. 국민기초생활보장법의 하위법령에서는 출가한 딸은 부양능력이 없는 자 아니면 미약자로 보므로 출가한 딸이 부양능력이 있다고 보호를 받지 못하게 되는 경우는 없다. 또한 딸에게는 부양비도 다른 부양의무자에 비해 적게 부과하므로 결국 출가한 딸에 대한 부양의무를 상당히 완화시켰다고 할 수 있다.

#### (나) 여성에 대한 의료보호현황

의료보호는 생활보호대상자의 의료비부담을 덜어주기 위한 것으로 거택보호는 1종, 자활보호는 2종의 의료보호서비스를 받고 있다. 1997년 의료보호대상자 중 여성이 655,223명으로 57.2%를 차지하고 있으며, 1종은 602,217명, 2종은 1,039,908명으로 나타났다.

**사 례 8-3** **의료보호의 대상**

甲乙 부부가 가정불화로 싸움을 하고 난 후 그 날 새벽에 부부 중 누군가 가스통에 불을 질러 가옥이 전소되고 甲은 화상이 심해 지금까지 병원에 입원중이다. 부인 乙은 친정집에 가 있고 어린아이들도 화상을 입었다. 통합조사표에는 자의로 인해 화상을 입었다고 기재가 되어 있다. 그러나 불을 누가 질렀는지는 아직까지 밝혀지지 않았지만, 여러 정황으로 볼 때 여자 쪽에서 저질렀다고 추측된다. 남편과 아이는 의료보호 혜택을 받을 수 있는가.

**해설** 이 경우에도 신청을 거쳐 수급자로 선정이 되면 스스로 자초한 재해가 아니라고 인정될 수 있으므로 의료보호의 지원을 받을 수 있다.

## 2. 사회복지사업

### (1) 요보호여성을 위한 복지사업

#### (가) 저소득 모자가정 지원

18세 미만의 아동을 양육하는 저소득 모자가정을 지원대상으로 하는 사업이다. 저소득모자가정의 지원은 재가보호 형태로 자녀학비지원, 양육비 지원, 생업자금 융자, 영구임대주택 입주지원과, 시설보호형태로 무주택 저소득 모자가정의 기본생계보장과 자립기반을 조성하기 위한 모자보호시설이 있다.

모자보호시설에서 퇴소한 모자가정의 자립기반을 조성하기 위한 모자자립시설이 있고, 여기서는 자녀교육비, 직업훈련비 및 훈련기간 중 생계비, 생업자금 융자지원, 영구임대주택 입주지원, 보육지원 등이 이루어진다.

#### (나) 미혼모 보호

미혼여성이 임신 또는 출산을 하였을 경우 일정기간 보호하기 위한 미혼모시설에서는 6개월간 무료로 숙식을 제공하고 출산을 도와주며 시설 퇴소 후 자립·자활이 가능하도록 직업교육도 실시한다.

#### (다) 매춘여성 선도

가출한 부녀자, 여성 등의 윤락화 방지와 매춘여성의 선도보호를 위하여 여성복지상담소와 간이상담소를 설치, 요보호여성에 대한 상담을 실시하는 한편, 이들이 건전한 사회인으로 복귀토록 하기 위한 선도 보호시설이 있다.

### (2) 보육사업

보호자가 근로 또는 질병 기타 사정으로 인하여 보호하기 어려운 영아 및 유아를 보호하기 위한 보육시설이 마련되어 심신의 보호와 건전한 교육을 통하여 건강한 사회성원으로 육성함과 아울러 보호자의 경제적, 사회적 활동을 원활하게 하여 가정복지증진에 기여하고 있다.

### (3) 여성폭력 피해자 보호

「가정폭력범죄의 처벌 등에 관한 특례법」과 「가정폭력방지 및 피해자 보호 등에 관한 법률」의 제정 및 「성폭력범죄의 처벌 및 피해자보호 등에 관한 법률」의 개정 등을 통해 여성에 대한 폭력근절의 노력은 계속되고 있다.

먼저 가정폭력방지 및 피해자보호사업으로 가정폭력상담소와 피해자보호시설이 마련되어 있으며, 물리적·정신적 학대로 인하여 아동의 양육과 모의 건강에 지장을 초래할 우려가 있는 아동 또는 모를 대상으로 일정기간 정신적 여유와 신체적 휴식을 제공하는 모자일시보호시설이 있고, 성폭력 피해자를 보호하기 위한 성폭력피해상담소가 있다.

### (4) 노인여성복지

노년생활의 안정을 위한 경로연금제도와 노인의 취업기회 확충을 위한 노인취업알선센터가 있다.

노인건강관리 강화를 위해 치매노인 10년 대책 추진(치매전문요양시설의 지원 및 확충, 치매병원의 확충), 노인의료서비스 강화, 의료보험 급여 확대(의료보험 급여기간을 365일로 확대), 보건소의 노인진료기능 강화를 꾀하고 있다.

즐겁고 편안한 생활조건 조성을 위해 경로당 운영을 활성화하고, 중산층 노인을 위한 유료시설을 확충하는 외에 지역봉사지도원제 도입을 통하여 노인의 자원봉사기회를 확대하고 있다.

### (5) 여성장애인 복지

사회적 차별과 부당한 대우를 받기 쉬운 여성장애인의 권익보호와 가사 및 육아보조 등 여성장애인을 위한 복지서비스를 제공하고 있다. 여성장애인 상담실 운영, 여성장애인 쉼터 설치·운영, 기혼여성장애인 가사활동 지원, 미혼 여성 장애인 결혼주선 그리고 기타 여성장애인의 취업알선 및 사후지도가 있다.

# 찾아보기

ㅊ



ㅌ~ㅍ



ㅎ

[저자약력]

박정기
일본 고베(神戸)대학 법학박사
University of Washington visiting scholar
Washington University in St. Louis visiting scholar
부경대학교 교수

김 연
부산대학교 법학박사
University of Missouri visiting scholar
경성대학교 교수

김인유
한국해양대학교 법학박사
한국해양대학교 국제해양문제연구소 전임연구교수
부경대학교 강사

여성과 법률 [제2판]

2001년 8월 20일 초판 발행
2010년 8월 10일 제2판3쇄 발행

저 자 박정기 · 김연 · 김인유
발행인 배 효 선
발행처 도서출판 法 文 社

경기도 파주시 교하읍 문발리 526-3 우 413-756
등 록 1957년 12월 12일 제2-76호(倫)
전 화 031-955-6500~6, 팩 스 031-955-6525
e-mail(영업) : business@bobmunsa.co.kr
(편집) : edit66@bobmunsa.co.kr
홈페이지 http://www.bobmunsa.co.kr
조 판 (주)성 지 이 디 피

정가 18,000원 ISBN 89-18-01093-1